现代有轨电车系列丛书

现代有轨电车建设施工技术与工程管理

中车唐山机车车辆有限公司　组编

孙桐林　赵　云　王冬卫　董伟力　林发展
赵　峰　任艳阳　王　菲　王　宏　杨佳奇　编著

机械工业出版社

本书以现代有轨电车的发展为切入点，对现代有轨电车建设施工技术与工程管理进行了系统介绍，并针对建设施工情况提出了一套建设现代有轨电车工程的理论体系和流程，包括路基工程施工、轨道工程施工、桥梁与隧道工程施工、车站工程施工和车辆段施工等，指出了施工中的主要方法和常用的解决方案。本书覆盖面广、内容翔实，对全面、系统地了解现代有轨电车建设施工工程具有较高的参考价值，可以加快促进国内现代有轨电车理论体系的丰富和完善，为我国制定现代有轨电车的建设标准规范和管理政策提供借鉴。

本书适合工程设计、施工、监理、规划以及城市管理等人员阅读，还可作为现代有轨电车工程设计、现代有轨电车专业技术及市场推广人员，以及轨道交通行业研究爱好者、高校轨道交通专业师生的参考书。

图书在版编目（CIP）数据

现代有轨电车建设施工技术与工程管理/孙桐林等编著. —北京：机械工业出版社，2018.1
（现代有轨电车系列丛书）
ISBN 978-7-111-58525-1

Ⅰ.①现… Ⅱ.①孙… Ⅲ.①有轨电车-电气化铁道-铁路工程-工程施工②有轨电车-电气化铁道-铁路工程-工程管理 Ⅳ.①U227

中国版本图书馆CIP数据核字（2017）第304191号

机械工业出版社（北京市百万庄大街22号 邮政编码100037）
策划编辑：何月秋 责任编辑：何月秋 李含杨
责任校对：潘 蕊 封面设计：马精明
责任印制：常天培
北京圣夫亚美印刷有限公司印刷
2018年1月第1版第1次印刷
184mm×260mm·14.75印张·353千字
标准书号：ISBN 978-7-111-58525-1
定价：79.00元

凡购本书，如有缺页、倒页、脱页，由本社发行部调换

电话服务
服务咨询热线：010-88361066
读者购书热线：010-68326294
010-88379203

网络服务
机 工 官 网：www.cmpbook.com
机 工 官 博：weibo.com/cmp1952
金 书 网：www.golden-book.com
教育服务网：www.cmpedu.com

“现代有轨电车系列丛书” 编写委员会

“现代有轨电车系列丛书” 审查委员会

序

当前，我国城镇化进程正在不断推进，随着城市数量和规模的不断扩大，交通拥堵、环境污染及能源短缺等问题也日益突出，大力发展城市轨道交通已成为大多数城市的共识。现代有轨电车作为一种现代化交通方式，已在欧洲成功实现复兴，并逐渐成为当前国内关注的热点，许多城市都开始积极规划和建设有轨电车，天津泰达、上海浦东、沈阳浑南新区和苏州高新区等已相继开通了现代有轨电车系统。

《国务院关于城市优先发展公共交通的指导意见》中明确的总体发展目标是：科学研究确定城市公共交通模式，根据城市实际发展需要合理规划建设以公共汽（电）车为主体的地面公共交通系统，包括快速公共汽车、现代有轨电车等大容量地面公共交通系统，有条件的特大城市、大城市有序推进轨道交通系统建设。有别于传统有轨电车，现代有轨电车在控制、牵引供电和车辆技术上进行了更新，其载客量适中、安全舒适、快速便捷、节能降噪特点更加凸显，是城市轨道交通中低运量的典型制式，适合于大城市城市轨道交通网络的补充，中小城市和新规划城市的城市公共交通的骨干交通。因此，现代有轨电车将在我国迎来更大的发展。

现代有轨电车已被证明是一种成熟、安全的技术，但与所有交通制式一样，现代有轨电车自有其适用范围，过度夸大它的作用和放大它的缺点都不是科学的做法，唯有扎实做好基础工作才能保障现代有轨电车的持续健康发展。但我国现代有轨电车的相关工作还比较薄弱，存在着缺少建设实施标准、缺乏规划建设统筹和功能定位界定不清等问题，迫切需要更多的研究来推动相应产业和技术的发展。

本系列丛书是对2016年出版的《城市现代有轨电车工程基础》的进一步完善，更加深入地介绍了现代有轨电车工程的理论体系，包括前期规划设计、商务合作模式、建设施工、通信信号工程、机电工程、车辆制造和运营管理等内容。书中内容更加翔实，对人们全面系统地了解现代有轨电车系统及其配套工程具有较高的参考价值。

中国城市轨道交通协会副会长兼秘书长

中国城市轨道交通协会现代有轨电车分会会长

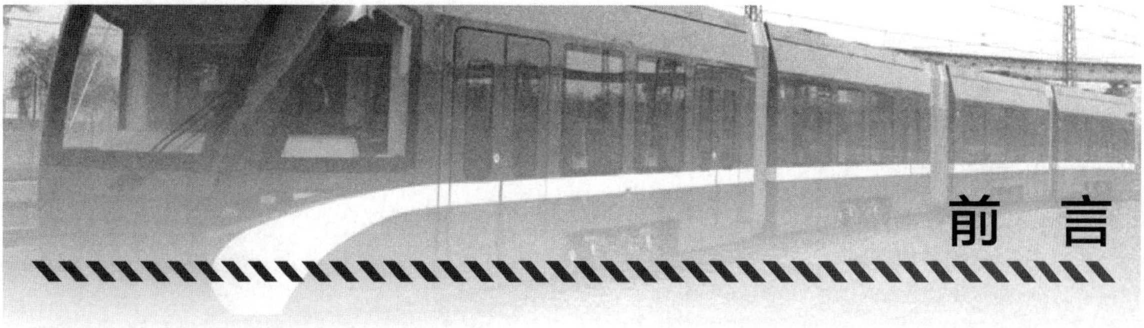

前言

随着人口的增长和城市化进程的加快，交通拥挤、环境污染等“城市病”已成为制约城市进一步发展的瓶颈。世界各国的经验表明，发展大容量轨道交通是解决城市交通问题的重要方向。20世纪七八十年代以来，现代有轨电车技术取得了突破性进展，现代有轨电车在世界范围内掀起了复兴建设热潮，成为重要的轨道交通制式之一。

我国城市轨道交通正处于大规模快速发展时期，这从根本上为现代有轨电车的发展提供了必要条件，加上国家有序推进轻轨、地铁、现代有轨电车等城市快速交通网络建设，现代有轨电车建设工程尚处于初步阶段：一方面，现代有轨电车建设施工是一个复杂的系统工程，涵盖了规划设计、桥梁、隧道等多个方面；另一方面，现代有轨电车刚刚兴起，目前国内缺少相关建设施工标准，大多数城市跃跃欲试，但存在缺乏大量实际经验数据、标准规范引用不确定等问题，因此急需总结出版一本现代有轨电车建设施工的图书。

本书以现代有轨电车的发展为切入点，对现代有轨电车建设施工工程进行了系统介绍，并针对其建设施工情况，提出了一套建设现代有轨电车工程的理论体系和流程，包括路基工程施工、轨道工程施工、桥梁与隧道工程施工、车站工程施工和车辆段施工等，适合工程设计、施工、监理、规划以及城市管理等人员阅读，还可作为现代有轨电车工程设计、现代有轨电车专业技术及市场推广人员，以及轨道交通行业研究爱好者、高校轨道交通专业师生的参考书。

本书共6章，由孙桐林、赵云牵头组织，王冬卫、董伟力、林发展、赵峰、任艳阳、王菲、王宏、杨佳奇协助编著。第1章　现代有轨电车概述，对现代有轨电车系统、发展历史以及施工工程进行了概括介绍（孙桐林编写）；第2章　路基工程施工，从组成、结构、性质特点及施工方法和要求等方面对路基工程进行了详细介绍（林发展编写）；第3章　轨道工程施工，主要介绍了轨道工程的构成以及有砟轨道、无砟轨道和无缝线路的施工（王冬卫、赵峰编写）；第4章　桥梁与隧道工程施工，主要介绍了桥梁与隧道工程的施工，并分别对其施工方式、工艺方法进行了详细描述（董伟力、赵云编写）；第5章　车站工程施工，对车站工程施工进行了介绍，包括地面、高架及地下三种施工（任艳阳、王菲编写）；第6章　车辆段施工，从建筑、工艺、给排水、动力与照明和通风空调等方面对车辆段施工进行了详细介绍（王宏、杨佳奇编写）。

在编写本书时，参考了国内外发表的部分文章、资料和书籍，编者在此对有关作者表示诚挚的谢意。同时，对所有给予本书指导、支持和帮助的朋友们表示感谢！

由于编者水平所限，遗漏、不足之处在所难免，欢迎广大读者批评指正。

编者

目 录

序

前言

第 1 章 现代有轨电车概述

1.1 现代有轨电车系统介绍

1.1.1 现代有轨电车概念介绍

从 1860 年起，英国的许多大城市先后采用了这种由马牵引的电车。1861 年，伦敦建立了首条电车轨道。

1879 年，德国工程师维尔纳·冯·西门子在柏林的博览会上首先尝试使用电力带动轨道车辆。此后，在俄罗斯的圣彼得堡、加拿大的多伦多等地都进行过开通有轨电车的商业尝试。1887 年，匈牙利的布达佩斯创立了首个电动电车系统；1888 年，美国弗吉尼亚州的里士满也开通了有轨电车。

20 世纪初，路面电车在欧洲、美洲、大洋洲和亚洲的一些城市风靡一时，直至 20 世纪 70 年代以后，以汽车为主导的交通模式所带来的问题日显严重，能源危机、环境污染、土地紧缺及交通拥堵等问题，迫使欧洲发达国家重新将大容量的轨道电车作为发展城市公共交通的重点。由于中小城市无法负担地铁的巨额投资，于是现代有轨电车在欧洲的中小城市中应运而生。1978 ~ 2005 年，欧洲有数十座城市发展了现代有轨电车。

现代有轨电车具有运行可靠、舒适、节能及环保等特点，且其技术特性已与轻轨基本无异，许多国家和地区在各大、中城市也开始改建或新增现代有轨电车线路，如法国的斯特拉斯堡、瑞士的日内瓦、西班牙的巴塞罗那以及我国的大连、天津、上海、长春、成都等城市。长春市的 54 路、55 路现代有轨电车作为城市新兴的一种先进的公交方式，已完成了从传统到现代化的转变。2012 ~ 2020 年，我国现代有轨电车规划已超过 2600km，工程总投资预计达 3000 亿元，车辆市场规模达 600 亿元，年均需求 75 亿元。现代有轨电车应用以来，以其便捷性、舒适性及美观性得到许多国家和地区政府、市民的青睐与肯定。

根据 CJJ/T 114—2007《城市公共交通分类标准》，有轨电车属城市轨道交通系统。

英国轨道电车导则给出的有轨电车定义为：有轨电车是一种中运量的城市公共交通系统，轨道铺设在城市道路路面上，车辆依靠驾驶员瞭望运行。路权分为混合路权、半封闭路权和路外。运量等级通常为 0.6 万 ~ 1.2 万人次/h，运营速度为 15 ~ 25km/h。

国际公共交通联合会（UITP）没有给出现代有轨电车的明确定义，但在对轻轨的定义中提及了“有轨电车”。其对轻轨的定义为：一种电气化的轨道交通运输模式，其形式可以从有轨电车到部分享有专用路权的快速公共交通系统。

美国公共交通协会（APTA）在其交通术语汇编（Glossary of Transit Terms）中也没有给出现代有轨电车的明确定义，但指出轻轨也可以称为有轨电车。ATPA 对轻轨的定义一种相对于重轨而言运能较低的电气化轨道交通模式，可以使用独立的路权或与交通方式共享路权，使用高站台或低站台上下乘客，使用多节车皮组成的列车或单个车辆。可见，UITP 和 APTA 都认为有轨电车是轻轨的一种形式而已，甚至 APTA 认为轻轨就可以称为有轨电车。

欧洲交通运输部长会议（ECMT）在其 1994 年出版的《轻轨公共交通》报告中讨论了很多按照传统观点来看属于有轨电车的系统，而且其对轻轨的定义实际上也并没有将有轨电车从轻轨中排斥出去。然而在工程实践中，有轨电车与轻轨、地铁采用的建设标准又有明显不同，按不同的轨道交通项目处理。

世界著名的公共交通系统专家、美国宾夕法尼亚大学教授 Vuchic 认为，有轨电车首先是一种轨道运输模式，包含 1 ~ 3 节车厢，大多数情况下在街面与其他交通模式混行，但有时也通过专用路权或优先通行等措施与其他交通方式分离。

我国没有权威机构对现代有轨电车或者轻轨提出明确的定义。曾有学者对有轨电车、轻轨和地铁从断面运量角度进行了比较笼统的划分，将轨道交通系统划分为三类：小运量系统（4000 ~ 8000 人/h）为有轨电车系统；中运量系统（10000 ~ 30000 人/h）为轻轨系统；大运量系统（30000 ~ 60000 人/h）为地铁系统。但从有轨电车的发展来看，该学者提及的有轨电车应当是老式的不拥有分离路权形式的小运量街面有轨电车，因此并不十分契合现代有轨电车的概念。

由此不难看出，目前学界对现代有轨电车的定义还存在模糊的边界。因此，综合有轨电车的发展沿革和国际、国内的定义两方面来看，本书将现代有轨电车定义为：采用模块化的现代有轨电车车辆，具有多种路权方式，与地面交通方式以平交为主的中、低运量的城市轨道交通系统。

1.1.2 现代有轨电车的基本特征

与传统有轨电车不同，现代有轨电车具有节能环保、高效灵活、安全舒适、形象美观和中等运量等特征，成为一种新型的公交方式（见图 1-1）。其基本特征如下：

图 1-1　现代有轨电车实景图

（1）节能环保　现代有轨电车为电力驱动，人均平均能耗约为公交车的 1/4，噪音比汽车低 5 ~ 10dB（A）；相对于公共汽车，具有明显的节能环保优势。

（2）高效灵活　现代有轨电车设计车速为 70km/h，钢轮钢轨车辆最小转弯半径为 25m，总体上具有速度较高，轨道并在道路上铺设、布线灵活的特点。

（3）安全舒适　由于轨道的束缚，因驾驶员操作失误导致严重事故的概率比没轨道的车低得多，即使与其他车辆发生碰撞，乘客受伤的概率也较低。乘车环境有专门的通道，不是挤得上去就行，而是让乘客舒适、体面地出行，让大部分人有座位。现代有轨电车对运行速度和载员数的限制，以及现代有轨电车整个运营网络和服务水平的不断提升，适中的载客量及车内装饰、乘车环境的提升，也大大地增加了乘坐的舒适性。

（4）形象美观　现代有轨电车流线型的车身、可定制的车头及绿化的铺装等，都使其成为城市交通中一条靓丽的风景线，进而成为当地的城市名片。

（5）中等运量　现代有轨电车标准 5 模块（32m）的车辆定员约为 300 人，运能在 5000～15000 人次/h，属于中等运量的公交系统。

（6）弹性灵活　现代有轨电车主流厂家都具有较强的设计能力，能够提供订单化服务，车头、车尾、车体尺寸及车体结构的定制灵活性较大，可以满足不同客户的需求。例如，法国阿尔斯通公司的某个系列，可以定制长度为 22～44m（3～7 个车厢模块）、宽度为 2.3～2.65m 的车辆；法国劳尔公司的另一个系列也能提供多种长度车辆的选择。此外，由于现代有轨电车主流产品都采取了模块化设计，不仅车辆维修、养护容易，而且能够较快地增加列车车厢、延长列车长度，客运能力具有较大弹性空间。考虑到运能的运用效率及国外实际运营客流情况，现代有轨电车单向可满足 0.3 万～1.2 万人次/h 的客流需求。现代有轨电车除了采用传统架空线供电外，在部分景观、空间限制区段可以采用蓄电池供电（仅限局部困难路段）或地面第三轨供电（目前仅限钢轮钢轨），供电电压在 500～900V 波动。

1.2　现代有轨电车的发展现状

有轨电车的发展总体上经历了兴起→衰退→复兴的过程。早在 1881 年，在柏林就开通了有轨电车，之后风靡世界；但是随着汽车工业的发展，有轨电车的运能和速度都不具有竞争力，反而受固定轨道的约束，从而被逐步淘汰。随着车辆和轨道等技术的发展和更新，有轨电车在运能、速度、舒适性及外观等方面均有了极大的提升。为与传统有轨电车相区别，从而称之为现代有轨电车。

在欧洲、北美、大洋洲，已有 100 多个城市建成运营现代有轨电车系统，我国的天津和上海也分别建成有一条胶轮导轨现代有轨电车系统。现代有轨电车已成为公共交通中的重要组成部分。

在人类交通发展过程中，有轨电车技术的发展大致可分为以下三个阶段。

第一阶段：19 世纪 80 年代到 20 世纪 30 年代，为快速发展阶段。

自从 1881 年第一辆城市有轨电车在德国诞生以来，这种以轨道作为车辆导向的大运量的客运交通工具迅速得到发展。在 20 世纪 20 年代，仅美国的有轨电车线总长达 25000km。1908 年，我国第一条有轨电车在上海建成通车，是我国城市公共交通的一个里程碑；1909 年以后，在大连、北京、天津、沈阳、哈尔滨和长春等城市都相继修建了有轨电车。到了 20 世纪 30 年代，欧洲、日本、印度和我国的有轨电车有了很大的发展，成为当时城市公共交通的主要交通工具。

第二阶段：20 世纪 40 年代到 20 世纪 60 年代，为衰落阶段。

随着汽车工业的迅速发展，有轨电车也发生了变化。西方国家中私人小汽车的数量急剧增长，大量的汽车拥上街头，机动性更好的公交汽车越来越普遍。由于受当时的技术条件限制，旧式有轨电车行驶在道路中间，与其他车辆混合运行，又受路口红绿灯控制，运行速度很慢，正点率低，而且噪声大，加、减速性能较差，有轨电车逐渐被无轨公交车辆所替代。从 20 世纪 50 年代开始，世界各国大城市都纷纷拆除有轨电车线路。到 20 世纪 60 年代末，我国各大城市的有轨电车线路基本拆除完毕，仅剩大连、长春个别线路没有拆除，并一直保留至今。

第三阶段：20 世纪 70 年代至今，为重新定位、恢复发展阶段。

20 世纪 70 年代，由于汽车数量的过度增加，使城市交通又出现了新问题，交通堵塞，行车速度下降，空气和噪声污染严重，已成为现代城市发展中面临的主要问题。为解决以上问题，世界各大城市开始大力发展地下铁道。但是由于地下铁道投资昂贵，建设周期长，给城市公共交通发展带来了新的问题。西方一些经济发达国家，在人口密集的城市，为满足城市公共交通客运量日益增长的需要，结合城市不同区域运量的差异，除考虑修建地下铁道外，又重新把注意力转移到地面轨道交通方式上。他们认为，城市轨道交通的发展应根据城市的特征和运量需求，采取具有不同运能、不同成本的轨道交通模式。着手在改造旧式有轨电车的基础上，利用现代技术，改造和发展有轨电车系统，开发出具有低噪声、低振动、省能源并能高速运行的高性能有轨电车，并考虑与城市的整体环境相协调。于是出现了现代有轨电车系统。

到 20 世纪 80 年代，国际上一些大城市已相继建成了现代化技术很高的现代有轨电车系统。例如：法国的南特市，城市人口约 45 万人，1984 年建成一条自东向西穿过市区的现代有轨电车线路，这也是法国首次建成的第一条现代有轨电车系统，平均旅行速度可达24km/h；美国的萨克拉门托市，市区人口约 92 万人，1987 年 3 月建成一条穿越市中心的现代有轨电车线路，全长 29.4km；我国香港地区为了配合新界西部的经济发展，修建了屯门至元朗的现代有轨电车线路，于 1988 年 9 月正式投入运营，线路全长 23km，平均旅行速度可达 25km/h。现代有轨电车的特点是具有高速性能，制动及加、减速性好，低噪声、低振动，对周围环境影响也少；同时，由于车辆技术的改善，舒适度得到了加强；不论是从既有的有轨电车发展而来还是新建，与建设地下铁道相比，其造价都低得多。所以，近年来许多城市又纷纷把注意力集中到现代有轨电车系统的研发上，他们利用现代高科技开发出了新一代噪声低、速度快、走行部转弯灵活、乘客上下方便，甚至照顾到老人和残疾人的低地板新型有轨电车；在线路结构上，也进行了创新：采用了降噪声技术措施；在速度要求较快的线路上采用专用车道，与繁忙道路交叉处进入半地下或高架，互不影响；对速度要求不高的线路，轨道与道路平齐，与汽车混合运行。

随着近年来环境和能源问题的日益突出，在西方发达国家城市兴起了恢复和建设现代有轨电车的高潮，目前仅法国就有 10 多个城市拥有现代有轨电车，有 20 多个城市的线路正在建设之中，建设里程和规模已远远超过地铁，而且发展势头也丝毫不减。在欧洲的大、中城市中，现代有轨电车已成为了城市中非常普及的公共交通工具。

1.2.1　国外现代有轨电车的发展现状

目前，据不完全统计，全球已有 60 多个国家的 300 多个城市都在建设运营现代有轨电车，伦敦、巴黎、雅典、日内瓦、苏黎世、伯尔尼、巴塞尔和洛桑等城市的现代有轨电车纷纷重新运营。截至 2012 年底，全球前 20 个国家，城市轨道交通总里程为 23394km。其中，地铁的运营里程为 8739km，占比为 37%。轻轨与现代有轨电车的运营里程为 14655km，占比为 63%。

很多国家，特别是西方一些较发达的国家，因为现代有轨电车有着成熟的交通运输模式，并且造价相对较低，又节能环保，因而将其作为公共交通的主要运输模式。在伦敦和巴黎等地铁系统发达的大城市，有轨线路主要承接郊区与市中心之间的地面交通，一般不进入市中心；在法兰克福、苏黎世、墨尔本、波特兰等城市，有轨电车线路多穿过城市的中心区。西方国家的公共交通概念从有轨电车开始，经历了漫长的发展，其现代有轨电车的车辆技术日趋成熟，线路设置日益完整合理，它将伴随城市化进程的不断发展而逐步完善。

目前，国外钢轮钢轨式现代有轨电车制造厂商主要有法国的阿尔斯通、德国的西门子、加拿大的庞巴迪等公司；胶轮导轨式现代有轨电车主要生产厂商是法国的劳尔公司，加拿大的庞巴迪公司也曾设计、生产胶轮导轨式现代有轨电车。从两种制式的现代有轨电车在市场上的表现来看，钢轮钢轨式现代有轨电车因其推出更早、性能更稳定等原因，目前占据了主要市场，但两种制式的现代有轨电车均发展较快。

1.2.2　国内现代有轨电车的发展现状

我国远期规划现代有轨电车线路长度已累计超过 4700km，2020 年前需要建设的规划线路长度已超过 2600km，还有很多省市正在进行现代有轨电车的线网规划。目前，我国的大连、长春、天津、上海和沈阳开通运营（或改造运营）了现代有轨电车线路，合计 8 条线路，总里程 96.62km；北京、广州、苏州、南京、珠海、淮安等城市陆续建成并投入运营；上海、武汉、深圳、合肥、泉州、南平、佛山等 20 座城市在开展低地板现代有轨电车的规划和建设筹备工作。

目前，国内现代有轨电车制造厂家主要有中国中车集团下属的中车唐山机车车辆有限公司、中车长春轨道客车股份有限公司、中车大连机车车辆有限公司、中车南京铺镇车辆有限公司和中车株洲电力机车有限公司。各厂商主要生产钢轮钢轨式现代有轨电车，近年发展较快。

1.3　现代有轨电车施工系统简介

随着人口数量的增加和城市化进程的加快，交通拥挤、环境污染等“城市病”成为制约城市进一步发展的瓶颈。世界各国经验表明，发展大容量轨道交通是解决城市交通问题的重要方向。我国城市轨道交通正处于大规模、快速发展时期，这从根本上为现代有轨电车的发展提供了长效需求。可以预见的是，未来二三十年，现代有轨电车在我国将迎来重要的发展机遇期。

我国现代有轨电车建设工程尚处于初步阶段：一方面，现代有轨电车建设施工是一个复杂的系统工程，涵盖了规划设计、桥梁及隧道等多个方面；另一方面，现代有轨电车刚刚兴起，目前还缺少相关建设施工标准，大多数城市跃跃欲试，但存在大量实际经验不足、标准规范不确定等问题。

现代有轨电车能够安全运行，前期建设工作是关键。现代有轨电车工程的建设施工，涵盖了路基工程、轨道工程、桥梁与隧道工程、车站工程及车辆段工程等。

第 2 章 路基工程施工

2.1 路基工程介绍

2.1.1 路基工程的组成

路基是线路的重要组成部分。路基工程施工范围主要涉及以下几个部分：地基处理、路基本体、路基支挡结构、路基排水系统及附属工程。路基横断面如图 2-1 所示。

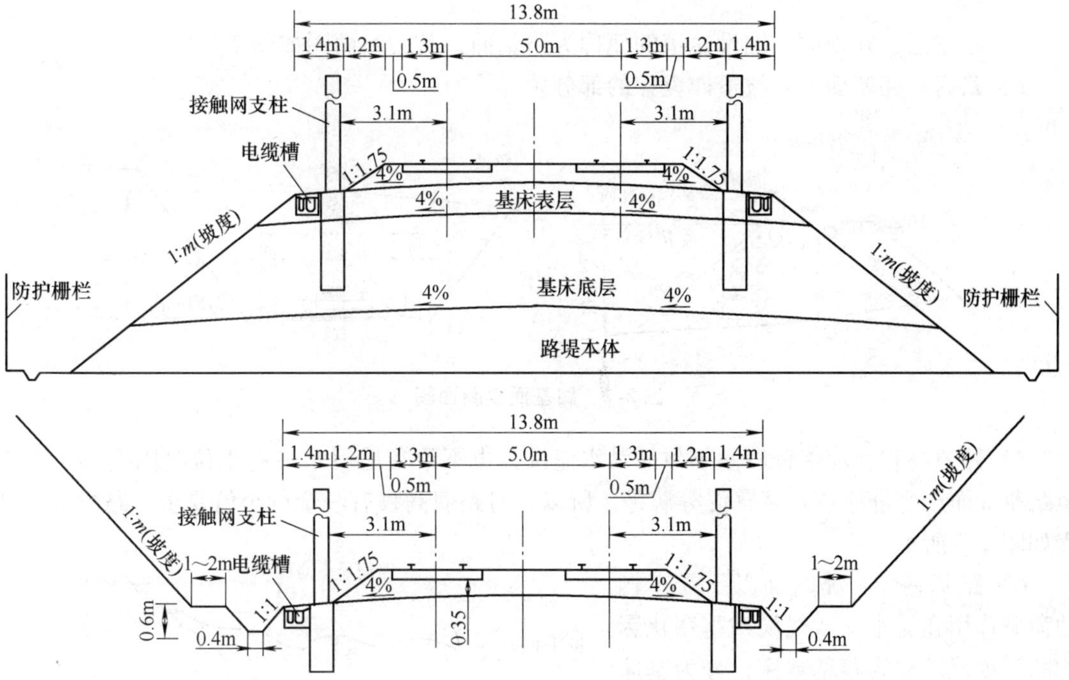

图 2-1 路基横断面

1. 地基处理

地基处理有换填、抛石挤淤、填筑排水砂垫层、铺设土工合成材料加肋垫层、套管法（沉管法）施工砂桩、袋装砂井、塑料排水板、挤密砂桩、碎石桩、粉体喷射搅拌桩、浆体喷射搅拌桩、高压旋喷桩、水泥粉煤灰碎石桩（CFG）、水泥砂浆桩（CMS）、多向搅拌桩（MMP）、强夯、重锤夯实、真空预压和堆载预压等。

2. 路基本体

路基本体包括用天然土、石所填筑的路堤和在天然地层中挖出的路堑，其轮廓及各部分名称如图 2-1 所示。它直接支撑轨道，承受通过轨道的列车荷载，是路基的主体。路基本体根据地质条件和填筑材料的不同，又可分为路堤、路堑、半路堤、半路堑、半堤半堑及不填不挖路基六种基本形式。

3. 路基支挡结构

路基支挡结构有重力式挡土墙、短卸荷板式挡土墙、悬臂式和扶壁式挡土墙、锚杆挡土墙、锚定板挡土墙、加肋土挡土墙、土钉墙、抗滑桩、桩板式挡土墙及预应力锚索等。

4. 路基排水系统及附属工程

路基排水系统主要包括地面水排水系统及地下水排水系统。路基排水设施中，排除地面水的有排水沟、天沟、侧沟、截水沟和跌水槽等设施；排除地下水的有明沟、排水槽、暗沟、渗沟、渗井和渗管等设施。路基坡面防护方式有：边坡植物防护，骨架植物防护，边坡挂网锚喷（含锚杆、挂网）防护，浆砌片石护坡护墙防护，采用填缝灌浆嵌补支顶等措施加固边坡、干砌片石护坡和边坡渗沟等的防护。

2.1.2 路基工程结构分解

1）路基面：在顶面上铺设轨道的面称为路基面，其横断面图如图 2-2 所示。

2）路肩：路基面上未被道砟覆盖的部分。

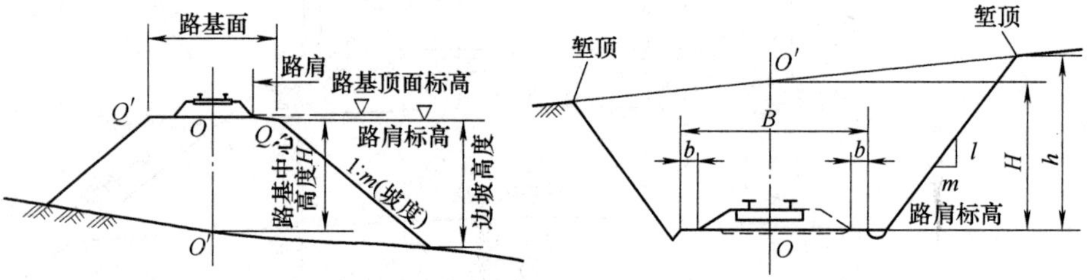

图 2-2 路基面横断面图

3）路肩高程：应保证路基不致被洪水淹没，也不致在地下水最高水位时因毛细水上升至路基面而产生冻胀或翻浆冒泥等病害。所以，对路肩高程有一个最小值要求。路肩最小高程如图 2-3 所示。

4）路基基床：路基面以下受车辆动荷载作用和受水文、气候四季变化影响的深度范围称为路基基床，分为基床表层和基床底层。

5）地基：路堤地基是指天然地面下的路堤基底；路堑地基是指基床面以下的地层。

6）路基边坡：路基面与原地面间

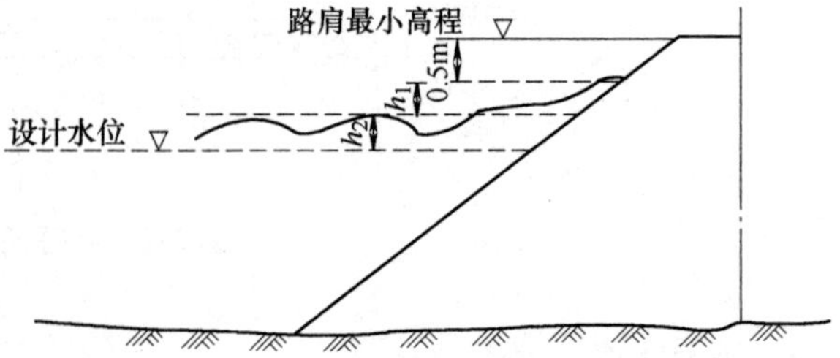

图 2-3 路肩最小高程

h_1—壅水高 h_2—波浪侵袭高

的斜平面称为路基边坡。路基边坡又分为路堤边坡和路堑边坡。

7）边坡坡度：边坡上两点间的垂直距离和水平距离之比。各部位组成如图 2-4 所示。

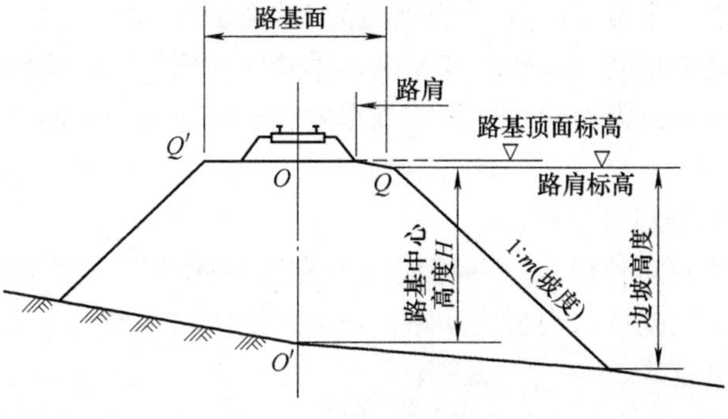

图 2-4　路基的组成部分

2.1.3　路基工程的性质和特点

1）路基主要由松散的土（石）材料所构成。路基或者直接以土（石）作建筑材料（如路堤），或者直接建造在地层上（如路堑、支挡建筑物等）。

2）路基完全暴露在大自然，处在各种复杂的、变化的自然条件之中，例如，地质、水、降雨、气候或地震等条件，因而它时刻受到这些自然条件的侵袭和破坏，又由于路基材料是土（石）松散体，所以路基本身的强度和稳定性也是常常变化的。

3）路基同时受轨道静荷载和车辆动荷载的作用。

2.1.4　路基的横断面

1. 路基的断面形式

路基横断面指垂直于线路中心线截取的断面，其基本形式有六种：路堤、路堑、半路堤、半路堑、半堤半堑和不填不挖。路基横断面如图 2-5 所示。

2. 路拱

当路堤或路堑的土质为非渗水性土时，路基面不是做成水平形状，而是做成有横向排水坡的拱状，称为路拱，如图 2-6 所示。

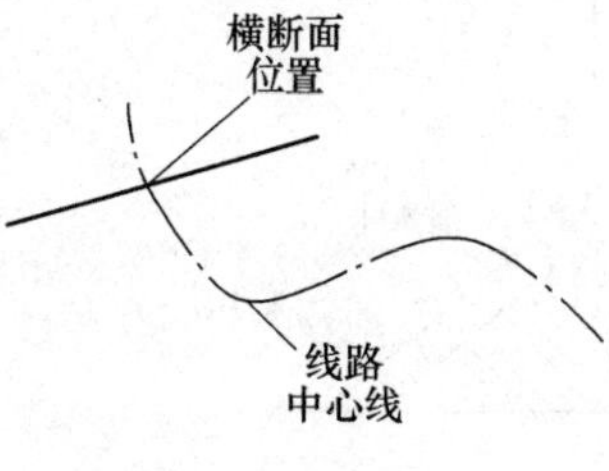

图 2-5　路基横断面

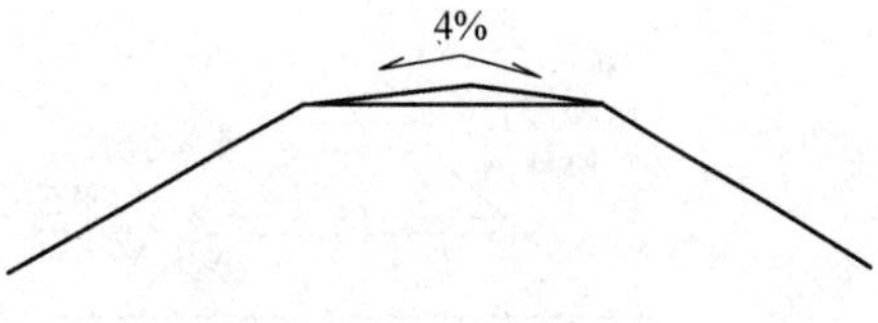

图 2-6　路拱

视路基材料是否为渗水材料可将路基做成有路拱路基和无路拱路基两种。路拱的形状为三角形。曲线加宽时，仅将路拱外侧坡度放缓。由于石质或其他渗水材料的路基面不设路拱，而且所需的道床厚度比普通土质路基小，因此当有路拱和无路拱两类地段相连接时，无路拱地段的路肩实际高程应高出有路拱地段的路肩，这样才能保持轨顶高程一致。

3. 路基面宽度

路基面的宽度等于道床覆盖的宽度与两侧路肩的宽度之和。

曲线地段外轨需设置超高。外轨超高是借加厚外轨一侧枕下道砟的厚度来实现的。由于道砟加厚，道床坡脚外移，因而曲线外侧路基宽度也应随超高的不同而相应加宽，才能保证路肩所需的宽度标准。

4. 路基横断面的标准设计

路基横断面最基本的两种形式是路堤横断面和路堑横断面。路堤横断面主要由路基顶面、边坡、护道、取土坑或排水沟组成。路堑横断面则由路基顶面、侧沟、路堑边坡、弃土堆、天沟和用地界等组成。

2.1.5 路基的填筑

1. 基底的处理

路堤基底是填料与原地面接触部分。

（1）基底的质量要求　具有足够的承载力，防止路堤的沉陷；基底面干燥、填筑的路堤与原地面结合紧密，防止路堤沿基底面滑动。

（2）基底处理措施　清除草皮，基底挖台阶，疏干基底排水。

2. 基底填料

1）填料根据性质及适应性归纳为 A、B、C、D、E 五个组，E 组是严禁采用的填料，包括有机土。

2）路堤基床以下部分宜选用 A、B、C 组填料。

3）路堤浸水部分宜选用渗水土填料。

4）使用不同填料填筑路堤时，应分层填筑，每一水平层应采用同一种填料填筑。

5）在陡坡地段进行半填半挖路基时，应将自线路中心靠山坡一侧宽度不小于2m、路基面下 1.2m 范围内的土予以挖除换填。用不同类土填筑的路基断面形式如图 2-7 所示。

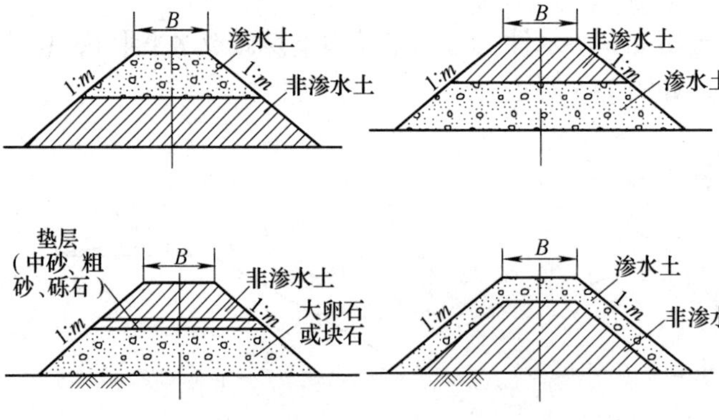

图 2-7　用不同类土填筑的路基断面形式

1∶m—成形边坡坡度　B—路基宽度

3. 压实标准

1）基床以下部位填料的压实度标准。不同的填料采用不同的控制指标，需按照规范要求设计。

2）路基填筑前应按照设计文件要求对地基或基底面进行处理。施工填筑时，应选择具有代表性的地段，根据填料的性质和填筑压实工艺性试验综合确定含水量、压实度等主要参数。

4. 过渡段

（1）填方桥台　路堤与桥台连接处应设置倒梯形桥路过渡段，过渡段底部的梯形下底宽（即线路方向纵向长度）宜不小于 5m，桥台基坑底部需回填素混凝土，过渡段斜向边坡的水平投影长度应大于 2 倍桥台后方路堤中心高度，且过渡段总长度不得小于 20m。过渡段范围内的基床表层级配碎石根据设计要求可掺 3%～5% 水泥。

（2）挖方桥台　桥台台尾路基为弱风化或强风化的硬质岩、软质岩及土质路堑时，过渡段的斜向边坡坡率随岩性不同而变缓。挖方地区桥路过渡段采用混凝土与级配碎石过渡，长度不小于 20m。在过渡段以外 20m 范围内的基床表层级配碎石掺 3%～5% 水泥。桥台台尾路基为硬质岩路堑时，桥台基坑采取混凝土回填。

（3）涵路过渡段　当涵洞顶部至路基面的高度 $h \geqslant 2.0\text{m}$ 时，应在涵洞侧面设置水泥稳定级配碎石（掺 3%～5% 水泥）过渡段，过渡段范围内的基床表层级配碎石掺 3%～5% 水泥。

当涵洞顶部至路基面的高度为 $0.7\text{m} \leqslant h < 2.0\text{m}$ 时，参照填方桥路过渡段方式，采用两次过渡方案，在涵洞顶面及两侧设置正梯形的水泥稳定级配碎石（掺 3%～5% 水泥）过渡段，再延伸设置一段倒梯形过渡段，采用 A、B 组填料。

过渡段总长度不小于 4 倍路堤高度，且不得小于 20m。

（4）过渡段沉降观测　对每处过渡段应进行地基沉降、侧向位移的动态观测。沉降观测应采用二等水准测量，并进行工后沉降分析。

2.1.6 路堑的开挖

路堑开挖施工应按施工项目所处的位置、地形、地质、气象及水文等实际情况，并结合设计要求进行布置。开挖方法应根据地形情况、岩层产状、路堑断面形式、连续长度及施工季节，并结合土石方调配方案进行合理的选择。

路堑开挖方法包括全断面开挖、横向台阶开挖、逐层顺坡开挖和纵向台阶开挖四种。边坡高度大于 20m 的路堑开挖应分级开挖、分级支挡、分级防护，并提前做好边坡坡脚预加固措施。

边坡开挖应符合下列要求：

1）开挖前，现场复查土石方调配计划及进行坡面检查，根据贯通测量成果，加密测量并标出堑顶开挖轮廓桩。

2）坡面应平顺，无明显凹凸，无危面、浮土、砟堆及杂物等。

3）开挖前施做堑顶及排水设施；需设防护的边坡，应按设计及时防护，当不能紧跟开挖防护时应预留一定厚度的保护层。

2.1.7 路基的排水

路基排水分为地面排水和地下排水。排水措施通常有排泄、拦截地表水、疏干地表水和降低地下水四种方法，如图 2-8、图 2-9 所示。

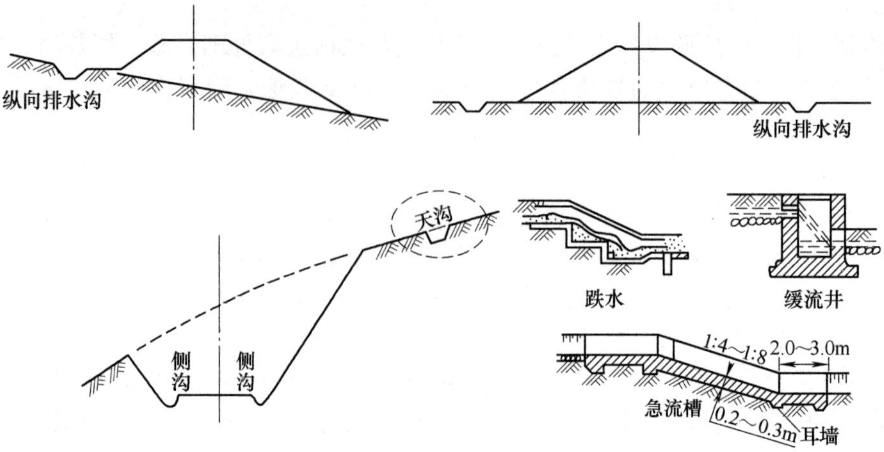

图 2-8 不同形式的地面排水方法

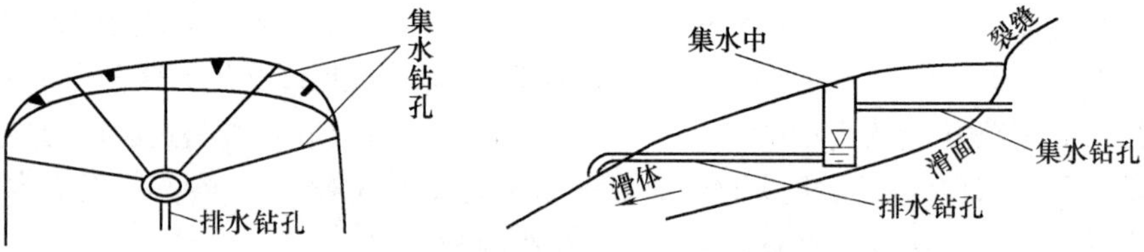

图 2-9 不同形式的地下排水方法

2.1.8 路基的防护

1. 路基坡面防护的几种类型

1）边坡植物防护。

2）骨架植物护坡。

3）边坡挂网锚喷防护。

4）浆砌片石护坡、护墙防护。

5）采用填缝、灌浆、嵌补和支顶等措施防护、加固边坡。

6）干砌片石护坡。砌石护坡的结构形式如图 2-10 所示。

7）边坡渗沟。

2. 坡面防护的施工要求

1）路基防护应在适宜时间施工并及时完成。

2）各种防护设施应在稳定的地基和坡体上施工。在没有挡土墙或地下排水设施地段，应先做好挡土墙、排水设施，再做防护。

3）防护的坡体表面应先整平，有地下水露头时应做引排处理；防护层应与土石坡面密贴结合，背后不留空隙。

4）防护砌体施工应符合现行《铁路混凝土工程施工技术指南》的规定。

5）护坡的垫层或反滤层应严格按照设计的层数、厚度和颗粒级配的要求施工，砂、砾石应筛选清洗，含泥量不得大于 5%。采用土工织物做反滤层时，施工应符合现行 TB 10118—2006《铁路路基土工合成材料应用技术规范》的规定。

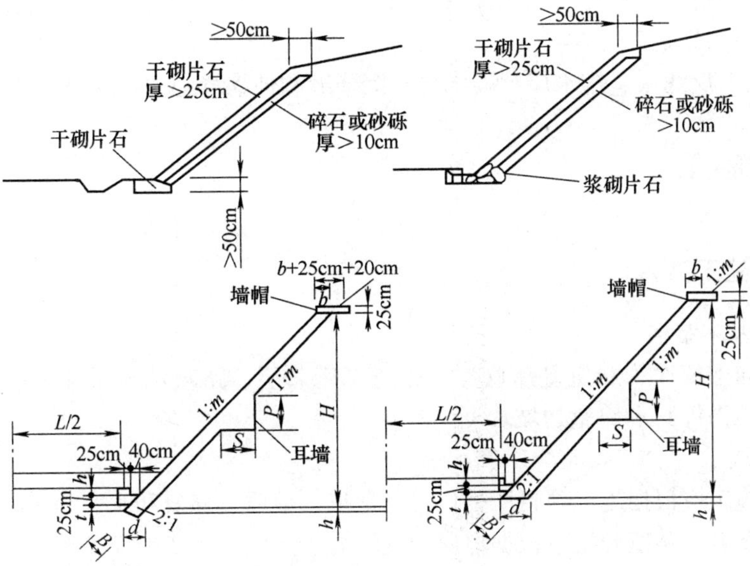

图 2-10　砌石护坡的结构形式

2.1.9　路基的支挡结构

1. 路基支挡结构类型

路基支挡结构类型主要有重力式挡土墙、短卸荷板式挡土墙、悬臂式和扶臂式挡土墙、锚杆挡土墙、锚定板挡土墙、加肋挡土墙、土钉墙、抗滑桩、桩板式挡土墙及预应力锚索等。

2. 路基支挡结构施工要求

1）在岩体破碎、土质松软或有水地段修建支挡结构时，宜在旱季施工，并应集中力量，分段施工，不应长段拉开挖基。

2）浆砌片石砌体必须用坚硬、不易风化的片石，采用挤浆法砌筑。严禁使用灌浆法施工。

3）支挡结构施工前，应在上方做好截水、排水及防渗设施。雨季施工宜搭设雨棚。

4）明挖基坑应符合下列规定：

① 应核对地质情况，当与设计不符时应及时反馈。

② 坑内有积水应设排水沟、集水井排水。

③ 墙基位于斜坡时，墙趾埋入深度和距地面水平距离均应符合设计要求。

④ 采用倾斜基底时，应准确挖、凿，不得填补。

⑤ 基坑开挖至设计高程后，应立即进行基底承载力检查。当承载力不足时，应按规定变更设计。

5）挡土墙施工应随开挖、随下基、随砌筑墙身，保证排水设施的施工质量，及时回填基坑和墙背。

6）挡土墙端部伸入路堤或嵌入地层的部分应与墙体结合砌筑。路堑挡土墙顶应找平抹面或勾缝，其与边坡间的空隙应用黏土夯填封闭。

7）挡土墙与桥台、隧道洞门连接应协调配合施工，必要时应加临时支撑，确保与墙相接的填方或山体的稳定。

8）泄水孔、反滤层、排水层、隔水层、沉降缝和伸缩缝必须按照设计要求设置。

2.2 路堑施工

2.2.1 路堑施工方法

1. 路堑的基本结构

路堑自底向上依次为路堑基床底层、路堑基床表层、路堑排水系统（路堑侧沟、路堑堑顶、天沟、吊沟等）和路堑边坡。

2. 开挖方法

路堑开挖施工应根据施工项目所处位置、地形、地质、气象和水文等实际情况，并结合设计要求进行布置。路堑开挖应根据地形情况、岩层产状、路堑断面类型、路堑连续长度及施工季节，结合施工组织设计安排的土石方调配方案选用下列方法：

（1）全断面开挖　适用于平缓山地或平地下切的短而浅的一般土石路堑。一般情况下，中心开挖高度小于5m，用挖装机械配合自卸运输车进行施工。

（2）横向台阶开挖　适用于横坡不大于1∶10的情况下的一般土石路堑施工。较深路堑宜分层开挖，一般情况下每层高度不大于5m，用挖装机械配合自卸车进行施工。

（3）逐层顺坡开挖　适用于土质路堑，用铲运、推土机械施工。采用铲运、推土机械方法施工时，一般情况下，装土区和卸土区之间的距离不大于1km。

（4）纵向台阶开挖　适用于土、石质傍山路堑。施工时，应根据土石方调配要求，采用适当的钻爆、运输机具施工。有条件时可利用土石自重排出土石。邻近既有线旁或边坡较高时，应分级开挖，且应有可靠的安全防护措施；路堑较长时，可适当开设马口。对边坡高度大于20m的软弱、松散岩质路堑，宜采取分级开挖、分级支挡、分级防护和坡脚预加固措施。

2.2.2 路堑施工要求

1. 路堑开挖施工前的准备

1）现场复查施工组织设计的可行性，核实、调整土石方调运计划。

2）对施工现场按有关规定进行清理，检查坡顶、坡面；对危险面、裂缝和其他不稳定情况必须妥善处理。

3）依据贯通测量的成果，加密测量桩橛，放设路堑开挖坡顶轮廓桩。

4）施做堑顶截水、排水系统。

2. 路堑排水系统施工要求

1）路堑施工应先做好堑顶截水、排水，并经常检查，防止渗漏。堑顶为土质或含有软弱夹层的岩石时，天沟应及时铺砌或采取其他防渗措施。

2）开挖区应保持排水系统通畅。临时排水设施宜与永久性排水设施相结合，并与原有排水系统相适应。

3）排出的水不得危及路基及附近建筑物、道路和农田的安全。

3. 开挖顺序

应从上至下进行，严禁掏底开挖。对不稳定的土质路堑边坡应分层加固。开挖和边坡加固有特别要求时，则应按设计要求进行。在岩石的走向、倾斜不利于边坡稳定及施工安全的地段，应顺层开挖，并采取减弱施工振动的措施；在设有挡土墙的地段，应采取缩短开挖长度或马口开挖，并设临时支护等措施。

4. 施工方法

软石和强风化岩石宜采用机械开挖，边坡高度大于 20m 的坚硬岩石可采用光面、深孔预裂爆破开挖，严禁采用洞室爆破。爆破应根据岩性、产状、边坡高度选择适当的爆破方法，严格控制药量。爆破后应达到边坡和堑顶山体稳定，基床和边平顺、不破碎、不松动；凸凹不平处应用浆砌片石补齐。

5. 边坡开挖要求

1）标出边桩连接线，经常检查边坡开挖坡度。

2）坡面应平顺，无明显凹凸，无危面、浮土、砟堆及杂物。

3）需设防护的边坡，应按设计及时防护。当不能紧跟开挖防护时，应预留一定厚度的保护层。

4）在岩石路堑的侧沟平台上应按设计预留信号、电力电缆槽。开挖时不得损坏边坡坡脚，必须保证侧沟和侧沟平台完整。如有损坏，应用混凝土或浆砌片石补齐。

6. 路堑开挖弃土要求

路堑开挖产生的弃土应按环保要求运至设计指定的弃土场。弃土场应按环保或设计要求设置必要的挡护和排水设施，确保弃土不出现水土流失，或破坏农田和道路以及其他建筑物。

7. 路堑开挖特殊情况的处理

路堑开挖遇有下列情况时，应及时向设计单位反馈。

1）设计边坡、基床的土石种类或岩层构造与实际明显不符时。

2）因自然灾害危及堑底或边坡稳定时。

3）采用新的或特殊的施工方法，需改变边坡坡度时。

4）需增设或改变支挡、防护结构及排水设施时。

8. 特殊路堑施工要求

（1）膨胀土（岩）路堑　膨胀土（岩）路堑的施工原则是快速施工、及时封闭、分段完成。开挖施工宜安排在旱季。设计有边坡支挡和防护的，应随开挖进度及时砌筑。当砌筑不能紧跟开挖时，开挖的边坡应暂留不小于 0.5m 厚度的保护层。路堑开挖区域禁止一切水的流入，对于降雨流入的水要及时排出，保证开挖区域处于无水状态。膨胀土（岩）路堑的基床换填要紧随开挖完成，当有困难时，应暂留不小于 0.5m 厚度的保护层。路堑基床表层应按设计及时施作。

（2）黄土路堑　黄土路堑的施工宜安排在旱季施工。施工前应做好堑顶截水、排水和地面排水设施，应采取有效措施，防止地表和地下水流人施工开挖区域软化地基、浸泡边坡。在降雨量较大的地区应及早做好边坡防护和冲刷防护。

（3）冻土路堑　冻土路堑的施工原则主要是防止冻土融化，尽量保持土的天然冻结状态。因此，一切施工措施都要以尽量减少对天然冻土的扰动，及时施做保温设施为原则。冻土路堑的开挖宜尽量不使用爆破，若必须爆破也应采用松动爆破。冻土路堑宜分段开挖并及时保温防护。

9. 开挖表层对基床底层的施工要求

当开挖达到基床底层范围时，其天然土层静力触探比贯入阻力 P_s 值应达到设计要求的值；若达不到设计值，则要挖除软弱土层，换填设计要求的填料并压实，以使压实度等强度指标符合设计及规范规定。

2.3 路堤施工

2.3.1 路堤施工方法

路堤的构造自底向上依次为地基、基床以下路堤、基床底层和基床表层。我国轨道电车的路堤构造与现行铁路路堤构造基本相同，仅各个构造层所选用的材料、厚度及其检测验收标准略有不同。

1. 地基处理

路堤填筑前，应按照设计文件要求对地基或基底面进行处理，选择具有代表性的地段，进行填筑压实工艺性试验，通过填筑压实工艺性试验确定主要工艺参数，并报监理单位确认。经过处理的地基（基底）应按照设计及规范要求进行验收并经监理工程师签字方能进行正式的、大规模填筑施工。如果发现填筑的地基范围内有泉眼、坑穴或局部松软等，应及时向设计、监理部门反映，不得任意填塞。

2. 填筑流程

路堤填筑应按“三阶段、四区段、八流程”的工艺组织施工。碾压时，各区段交接处应重叠压实，纵向搭接长度不得小于2m，纵向行与行之间的轨迹重叠压实不小于0.3m，横向同层接头处重叠压实不小于1m，上下两层填筑接头应错开不小于3m。

三阶段，即准备阶段、施工阶段和整修阶段；四区段，即填土区段、整平区段、压实区段和检测区段；八流程，即施工测量、地基处理、分层填土、摊铺整平、洒水晾晒、碾压密实、检测签证和路基修整。

路基的每一填筑层均应按照设计及规范的相关规定进行压实质量的检测。只有检测合格后，方能进行其上的第二层填筑。路基填筑压实质量的检测按填料性质的不同主要有压实系数 K_h、地基系数 K_{30}、相对密实度 D_r、孔隙率 n、动态变形模量指标 E_{vd} 和静态变形模量 E_{v2} 等指标。

3. 填筑填料

所有用于路基填筑的填料均应符合设计和相关规范的要求。填料中的土块应打碎。填料的粒径不得大于填筑层厚度的2/3。填料的挖、装、运、摊镩及压实应连续进行。在作业过程中，应控制填料中含水量的不利变化。对粗粒土和软块石，应防止产生颗粒的分解、沉积和离析。

填筑包心路堤时，宜将渗水性能弱的填料填筑在堤心部分，渗水性能强的填料填筑在路堤两侧。碾压时，填料的含水量应严格控制，其施工含水量应控制在最优含水量的 -3% ~

+2%范围以内。

2.3.2 路堤施工要求

1. 一般要求

不同种类的填料不得混杂填筑，每一水平层的全宽应采用同一种填料。当渗水土填在非渗水土上时，非渗水土层顶面应向两侧做成坡度不小于 4% 的排水坡。

路堤应纵向分层填筑压实。填层应整平，厚度均匀，压实层表面应大致平整。每层压实表面应做成坡度不小于 2% 的横向排水坡。

填层压实宽度不应小于设计值。每层填筑压实应经检验合格后方可在其上继续填筑。两端路堤接头处，每层端头应预留 2 ~ 3m 长的搭接台阶。

低温施工时，应选择级配良好的渗水土作填料；当需要使用非渗水土时，其含水量应低于塑限，其分层填筑铺土厚度应减薄 20% ~ 25%。严禁雨天进行非渗水土的填筑作业。河滩、滨河路堤宜在枯水季节施工，并在洪汛前做完水下防护工程。滨河路堤应采用围堰拦潮或利用潮汐间歇期施工。水库路堤宜在水库蓄水前或低水位时期施工。

填筑厚度应根据路堤高度、填料种类、压实条件、地基情况、施工季节及延续时间等因素，考虑路堤沉落量和地基沉降量，并与桥台或两端线路纵坡顺接，适当调整预留量，顺坡后的坡度不应大于线路限制坡度。在完工的路堤顶面，除压实、整平、架梁和运铺底砟的机械外，不宜行驶其他大型机械和车辆。

2. 过渡段填筑要求

在路堤与桥台、路堤与横向结构物、路堤与路堑以及路堑与隧道等的连接路段，应按设计要求施工过渡段。优先安排软土地基地段过渡段路堤的填筑施工。过渡段的桥台、涵洞等建筑物的基坑应以混凝土回填或以碎石分层填筑，并用小型振动设备碾压。回填工作必须在隐蔽工程验收合格后才能进行。过渡段范围的路堤基底处理应符合路堤填筑前技术规范要求。过渡段级配碎石施工应符合设计要求，分层填筑压实，每层的压实厚度不应大于 30cm，最小压实厚度不宜小于 15cm，具体的摊铺厚度及碾压遍数应按工艺试验确定的工艺参数进行控制。每压实层路拱坡面应符合设计要求，无积水现象。过渡段 A、B 组填料应符合技术规范要求。

过渡段级配碎石与其连接段的 A、B 组填料填层应与相邻的路堤及锥体同时施工，并将过渡段与连接路堤的碾压面按大致相同的水平分层高度同步填筑并均匀压实。在填筑压实工程中，应保证桥台、横向结构物稳定，无损伤。

路桥过渡段地基采用打入桩、挤密桩等加固时，宜先进行打入桩和挤密桩等施工，再进行桥涵的结构施工。过渡段两侧一定要按设计做好纵向和横向排水，以免水从结合部渗入路基造成危害。

（1）路堤与桥台过渡段填筑要求

1）过渡段路堤应与桥台锥体和相邻路堤同步填筑。

2）台后 2.0m 范围外大型压路机能碾压到的部位，其填筑施工应符合一般路堤填筑施工要求。

3）大型压路机碾压不到的部位及在台后 2.0m 范围内，用小型振动压实设备进行碾压，填料的松铺厚度不宜大于 20cm，碾压遍数应通过工艺试验确定。

（2）路堤与横向结构物过渡段填筑要求

1）横向结构物两端的过渡段填筑必须对称进行，并应与相邻路堤同步施工。

2）涵洞顶部两端大型压路机能碾压到的部位，其填筑施工应符合一般路堤填筑要求；靠近横向结构物的部位，应平行于横向结构物进行横向碾压。大型压路机碾压时，不得影响结构物的稳定性。

3）横向结构物的顶部填土厚度小于1m时，不得采用大型振动压路机进行碾压。

4）大型压路机碾压不到的部位及在台后2.0m范围内，用小型振动压实设备进行碾压，填料的松铺厚度不宜大于20cm，碾压遍数应通过工艺试验确定。

（3）路堤与路堑过渡段填筑要求

1）过渡段填筑前，应平整地基表面，碾压密实；并应挖除堤堑交界坡面的表层松土，按设计要求做成台阶状。

2）大型压路机能碾压到的部位，其施工方法应符合一般路堤填筑施工要求，靠近堤堑结合处应沿堑坡边缘进行横向碾压。

3）大型压路机碾压不到的部位及在台后2.0m范围内，用小型振动压实设备进行碾压，填料的松铺厚度不宜大于20cm，碾压遍数应通过工艺试验确定。

（4）路堑与隧道过渡段填筑要求

1）土质、软质岩及强风化硬质岩路堑与隧道连接地段，应按设计要求设置过渡段。

2）过渡段应采用渐变厚度的混凝土或掺入适量水泥的级配碎石填筑。

（5）过渡段沉降观测　过渡段沉降观测应按设计要求进行。

3. 基床填筑要求

（1）基床构造

1）路基上部承受轨道、车辆动力的作用，并受水文、气候变化的影响而具有一定厚度的土工结构。

2）基床分为表层和底层。

3）基床底层的顶部和基床顶部以下填料部位的顶部应设坡度为4%的人字排水坡。

（2）基床填料

1）基床底层应选用A、B组填料或改良土，当使用块石类作为基床底层填料时，级配应良好，其粒径不大于10cm。

2）基床表层填料应采用级配碎石、级配砂砾石和沥青混凝土。

（3）基床底层填筑　基床底层填筑工艺除与一般路堤填筑相同外，另需符合以下要求：

1）采用碎石类和砾石类填筑时，分层的最大压实厚度不应大于35cm。

2）采用砂类土和改良土填筑时，分层的最大压实厚度不应大于30cm。

3）分层填筑的最小压实厚度不宜小于10cm。

（4）基床表层级配碎石或级配砂砾石填筑

1）基床表层施工前，应做好级配碎石或级配砂砾石的备料工作。

2）级配碎石或级配砂砾石必须采用厂拌。

3）级配碎石或级配砂砾石大面积填筑前，应根据初选的摊铺、碾压机械及试生产出的填料，进行现场填筑压实工艺试验，试验段长度不宜小于100m。

4）基床表层填筑前，应检查基床底层几何尺寸，核对压实标准。

5）基床表层级配碎石或级配砂砾石的填筑工艺宜按验收基床底层、搅拌运输、摊铺碾压和检测整修“四区段”，以及拌和、运输、摊铺、碾压、检测试验和养护整修“六流程”的施工工艺组织施工；其余要求与一般路堤填筑施工工艺相同。

（5）基床表层沥青混凝土铺筑　基床表层沥青混凝土层仅在有特殊要求的客运专线上设置。

1）施工前，做好沥青混凝土原材料的备料工作，原材料各项指标应符合设计及规范的要求。

2）沥青混凝土必须采用厂内集中拌和。

3）大面积铺筑前，应根据初选的摊铺、碾压机械及试生产出的填料，进行现场铺筑压实工艺试验，试验段长度不宜小于 100m。

4）铺筑沥青混凝土前，应检查基床表层级配碎石或级配砂砾石层几何尺寸，核对压实标准。

5）基床表层沥青混凝土的施工必须有施工组织设计，保证合理的施工工期。不得在温度低于 10℃、雨天或路面潮湿的情况下施工。

6）沥青混凝土的矿料级配应符合设计要求，沥青混凝土配合比设计采用马歇尔稳定度试验配合比设计方法；通过目标配合比设计、生产配合比设计以及生产配合比验证三个阶段，确定矿料级配及最佳沥青用量。

7）沥青混凝土必须在拌和场采用拌和机械拌制，可采用间歇式或连续式拌和机，且必须配置计算机控制系统。料源或质量不稳定时，不得采用连续式拌和机。

8）沥青混凝土宜采用较大吨位的运输车辆运输，不得在级配碎石或级配砂砾石路面上急制动、急掉头，应匀速行驶，运料车每次卸料必须倒尽。

9）沥青混凝土宜采用沥青摊铺机摊铺。基床表层沥青混凝土分两幅摊铺，采用热搭接方法，两幅之间应有 3～60cm 宽度的搭接。摊铺机开工作业前，应提前 30～60min 预热熨平板至不低于 100℃。摊铺机必须缓慢、均匀、连续不间断地摊铺。

10）沥青混凝土压实层的最大厚度不宜大于 10cm，应配备足够数量的压路机，选择合理的压路机组合方式以及初压、复压、终压的碾压步骤，以达到最佳的碾压效果。

11）沥青混凝土接缝必须紧密、平顺，不得产生明显的接缝离析。上、下层纵缝应错开 15cm（热接缝）或 30～40cm（冷接缝）。相邻两幅及上、下层的横向接缝应错开 1m 以上。横向接缝可采用斜接缝、阶梯形接缝或平接缝的形式。

12）基床表层沥青混凝土的厚度不应小于设计值。

4. 特殊路基填筑要求

（1）软土路基

1）软土地基上的路基必须按照设计完成地基处理后方可进行填筑。

2）开工前，应按设计要求做好填料选择，合理规划运土路线，按照设计要求的填土加载速率编制填筑施工计划。

3）运土道路应采用合格的填料填筑，其基底应适当做排水、加固处理，路面结构应能满足重载行车的需要。

4）过渡段的地基处理宜与相邻路堤同步进行。

5）正式填筑施工前，应选择有代表性的地段进行填筑压实工艺性试验，特别是对于软土地基，还要同时进行加载时的沉降观测，以确定合适的加载速率。

6）在整个路堤填筑施工过程中，均应进行路基的沉降观测，并依据观测数据控制填土速率。

7）路堤各部位的沉降观测点应按设计要求设置。

8）沉降观测的频次应按设计要求办理，若沉降较快还应加密观测频次。

9）若设计没有规定时，一般按下列指标控制填筑速率：边桩水平位移量每天不得大于5mm，路堤中心地面沉降量每天不得大于10mm；当超过以上控制指标时应停止填筑，待沉降值恢复至控制指标以内时，方能恢复填筑。

10）路堤应采用合格的填料填筑，其压实标准与一般路堤相同。

11）反压护道应与路堤同时填筑。

12）填筑路堤时应按规定预留沉降量。

13）施工过程中应及时向设计单位提供沉降观测资料，供修正设计。

（2）改良土路堤

1）填料应按设计要求进行改良。

2）改良填料应拌和均匀。

3）掺加石灰的化学改良土一般有厂拌法和路拌法两种施工方法。

4）路拌时，特别应注意拌和层与下承层的拌和衔接。

5）每填筑、拌和、压实一层后，均应按照相关规范或标准进行检测。合格后，方能进入下一层的施工。

（3）膨胀土路堤

1）用于路堤填筑的膨胀土填料，必须是经过设计确认的合格填料。

2）填筑前，必须做好路基两侧的排水设施。

3）路堤填筑应按照集中力量、分段完成的原则组织施工。

4）路堤两侧和坡面排水设施应在路堤成形后尽快完成。

5）各种生产、生活用水及地下水均应采取有效措施排至填筑施工区域以外。

（4）盐渍土地基上的路堤

1）地基及护道范围应铲除表层盐土，并做成自路基中线向两侧2%的横向坡面。

2）路堤底部应按设计要求铺设毛细水隔断层及其垫层或反滤层。

（5）黄土地基上的路堤

1）对强湿陷性、高压缩性、承载力不足或有缺陷的地基，应按设计要求处理后方可填筑路堤。

2）填筑路堤前，应将松散的地基表层洒水压实至规定密度，路堤两侧排水沟以内的坑洼和松散地面均应整平，碾压密实，不得积水。

3）施工中，路基范围内黄土地基上不得浸水。

（6）液化土地基上的路堤

1）地基处理前，应结合设计文件对液化土地基及处理范围进行核查。

2）液化土地基施工前，应按设计要求进行试验段工艺性试验。

（7）浸水路堤

1）浸水路堤填筑应选择在枯水季节施工，地基处理及护道施工应在汛期前完成。

2）水下地基处理应符合设计要求。

3）浸水路堤的填料种类及使用条件应符合设计要求。

4）填筑浸水路堤前应降低水位，有条件时宜采用围堰疏干。

5）基底回填及水位下路堤施工应分层填筑碾压，每层松铺厚度不应大于30cm，填料的含水率应严格控制在最优含水率的上限范围内；水下路堤（含护道）超出设计水位线0.5m后按一般路基施工。

6）浸水路堤填筑的压实质量应符合设计要求，基床以下路基浸水与不浸水部分分界高程的施工允许偏差为+100mm。

5. 路基沉降观测

1）在路基工程施工中，应按设计要求进行地基沉降、侧向位移的动态观测。观测基桩必须置于不受施工影响的稳定地基内，并定期进行复核校正。观测装置的埋设位置应符合设计要求，且埋设稳定，施工中应保护好观测基桩及观测装置。

2）沉降观测应采用二等几何水准测量。

3）软土及其他类型松软地基上的路基应进行工后沉降分析。路基的工后沉降量应满足以下要求：一般应不大于20cm，路桥过渡段应不大于10cm，沉降速率均应不大于5cm/年。

4）路基沉降观测一般采取的方法是在路基典型断面处埋设沉降观测板及观测杆，在隔离护管的隔离下，采用精密水准仪观测沉降杆的高程，并推断沉降板的下沉，以此作为分析路基稳定状况的基础数据，如图2-11所示。

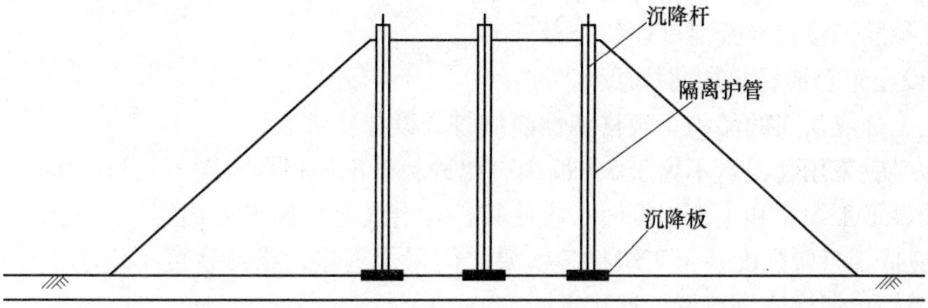

图2-11　路基沉降观测

5）在路基施工中，随着路基填筑高度的增加，沉降杆和隔离护管不断接高并始终高出路基面，一般每次接高100cm为宜。如果是软基施工观测，还需要观测侧向位移，一般是在脚处设置观测桩，采用全站仪观测侧向位移。沉降观测断面的间距，一般根据设计要求确定，但不超过100m。

2.4　路基地基处理

2.4.1　地基处理方法

在路基工程中，地基处理的方法有换填、抛石挤淤、填筑排水砂垫层、铺设土工合成材料加肋垫层、套管法（沉管法）施工砂桩、袋装砂井、塑料排水板、挤密砂桩、碎石桩、粉体喷射搅拌桩、浆体喷射搅拌桩、高压旋喷桩、水泥粉煤灰碎石桩（CFG）、水泥砂浆桩（CMS），多向搅拌桩（MMP）、强夯、重锤夯实、真空预压和堆载预压等。

2.4.2 地基处理施工要求

1. 换填

路基换填主要是针对浅层、局部存在软土及松软土的情况而采用的一种常用的地基处理方法。施工时，应根据土质情况和换填深度，按设计范围将软土全部或分段清除，整平底部，再按照路堤相应部位规定的填料、压实标准和填筑工艺进行回填。

2. 抛石挤淤

1）施工前，应进行抛填深度、硬下卧层横坡探测，确定抛填方案。抛填应自地基中部向两侧进行；有横坡时，自高侧向低侧进行。

2）石料宜使用不易风化的片石，片石尺寸不宜小于0.3m。当料源困难时，允许有20%以下的较小片石，但块径不得小于15cm。

3）片石抛出水面0.5m后，应在顶面铺一层较小石块，用重型振动压路机反复碾压。

3. 填筑排水砂垫层

1）施工前，施工单位应做压实工艺性试验，确定主要工艺参数，并报监理单位确认。

2）砂料应采用中、粗砾砂，其中细粒土含量不得大于5%，并不得含有草根、树根和垃圾等杂物。

3）应适当洒水压实，压实标准达到中密。

4）砂垫层铺设宽度及厚度应符合设计要求。

4. 铺设土工合成材料加肋垫层

1）土工合成材料的品种、规格和性能应符合设计要求。

2）砂料应采用含泥量不大于5%的中、粗砂，砂中不得含有尖石、树根等杂物。

3）铺设土工织物和土工格栅时，应使其长幅沿线路横断面方向铺设；其受力方向的接头强度不应低于整幅强度；土工织物各横幅之间采用搭接，搭接宽度不应小于0.3m，土工格栅可不搭接，但应密排放置、连接牢固。

4）铺设多层土工合成材料时，应使上、下层接头互相错开，错开距离不应小于0.5m。

5）铺土工合成材料前应先整平、压实底层，铺设时应理顺、拉直、绷紧，不得有褶皱和破损。做好锚头后及时上砂覆盖，不得在其上走行车辆和其他机械。

6）在加肋垫层上填筑第一层土时，应先填两边、后填中间，避免挤压面砂，使土工合成材料松弛；压实时，应先用轻型压路机碾压3～4遍后，改用重型压路机碾压至符合要求。

5. 套管法（沉管法）施工砂桩

1）可采用振动法或锤击法打设套管（沉管）。套管下端应采取单向锁口措施，防止稀泥进入，并能使砾料顺畅排出。

2）砂桩应按设计位置、桩径、深度和数量施工。桩的平面位置允许偏差为+10cm，桩径和深度不应小于设计尺寸，垂直度偏差不应大于1.5%。

3）砂桩宜顺线路方向分段逐排打设，每段长度不宜大于100m。

4）灌砂率应符合设计要求。

5）严格控制砂斗装砂量。拔管后必须检查灌砂量是否达到要求，如有问题及时处理。

6）拔管速度不可太快，防止带破桩（井）口。拔管后桩（井）内缺砂时，应立即补砂捣实。

6. 袋装砂井

1）施工前，应清除原地面的各种杂物，并按设计要求填筑工作垫层。施工场地应排水畅通。

2）砂袋的材料性能应符合现行土工合成材料相关规范的规定和设计要求。砂袋头应露出地面不小于0.5m；砂袋在井孔中弯曲、沉缩的增长量，可按井深的2%预留。

3）砂料应采用含泥量不大于3%的中、粗砂，湿砂应风干或烘干至松散状态，砂袋灌砂率不应小于95%。

4）套管上端砂袋入口处应设滚轮，避免磨破砂袋。

5）当地面软弱时，宜先铺设0.3m厚的砂垫层。

6）宜顺线路方向分段逐排打设，分段长度不宜大于100m。

7）必须按照设计位置、井深和井数施工，井位允许偏差为±10cm，井深不应小于设计值。

8）装入砂袋时，必须防止砂袋扭结、磨损和断裂。

9）施工中，应经常检查套管下端活门的密封情况，避免管内进泥造成拔管跟袋；当跟袋长度大于0.5m时应重新补打。

10）拔管后，孔口稀泥应及时清除干净，避免污染砂垫层。

11）袋装砂井施打后一周内应经常检查袋中砂的沉缩情况，及时进行补砂。

7. 塑料排水板

1）施工前，应清除地面上的淤泥、树根、草皮及杂物。

2）打设塑料排水板时不得采用振动法或锤击法施工。板头露出地面应不小于0.5m。

3）排水板的技术指标应符合设计要求，材料进场堆放应置于干燥通风处，并加遮盖。

4）当地面软弱时，宜先铺设0.3m厚的砂垫层。

5）打设塑料排水板时，宜顺线路方向分段逐排进行，分段长度不宜大于100m。

6）应严格按照设计位置、深度和孔数施工，板位允许偏差为±15cm，深度不应小于设计值。

7）打设时，排水板不应扭曲，滤膜不应破损和污染。

8）排水板接长时，应拆开滤膜对准芯板槽口、再包好滤膜，用钉固定，搭接长度不应小于0.2m；严禁浮放搭接。

9）排水板应锚定在孔底，防止跟袋；当跟袋长度大于0.5m时应重新补打。

8. 挤密砂桩

1）施工前，应选择有代表性的地段进行工艺性试验，确定主要工艺参数，并报监理单位确认。

2）砂桩施工开始后，应及时进行复合地基承载力试验，以确认设计参数。

3）砂料应采用含泥量不大于3%的中、粗砂。

4）挤密砂桩可采用单管法或双管法施工。施工前至少应做两根试桩。制桩工艺应能保证桩体连续、挤密均匀，桩径不小于设计尺寸，桩体密实程度达紧密状态。

5）应严格按照设计桩位、桩长、桩数施工，桩位偏差不应大于桩径的50%，桩长允许偏差为 -10cm，垂直度偏差不应大于1.5%。

6）施工顺序应从两侧开始，逐渐向中间推进，或由外向内环绕打设。

7）砂桩打完后，必须经检验合格后才可填筑排水砂垫层。

9. 碎石桩

1）施工前，应选择有代表性的地段进行工艺性试验，确定主要工艺参数，并报监理单位确认。

2）桩体和桩顶排水垫层填料可采用碎石、卵石、砾石、矿渣和碎砖等渗水性材料，粒径一般为20~50mm，含泥量不得大于5%，并不得含有土块和泥质岩石。

3）制桩应分段投料振密，分段长度一般为0.8~1.0m。

4）碎石桩全部制完经检验合格后方可铺设碎石垫层，并用重型振动压路机压实。

10. 粉体喷射搅拌桩

1）施工前，应选择有代表性的地段进行工艺性试验，确定主要工艺参数，并报监理单位确认。

2）粉体加固料的种类和规格应符合设计要求，并应具有质量合格证；不得使用受潮结块、变质的加固料。

3）应根据地基的加固深度选择合适的钻机、粉体发送器及配套设备；无粉体计量装置的粉喷机不得投入使用。

4）必须按照设计的桩位、桩长、桩数、喷粉量、搅拌长度及试桩确定的参数施工，桩位允许偏差为±10cm，桩长不应小于设计值，垂直度偏差不应大于1.5%，喷粉量偏差不应大于室内配方值的8%，桩体强度不应低于设计值。

5）粉喷桩施工应一次喷搅成桩。当中途停喷后续喷时，应重复喷搅至少1.0m。

6）成桩后7天内应采用轻型动力触探（N_{10}）检查桩的质量，28天后取试件做无侧限抗压强度试验。

11. 浆体喷射搅拌桩

1）施工前，应选择有代表性的地段进行工艺性试验，确定主要工艺参数，并报监理单位确认。

2）采用的固化剂和外加剂的品种、规格及性能应符合设计要求。

3）施工前，应现场取样做室内配方试验，按照设计要求，通过试验确定固化剂最佳用量、水灰比和外加剂用量，要求拌和的灰土早期强度高、龄期强度满足设计要求，并了解强度增长和龄期的关系。配置的灰浆应流动性好、不离析，便于泵送、喷搅。

4）必须按照设计的桩位、桩径、桩长和桩数施工。桩位允许偏差为 +10cm，桩径允许偏差为 +2cm，桩长不应小于设计值，垂直度偏差不应大于1.5%。

5）灰浆应搅拌均匀、加筛过滤、现制现用，不得停放过久。搅拌机必须配有浆体流量计，施工中应严格控制灰浆用量。

6）搅拌桩施工应严格按照试桩确定的工艺操作。喷浆搅拌不得中断；当因故中断后恢复喷搅时，应重复喷搅不小于0.5m。

7）成桩后7天内应用轻型动力触探（N_{10}）检查桩的质量，并按设计要求取试件做无侧限抗压强度试验。

12. 高压旋喷桩

1）施工前，应选择有代表性的地段进行工艺性试验，确定主要工艺参数，并报监理单位确认。

2）应根据地质情况和设计桩径选择适宜的施工方法，并配备相应的机具。

3）施工前，应根据桩体设计强度和旋喷参数，从现场取各层土样，在室内做不同含水量和配合比的强度试验，优选出最佳浆液配方；并在现场做试桩 2～3 根，查明桩径、强度，修正室内配方，确定旋喷工艺和参数。

4）应严格按照设计桩位、桩径、桩长和桩数施工，桩位允许偏差为 ±5cm，桩径、桩长不小于设计值，垂直度偏差不大于 1.5%。

5）水泥浆应按照室内配方配制，不得随意改变，并需严格过滤；旋喷过程中应防止水泥浆淀，宜随制随用。

6）旋喷桩施工时，应先用射水、锤击及振动等方法成孔或另用钻机成孔，然后将旋喷管插至孔底，自下而上进行旋喷。

7）钻孔时，钻杆应匀速旋转、提升，确保桩体连续、均匀；当拆卸钻杆或因故停喷后续喷时，应重复旋喷不小于 0.1m。

8）旋喷过程中，如果出现压力骤然下降、上升，以及孔口冒浆量超过 20% 或完全不冒浆时，应查明原因及时处理。

9）旋喷作业完成后，桩顶凹穴应及时用水泥浆补平。

10）桩体质量检验应在成桩 28 天后进行，检验方法可采用开挖、钻孔取芯、标准贯入和荷载试验等方法。

13. 水泥粉煤灰碎石桩（CFG 桩）

1）施工前，应选择有代表性的地段进行工艺性试验，确定主要工艺参数，并报监理单位确认。试桩不少于两根。

2）CFG 桩可采用振动沉管浇筑或长螺旋钻管内泵压混合料浇筑施工。

3）CFG 桩浇筑完成后，开挖表土、截桩，不得造成桩顶设计标高以下的桩体断裂和扰动桩间土。

4）褥垫层宜采用静压法施工。

5）CFG 桩施工数量、布置形式、间距应符合设计要求。施工时，每台班均需制作检查试件，进行 28 天强度检验。成桩 28 天后，及时进行单桩承载力或复合地基承载力试验。

14. 水泥砂浆桩（CMS）

1）施工前，应选择有代表性的地段进行工艺性试验，确定主要工艺参数，并报监理单位确认。试桩不少于两根。

2）水泥砂浆桩施工钻机配备多方位立体搅拌钻头，通过在水平叶片上增加竖向搅拌叶片，实现对水泥土多方向全方位的立体搅拌，以提高搅拌均匀性和桩体质量。

3）施工机具、设备性能及工艺应满足喷浆均匀性、桩的连续、完整性及加固深度的要求。

4）水泥砂浆桩桩位、桩身垂直度、桩体有效直径的允许偏差应符合设计和规范要求。

15. 多向搅拌桩（MMP）

1）钻机就位必须正确，其孔位偏差不得大于 50mm，钻杆垂直度偏差不得大于 1%。

2）施工前，应认真检查相关设备及管路系统。设备的性能应满足设计要求。管路系统的密封必须良好，管道必须畅通。

3）浆液的拌制严格按设计配合比控制，严格监督浆液的制作，搅拌时间必须达到要求。在喷浆过程中，浆液应连续搅动，防止浆液发生离析，确保成桩质量，每根桩检验的次数不得少于2次。

4）搅拌机钻头下沉和提升速度、供浆与停浆时间，下钻深度、喷浆高程及停浆面、单桩喷浆量应符合施工工艺的要求，并有专人记录。多向多轴搅拌到达桩端时，应原位喷浆搅拌30s，待桩底水泥浆与土体充分搅拌均匀后，再开始提升搅拌头，确保成桩质量。

5）成桩过程中，若因故停浆后继续施工时，必须重叠接桩，接桩长度不小于0.5m，接桩时间不得超过24h，否则应重打该桩。

6）施工中，若发现喷浆量不足时，应按要求复搅，复喷的喷浆量不小于设计用量。

16. 强夯

1）施工前，施工单位应做试夯工艺性试验，确定主要工艺参数，并报监理单位确认。

2）每遍夯击后应将夯坑填平，再进行下一遍夯击；强夯完毕，应按设计要求平整场地。

3）强夯施工时，应按设计要求采取隔振措施。

4）强夯锤重、落距应满足有效加固深度的要求。

17. 重锤夯实

1）施工前，施工单位应做地基土天然含水量试验和试夯工艺性试验，确定主要工艺参数，并报监理单位确认。

2）每遍夯击后应将夯坑填平，再进行下一遍夯击；重锤夯实完毕，应按设计要求平整场地。

3）重锤夯实施工时，应按设计要求采取隔振措施。

4）重锤夯实的锤重、落距应满足有效加固深度的要求。

18. 真空预压

1）真空预压前，砂垫层表面应平整、表层无尖石、硬块。

2）在正式抽气预压前，应进行试抽气，检查抽气设备及密封系统的密封性能。

3）测点应按设计要求的数量、位置埋设，并按设计要求的观测频次和观测精度进行观测。观测资料应齐全、翔实、规范。

19. 堆载预压

1）堆载预压施工时，应妥善保护各种沉降观测装置。堆载过程中应按设计要求加密沉降观测频次，严格控制填筑速率，并应随施工过程及时整理观测结果，观测资料应齐全、翔实、规范，符合设计要求。

2）堆载预压不得使用淤泥土或含垃圾杂物的填料。

采用上述各种地基处理方法处理过后的地基，均应按照现行行业验收规范的相关规定验收合格后，方能进行下道工序的施工。

2.5 路基防排水

路基应有完整、通畅的排水系统。排水设施应布置合理，与桥涵、隧道、站场等排水设施衔接配套，并具有足够的过水能力。路基排水设施应与水土保持及农田水利的综合利用相结合。城市地区的路基排水应与地方排灌和排污系统密切配合。

2.5.1　路基防排水方式

路基工程防排水包括地面水及地下水。

1. 地面水

对路基有危害的地面水，应采取措施拦截引排至路基范围以外。防排水设施布置应符合下列规定。

1）在路堤天然护道外，可设置单侧或双侧排水沟，也可利用土坑排水。农田高产区两侧排水困难时，可在路堤坡脚设矮脚墙。

2）路堑应于路肩两侧设置侧沟，堑顶外可设置单侧或双侧天沟。

3）天沟、侧沟、排水沟及边坡平台截水沟等各类防排水设施的设置，应符合将水引排至路基以外的要求。

2. 地下水

对路基有危害的地下水，应根据地下水类型、含水层埋藏深度及地层的渗透性等条件，以及对环境的影响，选用适宜的排除地下水设施。

1）当地下水埋藏浅或无固定含水层时，可采用明沟、排水槽、渗水暗沟、边坡渗沟和支撑渗沟等。

2）当地下水埋藏较深或为固定含水层时，可采用渗水隧洞、渗井、渗管或仰斜式钻孔等。

2.5.2　路基防排水施工要求

1）路基工程施工前，对影响路基稳定的地下水，应予以截断、疏干、降低水位，并引排到路基范围以外，防止漫流、聚积和下渗。

2）路基施工中，应核对全线排水系统，全线的沟渠、管道及桥涵应构成完整的防排水体系。

3）路基施工中，具备条件的地段应按设计做好防排水工程以及施工场地附近的临时防排水设施，然后再做主体工程。对不具备条件的地段，应先做好临时防排水设施，正式防排水工程可与路基同步施工，并随路基施工逐步成形。

4）在路基施工期，不得任意破坏地表植被或堵塞水的通路，各类防排水设施应及时维修和清理，保持排水畅通、有效。

5）泄水孔的位置、布置形式、孔径尺寸及泄水孔背反滤层的材料、设置应符合设计要求，且排水畅通。砌体及反滤层（或垫层）的材料及设置应符合设计要求。

第3章 轨道工程施工

3.1 轨道工程的构成

3.1.1 城市轨道交通的概念及构成

1. 轨道的概念

轨道是城市轨道交通系统的重要组成部分。轨道是作为一个整体结构铺设在路基之上，直接承受车辆及其荷载的巨大压力，并对车辆运行起着导向作用的一组设备。

2. 轨道的构成

轨道是由钢轨、轨枕、扣件、道床、道岔及其他附属设备等组成的构筑物，如图3-1所示。

图3-1 轨道构成图

3. 轨道的结构与性能要求

1）轨道是城市轨道交通运营设备的基础，它直接承受车辆荷载，并引导车辆运行。在车辆运行的动力作用下，轨道的各个组成部分必须具有足够的强度和稳定性，承受来自于车辆的纵向和横向的位移推力，保证车辆按照规定的速度、方向不间断地运行。

2）轨道需要有耐久性及适量的弹性，以确保车辆安全、平稳、快速运行，并使乘客感到舒适。

3）城市轨道交通均采用电力牵引，故要求轨道结构具有良好的绝缘性，以减少杂散电流。

4）根据环境保护对沿线不同地段的减振、降噪要求，轨道应采用相应的减振轨道结构。

5）从形式上看，全线轨道结构宜统一形式，采用统一的零部件，并要求外观整齐、维修工作量少，且施工方便。

6）从技术角度出发，轨道主要技术参数应根据车辆类型、设计速度及设计原则来确定，轨道结构部件应经济合理、结构简单、质量均衡、弹性连续、结构等强、匹配合理，并满足运营、减少维修，具备足够强度、良好的稳定性、耐久性、绝缘性和适量弹性等要求；在考虑城市景观与道路交通混行的同时，兼顾绿化与硬化铺装的通用性和互换性原则，便于养护维修和降低养护成本，并尽量统一轨道设施类型。轨道结构应采用成熟、先进的技术，便于各零部件的制造，提高轨道的可靠性。

7）对于轨距的设计，要求直线地段轨距采用标准轨——1435mm；对于曲线地段，轨距应按规定加宽；对于小半径曲线地段，轨距可不需加宽。

8）对于水平位置的设计，要求直线地段两股钢轨的顶面应保持同一水平面，其误差按《铁路技术管理规程》规定，正线不得大于4mm；对于曲线地段，为保证行车安全和乘客舒适，曲线外轨需按规定设置超高。

9）对于平面曲线的设计，为使车辆能平稳地由直线进入圆曲线或由圆曲线转入直线，应在直线和圆曲线之间按规定设置缓和曲线，以适应逐步加宽轨距和设置超高的需要。

3.1.2 钢轨

1. 钢轨的概念

钢轨指两条直线形呈平行分布的、安装在轨枕或路基之上的由钢铁材料制成的金属构筑物。钢轨断面形状为工字形，由轨头、轨腰、轨底三部分组成。这种形状受力好、省材料，具有最佳的抗弯性能。

2. 钢轨的分类

不同的城市轨道交通线路对钢轨的强度、稳定性、耐磨性及铺设形式都有不同的要求，因此钢轨也有不同的种类和规格。一条线路上应该选择使用哪一种钢轨，需要考虑经济及技术等因素。

钢轨类型及型号的选择应保证轨道具有良好的动力响应特性和稳定性，在长期运营中保持良好的平顺性，减少养护、维修工作量并延长使用寿命。可供选择的轨型有 CHN 系列钢轨、槽型轨两种。

在我国城市轨道交通中，CHN 系列钢轨主要采用 50kg/m 钢轨和 60kg/m 钢轨，其为工字形断面。

对于槽型轨，由于我国尚无相应的标准，在钢轨尺寸设计及型号选择时，采用参考欧洲标准 DIN EN 14811—2010，并结合我国铁路相关标准的做法。在 DIN EN 14811 标准中，槽型轨可供选择的轨型有多种，欧洲主流轨型为 59R2 和 60R2。根据我国各城市使用情况及生产情况，主要轨型有 59R2 和 60R2 两种，这两种轨型的轨头行车工作面轮廓圆弧半径与 60kg/m 和 50kg/m 钢轨接近，方便与我国车辆轮轨匹配。我国的苏州、淮安、珠海、武汉、上海松江等采用 60R2 槽型轨，南京、沈阳等采用 59R2 槽型轨。59R2 和 60R2 轨头行车工作面各轮廓圆弧半径、截面整体高度和宽度及轮缘槽深度均相同，区别主要在于 60R2 轮缘槽比 59R2 窄，60R2 护轨厚度大于 59R2。

（1）从钢轨的断面形状上分类　按断面形状不同，城市轨道交通所使用的钢轨有如下三种。

1）耐磨槽型钢轨。耐磨槽型钢轨轨头形成凹槽，多用于现代有轨电车和轻轨铁路。在铺设时，路面与钢轨轨面一般在同一平面。

2）双头钢轨。双头钢轨轨头和轨底大小、形状一样，这种钢轨在19世纪应用很广，但目前很少应用，在英国还能见到。

3）平底钢轨。平底钢轨就是我们通常所指的工字型钢轨。这种钢轨目前在世界范围广泛应用。工字型钢轨如图3-2所示。

图3-2　工字型钢轨

（2）按钢轨的质量和强度分类　按钢轨的质量和强度不同，城市轨道交通所使用的钢轨有如下四种（钢轨的强度以kg/m表示，数值越大表明其所能承受的质量也越大）：43kg/m、50kg/m、60kg/m和75kg/m。为了提高线路的通过能力，国内外城市轨道交通有选用重型钢轨的趋势，其中50kg/m和60kg/m最为常用。

目前，我国铁路和城市轨道交通主要采用钢轨材质为U75V和U71Mn。含钒微合金钢轨（U75V）有以下优点：

1）含钒微合金钢轨（U75V）由于硅含量较高，且加入了微量的钒，其硬度、耐磨性更优。铁路运营实践表明，与中锰钢轨（U71Mn）相比，含钒微合金钢轨（U75V）在小半径曲线上的耐磨性能提高60%以上，使用寿命是中锰钢轨（U71Mn）的1.5~2倍。

2）含钒微合金钢轨（U75V）的抗拉强度、屈服强度和拉伸性能均优于中锰钢轨（U71Mn）。

3）含钒微合金钢轨（U75V）的耐磨性较好。据调查，上海市轨道交通2号线最初采用中锰钢轨（U71Mn），经六个月临时运营后，小半径地段钢轨侧磨已接近极限。更换为含钒微合金钢轨（U75V）后，使用寿命明显延长。

4）由于含钒微合金钢轨（U75V）硬度高，不易磨耗，车辆在速度小于200km/h时，钢轨平顺性优于中锰钢轨（U71Mn），有利于轨道减振、降噪。

5）能较好地满足小半径曲线钢轨对磨耗的要求。

综上所述，虽然含钒微合金钢轨U75V比中锰钢轨（U71Mn）售价高6%~10%，但考虑到现代有轨电车工程小半径曲线数量多的特点，U75V耐磨性好，且使用寿命长，可以减少现场的养护维修工作量，降低运营成本，延长维修周期，一般推荐正线、辅助线均采用U75V热轧钢轨。

3. 钢轨的连接安装

轨道上钢轨与钢轨之间的连接安装方法主要有以下两种：

1）传统的连接安装法。传统的连接安装法是把20m左右一节的钢轨固定在轨枕上，各节钢轨之间的接头（称为钢轨接头，也称为接缝），通常使用鱼尾板和螺栓接合。接头处轮轨动力作用大，养护维修工作量大，且钢轨接头是轨道结构的薄弱环节之一。

接头的接合形式按其相对于轨枕的位置来分，可分为悬空式和承垫式两种。悬空式指钢轨接头在两条轨枕之间，悬空对接；承垫式指钢轨接头在轨枕的正上方，由轨枕起到承垫作用。若按两股钢轨接头的相互位置来分，可分为相对式和相错式两种。相对式指两股钢轨接头左右平行对齐；相错式指两股钢轨接头左右错开，不在一条平行线上。我国一般采用相对悬空式接头的接合方式，如图 3-3 所示。

图 3-3　钢轨接头图

鱼尾板是一块约 60mm 长的钢板，两端有四个或六个螺栓，用来扣在钢轨上的小洞上。钢轨之间特地留有间隙，宽约为 6mm，称为伸缩接缝。钢轨上用于鱼尾板上螺栓所通过的小洞是椭圆形的，这样钢轨就可以在不同的天气下有伸缩的空间。

无论是钢轨的伸缩接缝还是钢轨上的椭圆小洞，对行车安全都是非常重要的。因为如果没有膨胀的空间，每当温度改变 1℃，钢轨就需要承受 16kN 的压力或拉力，那样就会导致钢轨变形，造成行车事故的发生。虽然这种连接安装方法可以解决轨道的热胀冷缩问题，但是路轨上预留的伸缩接缝使列车在行驶中出现很大的噪声，且不适宜高速列车行驶，乘客也会觉得行车不平稳。

2）较新的连接安装方法是持续焊接钢轨，使原本一节一节的钢轨经焊接后成为无缝钢轨或长钢轨。由于减少了接缝，于是路轨的强度获得增加，摩擦力也得到减小，需要的维修也相应较少，车辆行驶也更顺畅平稳，更便于高速度行驶，而且减少了由于伸缩接缝带来的车辆行驶时产生的“咔嗒、咔嗒”噪声。城市轨道交通系统结构中已经大量采用此种连接安装方法。

使用持续焊接的钢轨仍然可以在需要的地方使用接头，但这些接头多数都不是 90° 直线越过钢轨，而是以很斜的角度接合，即将钢轨末端的接口处制成斜切面，使接头所承受的伸缩程度增加，以处理长轨所带来的伸缩，这样车轮经过时的振动及噪声都会大大减少，但钢轨仍然会有伸缩的空间，这种接头被称为伸缩接头，如图 3-4 所示。

图 3-4　伸缩接头

4. 钢轨的功用

钢轨是轨道的组成部分，其功能是直接承受车轮传递的车辆及其荷载的质量，并引导车辆的运行方向。此外，在城市轨道交通系统中，钢轨还要兼供轨道电路之用。

除上述功用外，钢轨有时还起到安全保护作用，这时的钢轨被称为护轨。常用的护轨有防脱护轨、桥上护轨和道岔护轨等。

1）防脱护轨。当车辆以高速转弯时，外弯一面的轮缘受到极大的压力，为防止轮缘负荷过重，在内弯的轨条处会装设一段钢轨，使另一边的轮缘分担车辆转向时所产生的离心力，而通常这附加的轨条会比正常的轨条高些，以加强保护，如图 3-5 所示。

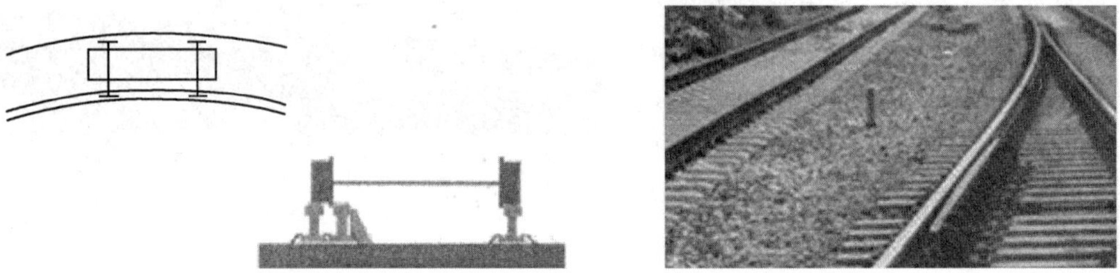

图 3-5　防脱护轨

2）桥上护轨。在钢轨两侧分别装设两段钢轨，以防止车辆在桥上或高地出轨时继续向外冲，如图 3-6 所示。

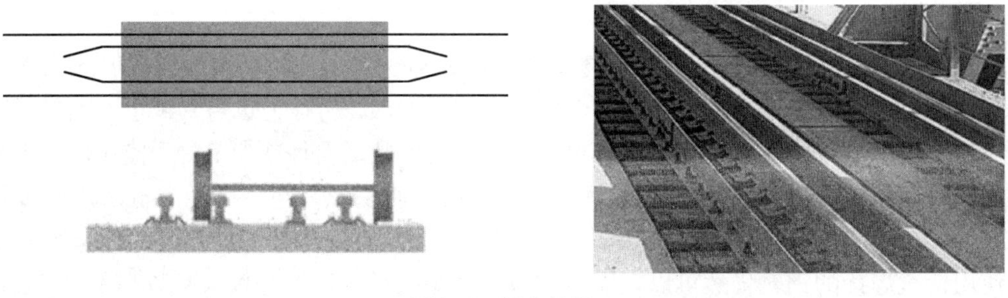

图 3-6　桥上护轨

3）道岔护轨。在道岔区为防止车轮在岔心处进错路线而安装的护轨，如图 3-7 所示。

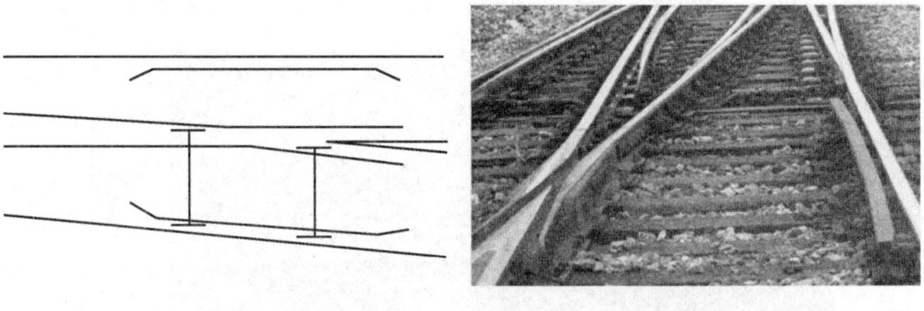

图 3-7　道岔护轨

5. 钢轨的损伤与维修养护

钢轨损伤指钢轨在使用过程中发生折断、裂纹，以及其他影响和限制钢轨使用性能的损伤。

1）钢轨折断指钢轨全断面至少断成两部分，或裂缝已经贯通整个轨头断面或轨底断面，或钢轨顶面上有较大的掉块。钢轨折断后将直接威胁行车安全，应及时将折断的钢轨予以更换。

2）钢轨裂纹指除钢轨折断之外，钢轨部分材料发生分离形成的裂纹。

3）钢轨磨耗指小半径曲线上钢轨的侧面磨耗和波浪磨耗。但垂直磨耗一般情况下属正常的磨耗。

4）其他损伤，如钢轨接触疲劳损伤、钢轨纵向疲劳裂纹而导致剥离，以及轨头因内部存在微小裂纹或缺陷而导致的内部损伤、轨腰螺栓孔裂纹等。

虽然现代钢轨的质量、耐久性和可靠性都非常好，但钢轨的日常养护十分重要的。除要及时更换、调换部分或全部钢轨外，还要对钢轨进行整修，包括磨修和焊修，以修补轨端的不均匀磨耗、掉块或擦伤；此外，还要定期对钢轨进行打磨，以消除和延缓钢轨表面的接触疲劳层剥离掉块，改善钢轨的平面及纵面状况。钢轨打磨主要分为三类，修理性打磨、预防性打磨和钢轨断面廓形打磨。

3.1.3　轨枕

1. 轨枕的概念

轨枕是轨道的基础部件，它是承垫于钢轨之下，将钢轨所承受的压力和应力分散传递到道床上，同时又能有效地保持钢轨轨距和方向几何形位的轨道部件，如图 3-8 所示。

图 3-8　轨枕

轨枕要有必要的坚固性、弹性和耐久性，能固定钢轨，有抵抗纵向和横向位移能力的轨枕还能阻止钢轨因车辆行驶压力而被拖动，能保持两条钢轨间的一定距离和方位。当车辆经过时，它可以适当变形以缓冲压力，但车辆过后还能尽可能恢复原状。

2. 轨枕分类

（1）按制造材料分类　轨枕按制造材料分为四种。

1）木枕。木枕的制造材料为木材，制造木枕的木材须经过特别加工和防腐处理。

木枕的优点：木材的弹性和绝缘性较好，受周围介质温度变化的影响小，质量小，加工和在线路上更换简便，并且有足够的位移阻力；比其他轨枕更能吸收车辆行驶时所产生的重力而不易断裂；其使用寿命一般在 15 年左右。

木枕的缺点：木枕容易腐朽，而且木枕上的道钉孔会因使用日久而松弛，木枕的强度始终不足以承受长轨带来的巨大应力，加上其寿命远远不及钢筋混凝土轨枕，所以通常只应用于临时轨道或需承受较大震荡的道岔轨枕上。

2）钢筋混凝土轨枕。钢筋混凝土轨枕由钢筋和混凝土浇筑而成。按其结构形式可分为整体式、组合式和短枕式。整体式轨枕整体性强、稳定性好、制作简便，是线路上广泛使用的一种形式；组合式轨枕由两个钢筋混凝土块组合而成，整体性不如整体式轨枕，但钢杆承受正负弯矩的能力比较强，在一些国家取得了很好的使用效果；短枕式又称半枕式，主要用在整体道床上。

钢筋混凝土轨枕的优点：使用寿命长、稳定性高、养护工作量小，损伤率和报废率比木枕要低得多；在无缝线路上，比木枕的稳定性高、自重大，更能有效地防止钢轨爬行，增加轨道的稳定性，更适用于高速行驶线路。因此，在城市轨道交通线上已经得到了广泛应用。

钢筋混凝土轨枕的缺点：造价高，而且笨重，所以搬运不便；另外，若轨道上常有重载车辆行驶的话，会使轨枕容易断裂。

3）钢枕。钢枕是由钢材铸造而成。因为钢枕的金属消耗量过大，造价不菲，也笨重，所以没有推广开，只有德国等少数国家还在使用。

4）塑料轨枕。塑料轨枕由回收的聚乙烯制造而成，目前只在一些国家处于试用阶段。塑料轨枕的耐蚀性是木枕的3倍以上，在加工时更容易使其表面变“毛”，安装在路基上不会滑动，而且安装方便，可以直接使用与木枕相同的设备和紧固件。当然，塑料轨枕的成本要大于木枕，一旦成本降下来，将会得到迅速推广。

（2）按构造分类　轨枕按构造分为三类。

1）横向与纵向轨枕。横向轨枕与钢轨垂直间隔铺设，是一种最常用的轨枕；纵向轨枕的基本思路是将现有横向放置的普通轨枕旋转90°，轨枕沿钢轨纵向布置，两股钢轨下的轨枕依靠横向的钢筋或钢棒取得连接，用以保持轨距、水平等轨道几何形位，使轨枕与钢轨共同承受车辆荷载造成的弯矩，以减轻钢轨的负荷。但在使用过程中发现，纵向轨枕连接部位由于受轮轨的作用力较大，除轨枕易破坏外，保持轨道的几何形位也存在较大困难，因此未能推广应用。

2）短轨枕与长轨枕。短轨枕是在左右两股钢轨下分开铺设的轨枕，常用于混凝土整体道床；长轨枕相对普通轨枕长度要长，多用于道岔和安有第三轨支架的路段。

3）宽轨枕。宽轨枕的长度与普通轨枕基本相同，只是宽度增加约一倍。一根宽轨枕上设两组扣件。宽轨枕经常和长钢轨一起配合使用。

宽轨枕扩大了轨枕在道床上的支撑面积，减小了轨道的总下沉量，并能使车辆通过时的道床振动加速度有所下降，从而大大地提高了轨道的承载能力及其稳定性，适用于那些运量大、轨道下部基础差的线路；同时，宽轨枕能保持道床的整洁和排水畅通，减少了维修、养护的工作量。

（3）按铺设位置分类　轨枕按铺设位置不同分为普通轨枕、道岔区岔枕和桥枕三种。而轨枕又因应用范围和铺设位置不同，长度也不同。在我国，普通轨枕长度为2.5m，道岔区的岔枕和钢桥上用的桥枕，长度有2.6～4.85m多种。

1）普通轨枕适用于区间线路，主要是钢筋混凝土轨枕。

2）道岔区的岔枕（见图3-9）。相对区间线路的轨枕，道岔区的岔枕在形状、长度和抗振方面有特殊的要求，如长度较长、弹性较好等。由于岔枕上至少要安装四条钢轨，不同地点的岔枕长度和扣件螺栓孔位置均不一样，所以对于岔枕的要求也不尽相同。岔枕多采用木枕。

3）桥枕（见图3-10）。桥枕是专门为高架桥上使用而制造的轨枕。桥枕上需要设置护轨，因此多为特型的钢筋混凝土轨枕。它们的性能稳定、使用寿命长、维护工作量小，只是铺设时略显复杂。

图 3-9　岔枕

图 3-10　桥枕

3. 整体道床轨枕的种类

整体道床常用轨枕类型有钢筋混凝土短轨枕、预应力混凝土长轨枕及双块式轨枕等。

（1）钢筋混凝土短轨枕　短轨枕混凝土强度等级为 C50，短轨枕底面设楔形坡，以便道床混凝土振捣密实，轨枕底部伸出钢筋钩，加强轨枕与道床的连接。钢筋混凝土短轨枕具有结构简单、设计及施工灵活、运输码放方便及成本低等特点。在我国城市轨道交通中广泛应用，如沈阳、南京、珠海等地的现代有轨电车均已应用。

（2）预应力混凝土长轨枕　长轨枕采用预应力钢筋混凝土结构，在工厂预制，其混凝土强度等级为 C50 或 C60，轨枕立面预留横向孔，以便道床纵向钢筋穿过，加强轨枕与道床的连接。预应力混凝土长轨枕具有结构强度高、稳定性好及施工精度高等特点，但长轨枕造价稍高，且由于为预应力混凝土结构，随着时间推移会产生收缩变形，导致轨枕与道床之间产生裂缝。在我国城市轨道交通地下线中广泛应用，广州现代有轨电车有所应用。

（3）双块式轨枕　双块式轨枕由两块钢筋混凝土短枕和中底部桁架钢筋连接组成，桁架钢筋有利于加强轨枕与道床的连接。双块式轨枕施工便捷、精度高，与道床构成整体性结构强，但由于其制造、养护问题，成本高，且运输及堆放比较麻烦。该轨枕主要应用于客运专线，国外有轨电车有所采用。

3.1.4　扣件

1. 扣件的概念与构成

扣件是用于连接钢轨与轨枕的零件。

扣件由钢轨扣压件和轨下垫层两部分组成，如图 3-11 所示。主要包括：①弹性扣件，用来把钢轨紧扣在轨枕上；②承托物，作用是把扣件固定于枕木上；③弹性垫板，使钢轨与枕木之间互相绝缘，避免钢轨漏电，并且能够增加轨道弹性。

2. 扣件的作用

扣件的主要作用是将钢轨固定在轨枕上，以保持轨距，阻止钢轨的横、纵向移动，并能

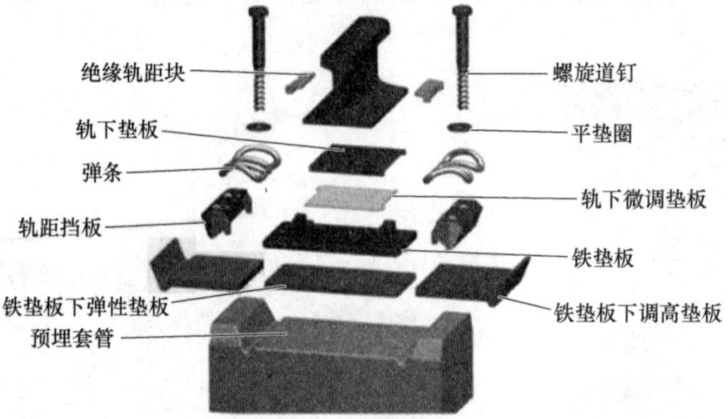

图 3-11　扣件构成图

提供适当的弹性。

由于线路情况与轨枕的不同，对于扣件性能，如扣压力、弹性和可调性的要求也不尽相同。一般扣件应具备如下性能：

1）足够的扣压力。这是钢轨和轨枕连接的重要保证，通常要求扣件纵向阻力大于道床的纵向阻力，当然扣压力也不宜过大，否则会使扣件弹性急剧下降，影响扣件的使用寿命。

2）适当的弹性。适当的弹性可减小荷载对道床的压力及机车车辆振动加速度，延长部件的使用寿命，扣件的弹性主要由橡胶垫板和弹条等部件提供。

3）一定的可调性。要求扣件具有一定的水平和轨距调整量。当曲线轨距需要加宽或因钢轨磨耗使轨距扩大时，都需要通过扣件对轨趾进行调整；当进行线路维修时，也需要通过扣件来调整两股钢轨的水平。

4）可靠的绝缘性。由于轨道电路的需要，并为防止杂散电流的出现，在钢轨与轨枕连接的过程中要有可靠的绝缘性能的要求。

3. 扣件的种类

由于线路的环境条件要求不同，所以扣件的种类也有所不同。我国城市轨道交通线路所用扣件多为 DT 系列。常用扣件种类有如下几种。

（1）按结构不同分类　按结构不同可分为弹条式扣件、扣板式扣件和弹片式扣件。

1）弹条式扣件。弹条式扣件主要由螺纹道钉、螺母、垫圈、弹条、轨距挡板、挡板座及弹性垫板等零件组成，为弹性扣件，其结构如图 3-12 所示。由于采用弹条作为钢轨扣压件，既利用了材料的弯曲变形及扭转变形性能，又不存在断面的削弱问题，其结构形式比较合理，故弹条式扣件具有压力大、弹性好，扣压力损失较小，能较好地保持轨道几何形位等优点，现已成为我国城市轨道交通线路建设中使用的主型扣件，但它也有设计和制造较复杂的缺点。

2）扣板式扣件。扣板式扣件主要由扣板、螺纹道钉、弹簧垫圈、铁座及绝缘缓冲垫片等组成，为刚性扣件，其结构如图 3-13 所示。其优点是零件少、构造简单、调整轨距比较方便；其缺点是用弹簧圈作弹性元件，弹性不足，扣压力较低，在使用过程中容易松动。目前已逐渐被弹条式扣件所替代。

3）弹片式扣件。弹片式扣件主要由螺纹道钉、螺母、平垫圈、弹片、轨距挡板及弹性

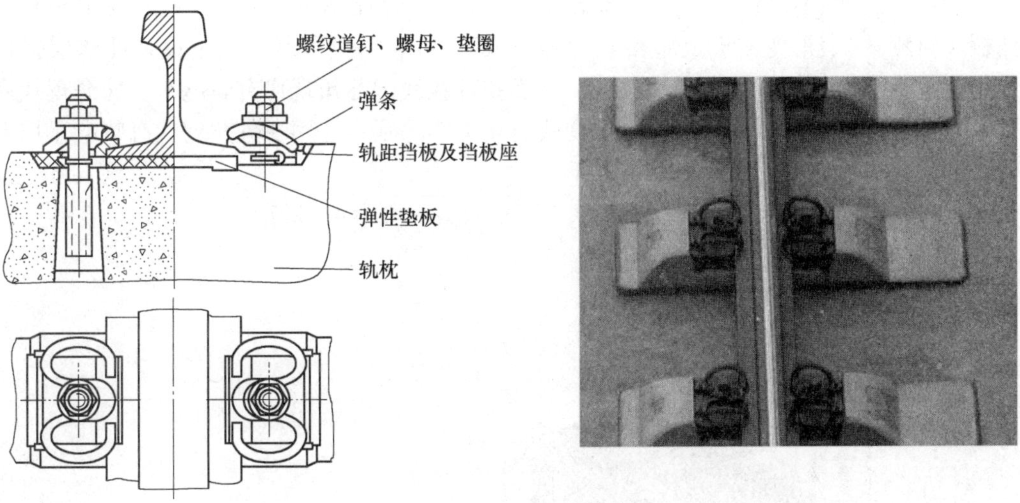

图 3-12　弹条式扣件结构

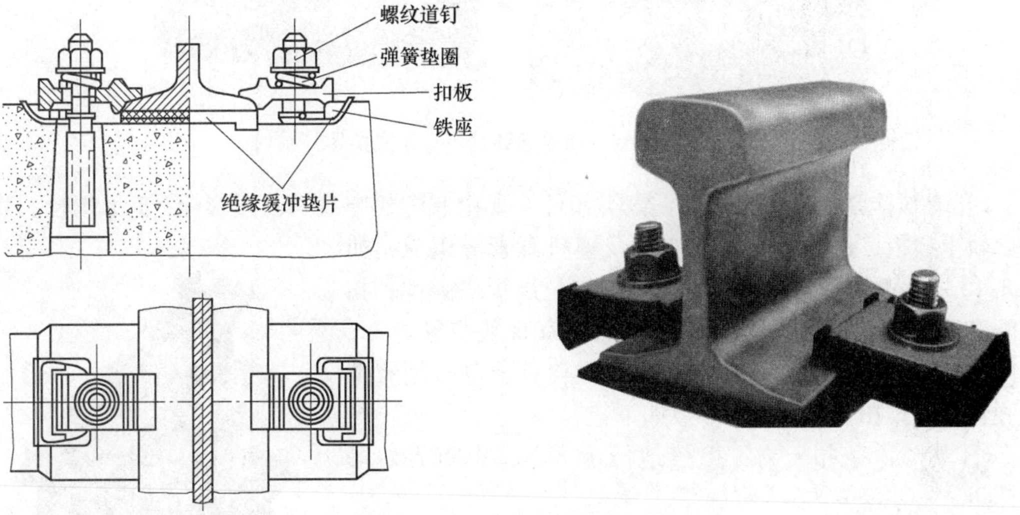

图 3-13　扣板式扣件结构

垫板等零件组成，为弹性扣件。弹片式扣件采用拱形弹片扣压钢轨，并用轨距挡板代替铁座以调整轨距和传递横向推力于轨枕挡肩。拱形弹片用弹簧钢制成，弹片的一端扣压轨底顶面，另一端则支撑在轨距挡板上。由于拱形弹片的强度不足，容易变形甚至折断，其使用已不多见。

（2）按扣件本身弹性分类　按扣件本身弹性可分为刚性扣件和弹性扣件。

（3）按轨枕有无挡肩分类　按轨枕有无挡肩可分为有挡肩扣件和无挡肩扣件。

（4）其他类型　除上述种类外，还有其他类型的特殊扣件，如专门用于轨距和水平调整量较大的调高扣件及用于板式轨道或整体道床等新型轨上的特殊扣件等。目前，我国的现代有轨电车系统中常用的扣件类型主要可分为有螺栓弹性不分开式扣件、有螺栓弹性分开式扣件及无螺栓弹性分开式扣件。

1）有螺栓弹性不分开式扣件。该类扣件主要由有螺栓弹条、锚固螺栓、轨下垫板、轨距挡板（轨距块）、尼龙底板及塑料套管等组成，如图 3-14 所示。轨下设弹性垫层提供弹性；扣件主要分为无枕式和配套轨枕式。该类扣件在我国苏州现代有轨电车、珠海现代有轨电车、淮安现代有轨电车、武汉大汉阳现代有轨电车等项目应用。苏州现代有轨电车用有螺栓弹性不分开式扣件的主要技术参数如下：

① 单个弹条扣压力：一般地段为 10kN，小阻力地段为 4.5kN。

② 扣件节点静刚度：40～60kN/mm。

③ 钢轨高低调整量：20mm。

④ 轨距调整量：±12mm。

⑤ 工作电阻：≥108Ω。

图 3-14　有螺栓弹性不分开式扣件

2）有螺栓弹性分开式扣件。该类扣件主要由有螺栓弹条、锚固螺栓、T 形螺栓、轨距块、轨下垫板、铁垫板、板下垫板及塑料套管等组成，如图 3-15 所示。轨下及铁垫板板下设弹性垫层提供弹性；扣件配套无挡肩轨枕。该类扣件在我国南京现代有轨电车、贵阳现代有轨电车等项目应用。南京现代有轨电车用有螺栓弹性分开式扣件主要技术参数如下：

① 单个弹条扣压力：一般地段为 8kN，小阻力地段为 7kN。

② 扣件节点静刚度：30～50kN/mm。

③ 钢轨高低调整量：50mm。

④ 轨距调整量：－12～8mm。

⑤ 工作电阻：≥108Ω。

图 3-15　有螺栓弹性分开式扣件

3）无螺栓弹性分开式扣件。该类扣件主要由无螺栓弹条、锚固螺栓、轨距块、轨下垫板、铁垫板、板下垫板及塑料套管等组成，如图 3-16 所示。轨下垫板及铁垫板板下设弹性垫层提供弹性；扣件配套有挡肩轨枕。该类扣件在我国沈阳浑南新区现代有轨电车、广州珠海现代有轨电车等项目应用。沈阳浑南新区现代有轨电车用无螺栓弹性分开式扣件的主要技术参数如下：

① 单个弹条扣压力：一般地段为 9.5kN。

② 扣件节点静刚度：20～40kN/mm。

③ 钢轨高低调整量：20mm。

④ 轨距调整量：-16～8mm。

⑤ 工作电阻：≥108Ω。

图 3-16　无螺栓弹性分开式扣件

3.1.5　道床

1. 道床的概念与作用

道床指路基、桥梁或隧道等下部结构之上钢轨、轨枕之下的碎石、卵石层或混凝土层，它是钢轨或轨道框架的基础。

道床断面形状一般为上窄下宽的梯形，主要包括道床顶宽、道床厚度和道床边坡坡度三个主要尺寸，如图 3-17 所示。道床顶宽指道床表面上沿与线路垂直方向量取的总宽度；道床厚度指自钢轨正下方轨枕底起量至路基面的尺寸；道床边坡指道床顶面与侧斜面交线至路基面间的斜面，其坡度用同一轨道断面边坡线上任意两点间高度差与水平距离之间的比值表示。

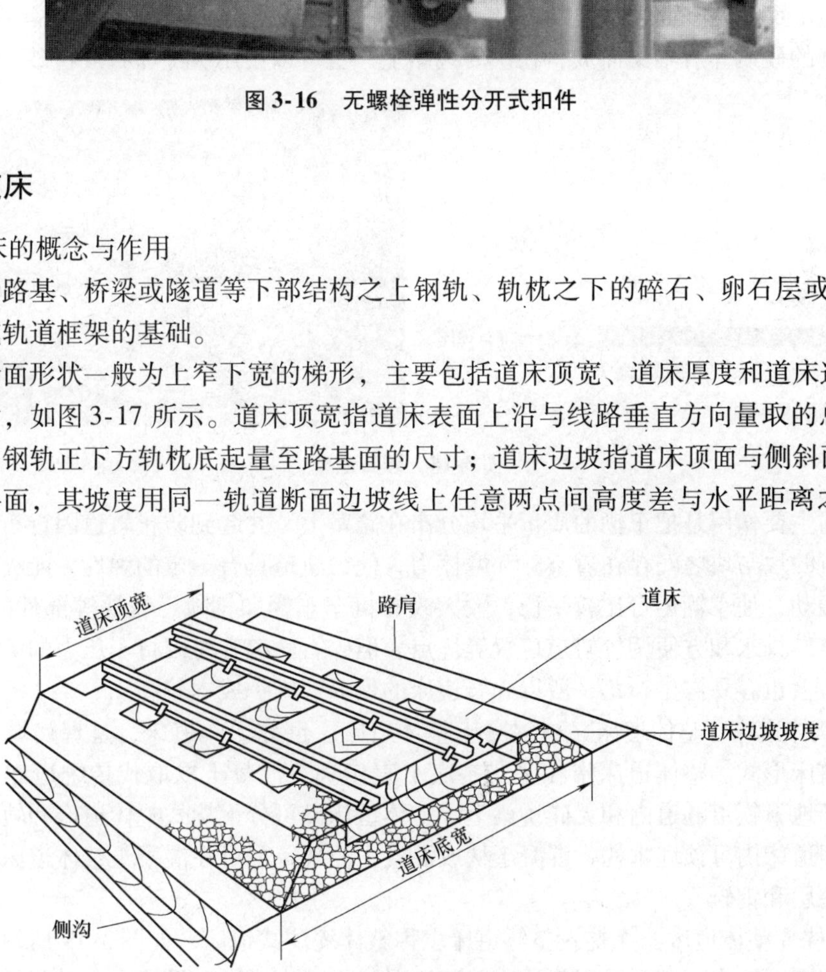

图 3-17　道床断面图

道床的主要作用是支撑轨枕，把来自轨枕上部的巨大荷载均匀地分布到路基面上，以减少路基的变形。道床依靠本身和轨枕间的摩擦起到固定轨枕位置、阻止轨枕纵向或横向移动的作用。

道床作用的具体表现为：①分压作用，将来自轨枕的巨大荷载分散并传于路基，使路基面的应力均匀并小于其容许强度；②约束轨道框架，提供道床阻力以约束轨道框架，保持轨道的方向和高低等几何形位；③增弹减振，提供轨道所需要的弹性和阻尼，衰减车辆通过时产生的振动，避免过大的动作用力传到路基等下部结构上；④排水，道床所使用的透水性材料，可提供良好的排水性能，对减轻轨道冻害及提高路基的承载能力有着重要的作用；⑤方便维修、养护，轨道在车辆行驶过程中产生的不平顺及方向不良可以通过一些道床维护方法加以整治。

2. 道床的种类

道床一般分碎石道床、整体道床、沥青道床及其他道床等几类。城市轨道交通地面线多采用碎石道床；隧道线和高架线多采用混凝土整体道床。

（1）碎石道床　碎石道床又称为有砟道床，是一种比较常见的道床形式。碎石道床通常指在轨枕下面、路基面上铺设的石砟（道砟）垫层（见图 3-18），它是由具有一定粒径、级配和强度的硬质碎石堆集而成，在次要线路上，也可以使用级配卵石或粗砂。

图 3-18　碎石道床

碎石的主要作用是把车辆的质量平均分布在路基上，并起到防止轨道因行车压力而产生移位。碎石的块与块之间存在着空隙和摩擦力，使得轨道具有一定的弹性，能吸收机车车辆的冲击和振动，使车辆运行比较平稳，大大改善机车车辆和钢轨、轨枕等部件的工作条件，碎石也有容易排水和方便调校轨道位置等优点。但碎石轨道容易因行车压力的关系而产生移位，且碎石上也容易滋生杂草，所以碎石道床的保养、维护成本较高。

（2）整体道床　整体道床又称混凝土整体道床，也称无砟道床，是现代城市轨道交通中常用的道床形式。整体道床指在坚实基底上直接浇筑混凝土以取代传统道砟层的轨下基础，常用于地下铁道隧道内和无砟桥梁上。整体道床又可分无枕式整体道床和轨枕式整体道床两种，即道床内可预埋木枕、混凝土枕或混凝土短枕，也可在混凝土整体道床上直接安装扣件弹性垫层和钢轨。

1）无枕式整体道床。无枕式整体道床也称整体灌注式道床，如图 3-19 所示。无枕式整体道床建筑高度较小，主要采用就地连续灌注混凝土基床或纵向承轨台。一些国家和地区修建城市轨道交通隧道时常采用这种道床。这种道床结构简单，减振性能较好，但冲击振动要比轨枕式整体道床大。此外，施工时需采用刚度较大的模架，施工较为复杂。

2）轨枕式整体道床如图 3-20 所示。轨枕式整体道床可分为短枕式和长枕式两种。

① 短枕式整体道床。轨道建筑高度一般为 5500mm 左右，道床厚度一般不小于 1600mm，并设有中心排水沟。这种道床稳定、耐久，结构比较简单，施工方法简便，进度较快。这种道床经过 20 多年的运营，其使用状态良好。天津地铁即铺设这种道床。

② 长枕式整体道床。这种道床设有侧向水沟，一般长轨枕预留圆孔，让道床纵筋穿过，

图 3-19　无枕式整体道床

加强了与道床的连接。它适用于软土地基隧道，可采用排轨法施工，施工快。我国上海市地铁铺设了这种道床，使用状况良好。

图 3-20　轨枕式整体道床

整体道床的优点：整体性强，纵向、横向稳定性好，具有较高的可靠性；其高平顺性和均匀的轨道弹性使轨道交通工具的乘坐更显舒适；整体道床坚固稳定、耐久，使用寿命长；较少的维修工作量和维修成本；表面整洁；建筑高度较小，减少隧道净空，节省投资，综合经济效益好。此外，无砟轨道上的无缝线路不会发生胀轨跑道，高速行车时不会有石块飞溅而造成伤害；发生紧急事件时，救援车辆可以直接上道等。整体道床的缺点：造价高昂，且要求较高的施工精度和特殊的施工方法；在运营过程中，一旦出现问题，整治非常困难，如一旦基底发生沉陷，修补极为困难。

（3）沥青道床　沥青道床指为了改善普通碎石道床的散体特性而加入乳化沥青或沥青砂浆使其稳定的一种道床。沥青道床大致可分为沥青灌注式道床、沥青混凝土面层式道床和沥青垫层式混凝土道床。

1）沥青灌注式道床如图 3-21 所示。它保留了原有碎石道床的形式，只是在石砟的缝隙中灌注适当的沥青混合材料或乳化沥青水泥砂浆，使道床固结。

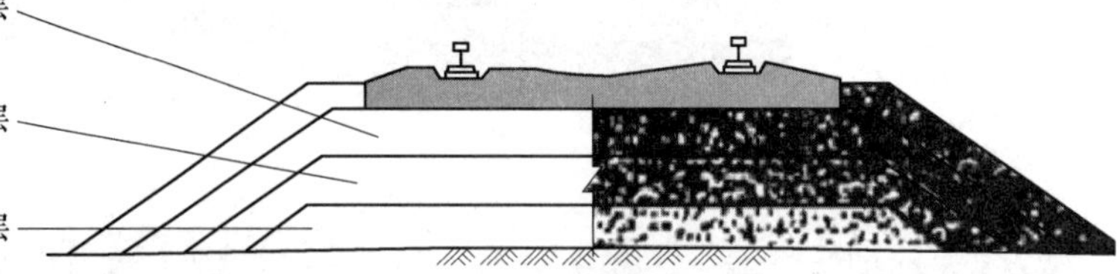

图 3-21　沥青灌注式道床

2）沥青混凝土面层式道床。沥青混凝土面层式道床又称铺装道床，类似于公路沥青路面的道床结构。道床分为基层和面层两部分，基层用砂石铺筑，面层采用搅拌热沥青混凝土辗压成形，承受轨枕作用并隔离地表水。在沥青面层与轨下部件底面之间，一般需设置一个水泥砂浆调整层，以便调整轨下部件的水平、高低和方向等。

3）沥青垫层式混凝土道床如图 3-22 所示。在混凝土整体基础上铺设一层含有沥青材料的垫层，垫层上面再铺设轨下部件，如宽轨枕或轨道板等。此种道床多用于隧道内、高架桥上或石质路基上。

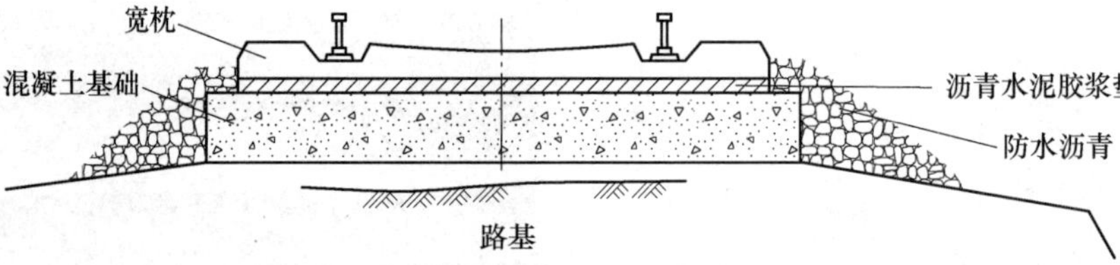

图 3-22　沥青垫层式混凝土道床

沥青道床整体性强、弹性好，能增加线路强度，延缓轨道下沉，使道床稳定性有很大的提高，从而大大减少了线路的维修工作量。其缺点是对沥青材料的性能要求比较高，并必须配合使用能大幅度调整轨距及轨面高低的扣件，以适应日后养护工作的需要。

（4）新型道床　随着城市轨道交通的发展和城市对环境要求的不断提升，原有的一些道床形式已经不太适应城市的发展和需求，于是各国开始不断研制和改进道床结构，出现了一些可以满足新发展、新需求的新型道床形式，如减振浮动道床，如图 3-23 所示。

减振浮动道床由弹性支撑板、橡胶垫板、道床板和混凝土底座及配套扣件构成，是具有减振作用的一种道床形式。其工作原理是以线圈弹簧或弹性支撑板托起整个轨框结构，以阻绝振动的传递，使轨道的振动减少，从而达到隔振、减振和降低噪声的功效。

德国、英国、美国、日本、韩国和新加坡等国家的大多数城市的城市轨道都采用了这一新型道床结构，其减振、降噪的效果已得到普遍的认同。近年来，随着城市轨道交通的发展，弹簧浮置板减振道床也在我国的北京、上海、广州和香港等地得以推广应用。

3. 道床的病害与维修

由于车辆荷载的反复作用，轨道道床特别是碎石道床很容易产生病害，如道床变形、道床脏污、道砟粉化、道砟坍塌、道床翻浆及道床板结等。

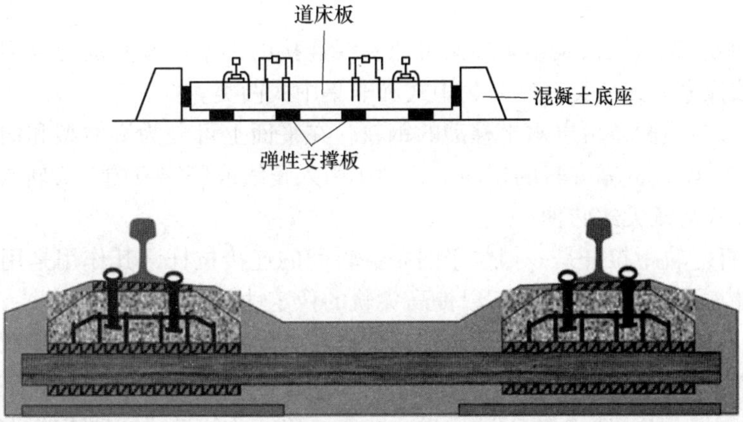

图 3-23　减振浮动道床

道床病害对轨道工作性能有较大的影响，如影响道床承载能力、降低道床弹性、降低道床的排水性能和抗冻性能等；道床病害也直接影响路基的工作性能，如引起路基出现大量不均匀沉降等。当道床病害发展到一定程度时，就必须进行整治，如进行道床清筛等。整治道床病害是碎石道床轨道的主要养护、维修工作之一，如捣固、清理、更换及补充道砟等。现在道床的维护工作多数是由自动化的工程车辆来完成的。

3.1.6　道岔

1. 道岔的概念

道岔是一种使车辆从一股道转入另一股道的线路连接设备，通常在车站、车辆段和停车场大量使用。

由于道岔具有数量多、构造复杂、使用寿命短、限制车辆速度、行车安全性低和养护维修投入大等特点，它与曲线、接头并称为轨道的三大薄弱环节。

2. 道岔的构成（见图 3-24）

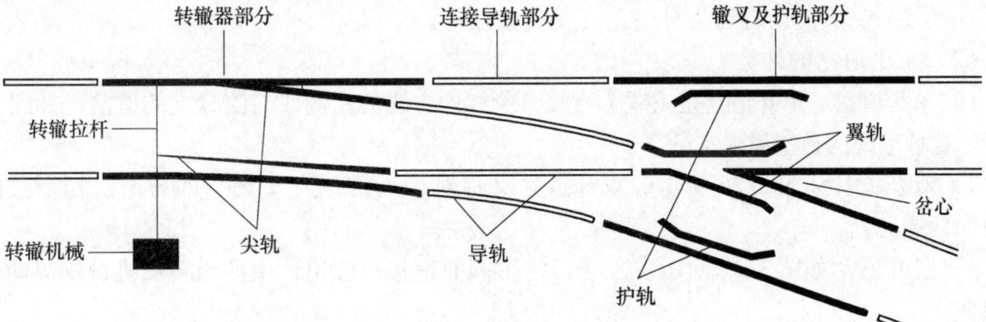

图 3-24　道岔的构成

道岔是个大家族，最常见的是普通单开道岔，主要由转辙器部分、连接导轨部分、辙叉及护轨部分三部分组成。

（1）转辙器部分　转辙器部分包括转辙机械、尖轨、轨距拉杆、转辙拉杆及其他零配件等。

1）转辙机械。转辙机械是用来控制轨道变线连接的设备。按其动力类型可分为电动和手动两种；若按操纵方式分类，则有集中式和非集中式两类。

2）尖轨。尖轨是两条可以水平移动的钢轨，在平面上可分为直线型和曲线型。尖轨用于引导车轮进入导轨，依靠尖轨的摆动，将列车引入正线或侧线方向。尖轨与基本轨的贴靠方式主要有贴尖式与藏尖式两种。

3）轨距拉杆。轨距拉杆是一根位于两条尖轨间的连接拉杆，其作用是用来维持两条尖轨间的距离，并加强尖轨间的联系，以提高尖轨的稳定性。

4）转辙拉杆。转辙拉杆是一根用来控制尖轨位置转换的拉杆，并与转辙机械相连，以实现尖轨的摆动。

5）其他零配件。其他零配件如滑床板、轨撑、顶铁及各种特殊形式的垫板等。

（2）连接导轨部分　连接导轨部分指引导车轮进入辙叉的一组或多组轨道。连接导轨分直线导轨和曲线导轨两种。

（3）辙叉及护轨部分

1）辙叉。辙叉是用来引导车轮准确地进入岔心的一组钢轨，由岔心、翼轨和联结零件组成。按平面形式分为直线辙叉和曲线辙叉两类；按构造类型分为固定辙叉和活动辙叉两类。直线式固定辙叉又分两种，即整铸辙叉和钢轨组合式辙叉。活动辙叉有可动心轨式辙叉、可动翼轨式辙叉及其他消灭有害空间的辙叉。

2）护轨。护轨设于固定辙叉的两侧，用以控制车轮的轮缘，使之进入设定的轮缘槽内，防止与岔心碰撞。

3）翼轨。翼轨是在内侧轮轨紧邻岔心处设置的钢轨。翼轨与岔心间形成必要的轮缘槽，引导车轮行驶。

4）岔心。岔心又称辙叉心，是用来连接两边轨道的钢轨。

3. 道岔的组合形式与种类

（1）道岔组合的基本形式　道岔组合的基本形式有三种，即线路的连接、交叉、连接与交叉的组合。常用的线路连接有各种类型的单式道岔和复式道岔；交叉有直角交叉和菱形交叉；连接与交叉的组合有交分道岔和交叉渡线等。

（2）常用道岔的种类

1）单开道岔。单开道岔是主线为直线，侧线向主线的左侧或右侧分支的道岔，如图3-25所示。这种形式的道岔最为常见。

2）双开道岔如图3-26所示。双开道岔又称对称道岔，为Y形，即与道岔相衔接的两股道向两侧分岔。

3）三开道岔如图3-27所示。三开道岔可同时衔接三股道，由两组转辙机械操纵两套尖轨组成。

4）交分道岔。交分道岔又称多开道岔或复式交分道岔。交分道岔像X形，实际上相当于四组单开道岔和一副菱形交叉的组合，它起到了两个道岔的作用，且占地较少。特别是连接几条平行线路时，比单开道岔连接的长度缩短得更为显著，而且车辆通过时弯曲较少、走行平稳、速度较快，瞭望条件也较好。交分道岔的缺点是构造复杂、零件数量较多、维修较困难。

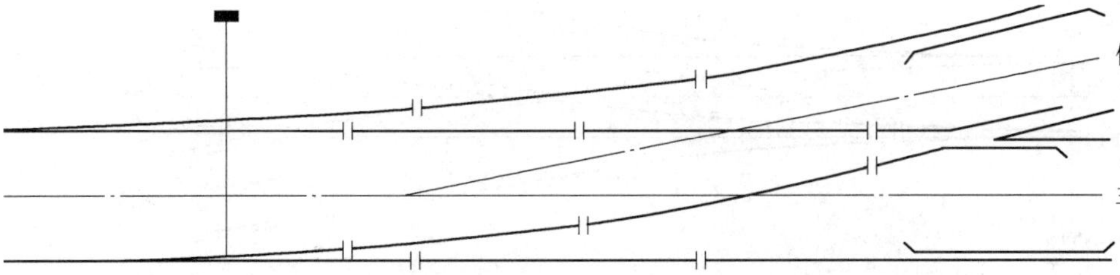

图 3-25　单开道岔

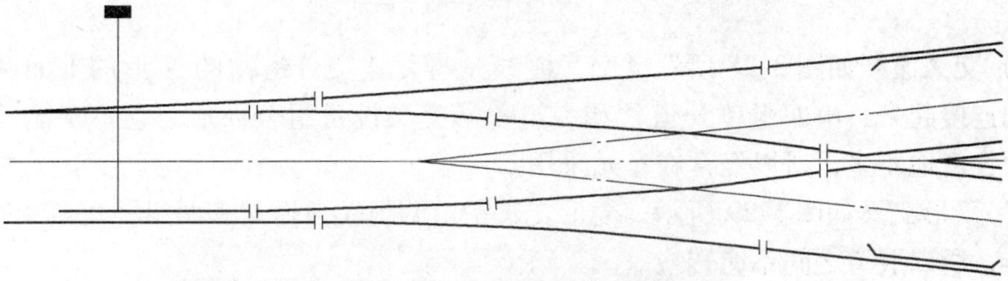

图 3-26　双开道岔

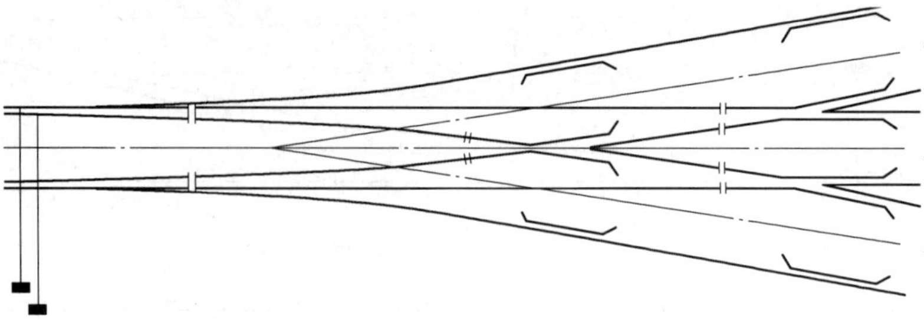

图 3-27　三开道岔

5）交叉渡线如图 3-28 所示。交叉渡线是将复式交分道岔的 X 形的上面两点和下面两点分别连接起来，由四组单开道岔和一组菱形交叉设备组合而成。它不仅能开通较多的方向，而且占地不多，所以经常在车站采用。

6）菱形交叉如图 3-29 所示。菱形交叉是由两组锐角辙叉和两组钝角辙叉组成，但没有转辙器，所以股道之间不能转线。

4. 道岔的扳动方式

道岔的扳动方式主要分为电动和手动两种。

（1）电动扳动　电动扳动是依靠电动机的动力来推动转辙拉杆，从而扳动尖轨的扳动方式。这种设计的好处是转辙工作可以由计算机或人工遥距控制，并能借着联锁电路监控道岔的开通方向，使车务控制更为自动化和安全。

（2）手动扳动　手动扳动是利用人力借助杠杆去扳动尖轨的扳动方式。正因为这种设计操作不便，所以只会在车次极为稀疏的非主要路轨才会使用，在现在城市轨道交通系统中这种形式几乎已不再使用。

5. 道岔的代号

道岔有其代号，如 9 号道岔、12 号道岔、18 号道岔等。这个代号可不是随便排列的，它实际上代表了辙叉角（α）的余切值，也就是辙叉心部直角三角形两条直角边 FE 和 AE 的比值，即 $N=\cot\alpha=FE/AE$，式中，N 为道岔代号，FE 为辙叉跟端长，AE 为辙叉跟端支距。道岔号数计算图如图 3-30 所示。

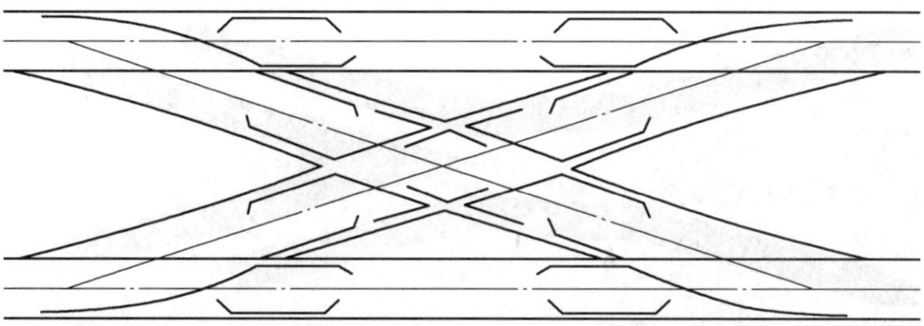

图 3-28　交叉渡线

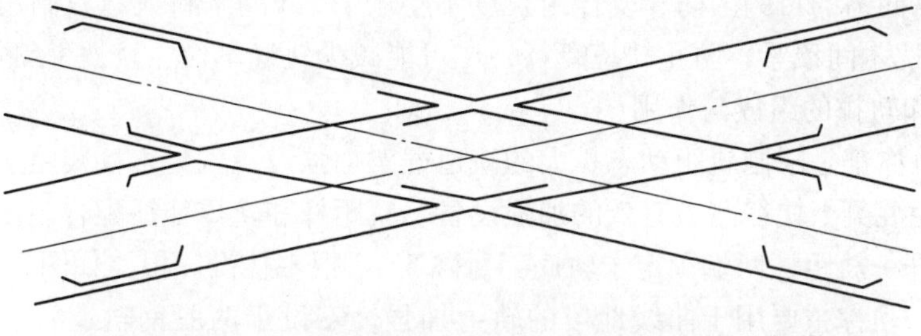

图 3-29　菱形交叉

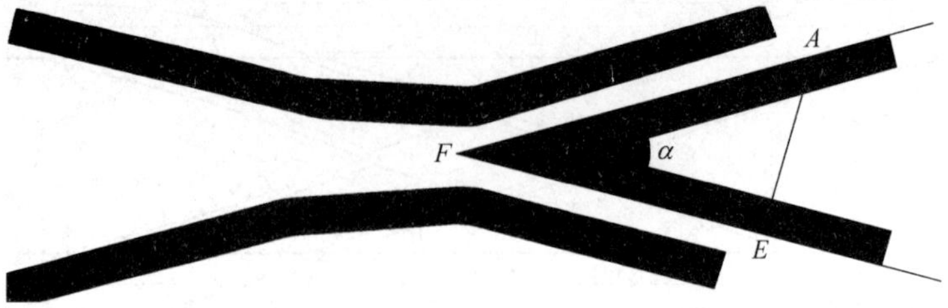

图 3-30　道岔号数计算图

显而易见，辙叉角 α 越小，N 值就越大，导曲线半径也越大，列车侧线通过道岔时就越平稳，允许过岔速度也就越高。所以采用大号道岔对于列车运行是有利的。不过，道岔号数越大，道岔越长，造价自然就高，占地也要多得多。因此，采用什么号数的道岔要因地制宜，因线而异，不可一概而论。

3.1.7　轨道结构其他附属设备

除钢轨、轨枕、扣件、道床和道岔等轨道结构和设施外，还有一些在轨道系统中起着加固和连接作用的一些设备，如防爬设备、轨距杆和轨撑等。

1. 防爬设备的组成与作用

防爬设备主要由防爬器和防爬支撑组成。防爬器用穿销固定于钢轨底部，挡板顶住枕木侧面，协助扣件限制钢轨与枕木间的纵向位移。但因单根枕木下的道床阻力十分有限，不能承担钢轨通过防爬器传来的纵向力，因此采用防爬支撑将 4 ~5 根枕木连成一体，以达到其共同抵抗钢轨纵向力的目的。防爬支撑由长度不小于 1. 2m 的木料或石料制成，沿线路纵向连续在 3 ~4 个枕木间顶紧，防止轨道爬行，尽可能减少轨缝不匀、轨枕歪斜等线路病害。

2. 轨距杆和轨撑的组成与作用

轨距杆和轨撑都是限制轨距动态扩大的轨道框架加强设备，是木枕线路上不可缺少的设备，也是小半径混凝土枕线路上有效的加强设备，轨距杆和轨撑往往配合使用。

（1）轨距杆　轨距杆两端固定于轨底，每隔 5 ~7 根木枕设一根，如图 3-31 所示。

（2）轨撑　轨撑主要用于曲线地段的轨道加强，安设于两股钢轨道心外侧。轨撑下部扣压钢轨底部，起到扣件的作用；上部顶住轨头下颏，限制钢轨向外倾斜，如图 3-32 所示。

3. 钢轨包裹系统

目前，我国钢轨包裹系统主要分为模块式包裹系统和钢轨仿形包裹系统。

（1）模块式包裹系统　该系统主要由轨腰柔性块状材料、轨底护套、轨顶密封层（硬质铺装用）等组成。模块式包裹系统由于采用大块式轨腰包裹，隔离了周围环境与钢轨的直接接触，对路面结构有更好的缓冲隔振保护，有利于减少腐蚀和杂散电流泄漏；轨腰块质量大，增加了钢轨的参振质量，具有一定的减振降噪能力；模块式包裹系统施工便捷，安装简单方便，轨道后期养护维修时便于取出和再利用，但模块式包裹系统造价较高。该系统在苏州、淮安、珠海、武汉等地的现代有轨电车轨道系统中应用。

（2）钢轨仿形包裹系统　该系统主要由侧面仿形弹性材料、底部护套、轨顶密封层（硬质铺装用）等组成。钢轨仿形包裹系统造价低，景观效果好，具有一定的减少腐蚀和杂散电流的功能；但由于必须采用胶黏剂将侧面仿形弹性材料与钢轨黏结，现场施工质

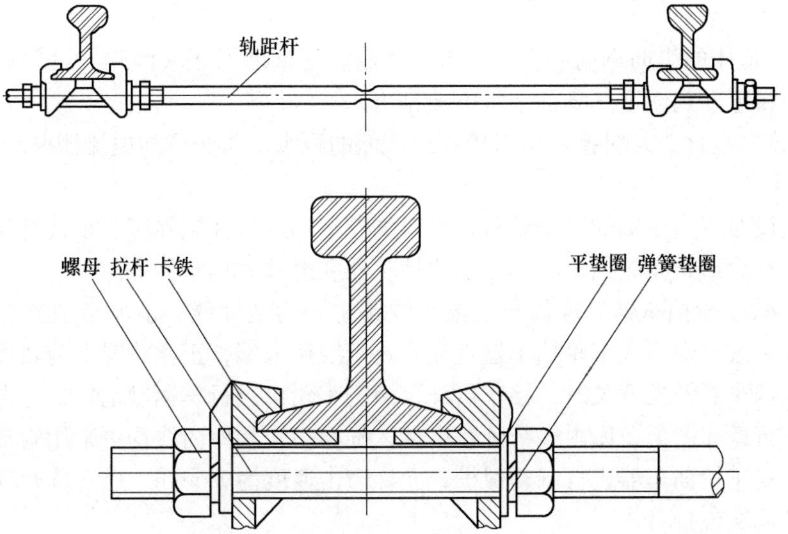

图 3-31　轨距杆

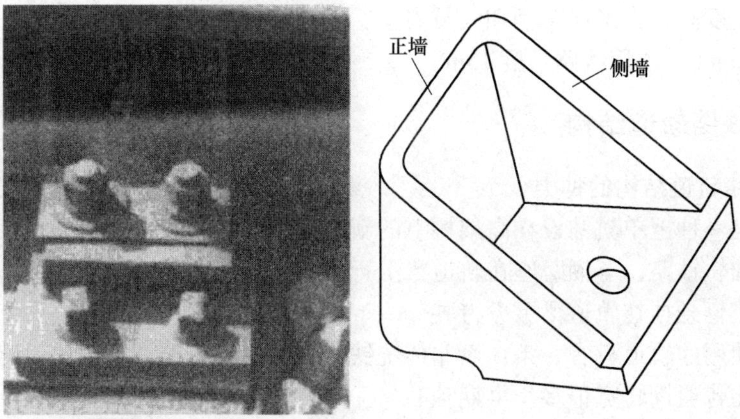

图 3-32　轨撑

量要求高，后期胶黏剂易老化，从而导致侧面材料脱落，影响使用功能；在减振降噪、路面结构缓冲保护及重复利用等方面较差。该系统在南京、广州等地的现代有轨电车轨道系统中应用。

4. 杂散电流防护

本线钢轨作为回流轨，不可避免会产生电流的泄漏。现代有轨电车采用埋入式轨道结构，泄漏的杂散电流会对轨道结构、线下结构及邻近市政管网等产生电腐蚀，损坏结构，降低使用寿命。因此，必须对杂散电流采取防护措施，确保其对结构的腐蚀为最小。在轨道结构中可采取以下防护措施：

1）采用槽型钢轨，以减少负回流系统纵向电阻和增加负回流系统对地泄漏电阻。

2）加强扣件的绝缘性能。采用高绝缘性工程塑料底板、轨距垫、弹性垫板、塑料套管等，并配套塑料扣件罩，绝缘件的设计工作电阻均大于 108Ω。

3）采用高绝缘性柔性包裹系统对钢轨进行防护隔离，最大限度地阻隔杂散电流向轨下基础、周围环境的泄漏。

4）将整体道床的纵向钢筋兼作排流钢筋使用。在整体道床块两端，设置扁铜端子与纵向钢筋焊接，将泄漏到轨下基础的杂散电流排出。

5）加强排水设计，及时排除轮缘槽和道床面的积水，防止增加电流泄漏。

5. 挡车器

挡车器是设在线路尽端的安全设备，可对失控车辆进行强制停车。现代有轨电车常用的挡车设备主要有隐形式车轮挡车器、固定式挡车器和滑移式挡车器等。

（1）隐形式车轮挡车器　现代有轨电车线路主要为地面线，沿城市道路铺设，要求与城市景观协调一致。隐形式车轮挡车器直接安装于线路末端，正常状况下与轨面齐平，当车辆车轮碾压到挡车器触发开关时，挡车器开启撞击车轮，进行车辆制动保护。考虑到现代有轨电车到站、折返速度低，库内线行驶速度低，推荐正线和库内线均可采用隐形式车轮挡车器。采用隐形式车轮挡车器进行制动保护，允许撞击速度为3km/h，已在苏州现代有轨电车中应用，不影响城市景观。

（2）滑移式和固定式挡车器　滑移式和固定式挡车器通过与车体的碰撞，对车辆进行制动保护，挡车器体积较大，且占用一定的线路长度，影响城市景观。试车线承担车辆的动态调试功能，速度高，为确保车辆和人员安全，推荐采用滑移式缓冲挡车器。该挡车器允许撞击速度为25km/h，占用线路长度15m。

3.1.8　独轨铁路轨道结构

1. 独轨铁路轨道结构的种类

独轨铁路是一种把单轨铺设在高架桥上的新型铁路。独轨铁路主要分成两类：①是较为常见的跨座式独轨铁路，车辆跨座在轨道梁上行驶，车体两旁盖过路轨；②是悬挂式独轨铁路，悬挂式是车辆悬挂在轨道梁下方行驶。

独轨铁路使用的轨道只有一条，而非传统铁路的两条平行路轨。独轨铁路的路轨一般用混凝土制造，比普通钢轨宽很多。早期独轨系统的设计是不能使用转辙器的，于是在运作上出现很多不便。现代的独轨系统多数已经可以使用转辙器，让车辆可以驶进不同的线路，而同一线路也可作双程行驶。

高架独轨的优点：结构简单，易于建造，可以适应复杂地形的要求；建设工期短；它的工程建筑费用只有地下铁道建筑费用的1/3。其缺点也是很明显：必须另外兴建特制轨道；独轨使用的转辙器使车辆有短暂时间必须悬空，故有出轨的可能；如果出现紧急情况，车上的乘客逃生很困难。

2. 跨座式独轨铁路的轨道结构

跨座式独轨铁路的轨道结构由轨道梁、道岔、支柱和基础构成，如图3-33所示。

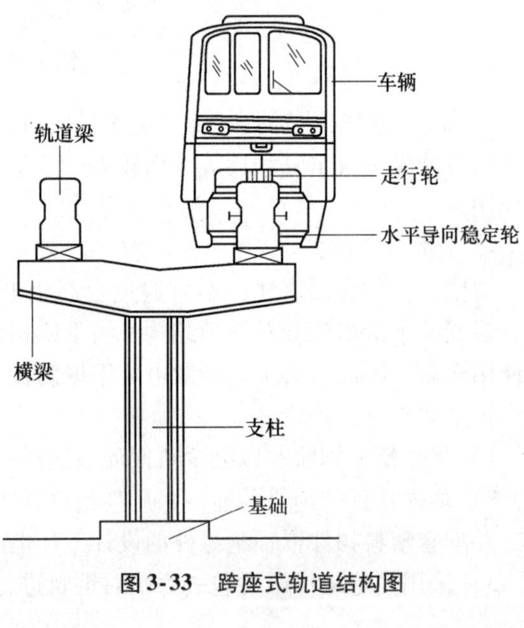

图3-33　跨座式轨道结构图

1）跨座式独轨铁路的轨道通常为支柱上端的预应力钢筋混凝土轨道梁，其上铺设钢轨，车轮自车厢的下部支撑于钢轨上。轨道梁的作用是引导车辆运行，直接承受车轮传来的巨大压力，并将压力通过立柱传递到基础上。支柱的作用是支撑轨道梁，承受由轨道梁传递的车辆荷载。轨道梁的上表面是车辆走行轮的行使路面，两个侧面是水平导向稳定轮的导轨，也是水平导向稳定轮的支撑。轨道梁在两侧中部设有刚性滑触式导电轨，在梁内两顶角处设有信号系统 ARP/TD 感应环线，梁体底部设有供电和通信、信号系统电缆托架，梁下托架在桥墩处设支架绕过支座。跨座式独轨车辆的走行装置跨座在走行轨道上，其车体重心处于走行轨道的上方。车辆以车身包围路轨，因此不容易出轨。

2）跨座式独轨铁路的道岔是由一定长度的道岔梁组成，道岔梁的一端可以移动。整个梁与梁下方的支撑台固定在一起，由台车上的电动机驱动。其道岔分为两类，①是柔性铰接型，可使道岔梁连续弯成曲线；②是简易铰接型，转辙时，道岔梁在转辙点前方保持一定距离的直线。与普通铁路道岔一样，独轨铁路根据连接线路的形式，其道岔可分单开道岔和交叉道岔。

3. 悬挂式独轨铁路的轨道结构

悬挂式独轨铁路与跨座式独轨铁路的轨道结构比较相似，有共同的优点，所不同的是车辆控制装置和空调设备等不是装在车地板下面，而是装在车顶部位。

1）悬挂式独轨铁路的轨道梁由一定跨距的钢支柱或钢筋混凝土支柱架在空中，车辆悬挂在轨道梁下。它的特点是轨道梁为钢制断面，底部有开口；由充气轮胎组成的转向架在轨道梁内走行，车体悬挂在转向架的下方。车辆走行平稳、噪声低。

2）悬挂式独轨铁路的车辆有对称式和非对称式两种。对称式的车辆是以一对橡胶车轮在轨道梁的走行板上运行；而非对称式的车辆有吊钩，吊钩上有钢制车轮，车轮在铺设于轨道梁上的单根钢轨上运行。

3.2 有砟轨道施工

3.2.1 人工铺轨方法

1. 测量定位

铺设前，需对线路测量定位，其方法是提前设置线路中桩和水平桩。

（1）中桩　铺轨前应钉设线路中桩，并应符合下列规定：

1）桩距：直线时，桩距不得大于 25m；圆曲线时，桩距为 20m；缓和曲线时，桩距为 10m。

2）在曲线起讫点、缓圆点、圆中点和圆缓点、道口中心点、道岔中心点及岔头、岔尾点，均应钉设带钉的中桩。

3）隧道内的中桩可标记在边墙上。

（2）水平桩　水平桩应在铺轨后、铺砟整道前钉设，并符合下列规定：

1）桩距：直线时，桩距不得大于 50m；曲线时，桩距不大于 20m。

2）线路纵断面变坡点和竖曲线起讫点，应增设水平桩。

3）水平桩应钉设在道床外的路肩上（曲线地段钉设在内侧路肩上）。

2. 铺轨温度的选定

钢轨温度在式（3-1）范围时为最佳铺轨时间，一般情况下，应安排在此条件下铺轨。

$$T_{max}-\frac{a_g+C}{0.0118L}\leqslant t\leqslant T_{max}-\frac{C}{0.0118L} \tag{3-1}$$

钢轨温度在式（3-2）范围时可铺轨，铺轨时不留轨缝。

$$T_{max}-\frac{C}{0.0118L}<t\leqslant T_{min}+\frac{a_g+C}{0.0118L} \tag{3-2}$$

轨温大于 $T_{min}+\frac{a_g+C}{0.0118L}$ 或小于 $T_{max}-\frac{a_g+C}{0.0118L}$ 时，不得安排铺轨。

式中 T_{max}——钢轨可能达到的最高温度（℃），其值采用当地历史最高温度 +20℃（长度大于 300m 的隧道内，最高轨温可采用当地历史最高温度）；

a_g——钢轨接头最大构造轨缝（mm），取 18mm；

C——钢轨接头阻力和道床纵向阻力限制钢轨自由胀缩的长度（mm），钢轨长度小于或等于 15m 及长度大于 15m 的 C 值分别为 2mm 和 4mm；对历史最高、最低轨温差高于 85℃ 的地区，铺设钢轨长度大于 20m 的轨道，C 值应取 6mm；

L——钢轨长度（mm）；

T_{min}——钢轨可能达到的最低温度（℃），其值与当地历史最低温度相同。

3. 铺底砟

铺轨前，应先铺部分道砟。双层道床宜按垫层厚度铺足，单层道床铺设厚度宜为 150 ~ 200mm。顶面应平整，中间拉成槽。铺设混凝土枕地段，中间凹槽宽宜为 600mm。道砟来源困难时，铺轨前可在每股钢轨下先铺设厚度不小于 100mm、宽度不小于 800mm 的两条道砟带。底砟或砟带应按中桩铺设，其宽度、厚度、中部凹槽应符合施工要求，表面基本平整。

4. 铺枕

1）轨枕宜用平板车或低边车运往工地。

2）人工搬运轨枕的距离不宜大于 50m。

3）轨枕严禁抛摔。卸车时，应防止轨枕滚落到路堤外；卸车后应有专人检查清道。

4）轨枕应按规定数量散布均匀。

5）混凝土枕上应标示中心位置，铺枕时对准线路中心线。

6）木枕应按一端取齐的要求铺设，铺设时应宽面在下，底、面宽度接近的应使树心面向下，钻好道钉孔后应做防腐处理。

7）同一种类的轨枕应集中连续铺设（不同类型钢轨接头处除外）。两个轨枕地段间的距离小于 50m 时，应铺设木枕。

8）同一种类不同类型的轨枕不得混铺。在不影响轨道设计强度条件下，可成段铺设与设计不同类型的轨枕。同类型轨枕成段铺设的最小长度，国家铁路的正线、到发线轨道为 500m，其他线和地方铁路、专用铁路、铁路专用线轨道为 200m；困难条件下，地方铁路、专用铁路、铁路专用线的站线轨道可减少到 50m。

9）钢轨接头（含异型钢轨接头）前后应各铺设不少于五根同种类、同类型的轨枕。

5. 铺轨

钢轨应按铺设顺序成对装车，同一轨节的两根钢轨应装在车中心线两侧的对称位置。缩短轨应装在铺设位置的同侧。钢轨应采用相对式接头。对于直线地段，同一轨节宜选用长度偏差相同的钢轨配对使用，相差量不得大于3mm，并应前后左右随时调整抵消，累计不得大于15mm；对于曲线地段，当外股用标准长度轨、内股接头位置超限时，用厂制缩短轨调整。两股钢轨接头位置相差量应符合下列规定：

1）在国家铁路的正线和到发线上，直线地段相差量应不大于40mm；曲线地段相差量应不大于40mm + 采用的缩短轨缩短量的一半。

2）在国家铁路的其他线和地方铁路、专用铁路、铁路专用线上，直线地段相差量应不大于60mm；曲线地段相差量应不大于60mm + 采用的缩短轨缩短量的一半。

3）曲线尾剩余的接头相差量宜利用钢轨长度偏差量在曲线内（困难时可延伸到直线上）调整消除。必要时可在曲线尾插入一根相应缩短量的缩短轨，不得用调整轨缝的办法消除接头相差量。人工搬运钢轨距离不宜大于50m。倒运轨料的小平车应有制动装置及两个以上的止轮器。连接钢轨时必须按规定预留轨缝。各接头可先拧上不少于两个接头螺栓。待在直线上至少每隔6m、曲线上至少每隔3m固定轨距后，才准许放行小平车送料。实际预留轨缝应根据铺轨时轨节对中的偏移程度和平顺状态，按式（3-3）的计算值略予加大，加大值不宜大于2mm。

$$a = 0.0118(T_{max} - t)L - C \tag{3-3}$$

式中 a——铺轨时预留轨缝（mm），如计算结果为负值时，按0计；

T_{max}——钢轨可能达到的最高温度（℃），其值采用当地历史最高温度 +20℃（长度大于300m的隧道内，最高轨温可采用当地历史最高温度）；

t——随铺轨进度测定的钢轨温度（℃）；

L——钢轨长度（m）；

C——钢轨接头阻力和道床纵向阻力限制钢轨自由胀缩的长度（mm）。钢轨长度小于或等于15m及长度大于15m的 C 值分别为2mm和4mm；对历史最高、最低轨温差大于85℃的地区，铺设钢轨长度大于20m的轨道，C 值应取6mm。

工程车辆送料前，钢轨接头螺栓和轨枕扣件应补足拧好，并拆除轨隙片。轨道方向应直线顺直、曲线圆顺、中线对正，轨距符合要求。

3.2.2 机械铺轨方法

1. 施工准备

按规定设置线路标桩、选择铺轨温度和铺设底砟。

2. 轨道部件的质量检验及储存

按规定进行轨料及部件存放。

3. 铺轨基地设置

按规定设置好铺轨基地。

4. 轨节组装

1）轨节组装方式可按工程规模大小、施工单位技术装备能力，选用活动工作台或固定工作台生产线。规模较大的铺轨工程宜选用活动工作台生产线组装轨节。

2）轨节生产应按铺设计划表进行。各工段用料规格、数量必须执行计划表的规定。计划表应包括的主要内容：轨节编号及铺设里程，钢轨类型、长度和曲线内股缩短轨缩短量，相对钢轨接头相差量，轨枕种类、类型、数量和间距布置，轨枕扣件号码或每块垫板道钉数，曲线半径、转向和轨距加宽值，以及其他特殊要求的说明。轨节计划铺设里程应及时根据实际铺设里程调整，并对计划表做相应修正。

3）钢轨连接配件和轨枕扣件应分类堆置在相应工段的生产线两侧，并在生产过程中随时补充。堆置高度不应大于1.2m。

4）当组装轨节时，应在一轨钢轨轨腰的内侧（曲线，在外轨轨腰的内侧）用白油漆标示轨枕位置。

5）当组装轨节时，在前进方向的轨端应方正。直线两端应取齐，曲线按计算确定。

6）应做好配轨设计。采用相对式接头轨道的配轨设计，应符合下列规定。

① 将线路长度换算成铺轨长度。直线地段铺轨长度增长量根据线路各坡度的坡度分段折算；曲线段配轨以外股为依据，铺轨长度除根据线路各坡度的坡度分段折算外，还应加上外股比线路中线的增长量。

② 配轨时，应以铺轨长度为依据，按钢轨长度和预留轨缝连续计算各轨节位置。直线段终端应确定曲线始点前（或后）的钢轨接头到曲线始点的距离；曲线段终端应确定曲线终点前（或后）的钢轨接头到曲线终点的距离。

③ 曲线内股缩短轨应按铁路轨道施工及验收规范相关规定布置。对采用标准长度钢轨轨道的曲线内股，应按规定选用厂制缩短轨。

④ 当需要调整钢轨接头位置或合龙口时，可插入个别短轨。当调整桥上钢轨接头位置时，短轨应铺在离桥台尾10m外。个别插入的短轨长度，国家铁路正线轨道不得小于6m，站线和地方铁路、专用铁路、铁路专用线轨道不得小于4.5m。除两相邻道岔间外，不得连续插入两对以上短轨。

7）螺旋道钉锚固应符合下列规定。

① 螺旋道钉用硫黄水泥砂浆锚固。硫黄水泥砂浆的配方及配制工艺应符合铁路轨道施工及验收规范的相关规定。

② 锚固前，应将轨枕预留孔内杂物和螺旋道钉上的黏附物清除干净。螺旋道钉应干燥，其温度宜保持在0℃以上。

③ 锚固方法宜采用反锚，螺旋道钉用模具定位。锚固浆从枕底注入孔内，凝固后翻正脱模。正锚时，预留孔底部应堵塞紧密，严防漏浆，锚固浆从枕面注入孔内后，螺旋道钉应立即左右旋转，缓慢垂直插入定位。硫黄水泥砂浆注入孔内时的温度不得低于130℃，并应防止离析，一孔一次灌完。灌浆深度应比螺旋道钉插入孔内的长度长20mm。锚固浆顶面应与承轨槽面平齐，溢出的残渣凝固后应拆除整平。

④ 螺旋道钉应与承轨槽面垂直，歪斜度不得大于2°。道钉中线与承轨槽面的交点偏离预留孔中心不得大于2mm，道钉圆台底应高出承轨槽面，但不得大于2mm。螺旋道钉的抗拔力不得小于60kN。

8）钢轨连接配件应涂油后成套放置在轨节前端第二、三根轨枕上，随同轨节装车；其他零星用料应按铺轨计划随车配发。铺轨车辆上应备有工地临时急用料。

9）轨节组装完毕应进行质量检查。直线轨端应方正，曲线按计算错开，允许偏差为±10mm。轨距允许偏差为±2mm。轨枕应正位，并与轨道中线垂直。轨枕中心线允许偏差：国家铁路的正线和到发线为20mm，其他线和地方铁路、专用铁路、铁路专用线为30mm。

10）轨节经检查合格后，应按轨节铺设计划表用色彩醒目的油漆编号存放，或直接按铺设顺序编组装车，运往工地。

11）轨节装车不得超载超限，上、下层摆正，轨端对齐。装载后应封车加固，防止运输途中轨节错动。装载层数应根据所用铺轨机确定，并保障行车和作业安全。

5. 铺轨机

1）目前广泛应用的是悬臂铺轨的铺轨机，代表机型为DPK32型铺轨机和PG28型铺轨机，主要由主机（一号车）、机动平车（二号车）和倒装龙门三大部分组成。采用主机铺设轨节、倒装龙门成组（一般6层轨节为1组）倒装轨节、机动平车成组转运轨节的作业程序，铺轨机的三大部分平行作业。

2）铺轨机应保持状态良好，进场前必须按使用说明书进行准备与保养，并且进场前必须进行试运转。

6. 轨节铺设、道砟铺设

1）铺轨前铺砟。路基面（含桥梁、隧道）经检验合格后，方可预铺道砟。作业机械应符合下列规定：

① 运砟车辆不宜长距离频繁行驶在基床表面上，不得破坏路基基床表层。

② 道砟车辆在基床表面行驶时，应做到缓行缓停，禁止突然加速、急制动和急速转弯。载重运行速度宜控制在15km/h左右。

③ 雨天禁止车辆在基床表面上行驶。

④ 铺轨前，铺砟可采用道砟摊铺机一次摊铺压实成形，或采用其他布砟机配合碾压机进行铺设，整平压实过程中应避免破坏路基面。

⑤ 铺轨前，铺砟厚度宜为150mm，单线宽度一般为4.5m。砟面应平整，中间不应凸起。

⑥ 桥梁两端各30m预铺道砟厚度应高出桥台挡砟墙顶面不小于50mm，并做好砟面顺坡，桥上预铺道砟厚度应高出盖板，并与两端桥头砟面持平。

⑦ 铺轨前，铺砟主要设备由摊铺机或布砟机、压实机械、自卸车及装载机等组成。

2）轨节运输车辆在工地作业时的移动速度不得大于5km/h，并应开停及时、位置准确。

3）两倒装龙门应按中心距13.8m支立在直线线路上，路基应基本水平，承压不小于1.5kg/cm^2，两侧等高，与线路中心线对中。当复线铺轨时，应选择线间距大于4.3m地段支立倒装龙门，否则应拨道。

4）机动平车向主机喂送轨节时应在主机后停车，在不影响主机作业和安全的情况下与主机联挂、拖拉轨节。轨节拖拉宜在直线或曲线半径较大的地段进行。

5）铺轨机主机的前轮不得超越已铺轨节前端的第三根轨枕。在下坡地段铺轨时，应有防溜措施。

6）当轨节下落接近路基面时，应人工配合稳住轨节，对准中线就位。各轨端至少紧固两个接头螺栓，经检查中线无误后，继续铺设下排轨节。接头螺栓应随后及时补足，并按规定力矩紧固，同时拆除轨隙片。

7）在铺轨过程中，应检查轨节的铺设里程与计划是否相符。若因积累偏差或差错可能影响前方曲线轨节布置，或钢轨接头可能进入禁止接头的地点时，应及时采取措施加以纠正。

8）当天收工时，应将最后铺设的轨节号和实际铺设的终点里程报告给铺轨基地。

3.2.3 道岔铺设方法

1. 道岔铺设要求

1）道岔位置应按设计铺设。在困难情况下，可在不影响股道有效长度和不变更其他运营设备的条件下，将道岔位置前后移动不大于6.25m，但在区段站及以上的车站，特别是咽喉区道岔，最大移动量不得大于0.5m。

2）国家铁路正线上的道岔轨型应与正线轨型一致，站线和地方铁路、专用铁路、铁路专用线上的道岔轨型可采用不小于与其连接的主要线的轨型。当道岔轨型与连接线路轨型不同时，道岔前后应各铺一节长度不小于6.25m的与道岔同型的钢轨，在困难情况下，长度可减小到4.5m。

3）当两前后道岔间距小于9m时，道岔轨型应一致或两道岔直接用异型轨连接。对设有轨道电路的道岔，两不同轨型道岔间的距离还应满足设置绝缘接头的要求。不同轨型的连接处不得设置绝缘接头。

4）道岔铺设后，在连接线未铺设前，辙叉后必须加铺一节临时钢轨，尖轨必须钉固加锁，严禁扳动。

5）新铺道岔临时使用时，应使用转辙设备，不得用撬棍扳动或用其他方法支顶尖轨。

2. 道岔常用铺设方法

道岔铺设一般采用原位组装铺设、侧位预铺插入和机械分段铺设三种方法，三种方法的适用条件和施工方法分别叙述如下。

（1）原位组装铺设

1）准备工作。

① 铺设前，应熟悉该道岔的类型、构造、主要尺寸、各部配件及数量等。

② 平整道岔范围内的砟面，以便铺放岔枕和钉连轨件。

③ 根据站场中坐标里程，首先确定道岔中心桩，然后分别由道岔中心向前量测道岔前部长度，钉出岔头桩；向后量测道岔后部长度，钉出岔尾桩以及侧线岔尾桩。钉立道岔位置桩时，必须用钢直尺精确测量并核对，若道岔侧线后设有附带曲线时，应将附带曲线的交点桩、曲线起点和终点桩一并测定。

2）基本工作。

① 摆岔枕。沿道岔直线标准股枕木端头的位置，在岔头至岔尾间插立间隔绳（绳距直线中心线为1.25m），绳上标有岔枕间距尺寸，作为散布和摆放岔枕的依据，并注意将岔枕内岔头至岔尾按规定长度及根数依次对正、标记摆放，大致方正。

② 散布配件。按照道岔布置图中规定的部位，散放相应的垫板、夹板、轨撑、螺栓和道钉等，注意有些配件有左右之分和前后之别，防止颠倒错放。散布时，可放在岔枕顶面上或枕木端头外侧的路基面上。

③ 岔枕钻孔。由于道岔垫板的形式、尺寸，以及钢轨在岔枕上的位置不同，在钻孔前必须仔细正确地打出钉孔位置印，然后按照孔印位置钻孔。对于直股，铺设平垫板的道岔，可用普通轨道的枕木钻孔样板打印；铺设其他垫板的岔枕，要根据轨距、轨头、轨底和垫板尺寸，计算出枕木端头至垫板的距离，画出垫板的边线位置，然后摆上垫板（如滑床板），

按垫板孔打印。对于曲股的道钉眼，应在直股道钉打入后，根据支距及轨距尺寸线画出垫板的边线，再按照垫板孔眼打印。

④ 铺钉轨道。铺钉道岔钢轨一般可按铺钉直股及辙叉→铺导曲线外股钢轨→铺导曲线内股钢轨→安装连接杆和安装转辙机械的顺序进行。

3）检查整理工作。检查各部间距尺寸；检查尖轨密贴情况；补足全部道钉，紧固各部螺栓；仔细拨正岔位，使之与前后轨道连接方向顺直。

（2）侧位预铺插入　在既有线上增设道岔或换铺道岔，可采取侧位预铺插入的施工方法。由于在侧位组装道岔，要进入设计位置，必须临时封锁线路，在短时间内拆除既有钢轨或既有道岔，将预铺道岔滑移进入设计位置。完成插入施工后，道岔前后与既有轨道、信号装置完成连接。

（3）机械分段铺设　对于客运专线或大号码道岔，要采取在工厂内组装台上精确定位组装的方法，用车辆运往工地，机械分段铺设，方可保证道岔施工精度和铺设速度。

3.2.4　有砟轨道上砟整道养护方法

铺轨后应及时上砟整道，以保证线路稳定、临时行车安全。其施工方法有两种，一种是人工上砟整道，另一种是大型机械化养道（简称大机养）。其施工方法与要求分别简述如下。

1. 人工上砟整道

1）人工上砟整道要求分层上砟，分层整道，层厚符合有关规定。

2）人工上砟整道要优先采取机械捣固，辅以人工捣固。

3）人工上砟整道时的顺序是：串轨→方枕→补砟→起道→捣固→拨道，并反复进行。最终保证轨距、轨向和平顺性符合有关规定。

2. 大型机械化养道

正线区间长钢轨的应力放散后及线路锁定后，一般要根据设计要求，利用大型养路机械对线路进行整道作业，其内容包括抄平、起拨道、捣固和动力稳定等内容，以确保无缝线路的平顺性、道床的稳定性，满足车辆运行的时速要求。

1）主要设备包括风动卸砟车、机械化整道作业车组（简称MDZ车组，由起道、拨道、捣固作业车，配砟整形作业车，动力稳定作业车等设备组成）。

2）基本工艺流程。第一次补砟→捣固、稳定两次→第二次补砟→捣固、稳定一次→第三次补砟、捣固、稳定→第四次补砟、捣固、稳定→加强捣固→轨道整理。

3）MDZ车组分层上砟整道应符合下列规定。

① 起道、拨道、捣固作业轨温应在长钢轨铺设轨温 $-20 \sim 15$℃范围内进行。

② 起道。第一、二次起道量不宜大于80mm，第三、四次起道量不宜大于50mm。每次起道作业后，轨枕头外侧应有足够道砟，以保证长轨轨道的稳定性。

③ 拨道。一次拨道量不宜大于50mm。

④ 捣固。当起道量大于50mm时，宜选择双捣作业；当起道量小于50mm时，宜选择单捣作业。插镐深度（从枕下算起至镐尖）应不小于起道量。在有砟桥上，当枕下道砟厚度不足150mm时，不能进行捣固作业。

捣固作业结束前，应在作业终点画上标记，并以此开始按不大于2%的坡度递减顺坡，一般不在圆曲线上顺坡。严禁在缓和曲线上顺坡结束作业。

⑤ 动力稳定。每层道床起道、捣固作业后应进行1～2次动力稳定作业。稳定车在路基上工作速度一般为0.6～0.9km/h，由底层至上层速度逐层降低。当从路基向桥上进行动力稳定时，应在上桥前30m范围内把加载值逐渐降低50%，并在下桥后30m范围内再把加载值逐渐提高到原来的数值。隧道中采用与桥上同样的方法处理。当稳定车在桥上进行动力稳定时，应避开桥梁自振频率，工作速度不得低于1km/h；在桥上不得开始起振，也不宜结束动力稳定作业。

⑥ 捣固作业时，应同时夯拍道床边坡或砟肩。

4）采用大型养路机械整道前，输入线路资料并对线路要素进行标示，以便按设计标准进行大机养作业。

5）曲线外轨超高应按设计设置。曲线外轨超高应在缓和曲线全长范围内均匀递减。大机养时安排专人检查整道质量，大机养过后要人工整理路容。

3.2.5 营业线轨道铺设方法

1）营业线的轨道施工，应按现行在运营线上施工的有关规定办理。当涉及其他专业时，应有有关专业的人员参加，配合施工。

2）在有轨道电路的区段施工时，所使用的工具应有绝缘设施，并不得搭接在两股钢轨及绝缘接头、引接线和跳线上。

3）施工准备。

① 了解行车组织、主要运输设备的能力利用和工程车辆进出既有车站的条件。

② 收集并核实改建站场有关既有设备的坐标，必要时应绘制新旧设备关系图。

③ 审核施工设计文件，应重点了解设备更替或移地利用对运输的影响程度。必要时应及早提出修改设计。

④ 大型站场改建前，应测设施工控制基线，并做好控制桩的保护工作。

4）清筛或更换道砟深度应符合设计规定，道床基础不得形成积水槽，枕端外的砟底应做成向外的排水坡，清筛出的污土应及时清除。

5）拨道连接营业线轨道。

① 先测定拨接段轨道线路和接轨点位置，并据此确定龙口位置，准备好龙口轨。

② 拨接段预铺道砟应夯压密实，砟面应略低于既有线轨道枕底，补充道砟宜摊铺在两侧。

③ 封锁施工前，既有轨道拨动段应扒出枕盒内和拨动方向枕端道砟，并拆除影响拨道的各项设备。列车限速通行。

④ 封锁施工，拨接合龙后，应按要求整正轨面水平，拨顺方向，校正轨距，符合列车放行条件后，限速放行列车，继续补砟整道，达到验收要求。

6）增设或更换道岔。

① 应结合现场条件和行车密度选定施工方法。对繁忙区段咽喉区的各类道岔或有电气联锁的道岔，宜采用整组预铺后拨入。

② 与其他专业有关的道岔施工，应有有关专业人员配合方可进行。

③ 施工前，应先按规定要求整正施工段的既有轨道，两端加强锁定，精确测定道岔位

置，并配合两端合龙轨。

④ 道岔拨入就位或拼装成形后，应立即按线路开通要求补砟整正。线路开通后、车辆慢行阶段应继续整修道岔，达到验收要求。

7）曲线轨道超高。正线上的曲线超高 h 应按式（3－4）计算确定

$$h=\frac{11.8V_{\mathrm{j}}^{2}}{R} \tag{3-4}$$

式中 R——曲线半径（m）；

V_{j}——均方根速度（km/h），其值为

$$V_{\mathrm{j}}=\sqrt{\frac{\Sigma N_iQ_iV_i^2}{\Sigma N_iQ_i}} \tag{3-5}$$

式中 N_i——各类列车次数（列/d）；

Q_i——各类列车质量（t）；

V_i——各类列车实测速度（km/h）。

电力牵引铁路在有接触网的到发线上，曲线轨道可采用25mm的超高，连接曲线的超高可采用15mm。曲线外轨最大超高不得大于150mm；当单线铁路上、下行车速度相差悬殊时，不得大于125mm。

8）营业线改建放行列车条件。营业线施工地段放行列车时，线路状态应达到表3-1的最低要求。

表3-1 营业线改建放行列车条件

项　目	列车减速	列车不减速
轨枕盒内及枕头道砟	不小于1/3	填满，但大修整理作业及维修捣固作业扒开道床不在此限，而炎热天气应严格控制扒道长度，午休时应全部回填；无缝线路应严格控制，按其轨温条件办理
轨枕间隔	每隔6根可空1根	均匀不缺
枕底道砟	串实	捣固密实
道钉或扣件	1）对半径小于800m曲线地段，接头2根轨枕和桥枕上的道钉或扣件应钉齐或上齐 2）对其他地段的轨枕和桥枕，准许每隔1根钉1根或每隔1根紧固1根	每根枕木（桥枕）里外侧各钉1个，混凝土轨枕扣件应上齐
接头螺栓	每个接头至少紧固4个（每端2个）	
钩螺栓	每隔3根桥枕紧固1根	每隔1根桥枕紧固1根（按明桥面1式布置，单根拆除护木时，容许每隔3根桥枕紧固1根）
护轨及道钉	如因施工需要，允许拆除影响施工的一段护轨	应将护轨、楞头全面恢复，并钉齐道钉
起道顺坡	顺坡长度不小于起道高度的200倍	临时顺坡长度不小于起道高度的200倍，收工时顺坡长度不小于起道高度的400倍

3.3 无砟轨道施工

无砟轨道就是利用成形的组合材料代替有砟轨道，将轮轨力分布并传递到路基上，它具有轨道稳定性高、刚度均匀性好、结构耐久性强及维修工作量显著减少的突出优点，被广泛应用于城市轻轨、地铁和城际轨道交通中。

3.3.1 无砟轨道概述

轨道是轨道交通运营设备的基础，它直接承受有轨电车荷载，并引导有轨电车运行。有砟轨道是将钢轨用连接件固定在轨枕上，轨枕埋设在道砟内。而无砟轨道则是通过联结件将钢轨与混凝土道床或桥面直接连接起来，以便满足城市轨道交通维修量小、运营时间长和维修时间短的要求。

1. 无砟轨道的类型

无砟轨道按照结构分类，可分为整体结构式和直接支撑结构式。整体结构式指支撑钢轨的混凝土块与混凝土基础浇筑或预制成为一体，所以按照建造工艺又可分为现浇混凝土式和预制板式。直接支撑结构式是在基础上直接铺设无砟轨道的一种结构，按照钢轨支撑方式可分为间断支撑式和连续支撑式两种方法。

2. 无砟轨道的整体道床施工

现代有轨电车正线线路主要为地面线，沿城市道路铺设，运输条件便利，便于沿线轨道的堆放和运输，推荐采用架轨法进行轨道施工。通过汽车直接将钢轨、扣件、轨枕、钢筋等材料运送至工作面，利用轨排支撑架进行架轨、扣件及轨枕吊装；然后现场绑扎钢筋、支模板；检验合格后，最后进行整体道床的浇筑。架轨法施工灵活，有利于在由于意外因素造成的工期紧张的情况下，可根据实际情况，在线旁进行上料施工，可同时实现多处工作面施工，加快施工进度。道岔区整体道床推荐采用架轨法施工，施工时，应严格控制各工序的质量，尤其在交叉口处道岔群施工时，应严格把控工程质量。

3. 无砟轨道的钢轨焊接

无缝线路槽型钢轨焊接主要采用闪光对焊和铝热焊两种方法。铝热焊焊接接头为一种经过铝热反应的铸造组织结构，该方法设备简单、焊接速度快，能够对异型断面进行焊接，但因其接头为铸造组织，易出现铸造缺陷，如气孔、夹渣及裂纹等，国外现代有轨电车槽型轨和沈阳现代有轨电车应用过。闪光对焊主要是利用电流通过电阻时所产生的热量连接焊件，再经顶锻完成焊接，该方法自动化控制水平高，焊接质量好，但造价高，焊接设备复杂，一次性投资大。目前，我国已成功研制出槽型轨闪光对焊机，已在珠海、苏州、淮安、南京等地应用，该方法自动化程度高，焊接质量好，推荐采用。

4. 无砟轨道的轨道精调

轨道精调主要有两种方法：①采用道尺、弦线配合基标进行测设调整，该法操作简单，无须特殊设备，但误差大，易累积，且工作繁重；②采用轨道几何状态测量仪、全站仪等配合轨道控制网进行测设调整，该法测设精度高，自动化程度高，方便、快捷，但对操作人员要求高。当正线铺设为整体道床，道床一次成形后，调整量有限，且正线采用槽型钢轨，轮缘槽较窄，车辆对轨道几何状态要求高，因此推荐采用精度高、自动化程度高的轨道几何状态测量仪等配合轨道控制网的方法进行轨道精调，确保轨道几何状态和平顺性符合要求。

5. 无砟轨道的特点与优越性

（1）良好的结构连续性和平顺性　有砟轨道采用均一性较差的天然道砟材料，在车辆荷载作用下，其道床肩宽、砟肩堆高、道床边坡、轨枕间距及轨枕在道床中的支撑状态相对容易变化，并导致轨道几何形变。

无砟轨道的下部基础、底座及道床板（或乳化沥青水泥砂浆调整层）均为现场工业化浇筑，双块式轨枕、轨道板、微孔橡胶垫层、轨下胶垫、扣件及钢轨等均为工厂预制件或标准产品，可以保证其性能有较好的均一性。由此组成的轨道整体结构与有砟轨道相比，具有更好的结构连续性和弹性均匀性，为提高轨道的平顺性，改善乘车质量提供了有利条件。

（2）良好的结构恒定性和稳定性　在无砟轨道结构中，作为无缝线路稳定性计算参数的轨道横向阻力、轨道纵向阻力不再依赖于材质和状态多变的有砟道床，其整体式轨下基础可为无缝线路提供更高和更恒定的轨道纵、横向阻力，具有更好的耐久性和更长的使用寿命。

（3）延长维修周期和轨道使用寿命　无砟轨道维修工作量大大减少，被称为省维修轨道，为延长线路的维修周期和车辆的高密度、准点正常运行提供了重要保证。

城际间线路的行车速度高、密度大，所有线路的地面检查、维修作业都必须在“天窗”时间（线路不运行的时间）内进行。无砟轨道采用整体式轨下基础，与采用散粒体结构的有砟道床基础相比，在车辆荷载的作用下，不会产生道砟颗粒磨耗、粉化、相对错位所引起的道床结构变形；在车辆荷载的反复作用下，不会产生变形积累，使轨道几何尺寸的变化基本控制在轨下胶垫、扣件及钢轨的松动和磨损等因素之内，从而大大降低了轨道几何状态变化的速率，减少了养护、维修的工作量，延长了维修周期和轨道使用寿命。

（4）减少工务养护和维修设施　由于维修工作量减少，可以扩大每个综合维修中心和维修工区的管辖范围，从而减少维修部门的数量；同时也可相应减少每个部门配置的维修机械、停车股道数量和房屋等设施。

（5）免除高速条件下有砟轨道的道砟飞溅　行车试验表明，行车速度达到250km/h时，道心道砟出现飞砟现象，造成车辆转向架部分的车轴、制动缸等被道砟打击（这种飞砟现象与线路开通前道床表面细砟、粉尘较多也有一定的关系）。根据法国TGV铁路的运营经验，在行车速度达到350km/h时，有砟轨道出现较严重的道砟飞溅现象；将速度降到320km/h时，飞砟现象才有所改善。此外，在严寒冬季，冻结在车体下部的冰块融化时，冰块打在道砟上，溅起的道砟会打坏钢轨踏面。另外，在进行道床维修施工作业后，由于表层道砟松散，粉粒较多，也会产生飞砟，此时要求限速170km/h行车。法国TGV铁路在严寒多雪地区，为了防止下雪天因道砟表面裹雪被列车风吹起，曾采取过在道床表面喷撒乳胶和雪天降速运行等措施。采用无砟轨道之后就可以完全免除道砟飞溅的顾虑。

（6）有利于适应地形选线，减少线路的工程投资　无砟轨道的纵、横向稳定性比有砟轨道大大改善。在选线困难的地段，可以利用无砟轨道能承受较大轮轨横向力的有利条件，在保证舒适度的前提下，适当放宽曲线允许超高、欠超高的限制，减小最小曲线半径，从而有利于选线，减少工程量。由于轨道建筑高度小，所以在隧道内可减少隧道净空，在桥梁上可减少桥梁的建筑高度，降低了工程造价。

3.3.2 板式无砟轨道的构造

板式无砟轨道的优点：①轨道建筑高度低、自重轻，造价低，组装、施工进度快；②适宜工厂化、机械化生产，劳动强度低；③采用乳化沥青砂浆作为轨道板与混凝土基础板的隔离层和调整层，便于对轨道施工中产生的误差进行控制和调整，也便于修复。为此，板式无砟轨道被广泛应用于路基、桥梁、隧道和路桥过渡段。

1. 板式无砟轨道的类型

板式无砟轨道一般分为普通型和减振型两种。

普通型板式无砟轨道由钢轨、扣件、预制混凝土轨道板（简称轨道板）、乳化沥青水泥砂浆调整层（简称CA砂浆调整层）、混凝土凸形挡台（简称凸形挡台）及混凝土底座（简称底座）等部分组成，凸形挡台周围采用树脂材料充填，扣件垫板上设置充填式垫板。减振型板式无砟轨道的结构组成除在轨道板底面设置有橡胶垫层外，其余与普通型板式无砟轨道相同。

2. 板式无砟轨道的设置要求

（1）路基上板式无砟轨道

1）在路基面构筑的混凝土支撑层上，直接构筑混凝土底座与凸形挡台。支撑层的厚度和宽度应根据结构承载能力、荷载传递特性及道床厚度确定。通常，路基上支撑层宽度为3200～3800mm，厚度根据支撑条件来计算确定，但不得小于300mm。每隔两个板单元设一个横向伸缩缝，宽度为20mm，用沥青板填充。

2）由于板式轨道底座直接构筑在混凝土支撑层上，因此在过渡段区域的混凝土支撑层应预埋与底座间连接的钢筋。

3）为防止地面水渗入路基，对混凝土支撑层两侧的路基面，应采取沥青混凝土封闭或其他防水措施。在施工过程中，还应注意支撑层两侧与防水层搭接处的防水处理。

（2）隧道内板式无砟轨道　与路基、桥梁相比，隧道基础为无砟轨道应用提供了较好的承力层，除过渡段外，与路基上的无砟轨道相比要简单得多。此外，隧道内板式无砟轨道还具有温差小、紫外线强度弱等优点。借鉴日本板式轨道在隧道内的应用经验，以及我国隧道内板式无砟轨道的试验，得出隧道内无砟轨道底座与凸形挡台可直接在隧道基底回填层上构筑的结论。

隧道内板式无砟轨道底座混凝土伸缩缝的设置：洞内每三个轨道板单元处（约15m）设置一个混凝土伸缩缝；洞口向内延伸200m范围内，约每5m处设置一个混凝土伸缩缝。为保证与隧道沉降缝变形协调，在沉降缝处，底座对应设置伸缩缝。双线线路中心积水可通过底座内预埋横向排水管与外侧水沟相连来解决。排水管的直径及设置间距则根据隧道具体水文情况确定。

（3）桥梁板式无砟轨道　轨道在路基纵向可以认为是不移动的，但是桥梁却由于制动力、牵引力和温度荷载的影响会产生纵向位移。无砟轨道在与桥梁进行力的传递时，在桥梁上部结构和轨道上部结构的过渡区，会因为端部的扭转及下部的变形在轨道上出现向上的力。

高架桥梁板式轨道的底座直接在桥面上构筑，为保证无砟轨道结构与梁体的可靠连接，实现梁体与无砟轨道道床间结构变形的协调，在混凝土底座范围内的桥面，应设置一定数量的连接钢筋。连接钢筋的数量应根据无缝线路纵向力的大小及无砟道床与桥面间的摩擦力大小来确定。

1）底座每隔一个板单元设一个横向伸缩缝。

2）由于板式轨道的轨道板为平板，线路的竖曲线只能通过底座、CA 砂浆调整层的厚度，以及扣件垫板进行设置。设计中，应根据竖曲线半径的大小，尽量通过底座和 CA 砂浆调整层进行设置，为扣件留出足够的调整量，以利于后期对轨道状态的调整。

根据桥梁无砟轨道技术条件的要求，应尽量减小梁端转角和变形对扣件系统的影响，轨道板、道床板结构端部与第一个扣件节点中心的距离必须控制在大于 250mm。

3. 板式无砟轨道的构造

（1）轨道板　轨道板的形式、尺寸既要考虑使轨道受力均匀，又要兼顾在制造、装载运输及施工时的可操作性。轨道板的宽度首先要满足结构及制造工艺要求，其次要考虑传递车辆荷载的有效范围，并尽可能减少传递到板下结构的荷载应力及作用在板上的弯矩。减少轨道板的宽度，则板的横向正弯矩减小，纵向弯矩及横向负弯矩增大。

轨道板的厚度主要由结构强度及配筋要求决定，在结构强度允许的范围内，一般取板的厚度为 190mm。考虑到方便铺设及维修，在板两端的中部设置半圆形缺口，以便配合设在底座上的凸形挡台。

（2）底座　混凝土底座是板式轨道的支撑基础，其主要功能有：①修正在无砟轨道施工前下部基础（如桥梁上拱、路基沉降）的变形与施工偏差；②实现曲线地段板式轨道的超高设置。

底座宽度的设计应在保证结构强度的前提下，考虑板式轨道施工设备和机具的使用，底座宽度为 2600 ~ 3000mm。其厚度和配筋应根据下部基础的变形（如桥梁的跨中挠度、路基承载力，以及不均匀沉降等）条件来确定，厚度根据具体铺设区段的基础支撑条件计算确定。由于缓和曲线地段的超高是逐渐变化的，每个底座单元的高度应根据超高变化合理设置。底座伸缩缝对应凸形挡台中心位置，宽度为 20mm，用沥青板填充。

曲线超高在底座上设置，缓和曲线及圆曲线范围的底座厚度根据实际设计超高计算确定。根据我国板式轨道的设计经验，要求底座的最小厚度为 100mm，特别是曲线地段的内轨一侧，由于下部基础的施工偏差，为保证 CA 砂浆调整层的厚度，很容易造成底座厚度的不足，这点除了在设计中给予考虑外，在下部基础施工过程中应严格控制顶面高程偏差。

（3）凸形挡台　凸形挡台作为板式轨道的一个重要组成部分，其主要功能是限制轨道板的纵、横向位移。设计采用圆形截面，外形必须与轨道板相匹配。凸形挡台顶面应与大板顶面基本保持在同一高度，既能保证板端而受力均匀，又不凸出过高，凸形挡台高度为 250mm。凸形挡台周围采用弹性好、强度高的树脂材料替代 CA 砂浆。底座内应预设与凸形挡台的连接钢筋。凸形挡台的结构配筋应考虑线路最大纵向力、横向力，以及与底座间的连接要求。

凸形挡台是板式轨道的限位装置，直接承受线路的纵向力和横向力。为便于现场施工，板式轨道底座与凸形挡台所用混凝土的强度等级应一致。

（4）CA 砂浆调整层　通常采用乳化沥青水泥（CA）砂浆作为填充调整层材料。该材料将水泥砂浆具有的强度、耐久性与沥青砂浆具有的弹性结合起来成为一种合成材料，具有良好的施工性，以满足充填轨道板与底座空隙的要求，并具有足够的强度、耐久性、稳定性及相应的弹性。在满足结构受力的前提下，普通型和减振型板式无砟轨道的板下 CA 砂浆调整层厚度分别为 50mm 和 40mm。

（5）板下橡胶垫层　在无砟与有砟轨道过渡段及特殊减振区段，应采用减振型板式无砟轨道。减振型板式无砟轨道采用在钢轨下部轨道板底粘贴橡胶垫层、线路中部轨道板底设泡沫聚乙烯中空材料的方式，其厚度均为 20mm。

（6）充填式调高垫板　当板式轨道应用于轨面标高渐变的缓和曲线与竖曲线地段时，最小厚度为 2mm 的轨下调高垫板，难以实现对板长范围内轨道不平顺的精细调整，必须有与板式轨道相配套的充填式无级调高垫板，以实现对快速线路的高平顺性要求，因而研制出了充填式调高垫板。

充填式调高垫板在日本新干线板式轨道结构上得到广泛应用。在其所修建的山阳新干线中，由于大量采用板式轨道，因此研制出一种内腔充填树脂（PV101 型）的囊袋式无级调高垫板，用来精细调整轨面的高低。其安放位置：①直结 4 型不分开式扣件插入轨下垫板与轨道板之间。②直结 5、7、8 型分开式扣件，插入轨下垫板与铁垫板之间。

3.3.3　双块式无砟轨道的构造

由于双块式无砟轨道的道床为现场混凝土浇筑，且便于施工，道床板与底座的宽度设计一致，适合在各种环境条件下铺设。

1. 双块式无砟轨道的组成

双块式无砟轨道由钢轨、扣件、双块式轨枕、道床板及底座（路基和隧道区段可不设）五部分组成。

2. 双块式无砟轨道的设置要求

（1）路基上双块式无砟轨道

1）在路基基床结构的表层（级配碎石层）构筑混凝土支撑层。混凝土支撑层的宽度一般为 3200～3800mm，厚度一般不小于 300mm；伸缩缝采用 20mm 厚的沥青板进行填充，伸缩缝间距为 10m 左右。

2）道床板直接在混凝土支撑层上构筑。在过渡段区域（如路桥、路隧等），混凝土支撑层内应预埋与道床板连接的钢筋，以增强结构的整体性。

3）混凝土支撑层两侧的路基面采用沥青混凝土封闭或其他防水措施。

（2）隧道内双块式无砟轨道

1）隧道内道床板直接在隧道基底回填层上构筑。

2）由于隧道内温度变化小，道床板混凝土伸缩缝的间距可适当增大；在隧道洞口附近 200m 范围内，温度变化较大，伸缩缝间距应缩小。隧道内的道床板每隔三个板单元设一个横向伸缩缝；在距隧道洞口 200m 范围内，每隔一个板单元设一个横向伸缩缝。伸缩缝的位置应结合隧道内沉降缝设置。

（3）桥上双块式无砟轨道

1）桥上双块式无砟轨道设有底座，直接在桥面上构筑，并通过梁体预埋钢筋与桥梁相连。

2）对于桥上双块式无砟轨道的混凝土底座，应在每个底座单元的端部设置凹槽，以限制上部道床板的纵、横向位移。凹槽尺寸应根据桥上无缝线路纵向力、横向力的最大值计算确定。支撑层两侧的路基面应采取沥青混凝土封闭或其他防水措施。

3）底座与道床板之间应设置隔离层。

3. 注意事项

由于双块式无砟轨道的道床板为混凝土现浇，便于施工，道床板与底座的宽度要求一致。根据下部基础条件、外部荷载的大小及荷载传递情况，确定道床板的宽度。为保证变形协调，底座与道床板伸缩缝的位置应一致。

1）双块式无砟轨道道床板长度相对板式轨道要灵活一些，其长度可根据具体地段、扣件节点间距，以及道床板端部距第一个扣件节点中心距离不小于250mm等条件确定，在路基和隧道区段，双块式无砟轨道道床板长度一般为4000～6000mm，扣件节点间距为625mm，道床板宽度为2700～3000mm。

桥梁道床板与底座的标准长度为4856mm，扣件节点间距为617mm。相邻道床板及相邻底座的间隔缝除梁跨端部外均为80mm。道床板宽度与路基一致。

2）在直线或曲线超高较小的区段，道床板表面设横向人字坡；在曲线超高较大的地段，道床板表面应设单面坡。一般区段道床板表面设1.5%的横向人字坡。

3）道床板的厚度和配筋应根据下部基础的支撑条件（如桥梁的跨中挠度、路基承载力及不均匀沉降等）及轨道电路设计中钢轨阻抗参数的设计要求确定。

3.3.4　长枕埋入式无砟轨道

长枕埋入式无砟轨道适用于道岔区铺设。本节就此种无砟轨道的结构组成及施工技术要点等方面进行说明。

1. 长枕埋入式无砟轨道的组成

长枕埋入式无砟轨道由钢轨、扣件、轨枕、道床板及混凝土支撑层等部分组成。

2. 长枕埋入式无砟轨道的设置要求

1）在路基基床上构筑混凝土支撑层，支撑层内应预埋与道床板连接的钢筋。

2）道岔道床板的宽度、钢轨支点间距根据上部道岔结构尺寸确定。

3）道床板表面应设横向排水坡。道岔区的混凝土道床宽度相对较大，表面排水坡度应根据道床板在道岔区的具体位置确定。

4）道床板混凝土强度等级不小于C40。

5）道床板扣件垫板与混凝土道床板的连接应稳定可靠。

6）道床板长度宜在4000～6000mm范围内，板间设20mm的伸缩缝，用沥青板填充。伸缩缝宜避开牵引点、钢轨接头处至少1.2m。道床板表面设置横向排水坡。

7）道岔区范围内的轨道刚度应合理匹配。目前，我国道岔区使用的轨下胶垫刚度较大（100～150kN/mm），而区间无砟轨道线路使用的轨下胶垫刚度为30～50kN/mm，两者差异较大。在轨下胶垫刚度难以降低的情况下，必须设置轨道刚度过渡段。因此，道岔前后端与区间轨道之间应设置至少30m的轨道刚度过渡段，分级过渡。

8）无砟道床的结构设计应考虑电务设备的安装要求。在转辙机区段的道床，由于转辙机拉杆净空的要求，必须在道床设计上预留出相应的空间，预留坑的宽度、该处的轨枕间距、轨枕宽度及最外层钢筋混凝土保护层的厚度等，应根据转辙机拉杆的需要而定，同时要考虑满足相关规范的要求。

3.3.5 无砟轨道基本施工工序

1. 板式无砟轨道基本施工工序

板式无砟轨道主要是轨道板铺设与CA砂浆灌注，而这两方面都与施工现场的具体条件密切相关，同时也取决于可利用的施工工期，以及施上单位现有的机具、材料等。

2. 双块式无砟轨道基本施工工序

双块式（包括长枕埋入式）无砟轨道的铺设安装有螺栓支撑调节法和钢轨支撑架法两种方法。

（1）螺栓支撑调节法

1）钢轨、轨枕及配套扣件系统在轨排场组装成轨排，用平板车运输至施工地点，利用两台小型门式起重机吊运，与已铺或已施工的轨排相接。

2）利用轨枕上预埋的带螺纹的套管及调节螺栓支撑起轨排，然后立模。

3）利用基标、直角道尺、万能道尺调整轨道：①利用轨排两侧轨枕与模板间的侧向支撑来调整轨排平面位置；②用轨枕上的调节螺栓调移轨排高度；③通过粗调、精调、微调三次调整，来确定轨排的方向和高低。

4）全面检查模板支撑、轨距、标高及水平位置等，全部合格后即可就地浇筑道床混凝土。

5）待道床混凝土强度达到5MPa时拆除模板，拧下调节螺栓以重复使用。对调节螺栓形成的孔洞，采用同等强度的混凝土充填密实。该方法更适合长枕埋入式无砟轨道的铺设。

（2）钢轨支撑架法

1）将钢轨、轨枕及配套扣件系统按设计的支撑间距组装成轨排，用平板车运输至施工地点后，采用两台小型门式起重机吊运至特制的钢轨支撑架上。

2）利用钢轨支撑架精密调整轨道的方向、水平高低。

3）就地浇筑混凝土道床，待混凝土硬结并具有一定强度后拆除钢轨支撑架，以重复使用。在无砟轨道铺设安装时，可并行的工序应尽可能安排同时进行，顺序施工的工序应尽量减少时间间隔，以加快施工进度。轨排一次组装长度宜为100m。

3.3.6 无砟轨道基础施工

1. 基本要求

（1）桥梁基础

1）桥梁徐变上拱。自无砟轨道铺设后，梁体产生的残余徐变上拱值不大于7mm。

2）梁体横向水平挠曲。水平挠曲变形不大于梁体计算跨度的1/4000，且相邻梁跨水平挠曲变形引起的钢轨相邻支点的横向相对位移不大于1mm。

3）墩台沉降控制。自无砟轨道铺设后，墩台的均匀沉降不大于20mm，相邻墩台的沉降差不大于5mm。

（2）隧道基础　隧道基底承载力不应小于0.2MPa，仰拱同填混凝土强度不应低于C20。应严格控制基础顶面标高及表面平整度。隧道基础施工允许偏差应满足表3-2的要求。

表 3-2 无砟轨道隧道基础施工允许偏差

序 号	项 目	允 许 偏 差
1	基础顶面高程	+0 -20mm
2	基础表面平整度	凹陷深度不大于 4mm/m 或低洼长度不大于 50mm

(3) 路基基础 路基基床底层与表层填筑应按规定进行检测。路基施工后沉降应不大于 30mm，不均匀沉降应不大于 20mm/20m，且由建设、设计、施工及监理单位共同核对路基施工基础记录和影像资料，对路基施工工后沉降做出评估，满足设计沉降标准后方可进行无砟轨道施工。

2. 基标测设

在混凝土底座施工前，应采用起闭于 GPS 点（B 级）的四等导线测量的精度对线路中线进行贯通测量，并且建立独立、完整和精准的基标控制网。采用二等水准测量精度，对高程进行系统复测。

(1) 基标的位置 按设计要求在无砟轨道施工范围内埋设基标。基标分为控制基标和加密基标两种。对控制基标，原则上在直线段每 100m 设一个，在曲线段每 50m 设一个；对线路特殊地段、曲线控制点、线路变坡点及竖曲线起、止点均应增设控制基标。对加密基标，在直线段每 6m 设一个，在曲线段每 5m 设一个，加密基标间的偏差应在相邻两控制基标内调整。基标桩可设置于线路中心、水沟、电缆槽、接触网电杆或挡砟墙上。

对于板式无砟轨道，在混凝土底座和凸形挡台施工完毕后，宜在凸形挡台上重新沿线路中线方向设置控制基标，并在每个凸形挡台上设置加密基标。方向基标和水准基标宜设置在同一位置。

对于双块式无砟轨道，在道床板混凝土施工后应及时在道床板表面埋设控制基标。无砟轨道铺设完成后，应对控制基标进行复测，根据复测结果调整控制基标，调整后的控制基标精度应符合设计要求。当无缝线路施工时，应利用调整后的控制基标精细调整轨道几何形位。

(2) 基标的放样 基标放样常用极坐标法，要求如下：

1) 放样时应置镜于导线点且不得转点，前视边长度不得大于 150m。

2) 两测回定点，一测回检核，测站限差要求同精密导线。检核水平角校差不大丁 6"，距离校差不大于 2mm。

3) 基标高程从水准基点引出，按精密水准方法往返观测。

4) 基标允许误差。

① 控制基标。方向允许误差为 6"；高程允许误差为 ±1mm；距离允许误差，直线为 1/5000，曲线为 1/10000。

② 加密基标。直线上偏离控制基标方向的误差为 ±1mm；曲线上采用偏角法测量，在偏角方向线上允许误差为 ±1mm；每相邻基标间距离允许误差为 ±2mm；每相邻基标高程允许误差为 ±1mm。

5) 基标测设和施工测量应符合施工测量规范的有关规定。

3. 底座及凸形挡台的混凝土施工

1) 在底座及凸形挡台钢筋网绑扎前，应对底座、凸形挡台及道床板范围内的基础混凝土表面凿毛，用高压水或高压风冲洗干净，并将水排干。

2）底座及凸形挡台混凝土采用的水泥、砂、石及水等原材料及施工要求应符合有关规范的规定。

3）在底座施工前，应先沿线路中心线进行桥面、路基面或隧底面高程检测，且高程按精密水准要求往返测量，闭合于水准基点；然后根据实测高程和相应轨向设计高程推算混凝土底座实际厚度。底座实际厚度与设计值偏差的允许值，桥上为±10mm，路基为±10mm，隧道为 $_{-20}^{0}$mm 以内。

4）底座及凸形挡台混凝土应连续浇筑。混凝土浇筑时，应在浇筑地点随机取样制作试件。对同一配合比，每 $50m^3$ 混凝土或每班组制作一组试件，并与底座及凸形挡台混凝土同条件养护。试件的强度应符合 TB 10425—1994《铁路混凝土强度检验评定标准》和设计文件的有关规定。

5）板式无砟轨道底座及凸形挡台的尺寸允许偏差应满足设计要求。根据凸形挡台上水准基标测量底座顶面高程，底座顶面高程允许偏差也应满足设计要求。

6）在双块式无砟轨道底座混凝土施工完成后，其尺寸允许偏差应满足设计要求。当双块式无砟轨道底座混凝土养生期满后，在其表面铺设隔离层，在凹槽的竖直侧面粘贴弹性垫层。

7）当轨道板强度符合要求后方可吊运，并必须按设计吊点位置起吊。起吊应平起、平落，吊运应匀速前进。

8）在轨道板在两凸形挡台之间大致就位后，应根据凸形挡台上方向和水准基标采用专用机具精确调整对位。轨道板位置的允许偏差应满足设计要求。

9）在轨道板下灌注 CA 砂浆。

10）在凸形挡台周围灌注树脂。

在板底 CA 砂浆固化、轨道板支撑螺栓撤除后，灌注凸形挡台周围的填充树脂。凸形挡台与轨道板之间的间隔缝不得小于 30mm。

凸形挡台周围填充树脂施工应符合如下技术要求：

1）灌注前，应将填充间隙中的垃圾、尘土和浮浆等异物处理干净，除去水、油类物质，保证施工面干燥、清洁。

2）树脂 A、B 材料及配制后的填充材料应符合《板式无砟轨道树脂材料技术条件》的规定。

3）树脂应在混合后 20min 内注入。

4）树脂应缓慢、连续注入，防止带入空气及水分，保证灌注密实。

5）在相同材料、相同配合比的情况下，每作业班次随机取样，制作两组强度及弹模试件。

6）在树脂材料注入的过程中，应用塑料薄膜覆盖凸形挡台周围的轨道板，溢出、漏泄树脂应立即擦除，不得残留脏污。

7）树脂灌注施工应避开明火，隔离热源。

3.3.7 CA 砂浆的配制与灌注

CA 砂浆的配制与灌注技术是板式轨道施工的关键技术之一。

1. CA砂浆概述

CA砂浆即水泥沥青砂浆，由乳化沥青、水泥、砂、水及外加剂等拌和而成。CA砂浆属于水泥系和沥青系中间领域的注入材料，是利用沥青的弹性和水泥的刚性而构成的半刚性的胶泥。CA砂浆的强度主要由水泥砂浆体系提供，而弹性主要由沥青提供，但从微观上说，CA砂浆的性能绝不是两种材料性质的简单叠加，而是各组成成分之间相互作用、相互影响的结果。

CA砂浆垫层是板式无砟轨道的中间垫层，除了要具有一定的强度和适宜的弹性外，还应具有良好的稳定性和耐久性。为了填充轨道板与混凝土基床板之间的间隙，要求CA砂浆具备适当的注入流动性。由于水泥和乳化沥青一经混合就起反应，致使黏度逐渐增大，因此CA砂浆的可使用时间有限。CA砂浆的流动性受温度、配合比以及搅拌设备和工艺的影响，故CA砂浆必须在现场进行混合、搅拌、注入等作业。为保持已调整定位的轨道板不产生移动，一般采用自流式灌注，而不是压力注入。

为了满足灌注施工需要，CA砂浆未固化物应有适当的翻度并可保持一定的时间，使其能够灌满板下的空间；CA砂浆还应具有较好的施工环境适应性，以满足在不同季节、气候环境下施工的要求；CA砂浆的固化速度应满足后续工作需要，从灌注到固化的不同时期应有不同的强度指标，固化后各组成成分应保持混合时的均匀状态，不能分离。初步固化后应有一定程度的膨胀，以完全充满所处的空间；同时提供一定的预应力，防止在四角的支撑螺栓卸下后轨枕板的下沉。

2. CA砂浆的配制

（1）原材料

1）水泥：为了获得较好的早期强度和对环境的适应性，应该使用高强和早强水泥，一般采强度等级为42.5R的普通硅酸盐或快硬硫铝酸盐水泥。

2）乳化沥青：乳化沥青是CA砂浆的关键原料，应具备较好的稳定性，在与水泥、砂混合后应有适宜的破乳速度，同时沥青乳化后不能过多地损失沥青的原有性能。

3）聚合物乳液：聚合物乳液的加入是为了改善CA砂浆的耐久性等性能。聚合物乳液必须具有与乳化沥青、水泥的相容性，不能对CA砂浆的流动性产生过大的影响，其采用的乳化剂必须与乳化沥青所用的乳化剂相容，以防止产生凝聚、结块等现象。聚合物乳液应具有优良的综合性能和经济性，可起到改性、防水和黏结等作用。

4）细集料（砂）：砂的粒径分布对CA砂浆的分离度影响很大。当细度模数过小时，为获得合适的流动度所需的水量较大；当细度模数过大时，则砂子易产生沉降。细集料的最大粒径应小于2.5mm，细度模数为1.4～2.2。砂子应保持洁净、坚硬和耐久，不应含有泥土和有机质等有害杂质，含水量也应控制在较小的范围内。

5）混合材料：使用混合材料的目的是防止砂浆材料分离，增加流动性，防止收缩。混合材料是有一定膨胀性的水泥混合料。混合材料应具有较好的分散性和膨胀性，主体成分为硫铝酸钙系矿物。

6）铝粉：铝粉作为CA砂浆尚未凝结前的膨胀剂，与水泥和水起膨胀反应而使CA砂浆完全充满所处的空间，并形成一定的膨胀应力，以克服拆除支撑后由于预制板的自重造成的轻微下沉，同时使CA砂浆与预制板的结合更加紧密。铝粉以薄磷状粉末为好，铝的活性成分应较高，细度应较小，尽量减少大气泡产生的数量，以免对强度和抗冻融性产生不利的影响。

7）消泡剂：采用消泡剂的目的是消除搅拌过程中产生的大气泡。

8）引气剂：加入引气剂是为了在CA砂浆中引入一定量的、均匀分布的微小独立气泡，提高尚未凝固CA砂浆的和易性，减少材料的分离，而且对固化后的CA砂浆也能增强它的抗冻性。

（2）CA砂浆的配方和配制　根据使用环境的不同。CA砂浆的配方可分为温暖地区配方和寒冷地区配方，两者的区别主要表现在对抗冻性的要求上。对温暖地区使用的CA砂浆，较少考虑产品的耐寒性，在配方中不添加或少添加聚合物乳液；对寒冷地区使用的CA砂浆，考虑到低温冻融的影响，添加聚合物乳液以提高产品的低温性能，同时通过添加引气剂和消泡剂、控制搅拌速度和时间，以及在CA砂浆中引入一定数量的微小气泡，可以提高砂浆的抗冻性能。

CA砂浆的配制应在精确计量的基础上按基本配合比进行。在现场配制时，应根据原材料、施工温度、施工机具设备、拌和工艺等具体条件，在基本配合比的基础上做相应调整。

3. CA砂浆的灌注

板式轨道CA砂浆调整层的厚度在一般区段不得小于40mm；在板底粘贴橡胶垫层区段，厚度不得小于30mm，且不得大于100mm。CA砂浆的施工应符合以下技术要求。

1）配制CA砂浆的乳化沥青、水泥、细砂、水及外加剂等原材料，以及配制后的CA砂浆的技术性能必须符合《板式无碴轨道CA砂浆技术条件》的规定。

2）在现场拌制CA砂浆前，应根据具体工点的温度、湿度及原材料的性能等现场具体条件，通过现场试验修正标准配合比，满足设计要求后，方可拌制灌注。

3）CA砂浆所用的各种原材料应精密称量，误差应控制在1%以内。CA砂浆的拌制必须严格按照标准拌制工艺进行操作。

4）在铺设轨道板前，CA砂浆注入袋应按要求平铺、折叠、固定牢靠。在轨道板铺设、调整及侧向支撑固定好后，CA砂浆注入袋打开折叠，且不得有折皱。

5）CA砂浆搅拌好后放置在缓冲灌注罐中，灌注罐必须保持30r/min的搅拌状态。

6）拌制后的CA砂浆应在规定时间内灌注完成。

7）CA砂浆的灌注宜在5～25℃的温度下进行。

8）CA砂浆灌注时，应将注入口与CA砂浆注入袋口牢固连接，由专业施工人员控制阀门注入。

9）每块轨道板下的CA砂浆应一次灌注完成。

10）在纵坡及曲线地段，应从较低一侧注入口灌注CA砂浆，且CA砂浆注入袋必须固定牢靠。

11）注入作业结束时，CA砂浆注入袋四周边缘应饱满圆顺。

12）当CA砂浆强度指标达到0.1MPa（可承受轨道板重力）后，应及时撤除支撑螺栓。

13）同一配合比每班次制作两组强度及弹模试件，以备验收。

3.3.8　道床板混凝土施工

在路基与隧道内道床板底层钢筋绑扎前，应将道床板范围内的基础面清扫干净，排除积水。桥上可直接在底座的隔离层上绑扎钢筋。在混凝土浇筑前，应将轨枕混凝土表面充分润湿。

在道床板混凝土浇筑前，应复测轨排几何形位、保护层厚度，且由专业人员检测长轨排的绝缘性能，当符合要求后（每一块道床板单元的钢筋网架绝缘指标均需有检测、确认和签字记录）方可进行混凝土浇筑。

在浇筑过程中，应加强对轨枕底部及其周围混凝土的振捣，应随时监测轨排几何形位的变化。当道床板混凝土浇筑振捣密实后，道床板表面需按设计要求做好横向排水坡整平、抹光及标高复核工作。当道床板混凝土施工完成后，其尺寸允许偏差应满足设计要求。当道床板混凝土初凝后，应及时松开所有钢轨扣件。当道床板混凝土强度达到 5MPa 时可拆除支撑架，当混凝土强度达到设计强度的 75% 时方可承重。

3.3.9　道岔区无砟轨道施工

道岔区无砟轨道采用轨枕埋入式结构，该结构由道岔、扣件、岔枕及道床板组成。

1）施工工序。道岔区无砟轨道施工流程如图 3-34 所示。

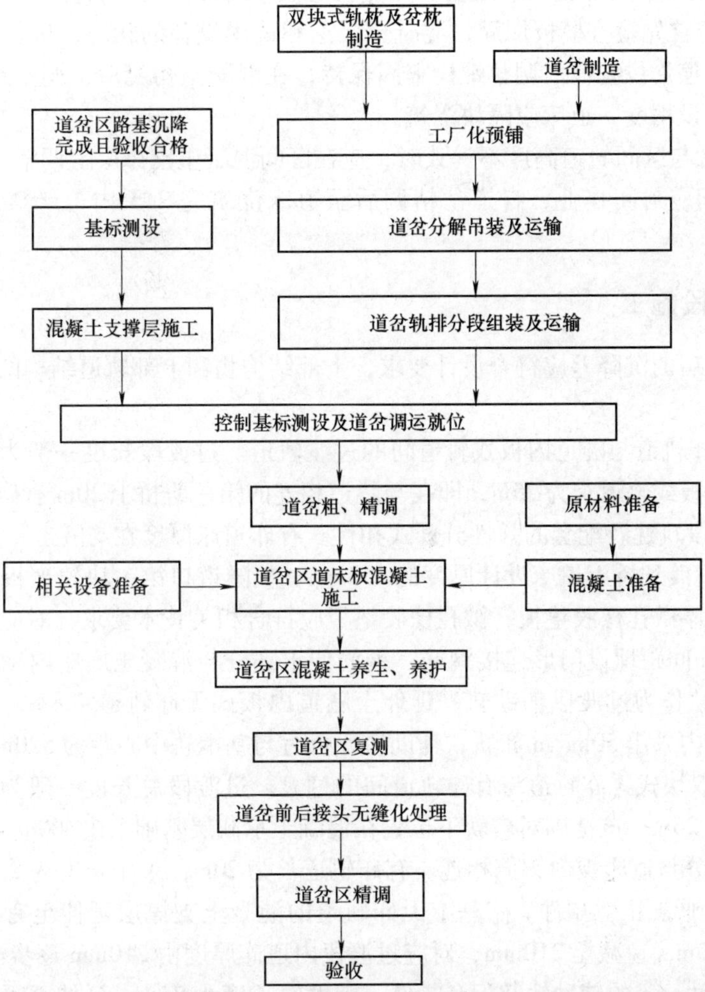

图 3-34　道岔区无砟轨道施工流程

2）道岔预组装、调试及运输。每组道岔在出厂前均需进行厂内预组装。当调试组装完毕后，要严格检测道岔各部分尺寸和几何形位，消除超限点位；同时应安装电务转换和锁闭装置，进行道岔工务和电务系统的联合调试。当预组装、调试合格后，对道岔各部件做出对号标记，拆解后包装发运。如果道岔较短（如12号道岔），可在厂内预铺后分段直接装运，不再分解成散件，避免重复预铺。道岔运输应符合相应技术条件的规定。

3）道岔的现场组装、吊装及调整。在施工现场建立道岔组装平台，进行道岔预铺组装。将道岔轨排分段运至铺设地点，用大型起重机和道岔专用吊具整体吊装。

采用平移小车抬轨梁使道岔轨排轨向及高低达到粗调精度。采用方尺调整道岔始端与尖轨尖端，调整尖轨、心轨密贴和顶铁间隙，同时与调整轨距和支距相结合，经反复调整直至满足设计要求为止。精调起平道岔，使道岔高低、水平不超过设计限值；滑床台板坐实坐平，精确控制垫板与台板的间隙不超标。精确安装道岔尖轨、可动心轨转辙机构，进行工电联调。使用轨检小车检测道岔方向、高低、水平及轨距等几何形位指标，对超限点做局部精细调整。

4）道岔区道床混凝土施工。道岔区无砟轨道道床混凝土施工工艺的特殊要求如下：

① 施工前，首先检查模板加固、混凝土泵送和捣固设备的状态，确保混凝土浇筑施工能够顺利进行。道岔位置应由调整螺栓牢固保持，在混凝土初凝后，调整螺栓应及时取出。为保证道岔的铺设精度，道床应隔块浇筑。

② 当道岔区与区间轨道高度不一致时，应在区间混凝土支撑层上调整。

③ 施工期间应封闭作业，自道岔精调后至道床浇筑完2天内，严禁行人和施工车辆行驶。

3.3.10 过渡段施工

过渡段施工后的沉降差应符合设计要求，下部结构物和上部轨道结构的过渡点应相互错开施工。

1）桥上有砟轨道与隧道内板式轨道间的过渡轨道。过渡段长度一般为45m，其中有砟轨道长为20m，板式轨道长为25m，即在与隧道相连的第一跨桥上20m有砟范围内，采用长度为2.6m过渡段轨枕及配套的弹性分开式扣件。有砟道床厚度在与隧道相邻的9m范围内，由250mm逐渐过渡到桥上道床设计厚度的350mm。从隧道口第一块轨道板开始的五块轨道板底粘贴20mm厚微孔橡胶垫板，微孔橡胶垫板应符合相关技术要求。对应隧底回填层在轨下位置按400mm间距埋设门形连接钢筋，钢筋伸出部分与混凝土底座内钢筋网相连。桥上设置50kg/m钢轨作为过渡段辅助轨，延伸至隧道内板式无砟轨道4.8m，且要求辅助轨在25m过渡段范围内采用50kg/m新轨，辅助轨弯折后与基本轨中心距为520mm。

2）路基上双块式无砟轨道与有砟轨道间的过渡。过渡段总长度一般为45m，其中双块式无砟轨道长为25m，该范围对应轨下位置在混凝土承载层基础上按400mm间距预埋门形钢筋，钢筋伸出部分与道床板内钢筋相连。有砟轨道长为20m，采用长度为2.6m过渡段轨枕，基本轨扣件采用弹条Ⅱ型扣件。路基上无砟轨道的混凝土支撑层延伸至有砟轨道的长度为15m，板厚由300mm递减至210mm，对应过渡段内道砟厚度由210mm逐步渐变到300mm。

过渡段设60kg/m的辅助轨及配套扣件，辅助轨长度为25m，延伸至无砟轨道内4.8m，辅助轨与基本轨中心距为520mm。

3）不同无砟轨道间的过渡。不同无砟轨道结构间的过渡与基础结构物的过渡段应错开设置。减振型板式轨道与普通型板式轨道，或与框架式板式轨道连接处，通过采用不同净刚度的轨下弹性垫板过渡，过渡长度为每边 15m。板式无砟轨道与双块式无砟轨道间直接连接，不设置过渡段。

4）道岔区与区间无砟轨道的过渡段。按设计规定，通过调整道岔区前后扣件弹性垫板的净刚度来实现刚度过渡。

3.3.11　长轨排的组装及架设

当双块式轨枕、钢轨及扣件等轨道部件进场时，必须按相应技术条件及有关标准进行检验。应采用无损伤、顺直及合格的新钢轨组装轨排。扣件锚固螺栓拧紧扭矩为 700N·m，T 型螺栓拧紧扭矩为 300N·m。在轨排组装经检查合格后方可使用。

当进行轨排组装时，应根据设计图样要求正确安放扣件。轨枕应与轨排中线垂直，轨枕间距允许偏差应符合设计规定，并应采取必要加固措施，保证轨排在吊装、运输中不发生变形。轨排采用专用运输车与门式起重机进行吊装运输，当吊运到施工位置后，应对轨排位置进行复测，以基标为基准，调整轨排的方向、高低、水平和中心线位置。当轨排架设时，直线上以左股钢轨为基准、曲线上以内股钢轨为基准来调整轨顶标高和方向，然后再调整右股或外股钢轨。当轨排架设符合要求后，应对所有支撑承架的竖直顶丝、水平顶丝和轨卡螺栓进行复检。

在轨排支撑架设计与加工制造时，应充分考虑浇筑混凝土时轨排的上浮及变形。支撑架自重不宜太轻。单台支撑架质量应大于 250kg。

3.3.12　无砟轨道工程质量的检验标准

1. 质量检验项目的划分

无砟轨道工程施工质量分为分项工程、分部工程和单位工程的检验和评定。分项工程按工种和工序划分，其检验项目包括保证项目、基本项目和允许偏差项目；分部工程按一个完整部位或主要结构及施工阶段划分；单位工程按完整工程或一个相当规模的施工范围划分。

2. 质量标准

分项工程、分部工程、单位工程的质量检验标准如下：

（1）分项工程质量合格标准　保证项目必须符合该项目规定的质量要求；基本项目抽验的点（处、件，下同）应符合本标准对该项目规定的合格要求；允许偏差项目抽验的点数中应有 80% 及以上的实测值在该项目规定的允许偏差范围内。

（2）分部工程质量合格标准　所含分项工程的质量全部合格。

（3）单位工程的质量合格标准　所含分部工程的质量全部合格。

3.4　无缝线路施工

在城市轨道交通工程中，采用的轨道结构一般为无缝线路。无缝线路是由多根标准钢轨焊接起来的线路。无缝线路是一种新型轨道结构，也是轨道结构技术进步的重要标志之一。无缝线路以其高速行车、运行平稳和便于养护维修的优越性，正日益取代普通线路而被大量使用。

3.4.1 无缝线路概述

地下铁道设计规范规定，地铁隧道内直线和曲线半径为250m及以上的曲线地段，应铺设无缝线路。铺设无缝线路的最小曲线半径必须符合稳定性要求。轨道的横向阻力越大，对保持曲线轨道的稳定就越有利。在地下铁道内铺设无缝线路，由于不受阳光照射，温度变化小，再加上轨道结构为混凝土道床，以及采用扣压力大的弹条Ⅰ型扣件而使轨道刚度加大，扣压力增强，道床的横向阻力可达120N/cm以上。因此，在曲线半径300m及以上的曲线上铺设无缝线路是没有问题的。目前，地铁洞内直线和曲线半径为300m及以上的曲线上全部铺设无缝线路。

1. 轨道线路的特点

（1）普通线路

1）钢轨接头。普通线路是由许多根标准长度的钢轨或标准缩短轨用夹板连接而成的，为适应热胀冷缩的需要，钢轨与钢轨接头之间要预留一定数量的轨缝。有轨缝的钢轨接头是普通线路结构不可缺少的组成部分，又是普通线路上的薄弱环节之一，它为线路运营和养护维修带来诸多弊端。线路上钢轨接头的数量是由钢轨的长度决定的，而钢轨长度又受制于制造、运输、铺设、养护和轨缝的允许值等方面的技术。钢轨长度主要是由轨缝的允许值来控制：在夏天，当轨温升高时，钢轨接头必须为钢轨的膨胀提供条件，以减少钢轨内部的温度压应力；在冬天，当轨温降低时，钢轨收缩，钢轨接头轨缝不能过大，必须保证车辆安全通过线路。钢轨越长接头越少，但钢轨越长需要预留的轨缝就越大，车轮通过轨缝时产生的振动也越大，所以钢轨不能过长。

2）接头病害。多年来，为了改善钢轨接头的工作状态，提高线路的运行质量，延长轨道各部件的使用寿命，工务部门加强了对钢轨接头的养护和维修，并从接头的构造上、材质上采取了多项措施。为提高线路质量，人们做出了不懈的努力，但均未从根本上解决问题，接头病害依然存在，主要表现为：

① 淬火钢轨端部的鞍形磨耗：磨耗深度一般为2.5～6mm，长度一般为200～300mm。

② 低接头：这种病害一般均发生在捣固不良地段，尤以曲线下股比较多见。

③ 钢轨破损：主要是淬火区钢轨顶面剥落、掉块和螺栓孔裂纹，这类病害多发生在淬火层分界处和轨端，以曲线上股多见。

④ 夹板弯曲或断裂：主要是顶部中央出现细小裂纹，以后逐渐扩大。

⑤ 混凝土轨枕破裂：主要发生在轨下断面。

⑥ 道床硬结、溜塌，翻浆冒泥：前者主要发生在铺设混凝土轨枕并有鞍形磨耗的地段。

产生接头病害的原因主要有两个：

① 钢轨接头受到较大的破坏力，这是由它本身的特点所决定的。因为接头破坏了钢轨的整体性，使车辆通过时产生较其他部分更大的挠度。这种情况犹如线路上出现一段很短的轨道不平顺一样，引起较大的冲击力。引起接头冲击力主要有轨缝（接头处两根钢轨之间存在的缝隙）、台阶（接头处两根钢轨的端部不在同一水平面上，驶入端高于驶出端，或驶入端低于驶出端）和折角（低接头而形成）3个因素。我们可以把接头看成是线路上先天性的不平顺，这种不平顺是潜在的，只是当车辆通过时才出现，车辆通过以后就不存在了。

② 由于接头上的较大破坏力导致线路病害发生，增加养护、维修工作的困难。养护、

维修不当或质量不好，将增加冲击力对接头的破坏作用，由此造成接头破坏力加大和接头病害扩大的恶性循环。

综上所述，普通线路钢轨接头不仅对线路设备和车辆设备的使用寿命、乘客的舒适程度等有一定的影响，而且还直接威胁行车安全。因此，对钢轨接头的功能应有两个基本要求；一是温度变化时钢轨能伸缩；二是接头构造要坚固稳定。这两个要求对普通线路来说是相互矛盾的，保证了伸缩就保证不了稳定，否则在构造上将增加难度。过去为解决接头构造提出了很多设想，但均未解决钢轨接头的稳固问题。实践证明，只有将一根根短轨焊接为长轨成为无缝线路，才是彻底解决钢轨接头稳固和平顺的根本出路。

(2) 无缝线路　铺设了无缝线路，消灭了绝大部分钢轨接头，消除了接头的冲击，使行车平稳，降低了噪声，乘客舒适；节省了接头材料，如接头夹板及接头螺栓等；减少了维修工作量，节省了维修费用；延长了线路设备和机车车辆的使用寿命；减少了行车阻力，适应车辆高速运行。普通线路上钢轨每隔25m或12.5m有一个接头，随温度的变化（夏天轨温升高，冬天轨温降低）钢轨能伸缩，钢轨内积存的温度应力较小。与普通线路相比，无缝线路则不同，钢轨被焊接成长轨条，仅在长轨两端的伸缩区有一些伸缩量，中间区段是不能热胀冷缩的。当温度升高时，在钢轨不能伸长的时候，钢轨内部将承受巨大的压应力；当温度降低时，在钢轨不能缩短时，钢轨内部将承受巨大的拉应力。所以无缝线路上的钢轨比普通线路上的钢轨承受的温度应力要大得多。

铺设无缝线路的实践经验证明，无缝线路与普通线路相比，它在技术经济上有明显的优越性。根据统计资料。在节约劳动力和延长设备使用寿命方面，无缝线路比普通线路可节约线路维修费用35%~75%。此外，无缝线路的平顺性好，行车平稳，乘客舒适，非常适合地铁高速、客运的要求，因而在地铁中得到迅速发展。从地下无缝线路发展到地上无缝线路，从轨长几百米发展到轨长几公里，使地铁线路轨道结构跨入了一个新阶段。

2. 无缝线路的类型与构造

无缝线路可分为两大类：一类是温度应力式无缝线路，另一类是放散温度应力式无缝线路。

(1) 温度应力式无缝线路　在自然界中，随着温度的变化，钢轨的热胀冷缩是自然规律，其伸缩量与轨温的升降值成正比。无缝线路虽然在相当长的一段距离之内消灭了钢轨接头，但是当钢轨温度发生较大变化时，并不能完全消除钢轨的伸缩，如果不给这种伸缩留出一定的空间，就会产生巨大的温度应力，造成钢轨的变形和破坏，发生胀轨跑道和断轨事故。

为了解决这一问题，在温度变化不太大的地区，可以采用强有力的联结零件（包括接头联结零件、中间联结零件和防爬设备）把无缝线路锁定起来，加上轨枕和道床上的加强措施，把钢轨的伸缩限制在一个很小的范围；同时在长轨条的两端加入标准轨，留出一定的轨缝，使长轨条有一定的伸缩空间。依靠长轨条两端的这些轨缝，就足以调节长轨条的伸缩量，使无缝线路处于稳定状态。因为在温度变化不大的地区，钢轨的伸缩量本身就不是很大，加入标准轨预留出的轨缝可以满足长轨条在限制范围内的伸缩量。

由于钢轨不能自由伸缩，在轨温不断变化的条件下，长轨条内部经常积蓄一定的温度应力，这种无缝线路称为温度应力式无缝线路。温度应力式是无缝线路的基本结构形式，温度应力式无缝线路的钢轨由一根长轨条及两端各2~4根标准轨组成，标准轨接头采用夹板式的接头方式。

长轨条在用扣件锁定后不能自由伸缩，当轨温升高到一定程度时，限制伸长量传递至最近接头处，由轨缝来调节，轨缝调节后仍不能满足时，传递到后续轨缝继续进行调节。如锁定不良，伸长量太大，可将标准轨换短，以满足伸长量和预留轨缝的需要。相反，限制缩短量也可通过轨缝调节。如锁定不良，缩短量太大，可将标准轨换长，以满足缩短量和预留轨缝的需要。一般情况下，如果无缝线路处于稳定状态，又按规定预留了轨缝，仅轨缝就可以满足钢轨伸缩的需要，而且不会出现瞎缝和超限大轨缝。调节轨之所以要配置 2 ~ 4 对，是为了留有余地和在中间轨缝中设置绝缘接头。因为两长轨条之间的 2 ~ 4 对标准轨具有这一特殊作用，所以我们称它为调节轨，它所在的范围称为缓冲区，而把长轨条不能伸缩的区段称为固定区，长轨条两端大约 100m 范围内随轨温的变化还能够伸缩的区段称为伸缩区。

在使用过程中，长轨条随温度的变化产生一定的温度应力。为控制钢轨的伸缩量，要求轨道具有较大的纵向阻力。温度应力式无缝线路结构简单，铺设及维修方便，在轨道中广为应用。目前，我们常说的无缝线路均为温度应力式无缝线路。在我国，根据计算，全年轨温变化幅度小于 90°的地区，均可采用 50kg/m 钢轨的温度应力式无缝线路，如北京地铁采用的就是温度应力式无缝线路。

（2）放散温度应力式无缝线路　放散温度应力式无缝线路又分为自动放散温度应力式无缝线路和定期放散温度应力式无缝线路两种。一般在温差较大的地区，为了消除和减少长轨条内温度应力的影响，可以采用放散温度应力式无缝线路。

1）自动放散温度应力式无缝线路。在特大桥和大桥上铺设的无缝线路，随着气候的变化，无缝线路中既有长轨条的伸缩又有桥梁本身的伸缩，两种伸缩加在一起，会产生很大的力。这种力必须随时放散出去，以免对桥梁支座和桥墩产生不良影响。所以，在这些桥上设置温度调节器，即钢轨伸缩接头，并使用特殊的中间联结扣件，不设防爬器，使钢轨在垫板上能随温度的变化而自由伸缩，以自动放散长轨条钢轨和桥梁的伸缩力。这种设有钢轨伸缩接头的无缝线路称为自动放散温度应力式无缝线路。自动放散温度应力式无缝线路由于设备复杂，缺点很多，所以很少使用。

2）定期放散温度应力式无缝线路。在温差较大的地区，由于长轨条的伸缩量很大，在运营中单靠调节轨的轨缝来自行调节长轨条的伸缩量是远远不够的，长轨条中存在较大的温度应力也使线路难以保持稳定。因而在每年的春季和秋季的适当轨温条件下，松开联结零件，放散温度应力，预先使钢轨自由伸缩一个较大的值，使余下的伸缩量能像温度应力式无缝线路那样通过轨缝自行调节；同时调节缓冲区标准轨长度，以保证轨缝不超限。这个过程称为放散，这样的无缝线路称为定期放散温度应力式无缝线路。

3.4.2　无缝线路长钢轨的焊接

长钢轨的焊接是铺设无缝线路的重要环节，其几何外形尺寸的平顺和内部质量是保证无缝线路正常运行的关键。实践证明，若钢轨焊接质量不良，将使线路维修工作后患无穷，严重者将危及行车安全。现代焊接技术的发展可使焊接接头的力学性能基本上与钢轨母材相同，这样就可以将标准长度的钢轨用焊接的方法焊接成一定长度的长轨条。目前，经常采用的方法是：在铺轨或换轨前，采用电阻焊或气压焊将不钻孔的 50m 或 100m 标准轨焊接成 200m 左右的长轨条，然后送至铺轨现场，再用铝热焊或气压焊将其焊接成设计的长度，以备施工。

1. 电阻焊

目前，在无缝线路长钢轨的焊接中主要采用电阻焊法，该法焊接质量好，效率高，在世界各地普遍采用。

（1）焊接原理　电阻焊的基本原理是利用电流通过其电阻时所产生的热量连接焊件，再经顶锻以达焊接目的。当两条焊接钢轨之间通过电流时，由于两钢轨接触面之间存在着较大电阻，因电热效应使钢轨迅速得到加热。两钢轨的接触面不可能很平，从微观上看仍是凹凸不平，因此首先接触的是一些凸出点。这些接触点通电后在瞬间被加热到熔化状态，从而在钢轨接触面之间形成多个液体金属过梁。这些过梁在进一步加热的过程中被"爆炸"而破坏，使熔化的金属从钢轨接触面的缝隙中飞溅而出，形成闪光；与此同时，进一步加热钢轨，钢轨通过继续加热和连续闪光的作用，使钢轨端面的温度逐渐均匀一致，形成熔化金属薄层，防止周围气体侵入。此时，迅速施加顶锻力，迫使焊接面相互挤压，使闪光时形成的火口得到充分闭合，并挤出全部液体金属，将两条钢轨焊接连成一体。

（2）焊接工艺要求　电阻焊焊接参数较多，具体参数值也因机型而异，但各参数对质量的影响有其共性。这里只简单介绍一些常用的参数，不进行具体分析。

在进行钢轨焊接时，一般通过选择以下几个参数来控制焊接质量。

1）伸出长度。伸出长度指钢轨从焊机钳口伸出的长度。伸出长度过小，电极散热慢，使温度场变陡，加热区变窄，以致产生塑性变形困难，增加了淬火倾向。伸出长度过大，使温度场变缓，加热区变宽，顶锻时容易破坏焊件的同轴性。一般 50kg/m 钢轨的伸出长度为 (135 ± 1) mm，60kg/m 钢轨的伸出长度为 (138 ± 1) mm。

2）闪光流量。焊接钢轨在预热和连续闪光过程中所消耗的钢轨长度称为闪光流量，其主要作用是清除焊接面氧化物和保证焊接面温度均匀。闪光流量不足，焊道中易残留杂质；闪光流量过大，塑状金属流失，易形成冷焊，使顶锻量减小，焊接面可能出现灰斑。一般 50kg/m 钢轨的闪光流量为 (24 ± 1) mm，60kg/m 钢轨的闪光流量为 (30 ± 1) mm。

3）闪光初速。闪光初速指连续闪光前的移动速度，它直接影响钢轨焊接时的预热温度及加热温度。速度慢则焊接时间短，钢轨加热区窄，易导致未焊透；速度快则焊接时间长，钢轨加热区宽，易导致过热或过烧。一般 50kg/m 钢轨的闪光初速为 1.8 ~ 2.1mm/s，60kg/m 钢轨的闪光初速为 1.0 ~ 1.4mm/s。

4）闪光末速。闪光的末速要大于闪光的初速。闪光末速适度可减少钢轨端面被氧化的可能性；闪光末速过大或过小都直接影响焊接质量。一般 50kg/m 钢轨的闪光末速为 2.6 ~ 2.9mm/s，60kg/m 钢轨的闪光末速为 2.1 ~ 3.1mm/s。

5）焊接时间。焊接时间包括预热、连续闪光和顶锻的时间。焊接时间过短，会造成未焊透的缺陷；焊接时间过长，会使加热区增宽，易产生过热和过烧的缺陷。

6）接触压力。焊接面的接触压力小，则电阻增大，加热温度变陡；接触压力大，则接触电阻小。电阻过大和过小都将影响焊接质量。一般 60kg/m 钢轨的接触压力应达到 50kN，60kg/m 钢轨的接触压力应达到 60kN。

7）夹紧压力。为使钢轨在接触或顶锻时不打滑，焊接时夹钳夹持钢轨的夹紧压力，对于 50kg/m 钢轨应达到 450kN，60kg/m 钢轨应达到 580kN。

8）顶锻压力。顶锻压力的大小与钢轨断面的大小和加热状态有关。压力过小，会导致未焊透、气泡及无光泽斑点等缺陷。随着顶锻压力的增加，焊接钢轨的冲击性能及疲劳强度将提高，缺陷将减少，但顶锻压力过大，反而影响焊接钢轨的力学性能。一般50kg/m钢轨的顶锻压力应达到240kN，60kg/m钢轨的顶锻压力应达到320kN。

9）开始加速。50kg/m钢轨和60kg/m钢轨都应选择在伸长量达到130mm时开始加速。

2. 气压焊

（1）气压焊原理　金属构件的气压焊是利用气体燃料燃烧时产生的热能，将金属构件的焊接端加热到熔化状态或塑性状态，再施以一定的顶锻压力，把施焊的金属构件焊接端连接起来。焊接热源多采用氧乙炔火焰。其焊接原理是将被焊金属构件的焊接端加热到熔化状态或塑性状态，在顶锻压力的作用下，焊接的金属端面的熔体或塑性的原子之间相互扩散渗透再结晶，使两金属构件融合成一体。

在地铁与轻轨工程中，气压焊主要用于移动焊接连接接头，使用的设备是小型移动式气压焊机。小型移动式气压焊机具有设备简单、体积小和质量小的特点，在工地移动和操作都比较方便，焊接质量接近厂焊水平（气压焊法）。

（2）焊接工艺

1）钢轨接头处理。钢轨端头处理是焊接前的关键工序，其主要内容是钢轨端部的除锈和端面整平。这一工序关系到钢轨焊接的外形尺寸和内部质量，主要包括以下几点：

① 钢轨调直：焊接前必须对钢轨的垂直面和侧面进行调直，调直后用1m直尺检查，其矢度不得超过±0.3mm。

② 钢轨端面的加工：应使钢轨端面与钢轨轴心线垂直，其偏差不得大于0.25mm，其平直度也不得大于0.25mm。

③ 钢轨的除锈：现场采用轨端打磨机打磨后人工挫光找平的方法进行，加工好的轨端面应显现出金属光泽，加工后的端面不得用手摸，或受水、油、烟和灰污染，否则应重新加工。

钢轨端面的除锈与整平是否达到标准，直接关系到焊接质量的优劣，对这一工艺程序应从严掌握。

2）钢轨的焊接。

气压焊的钢轨焊接工艺为钢轨固定→钢轨加热→顶锻→焊接接头的整修→钢轨正火。

钢轨固定：相互焊接的钢轨接缝要对齐找平，两端面对齐后要相互吻合，缝隙不得大于0.25mm。

钢轨加热：焊接时为获得理想的加热温度，必须对加热器进行多次调试，以确定适当的氧气和乙炔的压力与流量、加热器的摆动量和频率，以及钢轨的顶锻力和顶锻量等参数，加热孔眼的设置也是通过试验与测试确定的。加热器摆动量的大小和频率的快慢是否合适，直接影响钢轨加热温度是否均匀，这是保证焊接质量的前提。

顶锻：在钢轨焊接工艺中，顶锻是一个重要环节，它直接影响焊接质量。顶锻由顶锻力和顶锻量两个参数来控制。通过顶锻，使加热到塑性状态的对焊钢轨产生塑性变形，使两轨对接面之间的空隙消失，使焊接面金属具备分子扩散和再结晶条件，以完成对接钢轨的互焊。

焊接接头的整修：当顶锻后切除凸出量时，一般均保有一定的残留量，再经整修、打磨和调直后，方能使焊缝外形与原轨一致。

钢轨正火：采用专用的正火设备，当轨温降至450～500℃时进行正火处理，以改善焊缝的金属结构和力学性能。

3. 铝热焊

（1）焊接原理　钢轨的铝热焊是利用焊剂中的铝在高温条件下与氧有较强的化学亲和力，能从重金属的氧化物中夺取氧，使重金属还原，同时放出热量，将金属熔化，浇注施焊而成。

铝热焊法是将配置好的铝热焊剂放入特制的坩埚，用高温火柴引燃焊剂，产生强烈的化学反应，得到高温的钢液和熔渣。待反应平静后，将高温的钢液注入扣紧钢轨并经过预热的砂型中，将砂型中对接好的钢轨端部熔化，冷却后去除砂型，并及时对焊好的接头整形，两节钢轨即焊接成一体。

（2）焊接工艺　采用大剂量、宽焊缝、三片模卡箱、定时预热和自动浇注技术。主要用于50kg/m钢轨、60kg/m钢轨和75kg/m钢轨的焊接。

（3）工艺装备　制作砂型设备、制作砂型原料、制作砂型成品、热源及预热设备，以及焊接材料和其他辅助设备（如锯轨机、推凸机、砂轮和大锤等）。

（4）工艺程序　制作砂型和坩埚→工地布置→切轨→对轨→扣箱及封箱→坩埚装料及安放支架→预热→浇注→推凸及整修→质量检查→正火。

3.4.3　无缝线路的铺设

无缝线路的铺设是城市轨道交通施工的一个重要环节，本节主要介绍铺设方法、铺设前的准备工作、铺设的基本要求和需要注意的事项。

1. 铺设方法

根据施工规模和施工现场的条件，通过对采用的施工机具与施工成本进行比较，一般采用过渡轨排法进行施工，即先在铺轨基底利用待焊的25m无孔钢轨拼装过渡轨排，整道作业后换铺长钢轨，最后锁定线路。这种方法能保证轨排的组装质量，加快铺轨施工进度，达到在运营开通前完成无缝线路铺设的目的。其优点是施工方便、灵活和成本较低。

2. 准备工作

1）了解与轨道施工有关的工程进展情况，核实铺轨进度计划。

2）调查沿线交通运输条件、地物和地貌情况，选择铺轨基底位置。

3）搜集沿线温度、轨温资料，建立温度、轨温观测点，以便在不同季节条件下，选择无缝线路锁定的作业时间。

4）按铺轨进度计划，落实轨道材料和设备来源、材料供应计划及运输、储备办法。

5）按规定做好线路复测工作。

3. 铺设无缝线路的基本要求

（1）长轨条的长度　在设有自动闭塞的区段，无缝线路的长轨条长度通常以闭塞区间两信号机轨端绝缘之间的距离作为设计长度，按式（3-6）计算

$$L_{长} = L_{绝} - (L_{前缓} + L_{后缓})/2 \tag{3-6}$$

式中　$L_{长}$——每段无缝线路的长轨条设计长度；

$L_{绝}$——自动闭塞区段两信号机轨端绝缘之间的距离；

$L_{前缓}$——长轨条前段的缓冲区长度；

$L_{后缓}$——长轨条后段的缓冲区长度。

在小半径曲线或大坡道地段，钢轨容易磨耗或擦伤，钢轨更换周期相对较短，此时可单独设计一段无缝线路，如采用优质全长淬火钢轨则不受限制。

（2）钢轨锁定　铺设无缝线路时，由于单元长轨条较长，很难在同一时间内、同一温度下把长轨条铺入到位并锁定好，因此单元长轨条在实际锁定时，其各截面之间必然存在轨温差。在铺设过程中，锁定轨温的测定应分段进行，取其平均值作为该单元长轨条的锁定轨温。各分段的实际锁定轨温可能有差异，但任何一分段的锁定轨温均不得超出设计的锁定轨温范围。

（3）位移观测　无缝线路长轨条在运营中由于下列原因可能发生位移：

1）铺轨时没有及时锁定钢轨，铺设后整修工作又没有及时跟上。

2）养护、维修作业方法不当，局部线路阻力下降。

3）在无缝线路区段进行其他施工作业，没有遵守无缝线路技术规定。

为了掌握运营中无缝线路钢轨是否发生了不正常位移，检验无缝线路在长期养护、维修中是否锁定牢固，以及在各种施工中是否改变了原锁定轨温，应定期对无缝线路钢轨进行位移观测，或进行零应力轨温检测。

对普通无缝线路，每段设5~7对位移观测桩；当固定区段较长时，可适当增加。一般固定区中间点设一对，伸缩区始、终点各设一对。

在锁定钢轨的同时，对准线路两侧观测桩基准点拉线，以拉线为基准，在两股钢轨上设好位移观测标记，即零点标记。

（4）长轨条拉伸　当在低温条件下铺设无缝线路时，可以采用钢轨拉伸机拉伸钢轨的技术，把长轨条拉伸到锁定轨温的允许范围。

4. 注意事项

（1）安排施工的原则

1）若施工期间轨温始终处于该段无缝线路的锁定轨温范围内，则施工方案可与普通线路相同，无须采取特殊措施。

2）若轨温处于规定的允许作业范围内，则应根据相应作业轨温条件所要求的内容，采取与之相适应的施工方案，以确保安全。

3）若轨温处于禁止作业的轨温范围内，为保证施工安全，应进行两次应力放散，一次为放高或放低，另一次放散为恢复设计锁定轨温。根据放散后的轨温条件，再采取相应的措施。

4）对某些改变轨下基础工作状态的施工作业项目，应在该段无缝线路锁定轨温下完成，或在采取加强措施后，在低于锁定轨温范围内完成。在作业后，应有适当措施，以确保该段无缝线路的稳定和安全。

5）对处于伸缩区的轨下作业，应采取两次放散应力的方法，并根据轨温变化情况，适当采取加强措施。

6）加强措施主要根据无缝线路稳定性降低的程度和阻力值损失的大小来确定。

（2）分割无缝线路的施工原则　无缝线路铺设以后，有时因增设道岔、增设车站或增设轨道绝缘等而需要分割无缝线路，现场称之为开口。此时，应按下列原则进行：

1）无缝线路被分割以后，留下的长度不得小于300m。

2）无缝线路被分割以后，重焊接头的位置应按有关规定确定。

3）重新组成的无缝线路，若施工时锁定线路的轨温与设计锁定轨温允许范围不符，应放散应力重新锁定。

4）除特定工程所需长度外，切割长度不应考虑前后衔接新增缓冲区长度，以及长轨端加焊带眼钢轨长度、焊接顶锻量和预留轨缝等。

5）切割及加焊时的轨温应与原锁定轨温一致，否则应放散应力重新锁定。

6）既有钢轨如已磨耗时，接头处应采用磨耗相近的钢轨，以保持接头轨面平顺。

7）当改拨线路时，应注意捣实道床，提高道床阻力。

（3）大坡道上、小半径曲线上铺设无缝线路的要求

1）在曲线上施工时，要处理好因钢轨易拉而引起的长度差的影响。

2）当连续有几个曲线时，施工应分段进行，铺好后再焊连成一体。

3）在整修工作中，要加强道床捣固，以提高道床阻力；同时，要按规定拧紧扣件。

4）缓冲区应避开坡顶和坡底。

5）铺轨时应做好始端钢轨接头的连接和固定工作。落地钢轨要随时锁定，以防始端钢轨接头拉开。

3.4.4　无缝线路的应力放散与调整

无缝线路应力放散与调整是无缝线路的两个大型作业项目，需要人员多，耗费时间长，施工组织严密，技术要求较高。无缝线路在很多情况下都要进行应力放散与调整。

1. 应力放散与调整的概念

当无缝线路铺设后，到了夏天随着温度的不断升高，轨温也不断升高，实际锁定轨温比设计锁定轨温高，钢轨变长，而无缝线路固定区钢轨因受到限制，不能自由地伸长，这时候钢轨内就产生较大的温度压应力。为了保证运营安全，就要放散钢轨内的温度压应力，使钢轨缩短一些。到了冬天，随着温度的不断降低，轨温也不断降低，实际锁定轨温比设计锁定轨温低，钢轨缩短，而无缝线路固定区钢轨因受到限制，不能自由地缩短，这时候钢轨内产生较大的温度拉应力。为了保证运营安全，就要放散钢轨内的温度拉应力，使钢轨伸长一些。此外，为了保证行车安全，如果无缝线路的温度应力太大，也要释放掉一部分，这些都称为应力放散。应力放散使长轨条长度发生变化，通常采用改变缓冲区钢轨长度的方法来调节。

在自由伸缩状态下，钢轨的长度和轨温呈一种线性关系，其关系式是：$\Delta L=\alpha L\Delta t$，式中，$\Delta L$ 为长轨伸缩量（mm）；α 为钢轨线胀系数（℃$^{-1}$）；L 为单元轨节长度（m）；Δt 为轨温变化量（℃）。无缝线路应力放散的条件之一，就是松开部分扣件或全部扣件，让钢轨基本处于自由伸缩状态，达到预计的伸缩量后立即锁定，此时锁定轨温也正是我们需要的温度。有时，通过自由伸缩达不到预计的伸缩量，还可以用人为强制的办法使钢轨发生伸缩，只要伸缩量达到了预计的长度，锁定轨温也就达到了与之对应的温度。

通过钢轨伸缩释放温度应力，并重新确定锁定轨温的过程称为应力放散。

应力调整则是对锁定轨温不均匀的无缝线路进行的局部应力放散，它并不改变长轨条的原有长度和锁定轨温。

应力放散的实质是释放积聚在钢轨断面中的温度应力，这是一种人为有序的释放，而不

是像胀轨、跑道或焊缝拉断那样自然的、破坏性的释放。

应力放散的过程既然是释放温度应力和重新确定锁定轨温的过程，那么它最终将使无缝线路的锁定轨温由不合理变为合理；使无缝线路承受的温度应力由大变小。这样，通过应力放散，就可以杜绝无缝线路发生胀轨、跑道和钢轨折断的隐患。这就是应力放散的作用。

2. 应力放散与调整的基本原则

1）实际锁定轨温不在设计锁定轨温范围内，或左右股钢轨的实际锁定轨温差大于5℃。实际锁定轨温不在设计锁定轨温范围内，可分为两种情况：一种是因为铺轨时受到工程进度和设备条件的影响，不得不确定一个比实际锁定轨温偏低或偏高的锁定轨温；另一种是在长期的运营和养护、维修过程中，无缝线路受到外力的干扰，加上违章作业和线路阻力不足，长轨条不正常地伸缩，不得不放散掉一部分应力，使锁定轨温发生变化，超出了设计要求。为了使实际锁定轨温得到改正，必须在轨温处于设计锁定轨温的范围时，使长轨条基本处于零应力状态，重新锁定。

铺轨有一个过程，线路上两股钢轨不可能同时铺设和锁定，加上其他原因，两股钢轨的锁定轨温往往很难一致。这种不一致不能超过5℃，如超过5℃，两股钢轨承受的温度应力就明显不一致，从而造成钢轨伸缩和轨道爬行不一致，带来轨枕歪斜、缓冲区轨缝错差等病害。因此，必须对其中一股钢轨进行应力放散，使两股钢轨的锁定轨温差不超过5℃，以改善其受力状况。

铺轨时，两股钢轨的锁定轨温是一致的，但在运营和养护维修过程中，同样可能发生两股钢轨的实际锁定轨温不一致，如曲线的上股和下股，因为未被平衡超高的存在和半径的不一致，其受力难免不均衡，导致锁定轨温的不均衡。这种不均衡超过了规定的限度，也应进行应力放散。

2）锁定轨温不清楚或不准确。因种种原因，铺轨后交验无缝线路的资料不全或不清楚；另外，经过多年的运营，难免要对无缝线路进行技术改造、设备更新等，线路状况发生了较大的变化，实际锁定轨温与设计锁定轨温有出入，但又无详细的资料。以上两种情况，都使维修、养护作业缺乏了重要的依据，即不知道轨温变化度数和温度应力为多少，此时只有放散应力，重新确定一个明确的锁定轨温，才能使后期的养护、维修作业有根据。

3）跨区间或全区间无缝线路的两相邻单元轨条的锁定轨温差超过5℃，同一区间内单元轨条的最高、最低锁定轨温差超过10℃。

4）铺设或维修作业方法不当，使长轨条产生不正常的伸缩。这里所说的不正常伸缩，指超出限制伸缩量的不正常伸缩，包括人为的强制伸缩。例如，铺轨合龙（在两侧缓冲轨间插入长轨）时，因计划不周，长轨有可能长出一段放不进去或短了一段造成轨缝过大。遇到这种情况时，往往采用人为的强制手段，用撞轨器将长轨撞短或用拉伸器将长轨拉长，然后合拢、锁定。长轨的长度发生了变化，就意味着实际锁定轨温与设计锁定轨温有了出入。100m长度上强制缩短1.2mm，就相当于改变了1℃锁定轨温。本来应该将强制伸缩量折算成轨温变化度数，并据此改变实际锁定轨温，但有时却忽略了这一点，依然将锁定时的轨温作为锁定轨温。这样一来，实际锁定轨温就与记录锁定轨温有了一个差距，有时差距还较大。这个差距只有靠放散应力才能消除。

维修作业方法不当使长轨条产生不正常的过量伸缩的情况就更普遍，如冬季低温焊接钢轨、夏季拆开接头螺栓作业等，这些作业都势必改变原锁定轨温，使无缝线路的受力状况恶化，因而也必须在合适的轨温条件下放散应力，使锁定轨温恢复正常。

5）固定区出现严重的不均匀位移。当固定区钢轨出现严重的爬行不均时（或局部位移量超过10mm），意味着局部应力严重不均匀，或锁定轨温变化大于±5℃，即在不同的轨段下有高有低，如不加以调整，这些轨段就有可能发生胀轨、跑道或折断。应力调整必须在爬行不均匀的全范围内进行。

6）夏季线路方向严重不良或碎弯多。方向严重不良或碎弯多都是胀轨的迹象，说明无缝线路承受的温度应力超过了允许应力，已经失稳，正在丧失行车条件。作为设备事故处理，固然可以采取浇水降温的方法减轻应力，拨回线路，恢复行车，但也只是权宜之计，因为轨温很快回升后，失稳现象又可能出现。彻底解决的办法只有一个，就是把温度应力放散出去。如果线路失稳是锁定轨温偏低造成的，也需要通过应力放散或调整，使锁定轨温趋于合理或使长轨条内温度应力均匀；如果锁定轨温并不偏低，失稳是由线路阻力不足造成的，则应加强线路养护、维修，以增大线路阻力。

7）通过测试发现温度应力分布严重不均匀。温度应力分布严重不均匀与固定区出现严重的不均匀位移表现并不一样。后者可以通过位移观测桩观测出来，并可用公式粗略计算出锁定轨温的局部变化范围；温度应力分布严重不均匀不一定能通过位移观测桩观测出来，因为其不均匀范围可能较小，还没有达到桩距的长度，温度应力分布严重不均匀仅仅潜藏在局部地段的钢轨断面上，而且并没有失稳的严重表现。这种情况虽暂时还不至于影响行车，但已给胀轨、跑道和钢轨折断形成了薄弱环节，所以也要进行应力调整，使钢轨各断面受到的温度应力趋于一致。

8）因处理线路故障改变了原来的锁定轨温。这是一种经常发生的、不得已而为之的情况。例如，夏季发生严重的胀轨，有的时候切割一段钢轨后，使两端长轨条合拢，再用鼓包鱼尾板和断轨急救器加固后放行车辆，然后再做临时处理。这样一来使锁定轨温提高了，但为了行车的需要，却不得不这样做。再如，冬天发生钢轨折断进行临时处理后，行车恢复了，速度也达到正常，却降低了锁定轨温。诸如此类的事故处理后，都应在合适的时候进行应力放散，使锁定轨温恢复至设计值。

9）低温铺设长轨条使拉伸不到位或拉伸不均匀。在低温铺设长轨条时，为达到设计锁定轨温，应用机械拉伸长轨条。但拉伸时没有拉伸到设计位置，或由于各种阻力影响，距离拉伸器近的钢轨拉伸量过大，距离拉伸器远的钢轨拉伸量不足，其不均匀的程度达到第5）条的原则时，都要进行应力放散或调整，使锁定轨温正确、均匀。

无缝线路应力放散与调整就是释放温度应力，目的是改变锁定轨温，或使应力均匀一致。作用是避免胀轨、跑道和钢轨折断，保证行车安全。上述9条原则可归纳为两大类：①高温季节线路严重失稳，需要放散应力以维持行车，有些大型施工也要先放散应力才能保证施工顺利；②因各种原因造成了锁定轨温不详、不合理或不均匀，也要进行应力放散和调整，以确定一个明确、合理和均匀的锁定轨温。前者是为了保证行车安全，可以把它称为安全性放散；后者是为了改善无缝线路的受力条件，可以把它称为稳定性放散。

3. 应力放散的方法

无缝线路应力放散的基本方法是当轨温达到或接近锁定轨温时，部分或全部松开接头扣件、中间扣件和防爬设备，采取一定的辅助措施，使钢轨发生自由伸缩，释放温度应力；当达到预计的伸缩量或轨温时，重新锁定。

应力放散的难题之一是钢轨的自由伸缩。对于运营中的无缝线路，因怕钢轨所受的阻力不足而发生过量伸缩。对于应力放散时的无缝线路，却怕钢轨所受的阻力太大而不能自由伸缩，以达到预期的伸缩量。放散应力时钢轨所受的阻力主要是钢轨底部与垫板之间的摩阻力。

为了克服或减轻这种摩阻力，通常采用两个办法，即变静摩擦为动摩擦和变动摩擦为滚动摩擦。变静摩擦为动摩擦，就是借助车辆的碾压力克服钢轨底部与垫板之间的摩阻力，因此有了应力放散的第一种方法——车辆碾压法；变动摩擦为滚动摩擦，就是让钢轨底部在一种特制的圆筒上滚动伸缩，从而让摩阻力大大减小，因此有了应力放散的第二种方法——滚筒放散法。

应力放散的第二个难题是轨温达到或接近锁定轨温。这个机会在每年春、秋季节都有，但变化多端的大气却不会给我们很多这样的机会。倘若有了这样的机会，在放散应力时就能以轨温为准。例如，预计放散后锁定轨温为30℃，在实际轨温达到30℃左右时锁定线路就可以了，这就是温度控制法，滚筒放散法就属于温度控制法。但在多数时候，轨温是不可能达到或接近锁定轨温的，如果这时必须放散应力，就可以借助轨温和自由伸缩的线性关系来放散应力，也就是说，先计算出达到设计锁定轨温时钢轨应有的伸缩量，用人为强制的方法使钢轨伸长到这个量，然后立即锁定线路，其锁定轨温自然是预期的值。这样就有了应力放散的长度控制法和撞轨法。

应力放散的方法按性质可分为长度控制法和温度控制法，按施工特点可分为滚筒法、车辆碾压法和撞轨法。利用这两种方法进行应力放散时，轨温均需在设计锁定轨温范围内，且应兼顾放散长度。

4. 位移观测桩的设置

位移观测桩是检查爬行位移量、内应力是否均匀的重要辅助设施。

1）位移观测桩必须预先埋设，而且埋设牢固，埋设时不得损坏路基和整体道床。在长轨条就位后或长轨条拉伸到位后立即标注在轨腰上，涂红底白铅油，注明桩号、锁定轨温、埋设日期、桩号与桩号间的长度。标记应明显、耐久、可靠，字体清晰、端正，观测桩连线与线路中心线垂直。

2）每段无缝线路应设位移观测桩五～七对，当固定区较长时可以适当增加对数。其中，伸缩区始点一对、伸缩区终点一对、固定区中间点一对，其余设置在固定区。

3）当跨区间和全区间无缝线路单元轨条长度大于1200m时，设置七对位移观测桩。具体方法是：单元轨条起点、终点，距单元轨条起点、终点100m、400m和单元轨条中间点各设一对。

4）当跨区间和全区间无缝线路单元轨条小于1200m时，设置六对位移观测桩。具体方法是：单元轨条起点、终点，距单元轨条起点、终点100m、400m处各设一对。

5）单元轨节始、终端位移观测桩应与单元轨节焊接接头尽可能对应，纵向相差量不得超过20mm，每单元轨节内的位移观测桩之间的距离应符合要求，与固定区中点相对称。

5. 施工作业程序

（1）施工准备

1）单元轨节应按照轨条布置图进行划分，一般情况下，单元轨节的长度为900～1200m。

2）位移观测桩的埋设位置应根据单元轨节划分情况，在无缝线路锁定前进行埋设。

3）对有砟轨道地段，位移观测桩设置在路肩上，观测桩与路肩边缘的距离为600mm，埋入路基深600mm，坑内周围填混凝土并抹平，桩顶与路基面持平。

4）位移观测桩采用C30混凝土制作，中间植入ϕ10mm钢筋，露出10mm，顶部锯成十字豁口。

5）观测桩外围采用300mm×300mm砖砌结构，露出路基面200mm，保护观测桩。

6）U形结构及地下区间地段的位移观测桩设置在距两侧墙不小于500mm的整体道床上，在此应充分考虑到有接触轨一侧的情况。高架桥上的位移观测桩应设置在桥梁以外的某一固定参照物上。

7）对整体道床地段，位移观测桩应设置在走行轨两轨枕之间，高度略低于钢轨轨底。

8）位移观测桩设置时，在直线段应与线路方向保持垂直，在曲线地段应与点的切线方向垂直。

9）位移观测编号应按小里程到大里程方向进行，编号方法为C-D-乙，C为长轨条编号；D为单元轨节编号；乙为单元轨节内位移观测桩顺序号及上、下行（奇数为上行、偶数为下行）编号，以阿拉伯数字标注（白底红字）。

10）将理设位移观测桩的结果填入“单元轨节应力放散及锁定作业记录”中。

11）固定端的设置一般为50m，将待放散的单元轨节的前端与上一单元轨节（已锁定）的后端焊接。

12）拆除待放散的单元轨节范围内及与之焊接的锁定无缝线路末端50m左右范围内的全部扣件，并按安装要求分别放置于钢轨两侧。

13）扣件拆除及安装时严禁锤击、敲打，扣件应内外有别，钢轨内侧扣件点红漆加以识别，以防混装。直线地段“隔一拆三”，曲线段“隔一拆二”。

（2）应力放散及锁定　单元轨节中的两根长钢轨应同时进行应力放散，同时进行锁定，放散方法应根据现场实际情况确定。

1）原位复焊法。当锁定轨温明确、钢轨断缝值与断缝两侧标记准确，切除钢轨长度、预留轨缝准确及本单元轨节和相邻单元轨节位移观测值均匀、位移量较小时，采用原位复焊法。

2）自然放散法。当实测轨温处于设计锁定轨温（26±4）℃范围内时，采用垫聚四氟乙烯块配合撞轨器等设备进行应力放散。

3）综合放散法。当实测轨温低于设计锁定轨温（26±4）℃时，则需要利用拉伸器、撞轨器和垫聚四氟乙烯块等设备联合作业。通过均匀拉伸单元轨节，使其达到实际锁定轨温时应有的长度，从而使锁定轨温一步到位。其作业程序为：施工准备→拆除扣件→顶起钢轨、垫聚四氟乙烯块→安装撞轨器→撞轨→测轨温、计算锯轨量和拉伸量→安装拉伸器→设临时位移观测点→拉轨并撞轨→观测位移量→拆除聚四氟乙烯块、钢轨落槽→组装扣件、线路锁定→反算实际锁定轨温值→设置位移观测桩。

① 零应力。在计划放散段自然温度的条件下，松开全部扣件，钢轨下垫入聚四氟乙烯块，取出原有橡胶垫，使钢轨能自由伸缩。以100m为单位进行爬行观测，并用撞轨器沿钢轨走行方向撞轨。当钢轨发生反弹现象时或曲线下钢轨位置位于垫板中间时，即视为零应力，此时在各观测点下做出拉伸位移的零点标记，以便观测。

② 计算拉伸量。当钢轨放散至零应力状态后，根据设计锁定轨温和现场实际轨温计算

出钢轨拉伸量。长轨拉伸量按公式（3-7）进行计算

$$\Delta L = \alpha L(T_{设计} - T_{现场}) \tag{3-7}$$

式中　ΔL——长轨拉伸量（mm）；

α——钢轨线胀系数，$\alpha = 0.0118℃^{-1}$；

L——单元轨节长度（m）；

$T_{设计}$——设计锁定轨温（℃）；

$T_{现场}$——锁定作业时钢轨的实际轨温（℃）。

③ 计算锯轨量。当结合放散应力整治线路爬行时，锯轨量应为放散量、计划预留轨缝量和放散前原有轨缝之差及整治线路爬行时钢轨位移量三者的代数和，即

$$锯轨量 = 放散量 + (预留轨缝 - 原有轨缝) + 钢轨位移量$$

如果不结合整治线路爬行时，钢轨位移量一项可不计；如果进行单元轨节之间应力放散时，预留轨缝和原有轨缝项可不计，另应加上重新焊接的铝热焊浇筑宽度25mm。

④ 安装拉伸器。将单元轨节与无缝线路不锯开的一端设为固定端，在锯开的一端安装拉伸器。

⑤ 观测位移量。在钢轨拉伸过程中，各观测点同时观测各点位移量的变化，当拉伸到计算长度后，通知各观测点人员做出记号，此时撞轨器仍继续作业；当观测点在所做记号处出现反弹时（应力放散已均匀），停正撞轨，各观测点向现场负责人报告所在观测点钢轨的位移量。各观测点的位移量可根据下式计算：

$$观察点的位移量 = \left(\frac{总放散量}{观察点数}\right) \times 观察点号数$$

在计算总放散量时，如考虑线路爬行导致的锁定轨温的变化值，则

$$轨温变化度数 = \frac{爬行量}{长钢轨长度 \times 0.0118}$$

⑥ 拆除撞轨器及轨下聚四氟乙烯块，安装好轨下垫板，使长轨条平稳地落入承轨槽内。

⑦ 测量轨温。在单元轨节两端各测取三个轨温值，选取三个轨温值中比较接近的两个轨温，取其平均值作为该轨节端的锁定轨温；然后取两端单元轨节的锁定轨温的平均值，作为本单元轨节的锁定轨温，并做好记录。

⑧ 锁定线路。当单元轨节头、尾温度差不大于2℃时，可以认为放散是均匀的，此时可以进行锁定。首先把无缝线路尾端50m范围内的扣件应全部紧固，此时拉伸器继续保持压力，进行铝热焊的钢轨焊接；将作业人员分为5组，均匀地分布在已完成应力放散的单元轨节范围内，同时进行紧固扣件作业，每个小组从各自管辖范围的两端向中间紧固，采取隔二紧一的原则，当紧固至中间后，返身再向两端紧固其余的扣件。

⑨ 计算实际锁定轨温值。当锁定线路完成后，应拆除拉伸器，复核长轨条实际长度，换算出对应的实际锁定轨温值。若该值在计划锁定轨温范围内则认为合格，将换算出的实际锁定轨温值填入表内，否则锁定作业重新进行。

⑩ 设置位移观测桩。当锁定作业完成后，应立即进行零点标记，以线路两侧观测桩顶端刻画线为基点，拉出一道横线，以横线与线路的中心线的交叉线为基线，在轨头外侧做出明显、耐久、清晰的标记，并在外测轨腰上标出位移观测桩号。

6. 注意事项

1）在线路锁定前，应掌握本地区轨温变化规律，根据各施工区段的特点，选定锁定轨温及施工时间，严格执行轨温测量制度，即作业前、中、后。

2）进行应力放散时，应每隔100m设置一个临时观测点，测量钢轨拉伸前后的位移，将实际位移与计算位移相比较，如果按实际锁定轨温，应按在设计锁定轨温±4℃范围内的规范来要求，位移差在2~3mm内即认为拉伸均匀。应密切注视放散时钢轨的位移是否到位，以及放散后钢轨的反弹，确保应力放散均匀。

3）锁定轨温应准确、可靠、符合设计规定，测量轨温时，要对钢轨不同位置进行多点测量，取其平均值。

4）当应力放散后，两股钢轨应同步锁定。当锁定后，在钢轨轨腰位置设置位移观测点“零点标记”。

5）当线路锁定时，实际轨温应严格控制在设计锁定轨温范围以内，执行无缝线路放散与调整基本原则的有关规定。

6）当无缝线路锁定后，单元轨节左、右股钢轨始、终端的相差量不宜超过100mm。

7）撞轨器的安装位置应沿放散方向在焊头的后方不得小于5m，直线段应每400m左右放置一台，曲线段每300m放置一台。

8）铝热焊焊头与轨枕边缘的距离不得小于40mm，并用油漆编号（白底红字）；采用铝热焊焊接时，拉伸器必须保持压力5min以上。

9）联合接头与整体道床和碎石道床交界处的距离应大于4m。

10）进行应力放散时，钢轨曲线外股锁定轨温不得高于内股。

11）当锯轨时，轨端垂直度不得大于0.5mm。

12）对无缝线路的位移观测，一般月份，每两月观测一次；冬季的12~1月和夏季的5~8月，每月观测一次。月底将分析报告上报上级主管部门，同时做好一月一次的钢轨单向、双向伸缩调节器的观测记录。

13）保证扣件、接头扭矩达到规范要求，缓冲区接头扭矩应达到900N·m。

14）建立健全无缝线路台账，施工中建立技术、质量保证体系，做到分工明确、责任到人，实行记名施工。

3.4.5 特殊地段无缝线路

特殊地段无缝线路包括桥上无缝线路、大坡道地段无缝线路和小半径曲线地段无缝线路，这些地段的无缝线路，因为受各种附加力的影响，其结构和设计与普通地段的无缝线路有所不同。

1. 桥上无缝线路

桥上铺设无缝线路，可以减小车辆动力作用，改善桥梁运营条件，减少轨道维修工作量，延长轨道部件和桥梁的使用寿命。高架桥分钢筋混凝土梁桥和钢梁桥，桥上道床又分整体道床和碎石道床，一般在单体桥上采用碎石道床，其他桥上采用整体道床。

（1）特点

1）桥梁和无缝线路处于悬空的位置，空气流通，轨温变化比地面无缝线路要小，因而作用于钢轨断面上的温度应力较小。

2）无缝线路的轨道框架安装了防脱护轨，高架桥上半径$R\leqslant400$m的曲线缓圆点、缓圆点前后50m（圆曲线部分20m，缓和曲线部分30m）下股钢轨内侧安装了新型护轨装置，从而使轨道框架刚度增大。

3）桥上无缝线路的钢轨用扣件连接于桥枕上，而桥枕又通过道床连接于桥梁上，这就形成了一个紧密、牢固的整体框架。钢轨在轨温变化时要产生伸缩，这同地面上的普通无缝线路一样，与此同时，桥梁也不可避免地要产生伸缩。此外，桥梁在车辆荷载的作用下，还会发生挠曲，反过来又要带动钢轨发生挠曲。桥梁的伸缩应力与钢轨的温度应力叠加，桥梁的挠曲应力与钢轨的动弯应力叠加，这就使桥上无缝线路的钢轨在承受巨大的温度应力之外，还要承受巨大的纵向附加力，从而使其受力状况变得更加复杂。对于有砟桥面而言，由于梁和轨之间有一个起冲作用的道砟层，加上钢筋混凝上梁刚度较大，实际挠曲度较小，伸缩量也较小，所以给钢轨带来的纵向附加力也相对较小。

（2）要求

1）有砟桥。

① 在有砟桥上铺设无缝线路时，可按一般无缝线路办理，但线路接头应在桥头两端10m以外，以避免车辆对桥梁产生的冲击力。

② 对跨度小于或等于32m的有砟桥，桥全长应在无缝线路固定区内，桥头两端100m范围内按伸缩区锁定。

③ 有砟桥上应使用分开式扣件。

④ 有砟桥面比路基面窄，道床宽度受到限制，往往在起道后道床宽度减小，势必减小道床横向阻力，对无缝线路的稳定不利。

2）无砟桥。

① 尽量使固定区位于桥上。

② 尽量使桥上长轨条锁定轨温和桥外长轨条锁定轨温保持一致。

③ 尽量避免在桥上设铝热焊缝。

④ 桥上主轨不设防爬器是为了钢轨和轨枕不致扣得太紧，减少纵向附加力影响。

⑤ 采用分开式扣件。

⑥ 大跨度桥上设置伸缩调节器。

大跨度桥上无缝线路安装伸缩调节器，可使桥梁在伸缩和挠曲时对长轨条产生的纵向附加力通过该装置得到放散。从这种意义上说，设置了伸缩调节器的大跨度桥上无缝线路，其性质已由温度应力式无缝线路变为自动放散温度应力式无缝线路。

伸缩调节器由基本轨、尖轨、大垫板、轨撑、导向卡等组成，伸缩调节器设在桥梁活动支座端对应处的轨道上。

综上所述，桥上无缝线路除承受温度应力外，还要承受桥梁伸缩和挠曲传递给钢轨的纵向伸缩附加力和挠曲附加力。纵向附加力的大小随温度、梁跨、线桥连接状况、桥头线路阻力、行车密度和支座设置方式等因素的变化而变化，但其分布形式却有一定规律，即固定支座附近是附加拉力，活动支座附近是附加压力。纵向附加力使桥上无缝线路受力增大，状况复杂，因而桥上无缝线路有其特殊的结构形式和铺设要求。

2. 大坡道地段无缝线路

大坡道地段无缝线路指坡度大于12‰的无缝线路，其特点主要有：

1）由于下坡车辆制动或上坡牵引，制动力或牵引力和坡道分力会导致轨道爬行比其他地段严重，使钢轨内应力发生变化，对轨道的强度和稳定性产生不利的影响。

2）在下坡制动和上坡牵引的瞬间，车轮会对轨面造成擦伤、剥离和磨损等较严重的损伤，从而使钢轨寿命和更换周期缩短。

解决的根本措施就是提高线路阻力，如固定区防爬锁定、采用加强线路阻力的设备等。为防止万一轨道过度爬行造成应力集中，在两坡道相交的纵断面处还设有缓冲区。

3. 小半径曲线地段无缝线路

实践证明，在半径小于 600m 的曲线地段铺设无缝线路时，轨道结构稳定，维修工作量少，发挥了无缝线路应有的技术经济效益。但是曲线上的钢轨随半径减小，磨耗量增大，使用寿命缩短。

考虑到上述因素，在小半径曲线上设计、铺设和使用无缝线路时，应注意以下几点：

1）当最小曲线半径小于 400m 时，要根据具体线路的运量、机车及轨道的变化，以及原轨道的磨耗情况来决定。

2）轨道结构要适当加强。钢轨不低于 50kg/m，并尽量采用淬火轨或低合金耐磨轨铺设。

3）按规定选择、配置轨枕，道床内、外侧肩宽和堆高要按相应规定设置。

4）对一个小半径曲线段，最好单独铺设一节长轨，伸缩区最好设在直线段。

5）为防止胀轨跑道，应控制残余变形，用 5m 弦测量的正矢 $f \leqslant 9$mm。

6）合理设置轨距、超高等几何参数，并采用对曲线钢轨涂油等措施，延长钢轨使用寿命。

第 4 章

桥梁与隧道工程施工

在公路、铁路、城市和农村道路交通建设以及水利建设中，为了跨越各种障碍（如河流、沟谷或其他线路等）必须修建各种类型的桥梁。若遇到多为大山的地质环境，或者需要地下行车，即需要挖掘隧道。如果现代有轨电车需要跨越各种障碍，或者穿越大山、地下行车，就涉及桥梁与隧道的施工。桥梁与隧道的施工方法都是通用的施工方法，下面就桥梁与隧道的施工方法分别进行介绍。

1. 桥梁的基本组成

桥梁一般由三个基本部分组成，即上部结构、下部结构、支座和附属构造物。

上部结构是桥梁支座以上跨越桥孔的总称，是线路中断时跨越障碍的主要承重结构。下部结构包括桥墩、桥台和基础，桥墩和桥台用来支撑上部结构，并将上部结构传来的静载和车辆动载传至基础。设置在桥跨中间部分的称为桥墩，设置在桥跨两端与路堤相衔接的称为桥台。桥台除了上述作用外，还起到了抵御路堤的土压力及防止路堤的滑塌等作用；单孔桥只有两端的桥台，没有中间的桥墩。桥墩和桥台底部并与地基相接触的部分称为基础，基础承受从桥墩或桥台传来的全部荷载，包括竖向荷载、地震荷载及船舶撞击墩身等引起的水平荷载。由于基础往往深埋于水下土层之中，是桥梁施工中难度较大且施工复杂的部分，也是确保桥梁安全的关键之一。

支座设置在墩台的顶部，是支撑上部结构的传力装置，它不仅要传递很大的荷载，还要保证上部结构能按设计要求产生一定的变位。

在桥梁建筑工程中，除了上述基本组成部分外，在路堤与桥台衔接处，一般在桥台两侧设置石砌的锥形护坡，以保证迎水部分路堤边坡的稳定。另外，根据需要还常常要进行修筑护岸、导流结构物等附属工程。

2. 桥梁的分类

按照受力体系分类，桥梁可分为梁式桥、拱式桥和悬索桥（或称为吊桥），简称梁、拱、吊三大基本体系。另外，由上述三大基本体系相互组合，在受力上形成具有组合斜拉桥及刚架桥等。

（1）梁式桥　梁式桥是一种在竖向荷载作用下无水平反力的结构，由于外力（静载和动载）的作用方向与桥梁结构的轴线接近垂直，因而与同样跨径的其他结构体系相比，梁桥内产生的弯矩最大，即梁式桥以受弯为主。因此，通常需用抗弯、抗拉能力强的材料（如钢、钢筋混凝土等）来建造。对于中、小跨径的公路桥式梁，目前应用最广泛的是标准跨径钢筋混凝土或预应力混凝土简支梁（板）桥，其施工方法一般有预制装配式和现浇两种。这种梁式桥结构简单、施工方便，且对地基承载力的要求也不高。对于钢筋混凝土简支梁式桥，其跨径一般要小于 25m；当跨径较大时，应采用预应力混凝土，但其跨径一般不宜超过 50m。为了改善受力条件和使用性能，当地质条件较好时，中、小跨径梁式桥均可修建成连续梁式桥。对于大跨径和特大跨径的梁式桥，可采用预应力混凝土、钢和钢筋混凝土组合梁桥。南京长江第二大桥北汊桥为预应力混凝土连续箱梁式桥，如图 4-1 所示。

图 4-1　南京长江第二大桥北汊桥

（2）拱式桥　拱式桥的主要承重结构是主拱圈或拱肋。在竖向荷载作用下，桥墩和桥台将承受水平推力；同时，墩台向拱圈或拱肋提供水平反力，这将大大抵消在拱圈或拱肋中由荷载引起的弯矩。因此，与同跨径的梁式桥相比，拱式桥的弯矩、剪力和变形要小得多，拱圈或拱肋以受压为主。拱式桥对墩台有水平推力，而承重结构以受压为主，因此，通常可采用抗压能力强的砌体材料（如砖、石、混凝土等）和钢筋混凝土来建筑。但应当注意，由于拱式桥往往有较大的水平推力，为了确保拱式桥的安全，下部结构（特别是桥台）和地基必须具备能承受很大水平推力的能力。一般应选择地质条件较好的地域修建拱式桥。当然，在地质条件不适于修建具有很大水平推力拱式桥的情况下，也可采用无水平推力的系杆拱式桥，其水平推力由系杆承受，系杆可由预应力混凝土、钢等制作。另外，也可修建近年来发展起来的水平推力很小的“飞雁式”三跨自锚式系杆拱式桥，即在边跨的两端施加强大的水平预加力，通过边跨拱传至拱脚，以抵消主跨拱脚处的水平推力。

拱式桥不仅跨越能力大，而且外形也较美观，在条件允许的情况下，修建拱式桥往往是经济合理的。上海卢浦大桥为中乘式系杆拱式桥，主跨跨径为 550m，如图 4-2 所示。

图 4-2　上海卢浦大桥

按照行车道处于主拱圈的不同位置，拱式桥可分为三种：上承式、中承式和下承式拱式桥。

（3）悬索桥（也称吊桥） 悬索桥的承重结构包括主缆、塔柱、加劲梁、锚旋及吊杆。在桥面为竖向荷载作用下，通过吊杆使主缆承受巨大的拉力，主缆悬跨在两边塔柱上，锚固于两端的锚旋结构中，锚旋承受主缆传来的巨大拉力，该拉力可分解为垂直和水平分力。因此，悬索桥也是具有水平反力（拉力）的结构。现代悬索桥的主缆用高强度的钢丝成股编制而成，以充分发挥其优良的抗拉性能。悬索桥结构自重轻，是目前为止跨越能力最大的桥型。另外，悬索桥受力简单明确，当主缆架设完成后，便形成了强大稳定的结构支撑系统，使得加劲梁的施工安全方便，施工过程中的风险相对较小。相对于其他体系的桥梁而言，悬索桥的刚度最小，属于柔性结构，悬索桥将产生较大的变形。由于悬索桥的刚度小，其静力、动力应在设计和施工过程中予以高度重视。

（4）斜拉桥 斜拉桥的上部结构由塔柱、主梁和斜拉索组成，斜拉桥实际上是梁式桥与悬索桥的组合形式。它的主要受力特点是斜拉索受拉力，它将主梁多点吊起（类似吊桥），将主梁的静载和车辆等其他动载传至塔柱，再通过塔柱传至基础和地基。塔柱以受压为主。主梁由于被斜拉索吊起，从而使主梁内的弯矩较一般梁式桥大大减小，这也是斜拉桥具有较大跨越能力的主要原因。主梁由于同时受斜拉索水平力的作用，因此为压弯构件。

斜拉桥的塔柱、拉索和主梁在纵向面内形成了稳定的三角形，因此斜拉桥的结构刚度比悬索桥大，其抗风稳定性比悬索桥好。在目前所有的桥型中，斜拉桥的跨越能力仅次于悬索桥。但是，当斜拉桥的跨度很大时，悬臂施工的斜拉桥因主梁悬臂过长，承受斜拉索传来的水平压力过大，因而风险较大；塔柱过高，外侧斜拉索过长，这也是斜拉桥跨越能力不能与悬索桥相比的主要原因。南京长江三桥为斜拉桥，跨径为648m，如图4-3所示。

图4-3 南京长江三桥

（5）刚架桥（或刚构桥） 桥跨结构主梁或板与墩台（或立柱）整体相连的桥梁称为刚架桥。由于梁和柱两者之间是刚性连接，在竖向荷载作用下，将在主梁端部产生负弯矩，在柱脚处产生水平反力。主梁部分主要受弯，但其弯矩比同跨径的简支梁小，梁内还有轴向力的作用，因此刚架桥的受力状态介于梁式桥与拱式桥之间。刚架桥的跨中建筑高度可做得较小，因此通常适用于需要较大的桥下净空和建筑高度受到限制的情况，如跨线桥、立交桥和高架桥等。

刚架桥在竖向荷载的作用下一般都会产生水平推力，为此必须要有良好的地质条件或用较深的基础，也可用特殊的构造措施来抵抗水平推力的作用。另外，刚架桥大多数为超静定结构，故在混凝土收缩、徐变、温度变化、墩台不均匀沉陷和预应力等因素的作用下，均会产生较大的附加内力，应在设计和施工中引起注意。

除了门式刚架桥外，另外还有 T 形刚架桥、连续刚构桥和斜腿刚架桥。对于大跨径的刚架桥，一般均要承受正负弯矩的交替作用，主梁横截面宜采用箱形截面。云南元江大桥为刚架桥（连续刚构），主跨为 265m，中墩高为 123.5m，如图 4-4 所示。

图 4-4 云南元江大桥

4.1 桥梁基础施工

桥梁上部承受的各种荷载通过桥台或桥墩传至基础，再由基础传至地基。基础是桥梁下部结构的重要组成部分，因此基础工程在桥梁结构物的设计与施工中占有极为重要的地位，它对结构物的安全使用和工程造价有很大的影响。

桥梁基础按施工方法可分为明挖基础施工、钻孔灌注桩基础施工、沉井基础施工、承台及系梁施工。

4.1.1 明挖基础施工

明挖基础是将基础底板设在直接承载地基上，来自上部结构的荷载通过基础底板直接传递给承载地基。其施工方法通常是采用明挖的方式进行，是一种直接敞坑开挖就地灌注的浅基础形式。由于施工简便、造价低，只要在地质和水文条件许可的情况下，都应优先选用。

明挖基础适用于无水、少水或浅水河流的基础工程，可采用人工开挖或机械开挖。明挖基础施工中重点需解决的问题是敞坑边坡稳定及开挖过程中的排水。

明挖基础适用于浅层土较坚实，且水流冲刷不严重的浅水地区，施工中坑壁的稳定性是必须特别注意的问题。由于它的构造简单，埋深浅，施工容易，加上可以就地取材，故造价低廉，广泛用于中小桥涵及旱桥的基础施工。我国的赵州桥就是在压实土地基上采用了这种桥基。

明挖基础又称扩大基础或直接基础，明挖基础以石砌、混凝土或钢筋混凝土建造，其埋置深度可较其他类型基础浅，故为浅基础。由于所用材料不能承受较大的拉应力，故基础的厚宽必须足够深，使之形成所谓刚性基础，受力时不致产生挠曲变形。为了节省材料，这类基础的立面往往砌成台阶形，平面则根据墩台截面形状而采用矩形、圆形、T形或多边形等。在陆地开挖基坑，将视基坑深浅、土质好坏和地下水位高低等因素，来判断是否采用坑壁支护结构——衬板或板桩；在水中开挖则应先筑围堰，围堰分类及运用范围也有不同。基坑开挖时应注意以下事项：

1）当基坑开挖对邻近建筑物或临时设施有影响时，应提前采取安全防护措施。

2）基坑顶面应提前做好地面防、排水设施。

3）当基坑开挖时，不得采用局部开挖深坑及从底层向四周掏土的方法。

4）当基坑顶有动荷载时，坑口边缘与动荷载间的安全距离应根据基坑深度、坡度、地质和水文条件及动荷载大小等情况确定，且不应小于1.0m。

5）在土石松动地层或在粉、细砂层中开挖基坑时，应先做好安全防护；当基坑开挖需要爆破时，应执行GB 6722—2014《爆破安全规程》中的有关规定；土质松软层基坑开挖必须进行支护。

6）当基坑开挖时，应观测坡面稳定情况。当发现基坑沿顶面出现裂缝、坑壁松塌或遇涌水、涌砂时，应立即停止施工。加固处理后方可继续施工。

明挖基础施工的主要内容包括基础的定位放样、基坑开挖、基坑排水、基底处理以及砌筑（浇筑）基础结构物等。

1. 基础的定位放样

在开挖基坑前，应先进行基础的定位放样工作，以便正确地将设计图样中的基础位置准确地设置到桥址上。放样工作指根据桥梁中心线与墩台的纵、横轴线，测出基础边线的定位点，再放线划出基坑的开挖范围。基坑各定位点的高程及开挖过程中的高程检查，一般用水准测量的方法进行控制。

2. 基坑开挖

基坑开挖的主要工作有挖掘、出土、支护、排水、防水、清底以及回填等。施工时应根据地质条件、水文条件、基坑开挖深度、开挖所采用的方法和机具等，采用不同的开挖工艺。

基坑在开挖前，通常需完成下列准备工作：施工场地的清理、地面水的排除、临时道路的修筑、供电与供水管线的敷设、临时设施的搭建及基坑的放样等工作。

场地清理包括拆除房屋、古墓，拆迁或改建通信设备、电力设备、上下水道，以及其他建筑物、迁移树木等工作。

场地内低洼地区的积水必须排除，同时应注意雨水的排除，使场地保持干燥，以便基坑开挖。

地面水的排除一般采用排水沟、截水沟或挡水土坝等措施。应尽量利用自然地形来设置排水沟，使水直接排至基坑外或流向低洼处，再用水泵抽走。主排水沟最好设置在施工区域的边缘或道路的两旁，其横断面和纵向坡度应根据最大流量确定。一般排水沟的横断面不小于0.5m×0.5m，纵向坡度一般不小于3‰。平坦地区，如排水困难，其纵向坡度不应小于2‰，沼泽地区可降至1‰。在基坑开挖过程中，要注意排水沟应保持畅通，必要时应设置涵洞。

（1）土方边坡及其稳定

1）土方边坡。为了防止塌方，保证施工安全，当开挖深度超过一定限度时，均应在其边沿做成一定坡度的边坡。

土方边坡坡度是以其高度 H 与宽度 B 之比表示。图 4-5 所示为 $1:m$，即

$$\text{土方边坡坡度}=\frac{H}{B}=\frac{1}{B/H}=1:m \tag{4-1}$$

根据各层土质以及土体所受的压力，土方边坡可做成直线形、折线形和台阶形，如图 4-5 所示。合理地选择基坑边坡是减少土方量的有效措施。

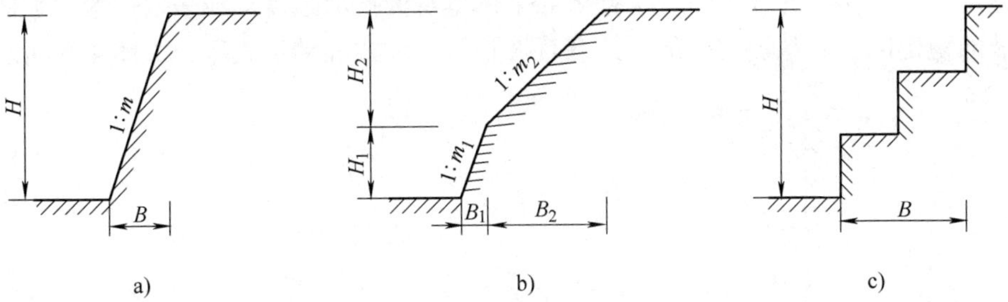

图 4-5 土方边坡

a）直线形 b）折线形 c）台阶形

2）边坡的稳定。基坑边坡的稳定主要是由于土体内土颗粒之间存在摩擦阻力和内聚力，使土体具有一定的抗滑力来保持。当土体的下滑力大于抗滑力，边坡就会失去稳定而发生滑动，这种滑动一般是在一定范围内整体沿某一滑动面向下和向外移动。一旦土体失去平衡，土体就会塌方，不仅会造成人身安全事故、影响工期，有时还会危及邻近建筑物的安全。

基坑边坡的失稳往往是在外界不利因素影响下触发和加剧的，这些外界不利因素往往会导致土体剪应力的增加或抗剪强度的降低。

引起土体剪应力增加的因素主要有：

① 坡顶上堆积物、行车等荷载。

② 雨水或地面水渗入土中，使土中的含水量增加而造成土的自重增加。

③ 地下水的渗流产生一定的动水压力。

④ 土体的竖向裂缝中的积水产生侧向静水压力。

⑤ 边坡过陡，土体本身稳定性不够。

引起土体抗剪强度降低的因素主要有：

① 土质本身较差或因气候影响使土质松软。

② 土体内含水量增加使土体内聚力降低，产生润滑作用。

③ 饱和的细砂、粉砂因受振动而液化等。

（2）基坑开挖的方式　基坑开挖的方式与基础的埋置深度、地质土的性质和施工周期的长短有关，可分为直立壁开挖、放坡开挖和支护开挖。按其基坑所处的环境可分为陆地基坑开挖和水中基础的基坑开挖两种。

1）陆地基坑开挖。基坑大小应满足基础施工要求，对有渗水土质的基坑坑底开挖尺寸，需按基坑排水设计（包括排水沟、集水井、排水管网等）和基础模板设计而定，一般基底尺寸应比设计平面尺寸各边大0.5～1.0m，有条件可适当放大以便支模和设置集水井、坑降水需要。基坑可采用垂直开挖、放坡开挖、支撑加固或其他加固的开挖方法，具体应根据地质条件、基坑深度、施工期限与经验，以及有无地表水或地下水等现场因素来确定。

① 坑壁不加支撑的基坑。对于在干涸无水河滩、河沟中，或有水经改河或筑堤能排除地表水的河沟中，在地下水位低于基底，或渗透量少不影响坑壁稳定，以及基础埋置不深（一般在5m以内），施工期较短，挖基坑时不影响临近建筑安全的施工场所，可考虑选用坑壁不加支撑的基坑。

开挖坑壁不加支撑的基坑时，坑壁依靠土体本身的抗剪强度，或采取适量放坡的方式来解决边坡的稳定问题。基坑坑壁的形式有直坡式、斜坡式和踏步式等，如图4-6所示。

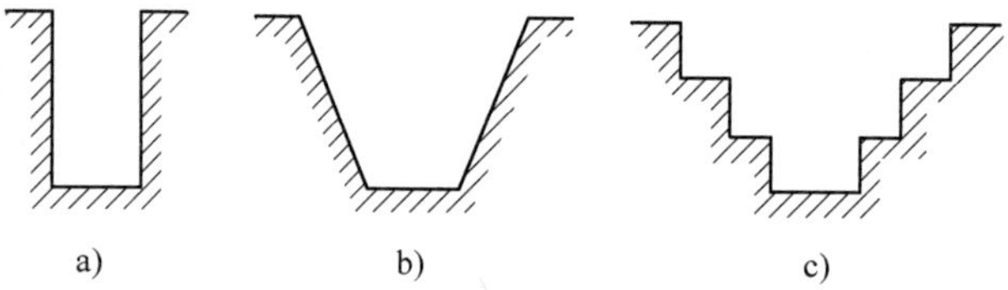

图4-6　基坑坑壁的形式

a）直坡式　b）斜坡式　c）踏步式

a. 直坡式坑壁基坑：当基础土质均匀、地下水位低于基坑、基坑顶边缘无荷载及土体处于半干硬或硬塑状态时，可采用坑壁不加支撑而垂直开挖的方法。如果坑壁垂直开挖深度超过挖深限制时，可采取踏步式坑壁开挖法，或考虑斜坡坑壁开挖法，以及做成直立壁加支撑的方法。

b. 斜坡式坑壁基坑：在天然土层上挖基坑，若深度小于5m、施工期较短、基底处于地下水位以下，且土的湿度正常、构造均匀时，可采用斜坡坑壁开挖法。

c. 踏步式坑壁基坑：如果开挖基坑通过不同的土层时，可按土层分层选定边坡坡度，并留出至少0.5m宽的台阶。若土的湿度过大，可能引起坑壁坍塌时，坑壁坡度应采用该湿度下土的天然坡度。

施工注意事项：

a. 在无水土质基坑底面，基坑平面尺寸每边放宽0.5～1.0m或按模板施工要求的宽度进行施工；对有水基坑底面，应预留四周开挖排水沟或集水井的位置，每边放宽0.8～1.2m。但如果采用坑壁为土模灌注混凝土时，基底尺寸为基础轮廓。

b. 坑顶边缘应留有护道，避免在此范围内加载，以保持顶边稳定。静载与坑缘的距离不小于0.5m，动载距坑缘不小于1.0m。在垂直坑壁，坑缘顶面的护道还应适当增宽，荷载与坑缘的距离应以不使土体坍塌为限。

c. 基坑应尽量安排在枯水或少雨季节施工。基坑开挖不宜间断，应连续施工并进行基础混凝土的灌注施工。

d. 基坑宜用原土及时回填，对桥台及有河床铺砌的桥墩基坑，均应分层夯实。

② 坑壁有支撑的基坑。当基坑壁坡不易稳定并有地下水渗入，或斜坡开挖场地受到限

制，或基坑较深、斜坡开挖工程数量较大，不符合技术经济要求时，可视具体情况，采用以下的加固坑壁措施，如挡板支撑、钢木结合支撑、混凝土护壁及锚杆支护等。常用的坑壁支撑形式有直衬板式坑壁支撑、横衬板式坑壁支撑、框架式支撑及其他形式的支撑（如锚桩式、锚杆式、锚旋板式及斜撑式等）。

常用的支撑方法有横撑式支撑、锚拉支撑、短柱横隔支撑、钢板桩支撑、大型钢构架支撑、钢筋混凝土灌注桩支撑、土层锚杆支撑和地连墙加锚杆支撑。

a. 横撑式支撑。分为水平式支撑和垂直式支撑，如图 4-7 所示。

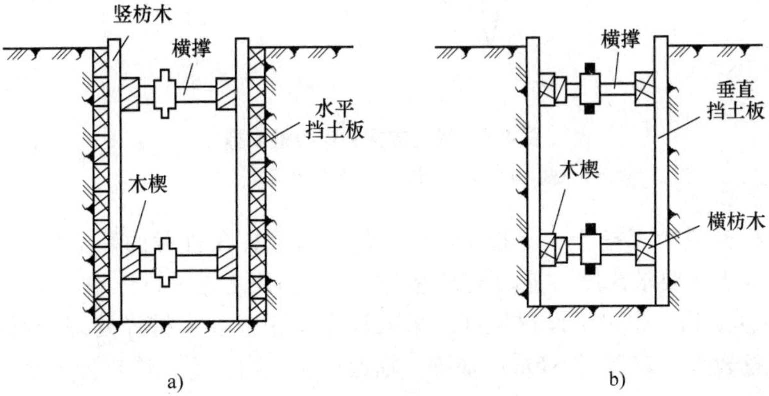

图 4-7　横撑式支撑

a）水平式支撑　b）垂直式支撑

水平式支撑指断续或连续的挡土板水平放置。断续式水平挡土板支撑适于能保持直立壁的干土或天然湿度的黏土、深度小于 3m 的基坑。连续式水平挡土板支撑适于较潮湿的或散粒的土、深度大于 3m 小于 5m 的基坑。

垂直式支撑指断续或连续的挡土板垂直放置。适于土质较松散或土的湿度很大、地下水较少、深度不限的基坑。

b. 锚拉支撑。水平挡土板支在柱桩的内侧，柱桩一端打入土中，另一端用拉杆与锚桩拉紧。锚桩必须设在土的破坏范围以外，在挡土板内侧回填土。适用于开挖面积较大、深度不大的基坑或使用机械挖土的基坑，如图 4-8a（φ 为土的内摩擦角）所示。

c. 短柱横隔支撑。打入短木桩，部分打入土中，部分露出地面，钉上水平挡土板，在背面填土。适于开挖宽度大的基坑，当部分地段下部放坡不够时使用。

d. 钢板桩支撑。挖土之前，在基坑的周围打入钢板桩或钢筋混凝土板桩，板桩入土深度及悬臂长度应经计算确定；如基坑深度较大，可加水平支撑。它适于在一般地下水位较高的黏性或砂土层中应用，如图 4-8b 所示。

e. 大型钢构架横撑。在开挖的基坑周围打钢板桩或钢筋混凝土桩及在预定桩位置上打入暂设的支护桩后，方可在基坑中挖土，每下挖 3 ~ 4m，装上一层钢构架支撑体系，即水平设钢围囹支护，挖土在钢构架网格中进行，随着开挖深度的变化或按设计要求增加相应层的围囹支护。大型钢构架横撑适于在饱和软弱土层中开挖较大、较深基坑，钢板桩刚度不够时采用。

f. 钢筋混凝土灌注桩支撑。在开挖的基坑周围现场灌注钢筋混凝土桩，当达到强度后，

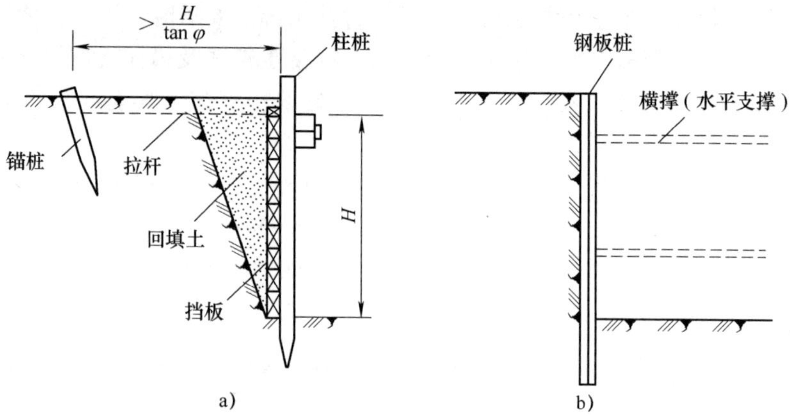

图 4-8　锚拉支撑和钢板桩支撑

a）锚拉支撑　b）钢板桩支撑

在基坑中间用机械或人工挖土，下挖 1m 左右装上横撑；在桩背面装上拉杆与已设锚桩拉紧，然后继续挖土至要求深度。桩间土方挖成外拱形，使之起土拱作用。如果基坑深度小于 6m，或邻近有建筑物，也可不设锚拉杆，采取加密桩距或加大桩径处理。钢筋混凝土灌注桩支撑适于开挖较大、较深（>6m）基坑，临近有建筑物，不允许支护，背面地基有下沉、位移时采用。

g. 土层锚杆支撑。沿开挖基坑边坡每 2～4m 设置一层水平土层锚杆，直到挖土至要求深度。适于在较硬土层中或破碎岩石中开挖较大、较深基坑，如邻近有建筑物，必须保证边坡稳定时才可采用。

h. 地连墙加锚杆支撑。在基坑周围现浇地下连接墙，开挖土方至锚杆部位，用锚杆钻机在要求位置钻孔，放入锚杆，进行灌浆，待达到强度后装上锚杆横梁或锚头垫座，然后继续下挖至要求深度。根据需要，锚杆可设 2～3 层，每挖一层装一层，采用快凝砂浆灌浆。适于开挖较大、较深（>10m）、不允许内部设支撑、有地下水的大型基坑。

2）水中基础的基坑开挖。桥梁墩台、基础大多位于地表水位以下，有时水流还比较大，施工时都希望在无水或静止水条件下进行。桥梁水中基础最常用的施工方法是围堰法。围堰的作用主要是防水和围水，有时还起着支撑施工平台和基坑坑壁的作用。公路桥梁常用的围堰类型有土石围堰、木笼围堰或竹笼围堰、钢板桩围堰和套箱围堰。

围堰必须满足以下的要求：

① 围堰顶高宜高出施工期间最高水位 700mm，最低不应小于 500mm，用于防御地下水的围堰宜高出水位或地面 200～400mm。

② 围堰的外形应适应水流排泄，大小不应压缩流水断面过多，以免冗水过高危害围堰安全，以及影响通航、导流等。围堰类型应适应基础施工的要求，并留有适当的工作面积。堰身断面尺寸应保证有足够的强度和稳定性，使基坑开挖后围堰不致发生破裂、滑动或倾覆。

③ 围堰要求防水严密，应尽量采取措施防止或减少渗漏，以减轻排水工作。对围堰外围边坡的冲刷和筑围堰后引起的河床的冲刷均应有防护措施。

④ 围堰施工一般应安排在枯水期间进行。

3. 基坑排水

基坑坑底一般多位于地下水位以下，地下水会经常渗进坑内，因此必须设法把坑内的水排除，以便利于施工。要排除坑内渗水，首先要估算涌水量，方能选用相当的排水设备。桥梁基础施工中常用的基坑排水方法有以下几种。

（1）集水坑排水法　除严重流沙外，一般情况下均可采用。集水坑（沟）的大小主要根据渗水量的大小而定，排水沟底宽应不小于0.3m，纵坡为1%~5%。若排水时间较长或土质较差时，沟壁可用木板或荆篱支撑。集水坑一般设在下游位置，坑深应大于进水笼头高度，并用笆、竹篾、编筐或木围护，以防止泥沙阻塞吸水笼头。

（2）井点排水法　当土质较差有严重流沙现象、地下水位较高、挖基较深、坑壁不易稳定，以及用普通排水的方法难以解决时，可采用井点排水法。井点排水法因需要设备较多，施工布置复杂，费用较高，应进行技术经济比较后采用。在桥涵基础中多用于城市内挖基、防护。

井点排水适用于渗透系数为0.5~150m/d的土壤，尤其在2~50m/d的土壤中效果最好；降水深度一般可达4~6m，二级井点可达6~9m。当超过9m时，应选用喷射井点或深井点法，具体可视土层的渗透系数、要求降低地下水位的深度及工程特点等条件，选择适宜的井点排水法和所需设备。

轻型井点排水法适用于土层渗透系数为0.1~80m/d的情况。轻型井点排水法是由带有滤管的井点管和集水管等所组成的管路系统与泵辅系统（包括离心泵和真空泵等）共同作用，完成人工降低地下水位的重要方法之一，并获得广泛使用。

电渗井点排水法适用于土层渗透系数<0.1m/d的情况。其原理是将两根电极插入土中，通入直流电后，土粒向阳电极移动，水分子向阴电极移动，由此将水汇集于管中，再用水泵抽出地面。

（3）其他排水法　对于土质渗透较大、挖掘较深的基坑，可采用板桩法或沉井法。此外，根据现场条件、工程特点及工期等因素，还可采用帷幕法，即将基坑周围土用硅化法、水泥灌浆法、沥青灌浆法以及冻结法等处理成封闭的不透水的帷幕。这些方法中除自然冻结法外，其余均因设备多、费用高，在桥涵基础施工时较少采用。

4. 基底检验处理

（1）基底检验　基坑已挖至基底设计高程，或已按设计要求加固、处理完毕后，需经过基底检验，方可进行基础结构施工。

基坑施工是否符合设计要求，在基础浇筑前应按规定进行检验。其目的在于确定地基的容许承载力的大小、基坑平面位置与高程是否与设计相符，以确保基础的强度和稳定性，不致发生滑移等病害。基底检验的主要内容包括：检查基底平面位置、尺寸大小，基底高程，检查基底土质均匀性、地基稳定性及承载力等；检查基底处理和排水情况；检查施工日志及有关试验资料等。

为使基底检验及时，以免因等候检验、基底暴露时间过久而风化变质，施工负责人应提前通知检验人员，安排检验。

1）检验内容。

① 检查基坑的平面位置、坑底尺寸、高程是否符合设计要求，偏差是否在现行有关规定允许范围内。

② 检验基坑底面土质及其均匀性、稳定性，坑壁坡面是否平顺稳定，有无排水措施，容许承载力能否满足设计要求。

③ 检查基坑和地基加固、处理过程中的有关施工记录和试验等资料。

④ 检查基底地基经加固、处理后的效果是否达到设计要求。

2）检验方法。

小桥和涵洞基底的地基检验方法如下。

① 当经过直观或触探试验确定土质与设计要求符合时，即可签认进行浇砌基础。

② 当经过直观或触探试验对土质有疑问时，应取土样做土的物理、力学性能试验，如颗粒分析、天然密度、天然含水量、天然孔隙比、液限、塑限、密度、可塑性、压缩性和抗剪强度等，以鉴定土的容许承载力，或钻探2～4m以上，检查下卧层土质。

③ 特殊设计的小桥和涵洞对地基沉降有严格要求，当属于下列不良土质情况时，宜进行荷载试验。

a. 风化严重的岩层。

b. 松散砂类土的相对密实度 $D_r \leqslant 0.33$。

c. 黏质土的天然孔隙比超过下列值时：黏土质砂（SC）$e_0 > 0.7$，低液限黏土（CL）$e_0 > 1$，高液限黏土（CH）$e_0 > 1.1$。

d. 含有大量有机物的吹填土或砂土、黏土。

e. 含有大块杂质（尤其是多量碎砖瓦等）的填筑土。

f. 对经过加固处理的地基，应根据不同加固方法的质量要求采用相应的检验方法，包括量测加固范围、桩位偏差和桩体垂直度偏差；用环力法取样或灌砂法测定压实度或干密度；用静力触探试验或动力触探试验检验加固处理后的效果。

大、中桥和填土在12m以上涵洞基底的地基检验方法如下。

① 一般由检验人员用直观、触探、挖试坑或钻探（钻探至少4m以上）试验等方法确定土质容许承载力，确认符合设计要求后即可进行基础施工。

② 在地质特别复杂，或在设计文件中有特殊要求必须做荷载试验时，才做荷载试验。必要时还应做土工试验，与荷载试验核对。

③ 在特殊地基上已经加固处理又经触探、密实度检验后尚有疑问时，则应再做荷载试验。确认符合设计要求后，才能进行基础圬工的施工。

检验注意事项如下。

① 当地基经检验后需要做大的加固处理时，应由施工单位邀请建设单位及设计单位共同研究确定。当加固处理完毕后，应再进行检验，合格后方可进行基础施工。

② 桥涵地基检验除了进行平面尺寸和地基变形观测外，检验方法主要有静力触探试验、动力触探试验、标准贯入试验，土压力、孔隙水压力及土位移测试，荷载试验、旁（横）压试验；排水固结法加固的地基有时还需做十字板剪切试验。无论何种检验方法都有一定的局限性，故宜采用多种方法进行综合评价。现场测试要辅以取样，做室内土工试验，如加固设计已规定有检验项目和检验方法的，按设计规定办理。

③ 为了有较好的可比性，加固前后两次的测试项目应力求对应，甚至最好由同一组织用同一仪器按同一标准进行。

④ 检验合格后，按规定格式填写地基检验表，由参加检验人员会签，作为竣工验收的

原始资料。

（2）基底处理　天然地基上的基础是直接靠基底土壤来承担荷载的，故基底土壤状态的好坏对基础及墩台、上部结构的影响极大，不能仅检查土壤名称与容许承载力大小，还应为土壤更有效地承担荷载创造条件，即要进行基底处理。

1）未风化岩石基底。对未风化岩层，当开挖至岩层面时，应清除岩面松碎石块，凿出新鲜岩面，并用水冲洗干净，岩面不得存有淤泥、苔藓等表面附着物。当岩面倾斜时，应将岩面基本凿平或凿成台阶；当基坑内岩面有部分破碎带时，应会同设计人员研究处理，采用混凝土封填或设混凝土拱等方法进行处理，以满足承载力的要求。

2）风化岩层基底。岩石的风化程度对其承载力影响很大。当开挖至风化岩层时，应会同设计人员认真观察其风化程度，检查基底是否符合设计承载力要求。按设计要求适当凿去风化表层，或清理到新鲜岩面，将基底填满封闭，防止岩层继续风化。

3）碎石或砂类土层。将基底修理平整并夯实，砌筑基础混凝土时，应先铺一层 20mm 厚的水泥砂浆。

4）土基底。当开挖基坑时，留 200～300mm 深度不挖，以防止地面、地下水渗流至基面，浸泡基面，降低强度。砌筑前，再用铁锹加以铲平。若基底原状土含水量较大或在施工中浸水泡软，可在基坑中夯入厚度大于 100mm 的碎石，但碎石顶面不得高于设计高程；当基底土质不均或部分软土层厚度不大时，可挖除后换填砂土，并分层夯实。

5）湿陷性黄土。对湿陷性黄土，开挖地基时必须保持基坑不受水浸泡，并尽量避免在雨季施工，否则应有专门的防洪排降水设施，并应按设计要求采用重锤夯实、换填，或采用挤密桩法进行加固。

6）软土层。软土地基应按设计要求进行加固，可采用换土、砂井、砂桩或其他软土地基处理方法。在软土地基上修建桥梁时，应按设计预留沉降量。对采用砂井加固的软土地基，按设计要求采取预压。桥涵主体必须分期均匀施工。在砌筑墩台、填土和架梁工程中，随时观测软土地基的沉降量，用以控制施工进度，使软土地基缓慢平均受载，防止发生剧烈变化或不均匀下沉。

7）泉眼。对于泉眼，应用堵塞或导流的方法处理。当泉眼水流较小时，可用木塞、速凝水泥砂浆或带螺帽钢管等堵塞泉眼。当堵眼有困难时，可采用竹管、塑料管或钢管引流，待基础圬工灌注完后，向管内压浆将其封闭；也可在基底以下设置暗沟或盲沟，将水引至基础施工以外的汇水井中抽排，施工完后用水泥砂浆封闭。

8）溶洞地基处理。当地基下出现溶洞时，应会同设计部门研究处理，一般采取以下加固措施进行处理。

① 首先用勘测方法探明溶洞的形态、深度和范围，以便采取相应的处理方法。

② 当溶洞埋深较浅时，可用高压射水清除溶洞中的淤泥，灌注混凝土进行填充；当溶洞较深且狭窄、洞内土壤不易清除时，可在洞内打入混凝土桩。

③ 当溶洞处在基础底面、溶洞窄且深时，可用钢筋混凝土板盖在溶洞上面，跨越溶洞。

④ 当埋藏较深、溶洞内有部分软黏土时，可用钻机钻孔，从孔中灌入砂石混合料，并压灌水泥砂浆封闭。

5. 基础圬工浇筑

基础圬工分为无水浇筑、排水浇筑和水下浇筑三种情况。

排水浇筑的要点是：确保在无水状态下砌筑圬工；禁止带水作业及采用混凝土将水赶出模板外的灌注方法；基础边缘部分应严密隔水；水下部分圬工必须待水泥砂浆或混凝土终凝后才允许浸水。

水下浇筑混凝土只有在排水困难时采用。基础圬工的水下浇筑分为水下封底和水下直接浇筑基础两种。前者封底后仍要排水再浇筑基础，封底只是起封闭渗水的作用，其混凝土只作为地基而不作为基础本身，适用于板桩围堰开挖的基坑。浇筑基础时，应做好与台身、墩身的接缝连接，一般要求是：

1）混凝土基础与混凝土墩、台身的接缝周边应预埋直径不小于16mm的钢筋或其他铁件，埋入与露出的长度不应小于钢筋直径的20倍。

2）混凝土或浆砌片石墩台、身的接缝应预埋片石砟，片石厚度不应小于150mm，片石的强度要求不低于基础或墩、台身混凝土或砌体的强度。

4.1.2 钻孔灌注桩基础施工

就地灌注桩指采用不同的钻（挖）孔方法，在土中形成一定直径的井孔，达到设计高程后将钢筋骨架（笼）放入井孔中，灌注混凝土形成桩基础。这种成桩工艺大约于20世纪40年代初期在欧洲已开始使用。我国公路桥梁上使用钻孔灌注桩基础始于20世纪50年代末期，从用人力转动锥头钻孔开始，逐渐发展为冲抓锥、冲击锥、正反循环旋转钻及潜水电钻等各种钻孔工艺。钻孔直径从250mm发展到2000mm以上，桩长从十余米发展到百米以上。

1. 钻孔方法和机具设备

钻孔灌注桩的关键是钻孔。钻孔的方法可归纳为以下三种类型：

（1）冲击法　用冲击钻机或卷扬机带动冲锥，借助锥头自重下落产生的冲击力，反复冲击破碎土石或把土石挤入孔壁中，用泥浆浮起钻渣，或用抽渣筒或空气吸泥机排出钻渣而形成钻孔。

（2）冲抓法　用冲抓锥靠自重产生冲击力，切入土层或破碎土层，叶瓣抓土、弃土以形成钻孔。

（3）旋转法　用钻机通过钻杆带动锥或钻头旋转切削土壤，用泥浆浮起并排出钻渣形成钻孔。

2. 钻孔灌注桩的施工工艺流程

钻孔灌注桩施工因成孔方法的不同和现场情况各异，施工工艺流程不完全相同。在施工前，要安排好施工计划，编制具体的工艺流程图，作为安排各工序施工操作和进度的依据。

当同时有几个桩位施工时，要注意相互的配合，避免干扰，并尽可能做到均衡地使用机具与劳动力，既要抓紧新钻孔的施工，也要做好已成桩的养护和质量检验工作。

钻孔灌注桩施工的主要工序为：准备场地→埋设护筒→制备泥浆→钻孔→终孔检查与孔底清底→钢筋骨架的制作、安装、入孔和固定→灌注水下混凝土钻孔桩，下面就其要点简略介绍。

（1）准备场地　钻孔前要进行准备工作，其内容包括：

1）当场地为旱地时，应清除杂物，换除软土，整平夯实。

2）当场地为陡坡时，可用枕木、型钢等搭设工作平台。

3）当场地为浅水时，宜采用筑岛施工，筑岛面积应根据钻孔方法、设备大小等要求确定。

4）当场地为深水或淤泥较厚时，可搭设工作平台。平台必须牢固稳定，能承受工作时所有静、动荷载，并考虑施工机械能安全进出。

若水流平稳、水位升降缓慢时，全部工序可在船舶或浮箱上进行，但必须锚固稳定，桩位准确；若水流速较大、但河床可以整理平顺时，可采用钢桩或钢丝网水泥薄壁浮运沉井，就位后灌水下沉至河床，然后在其顶部搭设工作平台，在其底部埋设护筒。在某些情况下，可在钢板桩围堰内搭设钻孔平台。

（2）埋设护筒　钻孔成败的关键是防止孔壁坍塌。当钻孔较深时，地下水位以下的孔壁土在静水压力下会向孔内坍塌，甚至发生流沙现象。钻孔内若能保持比地下水位高的水头，增加孔内静水压力，就能稳定孔壁、防止坍塌。护筒除起到这个作用外，同时还有隔离地表水、保护孔口地面、固定桩孔位置和起到钻头导向等作用。

制作护筒的材料有木、钢和钢筋混凝土三种。护筒要求坚固耐用，不漏水，其内径应比钻孔直径大（比旋转钻约大 200mm；比潜水钻、冲击锥或冲抓锥约大 400mm），每节长度为 2～3m。一般常用钢护筒，在陆上与深水中均能使用，当钻孔完成后，可拔出重复使用。在其底部和周围一定范围内，应夯填黏土，借助黏土压力及其隔水作用，保持护筒稳定，保护孔口地面。在深水中埋设护筒时，先打入导向架，再用锤击或振动加压沉入护筒，护筒入土深度视土质与水的流速而定。护筒平面位置的偏差不得大于 50mm，倾斜度不得大于 1%。

（3）制备泥浆　钻孔泥浆由水、黏土（膨润土）和添加剂组成，具有浮悬钻渣、冷却钻头、润滑钻具、增大静水压力，并有在孔壁形成泥膜、隔断孔内外渗流、防止坍孔的作用。调制的钻孔泥浆及经过循环净化的泥浆，应根据钻孔方法和地层情况采用不同的性能指标。泥浆稠度应视地层变化或操作要求灵活掌握。泥浆太稀，排渣能力小，护壁效果差；泥浆太稠，会削弱钻头冲击功能，降低钻进速度。

通常采用塑性指数大于 25、粒径小于 0.002mm、颗粒含量大于 50% 的黏土，通过泥浆搅料机或人工调和，储存在泥浆池内，再用泥浆泵输入钻孔内。泥浆泵应有足够的流量，以免影响钻进速度。当大直径深孔采用正循环旋转法施工时，泥浆泵应通过流量和泵压计算来选择。对孔深小于 100m 的钻孔，一般可采用不小于 2MPa 的泵压。

（4）钻孔　先测量放样，在护筒周边放出桩位中心十字线，并用红油漆标识，采用泵吸式反循环成孔工艺，利用钻机本身的动力就位。开始前应注意，桩的钻孔和开挖应在中距为 5m 内的任何桩的混凝土浇筑 24h 后才能开始，以避免干扰邻桩或钻孔过程。钻孔开钻后，要连续作业，根据钻孔和地质层合理选择钻进速度；当遇地下水时，开始向孔内注浆，孔内水头高度保证 2m 以上。钻头使用三翼圆笼钻锥，用优质泥浆护壁，桩的钻孔应保证各桩之间无影响。成孔前，应检查孔的中心位置、垂直度和泥浆指标；钻进过程中，要经常检查孔径、垂直度、泥浆指标和成孔速度，如有偏差，应及时调整，保证桩基的成孔质量。

就地灌注混凝土桩的成孔方法不胜枚举，至少也有几十种之多。常用的有以下几种：

1）正循环旋转法：利用钻具旋转切削土体钻进，泥浆泵将泥浆压进泥浆笼头，通过钻杆中心从钻头喷入钻孔内，泥浆挟带钻渣沿钻孔上升，从护筒顶部排浆孔排出至沉淀池，钻渣在此沉淀而泥浆流入泥浆池循环使用。其特点是钻进与排渣同时连续进行，在适用的土层中钻进速度较快，但需设置泥浆槽、沉淀池等，施工占地较大，且机具设备较复杂。

2）反循环旋转法：与正循环不同的是，泥浆输入钻孔内，然后从钻头的钻杆下口吸进，通过钻杆中心排出至沉淀池内。其钻进与排渣效率较高，但接长钻杆时装卸麻烦，钻渣容易堵塞管路。另外，因泥浆是从上向下流动，孔壁坍塌的可能性比正循环法大，为此需用较高质量的泥浆。

3）潜水电钻法：旋转电动机和变速装置均经密封后安装在钻头与钻杆之间，潜入水下作业。其特点是钻具简单轻便、易于搬运、噪声小，钻孔效率较高，操作条件也有所改善。但钻机在水中工作较易发生故障。

4）冲抓锥法：冲抓锥不需钻杆，钻进与提锥卸土均比推钻快。由于锥瓣下落时对土层有一股冲击力，故适用的土质较广。但该法不能钻斜孔；在钻孔深度超过20m后，其钻孔进度大为降低；当孔内遇到漂石或探头石时，冲抓较困难，需改用冲击锥钻进。

5）冲击锥法：本法适用于各类土层。实心锥适用于漂、卵石和软岩层；空心锥（管锥）适用于其他土层。在冲击锥下冲时，有些钻渣被挤入孔壁，起到加强孔壁并增加土层与桩间的侧摩阻力作用。但该法不能钻斜孔；当钻普通土层时，进度比其他方法慢；当钻大直径孔时，需采用先钻小孔逐步扩孔的办法（分级扩孔法）。

近年来，基岩钻孔技术特别是钻机的进步令人惊喜，过去只能用爆破法、高压水射流才可钻进的硬质岩层已能够采用机械钻进法，拓宽了钻孔灌注桩的应用范围。

（5）终孔检查与孔底清理　钻孔的深度、直径、位置和孔形直接关系到成桩质量与桩身曲直。为此，除了钻孔过程中密切观测监督外，在钻孔达到设计要求深度后，应对孔深、孔位、孔形及孔径等进行检查。确认满足设计要求后，填写终孔检查证。

当孔底清理后，要检查泥浆沉淀。现行规范规定：对于摩擦桩，当直径≤1.5m时，要求在灌注水下混凝土前沉渣厚度不大于300mm；当直径>1.5m，或长度>40m，或孔壁容易坍塌时，沉渣厚度不大于500mm。对于柱桩，要求沉渣厚度不大于50mm。

清孔方法视使用的钻机不同而灵活应用，通常可采用正循环旋转钻机、反循环旋转钻机、真空吸泥机以及抽渣筒等清孔。

（6）钢筋骨架的制作、安装、入孔和固定　钢筋骨架采用在场内制作，现场安装分节成形（预留接头钢筋长度），现场用起重机吊起、分节入孔的方法施工。施工中，当骨架第一节入孔后，用支撑杆固定骨架于井口中心位置，吊起另一节骨架与第一节骨架相接，接头采用电弧焊以单面焊的工艺进行焊接。几台电焊机同时进行，以缩短混凝土浇筑前焊接所占用的时间。在放置钢筋骨架前，先在孔口加设四根导向钢管，以保证钢筋骨架在吊装过程中尽量对中，不伤孔壁及控制保护层厚度；当钢筋骨架就位后，采取四点固定，以防止掉笼和混凝土浇筑时骨架上浮现象发生。支撑系统对准中线，防止钢筋骨架倾斜和移动。在钢筋骨架上焊接控制钢筋骨架与孔壁净距的护壁筋，以确保钢筋骨架在孔中的位置及保护层的厚度。钢筋骨架在孔内的高度位置用引笼拉筋固定在孔口位。

（7）灌注水下钻孔桩混凝土　采用导管直开法灌注水下钻孔桩混凝土

1）导管的形式和连接方法。导管做成直径为300~400mm，壁厚为4~6mm，中段每节长为2000mm，底节做成6000~8000mm长，剩余节段用1000mm及500mm的管节找零，导管之间采用法兰连接；吊装之前要将导管连接，并做水密性试验和接头承拉试验，保证连接紧密不漏水。入孔时，导管尽量位于孔口中央，导管底端至孔底面距离约为300mm，且导管要进行升降试验，保证不碰撞钢筋骨架。

2）灌注混凝土。在钢筋骨架入孔校正完毕、导管入孔固定后，经监理工程师验收钢筋工序及孔内沉淀层厚度、泥浆指标后，开始浇筑孔内水下混凝土。

浇筑混凝土前再次检测孔底沉淀层厚度，若大于规范要求时，应再次抽渣清孔；当混凝土拌合物运至灌注地点时，检查和易性和坍落度，符合要求后方可使用；灌注进行不得间断。在灌注首批混凝土后，导管埋入混凝土中的深度不小于 1m，随着混凝土的不断灌注，不断提开导管，始终保持导管在混凝土中的埋置深度为 4 ~ 6m，灌注的桩顶高程高出设计高程 0.5 ~ 1.0m。在灌注过程中，应经常量测孔内混凝土面层的高程，及时调整导管排泄端与混凝土表面相应位置，并始终严密监视导管在无空气和水进入的状态下填充。灌注混凝土时溢出的泥浆引流至适当地点处理，以防污染。混凝土应连续灌注，直至灌注到设计的混凝土顶面，以保证截断面以下的全部混凝土具有优良质量。

3. 钻孔灌注桩基础施工注意事项

1）当钻孔机械就位后，应对钻机及配套设备进行全面检查。

2）钻机安设必须平稳、牢固；钻架应加设斜撑或缆风绳。

3）当采用冲击钻孔时，选用的钻锥、卷扬机和钢丝绳等应配置适当；钢丝绳与钻锥用绳卡固接时，绳卡数量应与钢丝绳直径相匹配。

4）在冲击过程中，钢丝绳的松弛度应掌握适宜。正、反循环钻机及潜水钻机使用的电缆线要定期检查，接头必须绑扎牢固，确保不漏水、不漏电；对经常处于水、浆浸泡处，应架空搭设。

5）当挪移钻机时，不得挤压电缆线及风、水管路。当采用潜水钻机钻孔时，一般在完成一根钻孔桩时，要检查一次电动机的封闭状况。钻进速度应根据地质变化加以控制，以保证安全运转。

6）采用冲抓法或冲击法钻孔时，当钻头提到接近护筒底缘时，应减速、平稳提升，不得碰撞护筒和钩挂护筒底缘。

7）对钻孔使用的泥浆，宜设置泥浆净化系统，并注意防止或减少环境污染。

8）钻机停钻后必须将钻头提出孔外，置于钻架上，不得滞留孔内。

9）对于已埋设护筒但尚未开钻，或已成桩护筒尚未拔除的，应加设护筒顶盖或铺设安全网遮罩。

4. 钻孔事故及处理

常见的钻孔（包括清孔时）事故有坍孔、钻孔偏斜、掉钻落物、糊钻、扩孔与缩孔，以及出现梅花孔、卡钻、钻杆折断、钻孔漏浆等。遇到事故时，要冷静分析事故原因，及时果断地采取补救措施。

5. 挖孔灌注混凝土桩

挖孔灌注混凝土桩指用人工和小型爆破，配合简单工具挖掘成孔，灌注混凝土形成桩基，适用于无水或水较少的、较实的各类土层。桩径（或边长）不宜小于 1.2m，孔深一般不宜超过 20m。在实际施工中，挖孔桩有一定的适用范围。其特点是投资少、进度快，可多点同步作业且需要机具设备少；成孔后可直接检查孔内土质状况，基桩质量有可靠保证。对于挖孔过深（超过 15 ~ 20m），或孔壁可能坍塌及渗水量稍大等情况，应慎重选择施工工艺，增加护壁措施和通风条件，以确保施工安全。

混凝土及钢筋混凝土灌注桩是直接在施工现场装桩位上成孔，然后在孔内安放钢筋笼，浇筑混凝土成桩。按成孔的方法有泥浆护壁成孔灌注桩、干作业成孔灌注桩、爆扩成孔灌注桩及人工挖孔灌注桩等。灌注桩与预制桩相比，可节约钢材、木材和水泥，且施工工艺简单、成本低，同时可制成不同长度的桩以适应持力层的起伏变化。其缺点是施工操作要求较严，稍有疏忽容易发生缩颈、断裂等质量事故，技术间隔时间较长，不能立即承受荷载。

4.1.3 沉井基础施工

在修建负荷较大的建筑结构物时，其基础应该坐落在坚固、有足够承载力的土层上，当这类土层距地表较深、采用天然基础和桩基础受水文地质条件限制时，需用一种上、下开口就位后封闭的结构物来承受上部结构的力，这种结构物被称为沉井。沉井是基础组成部分之一，其形状大小根据工程地质状况由设计而定，通常用混凝土或钢筋混凝土制成。它一般由井壁、刃脚、隔墙、井孔、预埋冲刷管、封底混凝土和顶盖板组成。

沉井基础又称开口沉箱基础，是由开口的井筒构成的地下承重结构物，一般为深基础，适用于持力层较深或河床冲刷严重等水文地质条件，具有很高的承载力和抗震性能。这种基础由井筒、封底混凝土和顶盖等组成，其平面形状可以是圆形、矩形或圆端形，立面多为垂直边，井孔为单孔或多孔，井壁为钢筋、木筋或竹筋混凝土，甚至在钢壳中填充混凝土等建成。若为陆地基础，它在地表建造，由取土并排土以减少刃脚土的阻力，一般借自重下沉；若为水中基础，可用筑岛法或浮运法建造。在下沉过程中，若侧摩阻力过大，可采用高压射水法、泥浆套法或井壁后压气法等加速下沉。

沉井基础是一种古老而常见的深基础类型，它的刚性大、稳定性好。与桩基相比，在荷载作用下变位甚微，具有较好的抗振性能，尤其适用于对基础承载力要求较高，对基础变位敏感的桥梁，如大跨度悬索桥、拱桥和连续梁桥等。

1. 沉井基础构造

沉井是用混凝土或钢筋混凝土制成的井筒（下有刃脚，以利于下沉和封底）结构物。施工时，先按基础的外形尺寸在基础的设计位置上的制造井筒；然后在井内挖土，使井筒在自重（有时需配重）的作用下，克服土的摩阻力缓慢下沉。当第一节井筒顶下沉接近地面时，再接第二节井筒，继续挖土，如此循环往复，直至下沉到设计高程；最后浇筑封底混凝土，用混凝土或砂砾石充填井孔，在井筒顶部浇筑钢筋混凝土顶板，即成为深埋的实体基础。

沉井基础即是结构基础，又是施工时的挡土、防水围堰结构物，其埋深深度大、整体性强、稳定性好、刚大度，能承受较大的上部荷载，且施工设备和施工技术简单，节约场地，所需净空高度小。沉井可在墩位筑岛制造，井内取土靠自重下沉；也可采用辅助下沉措施，如采用泥浆润滑套、空气幕等方法，以便减小下沉时井壁摩阻力和井壁厚度等。刃脚在井壁最下端，形如刀刃，在沉井下沉时起切入土中的作用；井筒是沉井的外壁，在下沉过程中起挡土的作用，同时还需要有足够的质量，克服筒壁与土之间的摩阻力和刃脚底部的土阻力，使沉井能在自重作用下逐步下沉。

在施工沉井时，要注意均衡挖土、平稳下沉，若有倾斜则及时纠偏。

沉井种类的划分一般有三种方法，具体如下：

1）按制造情况可分为就地浇筑混凝土或钢筋混凝土下沉沉井和浮式沉井（多是钢壳井壁）。另外，还有空腔钢丝网水泥薄壁沉井、钢筋混凝土薄壁沉井。

2）按竖向剖面形状可分为柱形、锥形和阶梯形。

3）按横断面形状可分为圆形、矩形、圆端形、椭圆形和菱形。

目前国内最大的沉井尺寸为 20.2m×24.9m，深度达 53.5m，国外最大平面尺寸为 64m×75m，深度可达 70m 以上。

2. 沉井基础施工

（1）沉井制作　沉井的制作应根据沉井施工方法而确定。在沉井施工前，应详细掌握沉井入土地层及其基地岩石地质资料，并依此制定沉井下沉方案；对洪汛、凌汛、河床冲刷、通航及漂浮物等做好调查研究，并制订必要的安全、技术措施，以确保沉井下沉，避免沉井周围土体破坏范围过大。

沉井的制作分为就地制作沉井和浮式制作沉井两种。

1）就地制作沉井。在浅水或可能被水淹没的岸滩宜采用筑岛沉井；在无被水淹没可能的岸滩上可就地整平夯实制作沉井；在地下水位较低的岸滩，当土质较好时，可开挖基坑制作沉井。就地制作的沉井分为干旱滩岸沉井浇筑法和水中筑岛沉井浇筑法两种。

干旱滩岸沉井浇筑就是墩台基础位于干旱地而制作沉井，施工时沉井就地下沉。若土质松软时，应在场地平整并夯实后，在其上铺垫 300～500mm 的砂垫层，铺以垫木，垫木之间用砂填平，且不允许在垫木下垫塞木块、石块来调整顶面高程，以防压重（也称配重）后产生不均匀沉降。

模板及支撑应具有较好的刚性。内隔墙与井壁连接处的垫木应互相搭接连成整体，底模支撑应支于垫木上。

水中筑岛沉井适用于水深 3～4m、流速较小的情况。当围堰筑岛时，其岛面、平台面和坑底高程应比施工时最高水位高出 500～700mm；当有流水时，还应适当加高。底层沉井的制作包括场地平整夯实、铺设垫木、立沉井模板及支撑、钢筋焊接、浇筑混凝土等。

在支垫上立模制作沉井时，应符合下列要求：

① 支垫布置应满足设计要求及抽垫方便。

② 支垫顶面应与钢刃脚底面紧贴，使沉井重力均匀分布于各支垫上。

③ 模板及支撑应具有足够的强度和较好的刚性。内隔墙与井壁连接处支垫应连成整体；底模应支撑于支垫上，以防不均匀沉陷；外模与混凝土面贴接一侧应平直并光滑。

刃脚部分采用土模制作时，应符合下列要求：

① 刃脚部分的外模应能承受井壁混凝土的重力在刃脚斜面上产生的水平分力；土模顶面的承载力应满足设计要求，土模顶面一般宜填筑至沉井隔墙底面。

② 土模表面及刃脚底面的地面上均应铺筑一层 20～30mm 的水泥砂浆，砂浆层表面应涂隔离剂。

③ 应有良好的防水、排水设施。

由于沉井是分节制作、分节沉入土中，分节制作的高度应既能保证其稳定，又能有重力下沉。因此，底节沉井的最小高度应能抵抗拆除垫木或挖去土模（当刃脚为土模时）时的竖向挠曲强度。当挖土条件许可时应尽量高，一般情况下，每节高度不宜小于 3m，并应处理好接缝。在沉井接高时，注意各节沉井的竖向中轴线与第一节沉井重合，且外壁应竖直平整。

2）浮式制作沉井。浮式制作沉井是把沉井底节制造成空体结构，或采取其他方法使之漂浮于水中，用船拖运到设计位置；然后逐步用混凝土或水灌注，增大自重，使其在水中徐徐下沉，直达河底。这种方法适用于水深流急、筑岛困难的沉井基础。浮式制作沉井包括钢丝网水泥薄壁沉井、钢筋混凝土薄壁沉井、装配式钢筋混凝土薄壁沉井和泥浆润滑套沉井。

① 钢丝网水泥薄壁沉井：钢丝网水泥薄壁沉井由骨架、钢丝网、钢筋网和水泥砂浆等组成，并由30mm厚钢筋水泥薄壁隔成空腹壳体，入水后能浮于水中，浮运就位后向空腹壳体内灌水，使之下沉落于河床上；再逐格对称地灌注水下混凝土，从而使薄壁空腹沉井变成普通的重力式沉井。由于钢丝网均匀分布在砂浆中，增加了砂浆的内聚力和握裹力，从而提高了砂浆的抗拉强度和韧性，使钢丝网水泥薄壁具有很大的弹性和抗裂性，能抵抗一定程度的冲击。钢丝网水泥薄壁沉井具有结构薄而轻、足够的强度和刚度，节省材料、操作简单、多点平行施工作业，且施工时无须模板，可节省模板和支撑等特点。当河流宽度超过200m时，可采用半通航措施，用钢绳牵引沉井入水，因而浮运就位方法简便，设备简单。

钢丝网水泥薄壁沉井的制作程序如下：

a. 预制场地的选择。为了保证浮运沉井安全地进行水上浮运，预制场地的选择应结合水下方案综合考虑。

b. 刃脚踏面大角钢成形。成形的方法可在弯曲机上进行，也可用人工弯曲成形，但应注意掌握角钢的翘曲变形，并随时整平。

c. 沉井骨架的架设。沉井骨架是由刃脚踏面角钢、立面骨架角钢与内外箍筋焊接而成。首先是焊好刃脚踏面，其次是架设立面骨架，待其就位后，用支撑、缆绳予以临时固定，正位后即可加箍筋焊成整体沉井骨架。为了增强角钢刚度，在横隔板及横撑骨架间设置刃脚加撑骨架。

d. 铺网。铺网工作是沉井制作的关键，要求铺网平整，否则会产生波浪形甚至高低不平，造成抹灰砂浆的保护层厚薄不均，使沉井受力不利。铺网时，内、外井壁和刃脚部分同时进行。铺刃脚钢丝网时，由刃脚斜面向刃脚立面铺设；铺井壁钢丝网时，由上至下铺设，先铺内层钢丝网，其次铺纵筋，接着铺横筋，最后铺外层钢丝网。

e. 抹水泥砂浆。当铺网工作结束后，即可进行抹灰工作。抹灰所用水泥宜采用强度等级不小于42.5的普通硅酸盐水泥，砂宜采用粗砂或中砂，水泥与砂的配比为1:1.5，水灰比为0.4。抹灰时由下至上进行，先将砂浆从沉井腔内用力向外挤压，直到透过外层钢丝网为止，待砂浆初凝后再抹腔外，并将沉井外壁外缘面抹光。

② 钢筋混凝土薄壁沉井：钢筋混凝土薄壁沉井的内外井壁及隔墙均采用钢筋混凝土薄壁轻型结构，具有良好的强度和刚度，刃脚也具有足够抵抗侧土压力的强度。

③ 装配式钢筋混凝土薄壁沉井：装配式钢筋混凝土薄壁沉井是近年来采用的一种深水墩基础形式，其沉井分层依次叠装，然后浇筑水下混凝土形成井壁，最后通过抽水、清基及填心而成。其基本构件由纵贯上下的梯形导杆（四根）、每层1m的井壳（圆头两块、直线段两块）和与井壳等高的支撑梁壳（四块）装配而成。

a. 梯形导杆：断面呈工字形，外形呈梯形，设于圆头井壳与直线井壳衔接处，长度随层次而异，单元质量约1.8t。其作用是在拼装和沉放底层井壳时起支撑和承重作用；在安装其余层次时起导向和连接作用，将通过导杆分层安装的各层井壳在浇筑混凝土前连成整体。

b. 井壳：井壳分圆头和直线两种，直线段又分为底节和中节。井壳构件高为1m、宽为1.1m、内外壁厚为100mm、中间空腔为900mm，内外壁间设有横隔。井壳不仅是浇筑混凝土的模板，而且本身是井壁的组成部分。

c. 支撑梁壳：支撑梁壳与井壁等高，宽为 620mm，设有横隔，在浇筑混凝土时作为模板，而浇完混凝土后便形成支撑梁，借以加强抽水时井壁承受水压的能力。

④ 泥浆润滑套沉井：泥浆润滑套沉井是在沉井外壁与土层间设置泥浆隔离层，以减少土体与井壁的摩擦力，从而减轻沉井自重，加快下沉速度，提高下沉效率。泥浆润滑套沉井刃脚踏面宽度宜小于 100mm，以利于减少下沉的摩擦力。沉井外壁应做成单台阶形。为防止泥浆通过沉井侧壁而渗透到沉井内，对直径小于 8m 的圆形沉井，台阶位置应设在距刃脚底面 2 ~ 3m 处；对面积较大的沉井，台阶位置在底节与第二节接缝处。台阶的宽度应为泥浆套宽度，一般为 100 ~ 200mm。

（2）沉井下沉方法。沉井下沉是通过井内除土，清除刃脚正面阻力和沉井内壁阻力后，依靠沉井自重而下沉。井内除土的方式有排水开挖和不排水开挖。在稳定的土层中，当渗水量不大时，可以通过排水开挖使沉井下沉，即排除井内水后再进行开挖，使沉井下沉；在有涌水翻砂时，不宜采用排水下沉的方法，应采用不排水开挖。不排水开挖采用抓土、吸泥等方法使沉井下沉，必要时辅以压重、高压射水、降低井内水位而减小浮力，以及增加沉井的自重、泥浆润滑套等方法。

1）抽垫。抽垫是沉井的开始工作，也是整个沉井下沉工作中极为重要的工序之一。抽垫必须在沉井混凝土达到设计强度等级后方可进行。

① 抽垫应分区、依次、对称和同步地进行。

② 抽垫前应将井孔内的所有杂物清除干净，准备工作全部就绪后，方可进行抽垫。

③ 抽垫时，先挖垫木下的填砂，再抽垫木，垫木宜从外侧抽出。垫木抽出后，应回填土，开始几组可不做回填，当抽出几组垫木出现空当后，即应回填。回填材料可用砂、砂夹碎石，回填时应分层洒水夯实，每层厚度为 200 ~ 300mm，但回填料不允许从沉井内或筑岛材料中获取，以防沉井歪斜。回填高度应使最后分配到定位垫木上的质量不致压断垫木，以及垫木下土体承压应力不超过岛面极限承压应力为准，必要时可加高回填高度，甚至在隔墙下进行回填，以满足要求。

④ 抽垫时，定位垫木的位置应按设计确定。若设计无规定时，对于圆形沉井，应安排在周边上相隔 900 的四个支点上；对于矩形沉井，应对称布置在长边，每边两个，当沉井长短边之比为 $1.5 \leqslant L/B < 2$（L 为长边长，B 为短边长）时，长边两承垫间的距离为 $0.7L$，当比值 $L/B \geqslant 2$ 时，距离为 0.6L。

⑤ 当抽垫抽至垫木的 2/3 时，沉井下沉较为均匀，下沉量小，回填时间较为充分，便于较好地抽垫和回填；当继续抽垫时，下沉量逐步加大，回填也较困难，甚至出现下沉太快以至于回填时间不足，造成垫木压坏或剪断。因此，抽垫开始阶段宜缓慢进行，以便有足够时间充分回填夯实，力求尽量改变最后阶段下沉快、沉降量大、断垫现象。

2）排水开挖下沉。在稳定的土层中，当渗水量不大（每 m^2 沉井面积渗水量小于 $1m^3/h$）时，可采用排水开挖下沉。从地脉内或岛面开始挖土下沉，应将抽垫时在刃脚内侧的回填土分层挖去，其开挖顺序原则上与抽垫顺序相同，定位承垫处的土最后挖除。当一层全部挖完后，再挖第二层，如此循环往复。开挖的方法为：当土质松软时，分层挖除回填土，沉井逐渐下沉，当沉井刃脚下沉至沉井中部与土面大致平齐时，即可在中部先向下开挖 400 ~ 500mm，并向四周均匀扩挖；当距刃脚约 1m 处时，再分层挖除刃脚内侧的土台。当土质较坚实时，可从中部向下挖 400 ~ 500mm，并向四周均匀扩挖，使沉井平稳下沉。当土质坚硬时，可参见抽垫顺序分段掏空刃脚，每段掏空后随即回填砂砾，待最后几段掏空并回填后，再分层、分次序逐步挖去回填土，使沉井下沉，直到下沉至岩层。

当开挖刃脚下土体时，可采用跳槽法，即沿刃脚周长等分若干段，每段长约1m，先隔一段挖一段，然后挖去剩余的各段，最后挖定位承垫处的岩石。当开挖时，下沉速度应根据沉井大小、入土深度和地层情况而定。一般而言，平均下沉速度为0.5～10m/d。

3）不排水开挖下沉。不排水开挖时下沉的基本要求：

① 沉井内除土深度应根据土质而定，最深不应低于刃脚2m；土质特别松软时不应直接在刃脚下除土。

② 应尽量加大刃脚对土的压力。当沉井通过粉砂、细砂等松软地层时，不宜以降低沉井内水位而减少浮力的方法促使沉井下沉，而是应保持沉井内水位高于沉井外水位1～2m，以防止流沙现象的发生，引起沉井歪斜，增加吸泥工作量。

③ 除纠正沉井倾斜外，沉井内的土应由各沉井均匀清除，其土面高度差不应超过500mm。

④ 当沉井入土较深、井壁阻力较大时，应根据具体情况采取有效的下沉方法，如采取抓土、吸泥、射水交替联合作业；必要时还需辅以降低沉井内水位、增加沉井质量，或在沉井底放炮振动，或用在沉井顶压重的方法，使沉井下沉至设计高程。

不排水开挖下沉常采用抓土下沉。当单孔沉井时，抓斗挖掘井底中央部分的土形成锅底状。在砂或砾石类土体中，一般当锅底比刃脚低1～1.5m时，沉井即可靠自重下沉，并将刃脚下的土挤向中央锅底；在黏性土中，由于四周土不易向锅底坍落，应辅以高压水松土。多孔沉井时，最好在每个井孔上配置一套抓土设备，可同时均匀除土，减少抓斗倒孔时间，使沉井均匀下沉。

为了使抓斗能在沉井孔内靠边的位置抓土，在沉井顶面井孔周围预埋挂钩。当偏抓时，先将抓斗落至孔底，将钢丝绳挂在井孔周边的挂钩上进行抓土，可以达到偏抓的目的。

4）辅助下沉措施。

① 高压射水：当局部地点难以由潜水员定点、定向射水掌握操作时，在一个沉井内只可同时开动一套射水设备，并不得进行除土或其他起吊作业。射水水压应根据地层情况、沉井入土深度等因素确定，一般为1～2.5MPa。

② 抽水助沉：不排水下沉的沉井。对于易引起翻砂、涌水地层，不宜采用抽水助沉方法。

③ 压重助沉：沉井圬工尚未接高浇筑完毕时，可利用接高浇筑圬工压重助沉，也可在井壁顶部用钢铁块件或其他重物压重助沉。除为纠正沉井偏斜外，压重应均匀对称旋转。当采用压重助沉时，应结合具体情况及实际效果选用。

④ 炮震助沉：一般不宜采用炮震助沉方法。在特殊情况下必须采用时，应严格控制用药量。在井孔中央底面放置炸药起爆助沉时，可采用0.1～0.2kg炸药，具体使用应根据沉井大小、井壁厚度及炸药性能而定。同一沉井每次只能起爆一次，并应根据具体情况适当控制炮震次数。

⑤ 利用空气幕下沉。

5）沉井接高。接高上节沉井模板时，不得直接支撑于地面。接高时应均匀加重，防止沉井突然下沉和倾斜。接高后的各节沉井中轴线应为一直线。混凝土施工接缝应按设计要求布置接缝钢筋，清除浮浆并凿毛。

① 在沉井接高前，应尽量纠正倾斜，使接高各节的竖向中轴线应与前一节的中轴线相重合。

② 在水上沉井接高时，井顶露出水面不应小于1.5m；在地面上沉井接高时，井顶露出地面不应小于0.5m。

③ 在沉井接高前，不得将刃脚掏空，避免沉井倾斜。接高加重应均匀、对称地进行。

沉井下沉时，如需在沉井顶部设置防水或防土围堰，围堰底部与井顶应连接牢固，防止沉井下沉时围堰与井顶脱离。

6）沉井纠偏。

① 纠偏前应分析原因，然后采取相应措施，如有障碍物应首先排除。

② 纠正倾斜一般可采取除土、压重、顶部施加水平力或刃脚下支垫等方法进行。对空气幕沉井可采取偏侧局部压气纠偏。

③ 当纠正位移时，可先除土，使沉井底面中心向墩位设计中心倾斜；然后在对侧除土，使沉井恢复竖直，如此反复进行，使沉井逐步移近设计中心。

④ 当纠正扭转时，可在一对角线两角除土，在另外两角填土，借助于刃脚下不相等的土压力所形成的扭矩，可使沉井在下沉过程中逐步纠正其扭转角度。

7）沉井清基和封底。

① 沉井清基。沉井清基指沉井下沉到位后，清除基底的松散土层及杂质，以保证封底混凝土直接支撑在持力土层上。

a. 当沉井下沉至设计高程后，基底面地质应符合设计要求，如有不符需做处理时，应征得设计单位同意，必要时取样鉴定。

b. 清理后的基底面与隔墙底面的高度及刃脚斜面露出的高度，必须满足设计要求的最小高度。

c. 基底浮泥或岩面残存物均应清除，使封底混凝土与基底间不产生有害夹层。

d. 隔墙底部及封底混凝土高度范围内井壁上的泥污应予以清除。

② 沉井清基方法。沉井清基的方法有排水清基和不排水清基。排水清基时，施工人员可进入井底施工，比较简单，主要问题是防止沉井在清基时倾斜和处理从刃脚下涌入井内的流沙等。不排水清基可采用高压射水将刃脚及隔墙下的土破坏，然后用吸泥机或抓泥斗除渣。高压射水一般使用直径为75～86mm的钢管，下端配有单孔锥型射水嘴，出水孔直径为13～20mm。当沉井沉至设计高程后，应检验基底的地质情况是否与设计相符。排水下沉时可直接检验、处理；不排水下沉时应进行水下检验、处理，必要时取样鉴定。

③ 封底。当基底检验合格后，应及时封底。对于排水下沉的沉井，在清基时，如渗水量上升速度小于或等于6mm/min，可按普通混凝土浇筑方法进行封底；若渗水量大于6mm/min时，宜采用水下混凝土进行封底。当井内可以抖冰时，沉井封底按一般混凝土施工；不能抖冰时，采用导管法灌注水下混凝土。

用刚性导管法进行水下混凝土封底时，应满足如下要求：

a. 混凝土材料可参照钻孔灌注桩水下混凝土有关规定，混凝土的坍落度宜为150～200mm。

b. 灌注封底水下混凝土时，需要的导管间隔及根数，应根据导管作用半径及封底面积确定。

c. 用多根导管灌注时的顺序应进行设计，防止发生混凝土夹层。若同时浇筑，当基底不平时，应逐步使混凝土保持大致相同的高程。

d. 每根导管开始灌注时所用的混凝土坍落度宜采用下限，首批混凝土需要量应通过计算确定。

e. 在灌注过程中，导管应随混凝土面升高而徐徐提升，导管埋深应与导管内混凝土下落深度相适应，一般不宜小于表 4-1 中的规定。当用多根导管灌注时，导管最小埋深不宜小于表 4-2 中的规定。

表 4-1　不同灌注深度导管的最小埋深

灌注深度/m	≤10	10~15	15~20	≥20
导管的最小埋深/m	0.6~0.8	1.1	1.3	1.5

表 4-2　导管不同间距的最小埋深

导管间距/m	≤5	6	7	8
导管最小埋深/m	0.6~0.9	0.9~1.2	1.2~1.4	1.3~1.6

f. 在灌注过程中，应注意混凝土的堆高和扩展情况，正确地调整坍落度和导管埋深，使每盘混凝土灌注后形成适宜的堆高，不大于 1∶5 的流动坡度。抽拔导管时应注意不让人进入导管。混凝土面的最终灌注高度应比设计值高出不小于 150mm，待灌注混凝土强度达到设计要求后，再抽水凿除表面松弱层。对沉井封底，若为水下压浆混凝土时，应按设计要求施工。

8）沉井基础的质量。沉井基础的质量应符合下列规定：

① 混凝土的强度应符合设计要求。

② 沉井刃脚底面高程应符合设计要求。

③ 底面、顶面中心与设计中心的偏差应符合设计要求，当设计无要求时，其纵、横方向允许偏差为沉井高度的 1/50（包括因倾斜而产生的位移）。对于浮式沉井，允许偏差值增加 250mm。

④ 沉井的最大倾斜度为 1/50。

⑤ 矩形、圆端形沉井的平面扭转角偏差，就地制作的沉井不得大于 10°，浮式沉井不得大于 20°。

沉井制作的允许偏差见表 4-3。

表 4-3　沉井制作的允许偏差

项　目		允许偏差
沉井平面尺寸	长度、宽度	±0.5%，当长、宽大于 24m 时为 ±120mm
	曲线部分的半径	±0.5%，当半径大于 12m 时为 ±60mm
	两对角线的差异	对角线长度的 ±1%，最大为 ±180mm
沉井井壁厚度	混凝土、片石混凝土	$^{+40}_{-30}$mm
	钢筋混凝土	±15mm

注：1. 对于钢沉井及结构、拼装等方面有特殊要求的沉井，其平面尺寸允许偏差值应按照设计要求确定；
2. 井壁的表面要平滑而不外凸，且不得向外倾斜。

4.2　桥梁墩、台及盖梁施工

4.2.1　墩、台身施工

1. 整体式墩、台身的施工要点

（1）混凝土及钢筋混凝土墩、台身的施工要求　混凝土墩、台身的施工要点如下：

1）墩、台身施工前，应在基础顶面放出墩、台身中线和墩、台身内、外轮廓线的准确位置。

2）现浇混凝土墩、台身钢筋的绑扎应和混凝土的灌注配合进行。在配置垂直方向的钢筋时，应有不同的长度，以使同一断面上的钢筋接头符合 JTG/T F50—2011《公路桥涵施工技术规范》和其他现行技术规范的有关规定。水平钢筋的接头也应内外、上下互相错开。

3）混凝土的浇筑速度应与模板支撑的稳定性相匹配。

4）当墩、台身的截面面积不大时，混凝土应连续一次浇筑完成，以保证其整体性；当墩、台身的截面面积过大时，则应分段、分块浇筑，但分层面浇筑后须进行预埋接茬钢筋衔接处理。

5）在混凝土浇筑过程中，应随时观察所设置的预埋螺栓、预埋支座的位置是否移动，若发现移位应及时校正；浇筑过程中还应注意模板、支架情况，如有变形或沉陷应立即校对并加固。

6）对于高大的桥台，若台身后仰、本身自重力偏心较大，为平衡台身，施工时应在填筑台身四周路堤土方的同时砌筑或浇筑台身，防止桥台后倾或向前滑移。对于未经填土的台身，施工高度一般不宜超过 4m，以免偏心引起基底不均匀沉陷。

7）V 形、Y 形和 X 形桥墩的施工方法与桥梁结构体系有着密切的关系，通常把这种桥梁划为 V 形墩结构、锚跨结构和挂孔部分三个施工阶段。其中 V 形墩是全桥施工重点，它由两个斜腿和其顶部主梁组成倒三角形结构。

（2）片石混凝土或片石混凝土砌体墩、台身的施工要点　在浇筑实体墩、台身和厚大无筋或稀配筋的墩、台身混凝土时，为节约水泥，可采用片石混凝土或混凝土砌体。

1）当采用片石混凝土时，混凝土中允许填充粒径大于 150mm 的石块（片石或大卵石），并应遵守下列规定：

① 填充石块的数量不宜超过混凝土结构体积的 25%。

② 应选用无裂纹、夹层和未煅烧过的并具有抗冻性的石块。

③ 石块的抗压强度应符合《公路桥涵施工技术规范》的有关规定，与对碎石、卵石的要求相同。

④ 石块在使用前应仔细清扫，并用水冲洗干净。

⑤ 石块应埋人新灌注的捣实的混凝土中一半左右。受拉区混凝土不宜埋放石块；当温度低于 0℃时，应停埋石块。

⑥ 石块应在混凝土中分布均匀，两石块间的净距不应小于 100mm，以便捣实其间的混凝土。石块与表面（包括侧面与顶面）的距离不得小于 150mm，具有抗冻要求的表面不得小于 300mm，并不得与钢筋接触和碰撞预埋件。

2）当采用片石混凝土砌体时，石块含量可增加到砌体体积的 50%~60%，石块净距可减为 40 ~ 60mm，其他要求与片石混凝土相同。

2. 装配式桥墩的施工要点

装配式桥墩主要采用拼装法施工，它适用于预应力混凝土、钢筋混凝土薄壁墩及薄壁空心墩或轻型桥墩。拼装式桥墩主要由就地浇筑实体部分墩身和基础及拼装部分墩身组成。实体部分墩身和基础采用就地现浇施工时，应考虑其与拼装部分的连接、抵御洪水和漂流物的冲击、锚固预应力筋、调节拼装墩身的高度等问题。

拼配部分墩身由基本构件、隔板、顶板和顶帽组成，在工厂制作，运到桥位处拼装成桥墩。拼配部分墩身的分块要根据桥墩的结构形式、吊装、起重工具和运输能力决定；要尽可能使分块大、接缝小，按照设计要求定型生产为宜。加工制作出来的拼装块件要质量可靠、尺寸准确、内外壁表面粗糙度高。拼装要根据施工现场的地形、水文、运输条件，以及墩的高度、起吊设备等具体情况拟定施工细则，认真组织实施。确定拼装方法时，应注意预埋件的位置，接缝处理要牢固密实，预留孔道要畅通。

预应力混凝土空心墩的主要施工工艺流程为：

1）浇筑桥墩基础。

2）浇筑实体墩身（包括预埋锚固件和连接件）。

3）安装预制的墩身块件，包括以下内容：①预制构件分块；②模板制作及安装（在工厂进行）；③制孔（在工厂进行）；④预制构件浇筑（在工厂进行）；⑤预制构件运输至桥位；⑥安装墩身预制块件。

4）施加预应力。

5）孔道压浆。

6）封锚。

3. 高桥墩的施工要点

随着交通业的不断发展和公路等级的不断提高，新桥型不断推出，高强度混凝土的推广应用，使高桥墩（塔）也不断出现。随着桥墩高度的增加，其施工难度及技术要求也相应增大和提高。目前比较成熟的施工方法有提升模板法、滑动模板法及预制吊装法等方法，目前比较成熟的施工工艺有滑模法、翻模法和爬模法。

（1）提升模板法

1）单面整体提升模板法。单面整体提升模板可分为拼装式模板和自制式模板。索塔施工时，应分节段支模和浇筑混凝土，每节段的高度应视索塔尺寸、模板数量和混凝土浇筑能力而定，一般宜为 3 ~ 6m。用手拉葫芦或起重机吊起大块模板，安装好第一节段模板。在浇筑第一节段混凝土时，应在塔身内预埋螺栓，以支撑第二节段模板和安装脚手架。

2）翻模法。这种模板系统依靠混凝土对模板的黏着力自成体系，且制造简单、构件种类少，模板的大小可根据施工能力灵活选用，混凝土接缝较易处理，施工速度快。但模板本身不能提升，要依靠塔式起重机等起重设备提升。施工程序为先安装第一层模板（接缝节 + 标准节 + 接缝节），浇筑混凝土，完成一个基本节段的施工；以已浇混凝土为依托，拆除最下一层的接缝节和标准节（顶节接缝节不拆），向上提升，将标准节接于第一层的顶节接缝节上，并将拆下的接缝节立于标准节上，安装对拉螺杆和内撑。

3）爬模法。爬模按提升设备不同可分为手拉葫芦手动爬模、电动爬架拆翻模和液压爬升模。

① 手拉葫芦手动爬模：此种装置一般由钢模、提升架及脚手架三部分组成，其中模板由背模、前模及左、右侧模组成。其施工要点是：利用提升架上的起重设备，拆除下一节钢模，将其安装到上一节钢模上，浇筑上节钢模内的混凝土并养生；同时绑扎待浇筑节段的钢筋，待混凝土达到规定强度后，用手拉葫芦将提升架沿背模轨向上提升（手拉葫芦的数量、起重量的选择一定要依据可提升物的重量等考虑足够的安全系数，并考虑做保险链），再拆除最下节钢模。如此循环操作，全部施工设备随塔柱的升高而升高。

② 电动爬架拆翻模：此种装置由模架、模板、电动提升系统和支撑系统四部分组成。其施工步骤为模架爬升、模板拆除、钢筋安装和混凝土施工。

③ 液压爬升模：此种装置由模板系统、网架主工作平台及液压提升系统等组成。当一个节段的混凝土已浇筑并达到规定强度后，即可进行模板的爬升。先将上爬架的四个支腿（爬靴）收紧以缩小外廓尺寸，然后操作液压控制台开关，两顶升油缸活塞杆支撑在下爬架上，两缸体同时向上顶升，并通过上爬架、外套架带动整个爬模向上爬升。待行程达到要求的高度时，停止爬升，调节专门杆件，伸出四个支腿，并使就位爬靴支撑在爬升支架上；然后操纵液压控制台，使活塞杆收回，带动下爬架、内套架上升就位，并把下爬架支腿支撑好。当爬升就位后，拆下一节模板，同时绑扎钢筋，并将拆下的模板立在上一节模板顶部，再进行下一个节段的施工。

（2）滑动模板法。

1）基本原理。滑动模板法指将模板悬挂在工作平台的围圈上，沿着所施工的混凝土结构断面的周界组拼装配，并随着混凝土的灌注由千斤顶带动向上滑升。

2）基本构造。滑动模板的构造由于桥墩类型、提升工具类型的不同而稍有差异，但其主要部件与功能则大致相同，主要由工作平台、内外模板、混凝土平台、工作吊篮和提升设备等组成。

3）提升工艺。包括螺旋千斤顶提升工艺和液压千斤顶提升工艺。

4）施工工序要点。

① 滑动模板的组装。

a. 在基础顶面搭枕木垛，定出桥墩中心线。

b. 在枕木垛上先安装内钢环并准确定位，再依次安装辐射梁、外钢环、立柱、顶杆、千斤顶及模板等。

c. 提升整个装置，撤去枕木垛，再将模板落下就位，随后安装其余的设施。内、外吊架待模板滑至一定高度时，及时安装。模板在安装前，表面需涂润滑剂，以减小滑升时的摩擦阻力。当组装完毕后，必须按设计要求及组装质量标准进行全面检查，并及时纠正偏差。

② 浇筑混凝土。滑动模板适宜浇筑低流动性或半干硬性混凝土，浇筑时应分层、分段地对称进行，分层厚度以200~300mm为宜，浇筑后混凝土表面与模板上缘宜有100~150mm的距离；当混凝土入模时，要均匀分布，应采用插入式振动器捣固。振捣时，应避免触及钢筋模板，振动器插入一层混凝土的深度不得超过50mm。脱模时，混凝土的强度应为0.2~0.5MPa，以防其在自重作用下坍塌变形，为此可根据温度、水泥标号，经试验后掺入一定量的早强剂；在脱模后8h左右开始养生，用吊在下吊架上的、环绕墩身的带小孔的水管来进行。养生水管一般设在距模板下缘1.8~2.0m处效果较好。

③ 提升与收坡。整个桥墩的浇筑过程可分为初次滑升、正常滑升和末次滑升三个阶段。

从开始浇筑混凝土到模板首次试升为初次滑升阶段，初浇混凝土的高度一般为600～700mm，分3次浇筑，在底层混凝土强达到0.2～0.4MPa时即可试升。将所有千斤顶同时缓慢提升50mm，以观察底层混凝土的凝固情况。现场鉴定时，可用手指按刚脱模的混凝土表面，基础按不动但留有指痕，砂浆不沾手，用指甲划过有痕，滑升时能听到“沙沙”的摩擦声，表明混凝土已具备0.2～0.4MPa的脱模强度，可以开始再缓慢提升200mm左右。初升后全面检查设备，即可进入正常滑升阶段，即每浇筑一层混凝土，滑模提升一次，使每次浇筑的厚高与每次提升的高度基本一致。在正常温度条件下，提升时间不宜超过1h。末次滑升阶段是混凝土已经浇筑到需要高度，不再继续浇筑，但模板尚需继续滑升的阶段。浇筑完最后一层混凝土后，每隔1～2h将模板提升50～100mm，滑动2～3次后即可避免混凝土与模板胶合。滑模提升时应做到垂直、均衡一致，顶架间高度差不大于20mm，顶架模梁水平高度差不大于5mm。并要求三班连续作业，不得随意停工。

④ 接长顶杆、绑扎钢筋。当模板每提升至一定高度后，就需要穿插进行顶杆、绑扎钢筋等工作。为了不影响提升的时间，钢筋接头均应事先配好，并注意将接头错开。对预埋件及预埋的接头钢筋，当滑模抽离后，要及时清理，使之外露。

⑤ 混凝土停工后的处理。在整个施工过程中，由于工序的改变或发生意外事故，使混凝土的浇筑工作停止较长的时间，即需要进行停工处理。例如，每隔半小时左右稍微提升模板一次，以免黏结；停工时，在混凝土表面要插入短钢筋等，以加强新老混凝土的黏结；复工时还需要将混凝土表面凿毛，并用水冲走残渣，湿润混凝土表面，浇筑一层厚度为20～30mm的1∶1水泥砂浆，然后再浇筑原配合比的混凝土，继续滑模施工。

4.2.2 盖梁施工

1. 墩、台帽施工

墩、台帽是支撑上部结构的重要部分，其位置、尺寸和高程的准确度要求较严，当墩、台身混凝土浇筑至墩、台帽下约300～500mm处就应停止浇筑，此时需测出墩、台帽纵横中心轴线，并开始安装墩、台帽模板，安装锚栓孔或安装预埋支座垫板及绑扎钢筋等。

（1）放样　墩、台帽放样时，应注意不要以基础中心线作为墩、台帽背墙线。模板安装好后，在浇筑混凝土前应再次复核，以确保墩、台帽中心和支座垫石等位置、方向和高程不出差错。

（2）模板

1）混凝土和钢筋混凝土墩、台帽模板。混凝土墩、台帽背墙模板应特别注意纵向支撑或拉条的刚度，防止浇筑混凝土时发生鼓肚，侵占梁端空隙。

2）桩柱墩帽模板。桩柱墩帽也称盖梁，除装配式的以外，需要现场立模浇筑。盖梁圬工体积小，有条件利用钢筋混凝土桩柱本身作模板支撑。其方法是用两根木梁将整排柱用螺栓相对夹紧，上铺横梁，横梁间衬以方木调节间距；也可用螺栓隔桩柱成对夹紧，在横梁上直接安装底模板。两侧模板借助于横梁、上拉杆和一对三角撑所组成的方框架来固定。所有框架、禅眼及角撑均预先制好，安装时只用木楔楔紧框构四周，就能迅速而正确地使模板定位。

（3）钢筋网、预埋件、预留孔等的安装

1）钢筋网的安装。梁桥墩、台帽支座处一般均布设1～3层钢筋网。当墩、台帽为素混凝土或虽为配筋混凝土但钢筋网未设置架立钢筋时，施工时应根据各层钢筋网的高度安排墩、台帽混凝土的浇筑程序。为了保证各层钢筋网位置正确，应在两侧板上画线，并加设钢筋网的架立钢筋和定位钢筋，以免振捣混凝土时钢筋网发生位移。

2）墩、台的预埋件的种类。墩、台的预埋件包括支座预埋件，防振锚栓，装配式墩、台帽的吊环，供运营阶段使用的扶手、检查平台和护栏等，供观测用的标尺和防振挡块的预埋钢筋。支座预埋件包括平面钢板支座的下锚栓及下垫板，切线式支座的下锚栓及垫板，摆柱式支座的锚栓及垫板和盆式橡胶支座的固定锚栓。

预埋件的施工应注意下述几点：

① 为保证预埋件位置准确，应对预埋件采取固定措施，以免振捣混凝土时发生移动。

② 预埋件下面及附近的混凝土应注意振捣密实，对具有角钢筋的预埋件尤应注意加强捣实。

③ 预埋件在墩、台帽上的外露部分要有明显标识，浇至顶层混凝土时，要注意外露部分尺寸准确。

④ 在已埋入墩、台帽内的预埋件上施焊时，应尽量采用细焊条、小电流、分层施焊，以免烧伤混凝土。

3）预留孔的安装。墩、台帽上的预留锚栓孔须在安装墩、台帽模板时安装好锚栓预留孔模板，在绑扎钢筋时，注意将预留孔位置留出。预留孔应该下大上小，其模板可采用拼装式。安装模板时，顶面可比支座垫石顶面低约5mm，以便与垫石顶面抹平。安装带变钩的锚栓模板时，应考虑钩的方向。为便于安装锚栓后灌实锚栓孔，可在每一锚栓孔模板的外侧三角木块部分预留进浆槽。

2. 附属工程施工

（1）桥台冀墙、锥坡施工要点

1）翼墙、锥体护坡（简称锥坡）的作用和构造。翼墙、锥坡是用来连接桥台和路堤的防护建筑物，它的作用是稳固路堤，防止水流冲刷。设翼墙的桥台称为八字形桥台，翼墙设于桥台两侧，在平面上形成八字；立面上为一变高度的直线墙，其坡度变化与台后路堤边坡的坡度相适应；翼墙的竖直断面为梯形，翼墙顶设帽石；翼墙一般为浆砌片石或浆砌块石结构。根据地基情况，翼墙基础采用浆砌片石或片石混凝土。

锥坡一般为椭圆形曲线，锥体坡面沿长轴方向与路基边坡相同，一般为1∶1.5，沿短轴方向为1∶1，锥体坡顶与路基外侧边沿同高。当台后填土高度大于6m、路堤边坡采用变坡时，锥坡也应做相应变坡处理以相配合。

锥坡内部用砂土或卵砾石填筑夯实，表面用片石干砌或浆砌，一般砌筑厚度为200～350mm。坡脚以下根据地基情况及流速大小设置基础，或将坡脚伸入地面以下一段，并适当加厚趾部。

在受水流冲刷影响的地方，锥体可以考虑采用铺盖草皮或干砌片石网格代替满铺的片石铺砌，也可以将锥坡的下段用片石满铺，但上段铺草皮，以节约圬工数量。

2）锥坡施工要点。

① 锥体填土应按设计高程及坡度填足，砌筑片石厚度不够时再将土挖去，不允许填土不足，临时边砌石边补填土。当锥坡拉线放样时，坡顶应预先放高约20～40mm，使锥坡随锥体填土沉降后，坡度仍符合设计规定。

② 砌石时，放样拉线要张紧，表面要平顺，锥坡片石背后应按规定做碎石倒滤层，防

止锥体土方被水浸蚀变形。

③ 锥坡与路肩或地面的连接必须平顺，以利排水，避免砌体背后冲刷或渗透，导致坍塌。

④ 在大孔土地区，应检查锥坡基底及其附近有无陷穴，并彻底进行处理，保证锥坡稳定。

⑤ 对于干砌片石锥坡，当用小石子砂浆勾缝时，应尽可能在片石护坡砌筑完成后间隔一段时间，待锥体基础稳定后再进行勾缝，以减少灰缝开裂。

⑥ 锥体填土应分层夯实，填料一般以黏土为宜。锥坡填土应与台背填土同时进行，并应按设计宽度一次填足。

（2）台后填土要求

1）台后填土应与桥台砌筑协调进行。填土应尽量选用渗水土，如黏土含量较少的砂质土。土的含水量要适量，在北方冰冻地区要防止冰胀。如遇软土地基，为增大土的抗力，台后适当长度内的填土可采用石灰土（掺5%石灰）。

2）填土应分层夯实，每层松土厚200~300mm，一般应夯2~3遍，夯实后的厚度为150~200mm，使密实度达到85%~90%（拱桥要求达到90%~98%），并做密实度测定。当靠近台背处的填土打夯较困难时，可用木棍、拍板打紧捣实，与路堤搭接处宜挖成台阶形。

3）石砌圬工桥台台背与土的接触面应涂抹沥青或用石灰三合土、水泥砂浆胶泥做不透水层，作为台后防水处理。

4）拱桥台后填土必须与拱圈施工的程序相配合，使拱的推力与台后土侧压力保持一定的平衡。

一般要求拱桥台背填土可在主拱圈安装或砌筑以前完成。梁式桥的轻型桥台台后填土应在桥面完成后在两侧平衡地进行。

5）台背填土顺路线方向的长度一般应自台身起，底面不小于桥台高度加2m，顶面不小于2m；拱桥台背填土长度一般不应小于台高的3~4倍。

（3）台后搭板的施工要点

1）设置搭板是解决台后错台跳车的重要工程措施，其效果与搭板之下的路堤压缩程度和搭板长度有密切关系。日本高速公路规定，使用期内台后错台高度须小于20mm。

2）桥头搭板应设置一个较大的纵坡 i_2，若路线纵坡为 i_1，则搭板纵坡应符合 $i_2 - i_1 =$ 10%~15%，以保证在台后长度方向上的沉降分布较均匀，并逐渐减小。搭板的末端顶面应与路基顶面平齐，搭板前端顶面应留有路面面层的厚度。

3）台后填土应严格遵守压实要求。应先清理基坑使其尺寸符合要求，然后进行基底压实，如使用压路机困难可用小型手推式电动振动打夯机压实，并用环刀法测定压实度。在基底之上填筑并压实岩渣，其最大粒径应小于120mm，含泥量应小于8%，压实后的干密度应不小于20MPa；当达到规定高程后，便可填筑并压实二灰碎石，一般可用120~150kN压路机压实，每层碾6~8遍。对于边角部位，可用小型打夯机补压。在填压达到搭板顶部的高程，压实或通行车辆一段时间后，再挖开浇筑搭板和枕梁。分层压实的厚度一般不大于200mm。

4）当进行上述填筑台后路堤材料有困难时，至少应选用透水性良好的砂性土，或掺用40%~70%的砂石料，分层厚度为200~300mm，压实度不小于95%。靠近后墙的部位（1.5m宽）可用小型打夯机，也可填筑块片石及级配砂砾石，用振捣器振实。当用透水性材料填筑时，应以干容重控制施工质量。

5）填筑台背前，应在土基上或某一合适高度设置排水管或盲沟，并注意将排水管及盲沟引出路基之外。

6）钢筋混凝土箱形通道的搭板可水平设置，但其上应留出路面面层的厚度。路堤填筑的施工要求与台后搭板相同。

（4）台后排水盲沟的施工

1）当地下水较小时，排水盲沟用片石、碎石或卵石等透水材料砌筑，并按坡度设置。沟底用黏土夯实，盲沟应建在下游方向，出口处应高出一般水位0.2m。对于平时无水的干河沟，盲沟出口处应高出地面0.3m。

2）当桥台在挖方内、横向无法排水时，排水盲沟可在下游方向的锥体填地内折向桥台前端排水，在平面上成L形。

3）盲沟施工时应注意的事项：①盲沟所用各类填料应洁净、无杂质，含泥量应不大于2%；②各层的填料要求层次分明，填筑密实；③盲沟应分段施工，当日下管、填料一次完成；④盲沟滤管一般采用无砂混凝土管或有孔混凝土管，也可用短节混凝土管代替。但应在接头处留10~20mm的间隙，供地下水渗入；⑤盲沟滤管基底应用混凝土浇筑，并与滤管密贴；纵坡应均匀，无反向坡；管节应逐节检查，否则不得使用。

3. 支座安设

桥梁上使用较多的是橡胶支座，包括板式橡胶支座、聚四氟乙烯橡胶支座和盆式橡胶支座三种。前两种用于反力较小的中小跨径桥梁，后一种用于反力较大的大跨径桥梁。

（1）板式橡胶支座的安设　板式橡胶支座在安装前的全面检查和力学性能检验包括支座长、宽、厚、硬度（邵氏）、容许荷载、容许最大温差以及外观等，如不符合设计要求，不得使用。如设计未规定，其力学性能可参考下列数值：硬度HRC=55~60；压缩弹性模量$E=6\times10^2$MPa；允许压应力$[\sigma]=10$MPa；剪切弹性模量$G=1.5$MPa；允许切角$\tan\gamma=0.2\sim0.3$。支座中心尽可能对准梁的计算支点，必须使整个橡胶支座的承压面上受力均匀。为此，应注意以下几点：

1）安装前应将墩、台支座支垫处和梁底面清洗干净，去除油垢，用水灰比不大于0.5的1∶3水泥砂浆仔细抹平，使其顶面高程符合设计要求。

2）支座的安装尽可能安排在接近年平均温度的季节里进行，以减少由于温差过大而引起的剪切变形。

3）当安放梁、板时，必须细致稳妥，使梁、板就位准确且与支座密贴，勿使支座产生剪切变形。就位不准时，必须吊起重放，不得用撬杠移动梁、板。

4）当墩、台两端高程不同、顺桥向或横桥向有坡度时，支座安装必须严格按设计规定办理。

5）支座周围应设水坡，防止积水，并注意及时清除支座附近的尘土、油脂与污垢等。特别值得一提的是，在目前板梁支座施工中常见支座淘空现象。出现支座淘空的原因有：①板梁底与墩帽不在同一个平面上；②板梁在预制时其四角不在同一平面内。

其处理方法主要是采用垫钢板，并对此作重点检查。

（2）盆式橡胶支座的安设　盆式橡胶支座的顶、底面积大，支座下埋设在桥墩顶的网垫板面积也较大，钢板的滑动面和密封在钢盆内的橡胶垫块都不能有污物和损伤，否则容易降低其使用寿命，增大摩擦因数。盆式橡胶支座各部件组装应满足的要求：在支座底面和顶面（埋置于墩顶和梁底面）的钢垫板必须埋置密实，垫板与支座间平整密贴，支座四周不得有0.3mm以上的缝隙；支座中线、水平位置偏差不大于2mm；活动支座的聚四氟乙烯板和不锈钢板不得有刮伤、撞伤；氯丁橡胶板块密封在钢盆内，安装时应排除空气、保持密封；支座组拼要保持清洁。

施工时应注意下列事项：

1）安装前，应将支座的各相对滑移面和其他部分用丙酮或酒精擦拭干净。

2）支座顶面和底面可用焊接或锚固螺栓连接在梁体底面和墩台顶面的预埋钢板上；当采用焊接时，应防止烧坏混凝土；当安装锚固螺栓时，其外露螺杆的长度不得大于螺母的厚度；上、下支座的安装顺序为先将上支座板固定在大梁上，然后确定底盆在墩台的位置，最后予以固定。

3）安装支座的高程应符合设计要求，平面纵、横两个方向应水平，支座承压小于或等于5000kN时，其四角高度差不得大于1mm；当支座承压大于5000kN时，其四角高差不得大于2mm。

4）当安装固定支座时，其上、下各个部件纵轴线必须对正；当安装纵向活动支座时，上、下各部件纵轴线必须对正，横轴线应根据安装时的温度与年平均的最高、最低温差，由计算确定其错位距离。支座上、下导向挡块必须平行，最大偏差的交叉角不得大于5°。

（3）其他支座的安设　对于跨径小（10m左右）的钢筋混凝土梁、板，可采用卷材、石棉垫或铅板支座。当安设这类支座时，应先检查墩台支撑面的平整度和横向坡度是否符合设计要求，否则应修凿平整，并以水泥砂浆抹平，再铺垫卷材、石棉垫或铅板。在梁板就位后，梁板与支撑间不得有空隙和翘动现象，否则将发生局部应力集中的现象，使梁、板受损，也不利于梁、板的伸缩与滑动。

4.3 预制混凝土简支梁桥施工

4.3.1 预制混凝土简支梁桥的施工特点

预制装配法是目前中、小跨径桥梁常用的施工方法，它是在桥梁工地附近的预制场或专门的构件预制厂内生产梁体构件，待桥梁墩、台施工完成后，将预制梁运到桥位处，起吊安装并连接成整体上部结构的施工方法。这种方法有以下特点：

1）桥梁上、下部结构可以平行施工，加快施工进度，缩短工期。

2）预制构件便于工厂化批量生产，质量容易控制，成本相对较低。

3）需要专门的预制场地和大型的起重、运输设备。

4）构件之间存在拼装接缝，结构整体性相对较差。

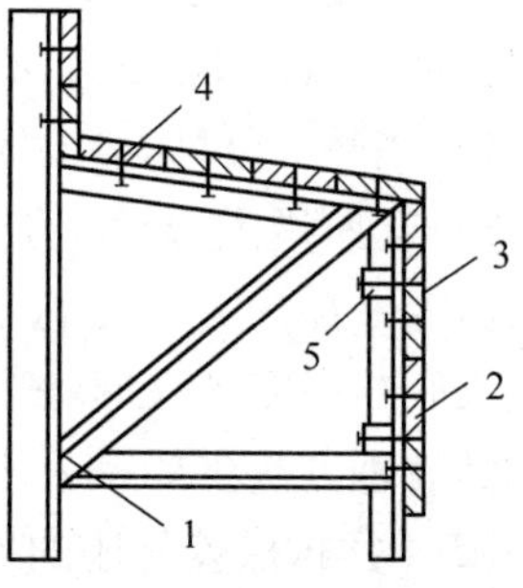

图4-9　钢木组合模板

1—角钢框架　2—木模板　3—铁皮镶面　4—紧固螺栓　5—振动木

4.3.2 预制钢筋混凝土简支梁的制作工艺

预制的钢筋混凝土简支梁多为中、小跨径的空心板和T形梁等形式，目前多采用标准跨径的定型设计。

预制梁的模板常采用钢模板和钢木组合模板（见图4-9）

以及充气橡胶芯模。木模板常用于没有定型设计的构件或小跨径预制梁，有时为了节约钢材和木材，也可因地制宜利用土模或砖模来制梁。

一般情况下，预制梁的模板有底模、侧模和端模，空心板和箱形梁还需有内模。底模支撑在预制场地的台座上，常用 12～16mm 厚钢板制成。在预制过程中，底模不必拆除，只需在下次周转使用前进行整平和校正。底模在构造上应设置与侧模、端模以及底模接长的连接构件，此外底模与台座之间应设置减振胶垫。侧模沿梁长置于梁体两侧，由侧板、水平加劲肋、竖向加劲肋、斜撑等构件组成，模板常选用 4～8mm 厚的钢板。侧模可采用整体式模板或大模板拼装，考虑起吊重量和简化构造，单元长度为 4～8m，可在横隔梁处分隔。侧模板在构造上应考虑安置侧模振捣器，同时加强连接构造并设置拆卸模板的装置。端模设置在梁的两端，与底模、侧模连接，用于形成两端形状，常用 4～8mm 厚的钢板加工而成。

空心板预制应考虑内模的立模和拆装方便、不易损坏，可重复利用。内模也可采用木模或钢模，但其构造较为复杂。目前多使用充气橡胶芯模，具有施工方便、容易拆除的优点，其缺点是芯模容易上浮和偏位，甚至漏气。橡胶芯模所充气压的大小与芯模直径、新浇混凝土压力及温度等因素有关。浇筑混凝土时，为防止芯模上浮和偏位，应用定位箍筋、压块等加以固定，浇筑过程中经常观察芯模是否漏气，发现问题及时采取补救措施。

芯模放气时间与温度有关，应根据施工经验或通过试验确定。此外，内模还可以采用不抽拔的芯模，如混凝土管、纸管和钢丝网管等。

4.3.3　先张法预应力混凝土简支梁的制作工艺

先张法制梁工艺如图 4-10 所示。它是在浇筑混凝土之前先进行预应力筋的张拉，并将其临时锚固在张拉台座上，然后立模浇筑混凝土，待混凝土达到规定强度（不得低于设计强度的 70%）时，逐渐将预应力筋放松，利用预应力筋的弹性回缩及其与混凝土之间的黏结作用，使构件获得预应力。一般用于直线布筋的中小型构件。

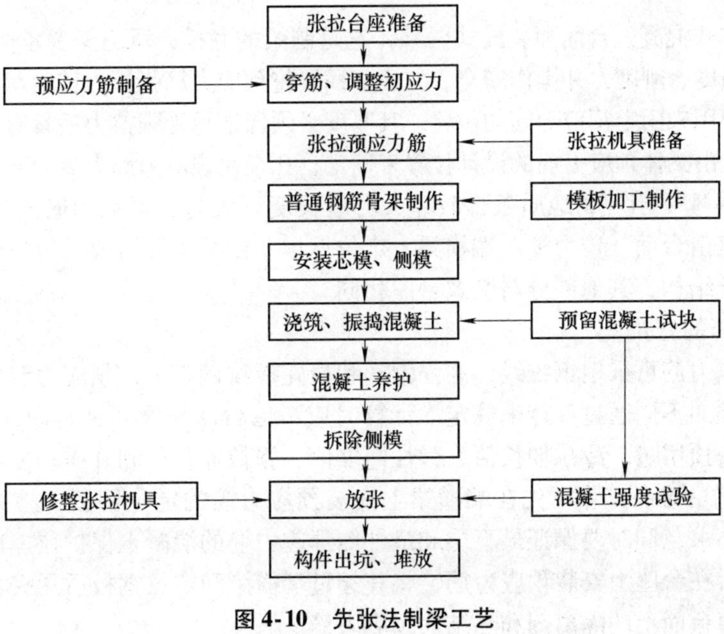

图 4-10　先张法制梁工艺

先张法生产可采用台座法或流水机组法。采用流水机组法时，构件在移动式的钢模中生产，按流水方式通过张拉、浇筑及养护等各个固定机组完成每道工序。流水机组法可加快生产速度，但需要大量钢模和较高的机械化程度，且需配合蒸汽养护，适用于工厂内预制定型构件。采用台座法时，构件施工的各道工序全部在固定台座上进行，因其不需复杂的机械设备，施工适用性强，故应用较广。这里仅对台座法进行介绍。

1. 台座

台座是先张法生产中的主要设备之一，要求有足够的强度和稳定性。按其结构形式的不同，台座可分为墩式台座和槽式台座两类。

（1）墩式台座　也称重力式台座，是靠自重和土的压力来平衡张拉力所产生的倾覆力矩，并靠土壤的反力和摩擦力抵抗水平位移。墩式台座由台面、承力架、端横梁和定位钢板等组成，如图4-11所示。

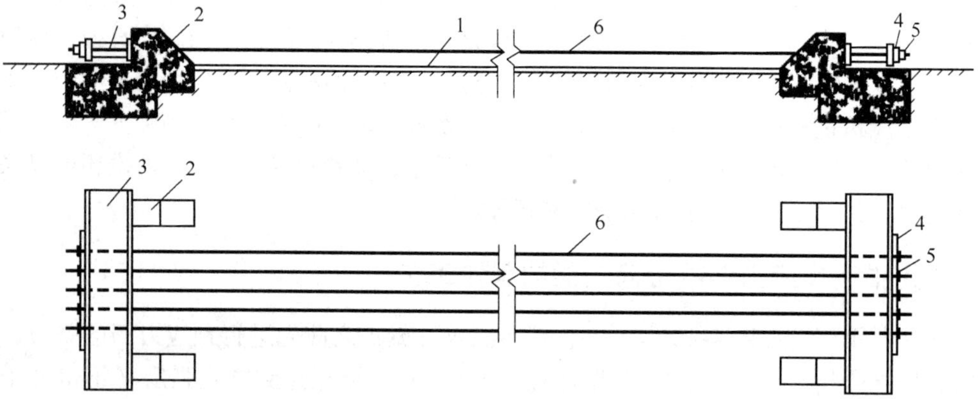

图4-11　墩式台座结构示意图

1—台面　2—承力架　3—端横梁　4—定位钢板　5—夹具　6—预应力筋

台面有整体式混凝土台面和装配式两种，它是制梁的底模；承力架要承受全部的张拉力，须保证足够的强度、刚度，并操作安全、方便；横梁将预应力筋张拉力传给承力架，常用型钢制成；定位钢板用来固定预应力筋的位置，其厚度必须保证承受张拉力后具有足够的刚度。定位板的圆孔位置由梁体预应力筋的设计位置来确定，孔径比预应力筋大2~5mm，以便穿筋。

（2）槽式台座　当现场地质条件较差、台座长度不大时，可采用槽式台座，如图4-12所示。槽式台座由台面、传力柱、端横梁、定位钢板及横系梁等组成。传力柱和横系梁一般采用钢筋混凝土结构，其他部分与墩式台座相同。

2. 预应力筋的张拉

先张法预应力筋可采用钢绞线、高强钢丝和精轧螺纹钢筋等，预应力筋的下料长度应根据预应力筋种类的不同通过计算来确定。计算时应考虑台座长度、夹具厚度、千斤顶长度、焊接接头或墩头预留量、冷拉伸长值、弹性回缩值、张拉伸长值和外露长度等因素。

（1）张拉前的准备工作　先在端横梁上安装预应力筋的定位钢板，检查其孔位和孔径是否符合设计要求，同时要保证最下层和最外侧预应力筋的混凝土保护层厚度。

检查无误后在台座上安装预应力筋，将其穿过端横梁和定位钢板后用夹具固定，穿筋时应注意不要碰掉台面上的隔离剂和黏结的预应力筋。

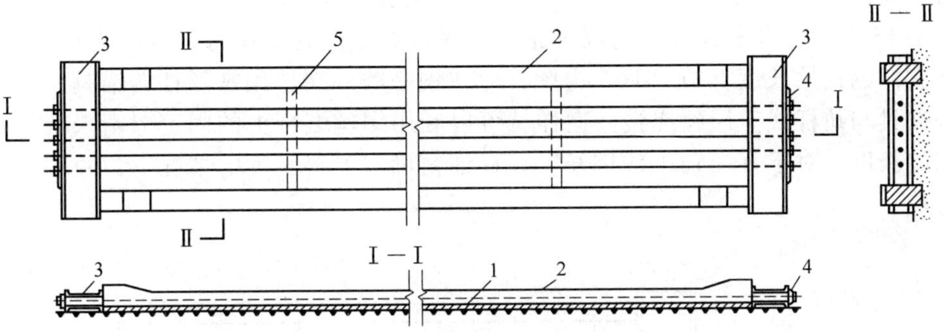

图 4-12　槽式台座结构示意图

1—台面　2—传力柱　3—端横梁　4—定位钢板　5—横系梁

采用长线法同时预制多片梁时，梁与梁间的预应力筋可用连接器临时串联。

预应力筋的控制张拉力是张拉前需要确定的一个重要数据。它由预应力筋的张拉控制应力 σ_{con} 与截面面积 A_p 的乘积来确定。规范规定，最大张拉控制应力对钢丝、钢绞线不应超过 $0.75f_{pk}$，对冷拉粗钢筋不应超过 $0.90f_{pk}$，f_{pk} 为预应力筋的标准强度。因此，预应力筋的最大控制张拉力为

$$N_{con} = \sigma_{con} \cdot A_p \tag{4-2}$$

为便于张拉时操作控制，还要将张拉力换算成千斤顶上油压表的读数。另外，考虑到油压表本身示值误差，要事先对所用千斤顶进行标定，得到千斤顶的校正系数 K_1 和油压表的校正系数 K_2，则需要达到张拉力值时，换算的油压表读数应为

$$C' = K_1K_2N_{con}/A \tag{4-3}$$

式中，K_1 为所用千斤顶理论计算吨位与标准压力计实测吨位之比，它随拉力值的不同而变化，一般为 1.02 ~ 1.05；如果大于 1.05，则应检修活塞与垫圈。K_2 为所用油压表读数与标准油压表读数之比，它不应有 ±0.5% 以上的偏差；过大时，宜更换油压表。

对于张拉设备的各个部件，在张拉前均应仔细检查，只有在一切无误的情况下才能开始张拉。

(2) 张拉工艺　为了减少预应力筋的应力松弛损失，通常采用超张拉的方法，如果设计无明确要求，可按照表 4-4 规定的张拉程序进行张拉。其中应力由 $1.05\sigma_{con}$ 退至 $0.9\sigma_{con}$，主要是为了设置预埋件、绑扎钢筋和支模时的安全。初应力值一般取 σ_{con} 的 10%~15%，以保证成组张拉时每根钢筋应力均匀。

表 4-4　先张法预应力筋的张拉程序

预应力筋种类	张 拉 程 序
钢筋	0→初应力→$1.05\sigma_{con}$（持荷 2min）→$0.9\sigma_{con}$→σ_{con}（锚固）
钢丝、钢绞线	0→初应力→$1.05\sigma_{con}$（持荷 2min）→0→σ_{con}（锚固）
	对于夹片式等具有自锚性能的锚具： 普通松弛力筋，0→初应力→$1.03\sigma_{con}$（锚固） 低松弛力筋，0→初应力→σ_{con}（持荷 2min，锚固）

为了避免台座承受过大的偏心力，应先张拉靠近台座截面重心处的预应力筋。

图4-13所示为多根预应力筋成批张拉的平面布置。为了使每根预应力筋受力均匀，必须使它们的初始长度保持一致。为此，可在钢筋的一端选用螺丝杆端锚具，另一端选用墩头夹具与拉杆式千斤顶连接。这样就可以利用螺丝端杆上的固定螺帽来调整各根钢筋的初始长度。对于直径较小的钢筋，在保证精确和下料长度的情况下，两端都可采用墩头夹具。

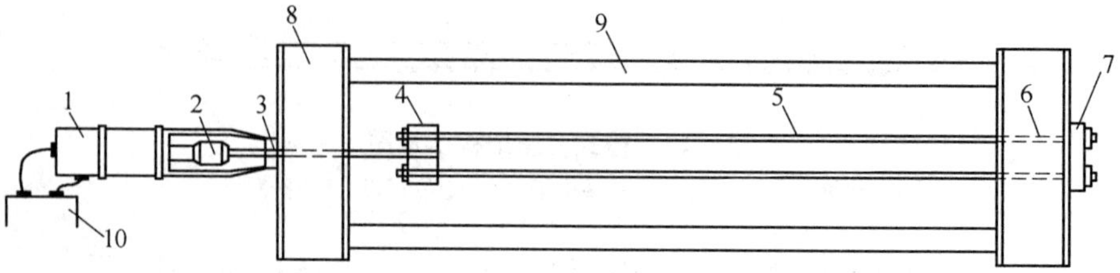

图4-13 多根预应力筋成批张拉的平面布置

1—拉杆式千斤顶 2—连接器 3—固定螺帽 4—镦头夹具 5—预应力筋
6—螺丝杆端锚具 7—定位钢板 8—端横梁 9—传力柱 10—高压油泵

张拉时，台座两端不得站人，操作人员要站在台座侧面的油泵外侧进行工作，以保安全。达到张拉力后，要静止2~3min，待稳定后再锚固。

3. 预应力筋的放松

当预应力筋张拉并安放普通钢筋骨架、支立侧模后，即可进行混凝土浇筑工作。预应力混凝土梁的混凝土工程，除了因强度等级较高而在拌制、浇筑、振捣和养护等方面更应严格要求外，基本操作与钢筋混凝土结构相似。此外，在台座内每条生产线上的构件，其混凝土必须一次连续浇筑完成；振捣时，应避免碰击预应力筋。

混凝土经养护达到设计规定的强度，当设计未明确规定时，应达到设计强度等级值的75%以上，方可放松预应力筋（称为放张）。放松过早会造成较多的预应力损失（主要是收缩、徐变损失），或因混凝土与钢筋的黏结力不足而造成预应力筋弹性收缩滑动和在构件端部出现水平裂缝的质量事故；放松过晚，则影响台座和模板的周转。进行放松操作时，应缓慢、均匀，只有待放张结束后，才能切割每个构件端部的预应力筋。放张的方法有多种，这里仅介绍两种常用的方法。

（1）千斤顶放张 首先要在台座上重新安装千斤顶，先将预应力筋稍张拉至能够逐步扭松端部固定螺帽的程度，然后逐渐放松千斤顶，让钢筋慢慢回缩完毕为止。

（2）砂筒放张 在张拉预应力筋之前，在承力架和端横梁之间放置灌满干燥细砂的砂筒。张拉时筒内砂子被压实；当需要放张时，将出砂口打开，砂子慢慢流出，活塞徐徐顶入，直至张拉力全部放松。这种方法易于控制放松速度，故应用较广。

4.3.4 后张法预应力混凝土简支梁的制作工艺

后张法制梁工艺如图4-14所示。先制作留有预应力筋孔道的梁体，待其混凝土达到规定强度后，再在孔道内穿入预应力筋，并进行张拉和锚固，最后进行孔道压浆并浇筑梁端封头混凝土。后张法工艺较复杂，除与钢筋混凝土梁相同的工序外，还增加了预留孔道、预应力筋下料、穿束、张拉锚固、压浆、封锚等工序，而且需要专用的锚具和埋设件，增加了制作成本。但后张法不需要强大的张拉台座，便于在现场施工，适用于配置曲线形预应力筋的大型和重型构件，因此目前在桥梁工程中得到广泛应用。

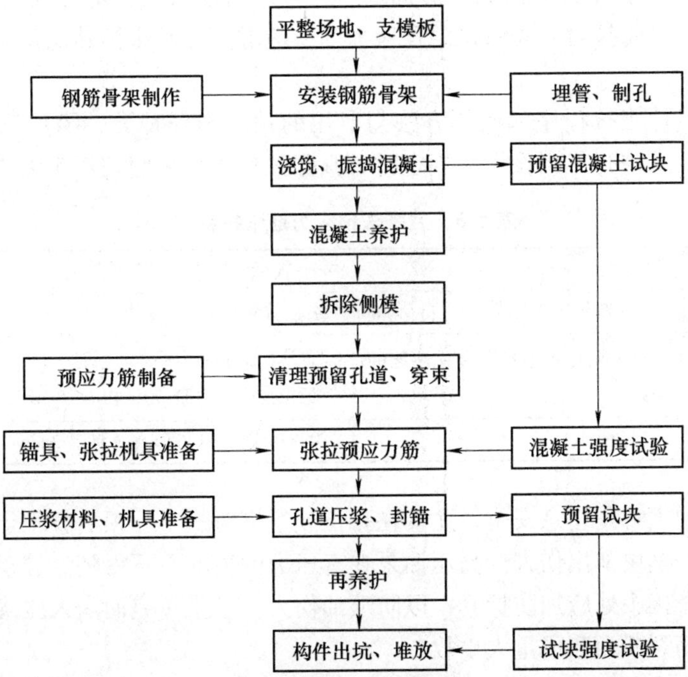

图 4-14　后张法制梁工艺

1. 预应力孔道的成形

预应力孔道是通过在浇筑混凝土前按梁内预应力筋的设计位置安放制孔器形成的。制孔器可分为埋置式和抽拔式两大类。

埋置式制孔器可采用铁皮管、铝合金波纹管等，在浇筑混凝土前，将其预埋在预应力筋的设计位置，梁体制成后留在梁内，形成孔道壁，使用方便，但加工成本高，不能重复使用。铁皮管用薄铁皮制作，安装时分段连接，由于加工困难，接缝和接头处易漏浆，影响以后穿束和张拉，目前已较少采用。铝合金波纹管用制管机卷制而成，横向刚度大，不易变形和漏浆，纵向也便于弯成各种线形，与混凝土的黏结较好，目前应用较广。近年来，塑料波纹管也逐渐得到了较多的应用。

抽拔式制孔器常用的有橡胶抽拔管、金属伸缩抽拔管和钢管等，在浇筑混凝土前，将其安放在预应力筋的设计位置上，待混凝土浇筑完成并终凝后将其拔出，即在梁体内形成孔道。这种方法的最大优点是能够周转、重复使用，经济省料，以前使用较广，目前由于波纹管的普及，已较少采用。

2. 预应力筋的穿束

预应力筋可在浇筑混凝土之前或之后穿入管道，称为穿束。对钢绞线，可将一根钢束中的全部钢绞线编束后整体穿入管道中，也可逐根将钢绞线穿入管道。在穿束前，可用空压机吹风等方法清理孔道内的污物和积水，以确保孔道畅通。一般可采用人工穿束，也可借助卷扬机牵引进行。

3. 预应力筋的张拉

在张拉预应力筋时，构件的混凝土强度应符合设计要求，当设计未规定时，不应低于设计强度等级值的90%；张拉应按顺序对称地进行，以防过大的偏心压力导致梁体出现较大的侧弯现象。当分批张拉时，先张拉的预应力筋应考虑因此后张拉其他预应力筋所引起弹性压缩的预应力损失。

预应力筋的具体张拉程序和操作方法与所用的预应力筋种类、锚具类型和张拉机具有关，应按照设计要求进行；当设计无规定时，其张拉程序可参照表4-5中的内容进行。

表4-5　后张法预应力筋张拉程序

<table>
<tr><th>预应力筋</th><th colspan="2">张拉程序</th></tr>
<tr><td>钢筋、钢筋束</td><td colspan="2">0→初应力→$1.05\sigma_{con}$（持荷2min）→σ_{con}（锚固）</td></tr>
<tr><td rowspan="2">钢绞线束</td><td>对于夹片式等具有自锚性能的锚具</td><td>普通松弛应力力筋，0→初应力→$1.03\sigma_{con}$（锚固）
低松弛应力力筋，0→初应力→σ_{con}（持荷2min，锚固）</td></tr>
<tr><td>其他锚具</td><td>0→初应力→$1.05\sigma_{con}$（持荷2min）→σ_{con}（锚固）</td></tr>
</table>

在张拉操作中须特别注意安全，尤其在张拉或退楔时，千斤顶后方不得站人，以防预应力筋拉断或锚具、楔块弹出伤人。高压油泵在有压力的情况下不得随意拧动油泵或千斤顶各部位的螺丝。油管接头处应加防护套，以防喷油伤人。已张拉完而尚未压浆的梁严禁剧烈振动，以防预应力筋裂断而酿成重大事故。

4. 孔道压浆与封锚

孔道压浆是为了保护预应力筋不致锈蚀，并使预应力筋与混凝土黏结成整体，从而减轻锚具的受力，提高梁的承载能力、抗裂性能和耐久性。孔道压浆用专门的压浆泵进行，压浆时要求密实、饱满，并应在张拉后尽早完成。

（1）准备工作　压浆前切断锚外钢丝时应采取降温措施，以免锚具和预应力筋因过热而产生滑丝。用环氧砂浆或棉花和水泥浆填塞锚塞周围的钢丝间隙。用压力水冲洗孔道，排除孔内粉渣杂物，确保孔道畅通，并吹去孔内积水。

（2）水泥浆的制备　宜采用硅酸盐水泥或普通水泥，水泥的强度不宜低于42.5MPa，水泥不得含有任何团块。火山灰质水泥与矿渣水泥由于凝固慢、泌水率高，均不宜使用。水泥浆强度应符合设计规定，当设计无具体规定时，应不低于30MPa。

水泥浆的水灰比应为0.4~0.45。为了防止腐蚀预应力筋，掺加外加剂时须验明其中不含氯盐，不得掺用加气剂，可掺入适量的塑化剂以增强水泥浆的流动性，也可掺加铝粉（膨胀剂），但其自由膨胀率应小于10%。当孔道直径较大而预应力筋的直径较小时，可掺入适量细砂以减少水泥用量、减小水泥浆体积收缩并提高强度。

水泥浆自拌制至压入孔道的延续时间视温度情况而定，一般为30~40min。水泥浆在使用前和压注过程中应连续搅拌。对于因延迟使用而导致流动度降低的水泥浆，不得通过加水来增加其流动度。

（3）压浆程序和操作方法　压浆工艺有一次压注法和二次压注法两种，前者用于长度不大的直线形孔道，后者用于较长的孔道或曲线形孔道。

压浆压力以 0.5 ~0.7MPa 为宜，如压力过大，易胀裂孔壁。压浆顺序应先下孔道后上孔道，以免上孔道漏浆把下孔道堵塞。进行直线孔道压浆时，应从构件的一端压到另一端；进行曲线孔道压浆时，应从孔道最低处开始向两端进行。

进行二次压浆时，第一次从甲端压人直至乙端流出浓浆时将乙端的阀门关闭，待灰浆压力达到要求且各部再无漏水现象时，再将甲端的阀门关闭。待第一次压浆后 30min，打开甲、乙端的阀门，自乙端再进行第二次压浆，重复上述步骤。待第二次压浆完成经 30min 后，卸除压浆管，压浆工作便告完成。

（4）封锚　为了避免锚头锈蚀，并防止其在运营过程中松动，应将锚固端用混凝土封固。

孔道压浆后应立即将梁端水泥浆冲洗干净，并将端面混凝土凿毛。在绑扎端部钢筋网和安装封端模板时，要妥善固定，以免在浇筑混凝土时因模板变位而影响梁长。封端混凝土的强度应不低于梁体的强度。混凝土浇筑完成后应进行养护。

4.3.5　装配式简支梁的运输与安装

为了将构件预制厂或桥梁施工现场预制的梁板构件安放到桥孔设计位置，还需要完成两个重要的施工过程，即构件的水平运输和垂直安装。

1. 预制构件的运输

从工地预制场至桥头的运输称为场内运输，通常需铺设钢轨便道，由预制场的门式起重机或木桅杆将梁装上平车后，用绞车牵引运抵桥头。对于小跨径梁或规模不大的工程，也可设置木板便道，利用钢管或硬圆木作滚子，使梁依靠两端支撑在几根滚子上用绞车拖拽，边前进边换滚子，运至桥头。为使构件平稳前进以确保安全，通常在用牵引绞车徐徐向前拖拉的同时，后面的制动索应跟着慢慢放松，以控制前进的速度。

从构件预制厂至施工现场的运输称为场外运输，当预制工厂距桥梁工地较远时，通常可用大型平板拖车、火车或驳船将梁运至工地存放，或直接运至桥头或桥孔下进行架设。

当采用水上浮式起重机架梁而需要使预制梁上船时，运梁便道应延伸至河边，并修筑临时栈桥（码头）。

在运输过程中，构件的放置要符合受力方向，一般应竖立放置。为了防止构件发生倾侧、滑动或跳动等现象，需要在构件两侧采用斜撑和木楔等临时固定。

构件运输前首先要将其从预制底模上移出来，称为出坑或出槽，然后在预制场地内合适的位置堆放待运。出坑的方法视构件质量、外形尺寸和设备条件而定，通常可采用门式起重机、汽车起重机、桅杆等起吊设备，或横向滚移出坑。梁在起吊和堆放时，应按设计规定的位置布置吊点或支撑点。

2. 预制构件的安装

预制梁的安装是装配式桥梁施工中的关键工序，应结合施工现场条件、工程规模、桥梁跨径、工期条件和设备能力等具体情况，以安全、可靠、经济、适用、快速为原则，合理选择架梁的方法。

简支式梁、板构件的安装一般包括起吊、纵移、横移、落梁就位等工序。从架梁的工艺类别来分，有陆地架设、浮式起重机架设和高空架设等，在每一类架设工艺中，按起重、吊装等机具的不同，又可分成各种独具特色的架设方法。随着土木建筑领域工业化和机械化程度的不断提高，新的架桥工艺、设备不断涌现，推动了桥梁施工技术的不断进步。

必须强调的是，桥梁构件的安装属于高空作业，需要使用较复杂的机具设备，施工过程中必须确保施工人员的安全和杜绝工程事故，这是工程技术和管理人员的重要职责。因此，在施工前，应研究制订周到而妥善的安装方案，详细分析和计算承力设备的受力情况，采取周密的安全措施；在施工中，加强安全教育，严格执行操作规程和加强施工管理工作。

这里简要介绍几种常用架梁方法的工艺特点。

（1）自行式起重机架梁　对于中小跨径桥梁，可采用自行式起重机（汽车式起重机或履带式起重机）安装构件。如果是岸上的引桥或者桥墩不高时，可以视吊装质量的不同，用一台或两台（双机抬吊）起重机直接在桥下进行吊装，如图4-15a所示。如果桥下是河道或桥墩较高时，则将起重机直接开到桥上，利用起重机的伸臂边架梁、边前进，如图4-15b所示。此时，对于已经架设好的主梁，当横向尚未连成整体时，必须验算主梁是否能够承受起重机、吊装构件、机具以及施工人员的重力，前者属于陆地架设法，后者属于高空架设法。

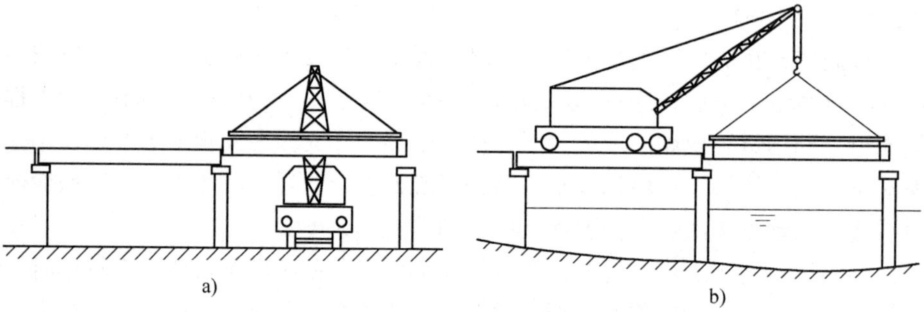

图4-15　自行式起重机架梁示意图

a）自行式起重机陆地架设　b）自行式起重机桥上架设

自行式起重机架梁的特点是机动性好，不需要其他动力设备，不需要准备作业，架梁速度快，因此应用较为广泛。

（2）跨墩门式起重机架梁　对于桥梁高度不大，孔数较多，沿桥墩两侧铺设轨道不困难的情况，可以采用跨墩门式起重机来架梁，如图4-16所示。除了门式起重机行走轨道外，在其内侧还应铺设运梁轨道，或者设便道用拖车运梁。当梁运到后，用门式起重机起吊、横移，并安装在预定位置。在一孔架设完成后，门式起重机前移，再架设下一孔。

河滩上如果有浅水，可在水中填筑临时路堤，水较深时可修建临时便桥，在临时路堤或便桥上铺设轨道，供门式起重机行走。此时应与其他方法进行技术经济比较后再确定。

本法属于陆地架设法，其优点是架设安装速度较快，不需要特别复杂的技术工艺，作业人员较少，河滩无水时也较经济。但门式起重机的设备费用较高，尤其是在桥墩较高的情

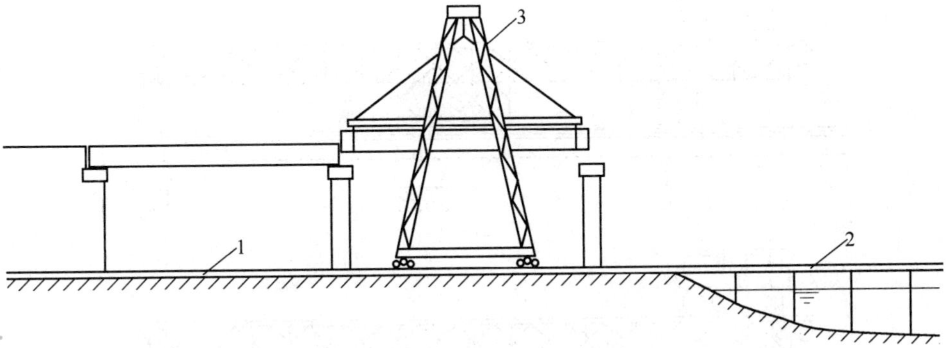

图 4-16 跨墩门式起重机架梁示意图

1—轨道 2—便桥 3—门式起重机

况下。

(3) 浮运架梁 浮运架梁法是将预制构件移装到浮船上，浮运到架设桥孔后用吊装设备将梁安装就位。运用浮运架梁法的条件：需有适当的水深，一般宜大于 2m；水位平稳或涨落有规律；流速及风力不大；河岸能修建适宜的构件装卸码头；具有坚固适用的船只和起吊设备。

浮运架梁可采用以下几种方法：①预制梁装船浮运至架设孔，用船载起重机吊装就位；②若装载预制梁的船本身无起吊设备，则可用另外的浮式起重机吊装就位；③用装设在墩顶的起吊设备吊装就位。

本法适用于修建海上和深水大河桥梁，施工比较安全，工效较高，可用一套浮运设备架设安装多跨桥梁。

(4) 架桥机架梁 随着建筑机械化程度的提高，架桥机的应用越来越广泛，成为高空架梁法中的主要方式。目前有多种形式和规格的架桥机可供选用，对于中小跨径桥梁，也可在工地现场用万能杆件或贝雷片架拼装架桥机。按照形式的不同，架桥机可分为单导梁式、双导梁式、斜拉式和悬吊式等类型。

图 4-17 所示的宽穿巷式架桥机为双导梁式，其施工流程如下。

1) 当一孔架设完成后，前后横梁移至尾部作平衡重，架桥机整体前移，如图 4-17a 所示。

2) 架桥机整体向前移动了一孔位置，将前支腿支撑在墩顶上；待架梁装载在运梁平车上后向前移动，如图 4-17b 所示。

3) 当待架梁前端接近吊装孔时，前横梁起重机将其吊起，梁的后端仍放在运梁平车上，继续前移，如图 4-17c 所示。

4) 后横梁起重机吊起梁的后端，缓慢前移，当纵向对准梁位后，固定前后横梁，起重机沿横梁横移，落梁就位，如图 4-17d 所示。

采用架桥机架梁的优点是不受水深和墩高的影响，并且在作业过程中不影响桥下泄洪、通航或通车。但其作业比较复杂，需要熟练的操作人员，而且架梁前的准备工作和架梁后的拆除工作比较费时，因此，用于孔数较多的桥梁比较经济。

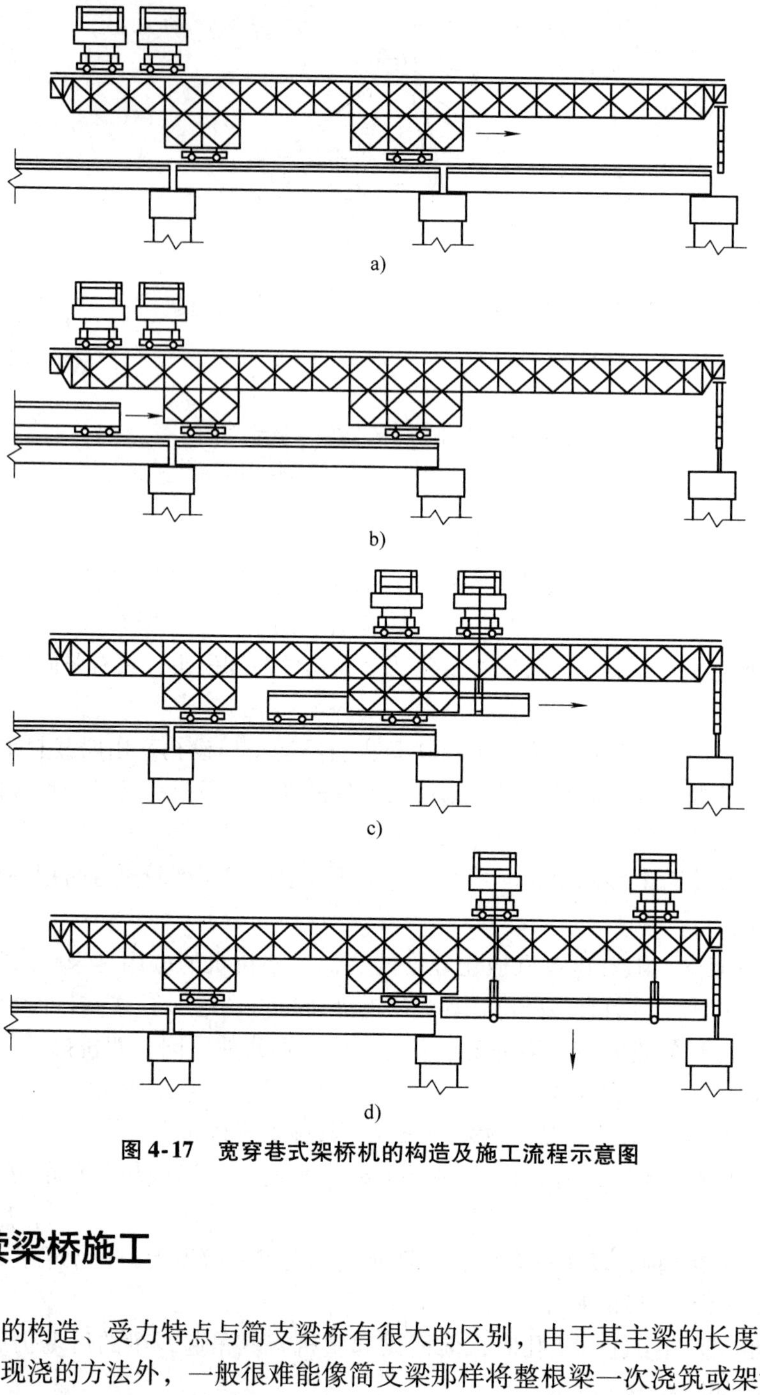

图 4-17　宽穿巷式架桥机的构造及施工流程示意图

4.4　连续梁桥施工

连续梁桥的构造、受力特点与简支梁桥有很大的区别，由于其主梁的长度和质量大，除采用整体支架现浇的方法外，一般很难能像简支梁那样将整根梁一次浇筑或架设完成。本节主要介绍连续梁桥目前常用的几种施工方法，包括逐孔施工法、悬臂施工法和顶推施工法，这几种方法也可统称为节段施工法。

4.4.1　逐孔施工法

1. 支架施工

由于连续梁在中墩支点处结构连续，为超静定结构，所以必须重视以下因素的影响。

(1) 不均匀沉降的影响　墩、台的刚度比临时支架的刚度大得多，支架及其基础的不均匀沉降往往导致主梁在支点断面处开裂。

(2) 混凝土收缩的影响　由于每次浇筑的梁段较长，混凝土的收缩受到桥墩、支座摩擦阻力和先浇筑部分混凝土的约束，也容易引起主梁开裂。

为了在施工过程中消除上述影响，可采用设置工作缝或者分段浇筑的方法。

工作缝应设在主梁弯矩和剪力较小的部位，一般可设在墩台的顶部，如图4-18a所示。若支架采用了较大跨径的梁式构件，则在其两端支点上方也应设置工作缝，如图4-18b所示。

梁段间工作缝宽度一般为0.8～1.0m，两端用木板与梁体隔开，并留出钢筋通过的孔洞。待梁体混凝土浇筑完成，沉降和收缩稳定后，再拆除隔板，凿毛并清洗端面，然后浇筑接缝混凝土。

有时为了避免设置工作缝的麻烦，也可以采取不设宽工作缝的分段浇筑方法，如图4-18c所示。其中的4、5段需待1、2、3段达到足够强度后才能浇筑。

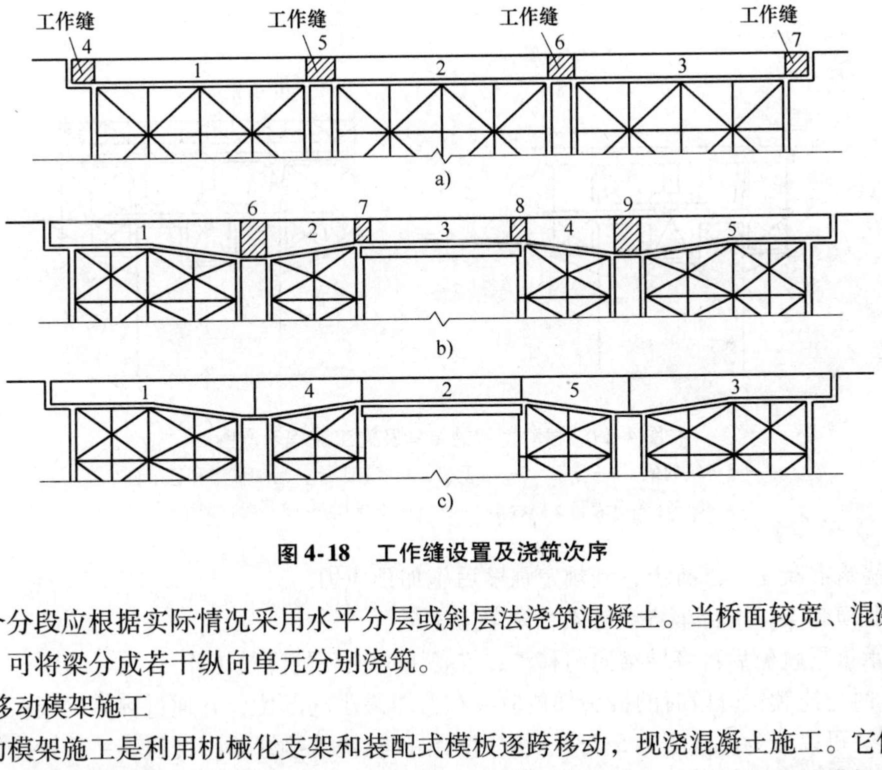

图4-18　工作缝设置及浇筑次序

每个分段应根据实际情况采用水平分层或斜层法浇筑混凝土。当桥面较宽、混凝土数量较大时，可将梁分成若干纵向单元分别浇筑。

2. 移动模架施工

移动模架施工是利用机械化支架和装配式模板逐跨移动，现浇混凝土施工。它像一座设在桥孔上的活动预制场，随着模架的不断移动实现连续浇筑施工。常用的移动模架可分为支撑式模架和悬吊式模架两大类。

图4-19所示为支撑式移动模架的结构及施工流程示意图。它由承重梁、导梁、台车、桥墩支撑托架和模架等构件组成。在桥墩两侧各设置一根承重梁，用来支撑模架和承受施工重力，承重梁的长度要大于桥梁跨径，浇筑混凝土时承重梁支撑在桥墩支撑托架上。导梁主要用于运送承重梁和模架，因此其长度应大于桥梁跨径两倍。前端台车在导梁上行走，后端台车在已建成的梁上行走，其施工流程如下：

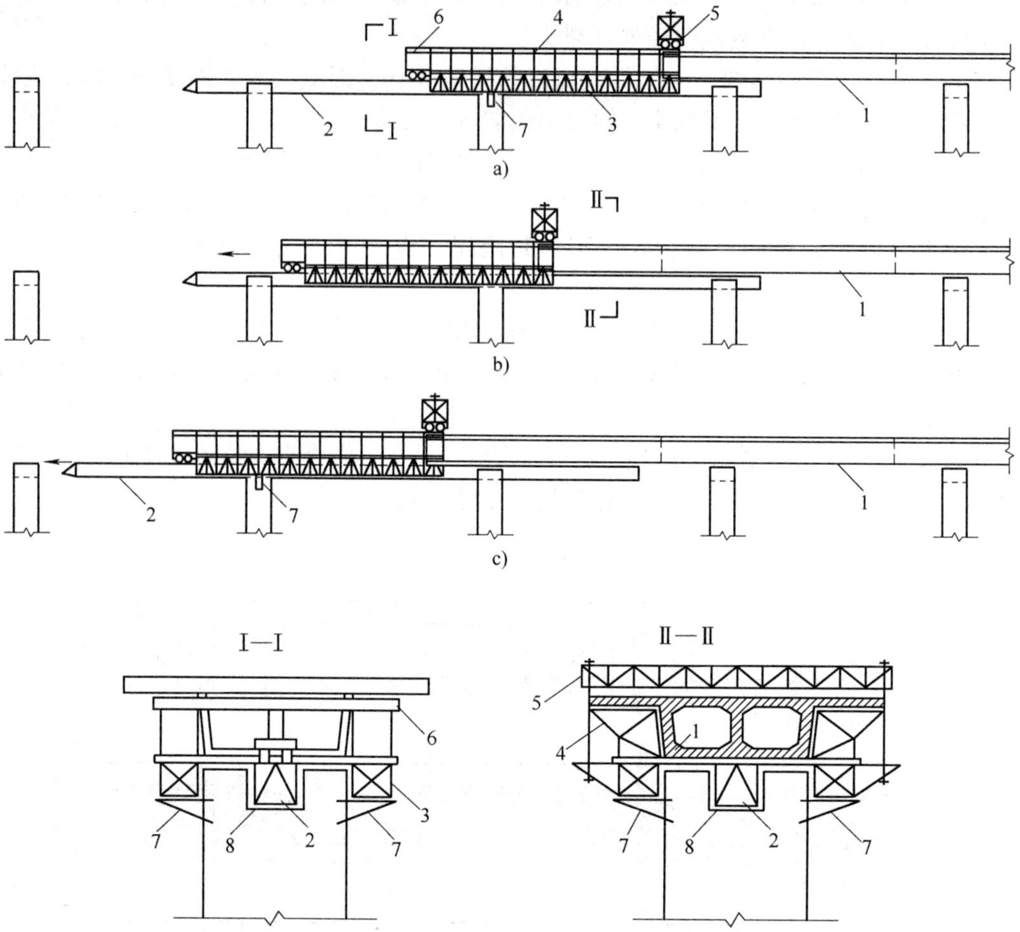

图 4-19　移动模架的结构及施工流程示意图

1—已浇筑的梁　2—导梁　3—承重梁　4—模架　5—后端横梁和悬吊台车
6—前端横梁和支撑台车　7—桥墩支撑托架　8—墩台留槽

1）浇筑混凝土。混凝土达到规定强度后施加预应力。

2）脱模卸架。由台车将承重梁和模架运送至下一桥孔。

3）承重梁就位后再将导梁向前移动，准备下一循环的浇筑工作。

施工时，连续梁分段时的接头部位应放在弯矩最小的部位，并通过计算确定；若无详细计算资料，可以取为离桥墩 1/5 处。预应力筋锚固在浇筑接缝处，浇筑下一孔梁段前再用连接器将预应力筋接长。

移动模架法适用于跨径为 20 ~ 50m 的等断面连续梁桥，也可以用来修建多跨简支梁桥。这种方法有以下特点。

1）不需要设置地面支架，施工不受河流、道路、桥下净空和地基等条件的影响。

2）机械化程度高、劳动力少，质量好、施工速度快、安全可靠。

3）只要下部结构稍提前施工，之后上、下部结构可同时平行施工，缩短工期，而且施工从一端推进，梁建成后就可用作运输便道。

4）整套设备投资较大，准备工作较复杂，要求施工人员具有较熟练的操作技术，用于长度较大、孔数较多的桥梁较经济。

3. 装配整体施工

装配整体施工的基本构思是：将整根连续梁按起重能力先分段预制；然后用各种安装方法将预制构件安装至墩、台或临时支架上，再现浇接头混凝土；最后通过张拉部分预应力筋，使梁体集整成连续体系。用此法施工可以避免采用满堂支架，最大限度地减少在桥上现浇混凝土的数量，并能使上部结构的预制工作和下部结构的施工同时进行，显著缩短工期。在施工中可采用三种分段方式，简支-连续、单悬臂-连续以及双悬臂-连续。

其中简支-连续施工示意图，如图 4-20 所示。其施工方法简单，质量可靠，适于空心板、T 形梁、箱形梁等多种截面形式，便于工厂化生产、装配式施工，可用简支梁的施工工艺达到建造连续梁桥的目的，因此近年来在中小跨径连续梁桥中得到了广泛应用。其施工过程通常为：

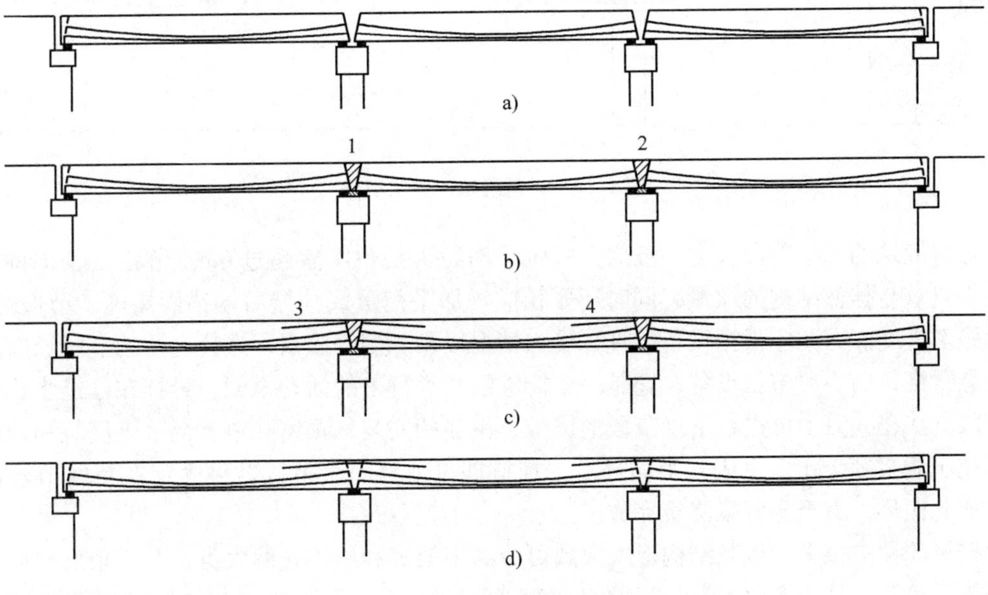

图 4-20　简支-连续施工示意图

a）简支状态　b）现浇接缝混凝土　c）张拉上缘预应力筋

d）拆除临时支座，形成连续梁

1）按简支梁预制梁体构件，并张拉正弯矩预应力筋；预制时，应预留顶板负弯矩预应力孔道，并预设齿板，预留工作人孔。

2）根据施工条件用各种方法将梁体安装就位，支撑在墩顶两侧的临时支座上；为使临时支座拆除方便，目前应用较多的是硫磺砂浆，内部盘有电热丝；硫磺砂浆的配比应严格控制，既要保证强度，又能在需要拆除时通电融化。

3）在墩顶设计位置安放永久支座，布置模板，按设计要求连接相邻梁端预留钢筋，在顶部布设与相邻梁体对应的负弯矩预应力筋孔道，浇筑接缝混凝土。

4）接缝混凝土养护达到规定强度后，拆除模板，穿束张拉承受墩顶负弯矩的预应力筋并锚固，拆除临时支座，使结构转换成连续体系。

4.4.2 悬臂施工法

悬臂施工法是以桥墩为中心，向两岸对称地、逐节悬臂接长的施工方法。现代的悬臂施工法最早主要用来修建预应力混凝土T型刚构桥。由于其独特的优越性，后来又被推广应用于建造预应力混凝土连续梁桥、连续刚构桥、斜拉桥和拱桥等。

按照悬臂接长的方式不同，悬臂施工法可分为悬臂浇筑法和悬臂拼装法两大类。

1. 悬臂浇筑法

悬臂浇筑法是以桥墩为中心，在悬吊模架（挂篮）上向两岸对称平衡地浇筑梁端混凝土，待每段混凝土养护并达到规定强度后，张拉预应力筋并锚固，再将挂篮前移，以供浇筑下一节段之用。图4-21所示为悬臂浇筑法施工概貌。

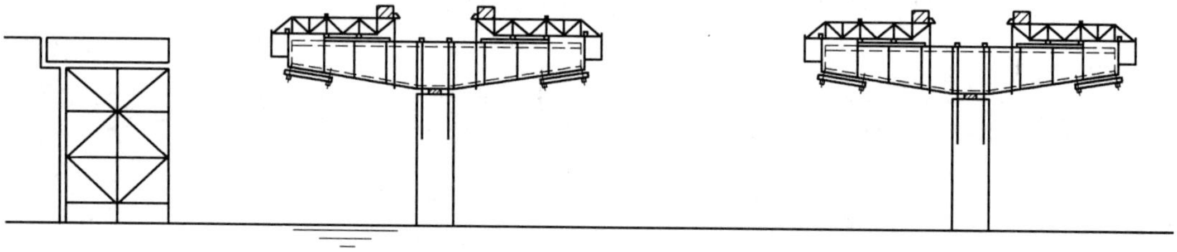

图4-21 悬臂浇筑法施工概貌

悬臂浇筑的每个节段长度一般为3～4m，对特大桥也不宜超过6m。节段太长，将增加混凝土自重与挂篮结构的质量，同时还要相应增加平衡重或挂篮后端锚固措施；节段过短，影响施工进度。因此应根据设备条件、受力情况以及工期等因素，选择合适的节段长度。挂篮是悬臂浇筑的主要施工设备，它是一个能够沿轨道行走的活动模架，悬挂在已经张拉锚固的梁段上。在挂篮上可进行下一节段的模板、钢筋的安装，预留孔道、混凝土浇筑和预应力筋张拉、压浆等工作。完成一个循环后，挂篮即可前移一个节段，再固定在新的节段位置上，如此循环，直至悬臂梁浇筑完成。

挂篮的种类很多，按其结构形式大致可分为桁架式和斜拉式两大类，有三角形挂篮、菱形挂篮、弓弦式挂篮等多种形式。图4-22、图4-23所示为桁架式和斜拉式挂篮的结构示意图。

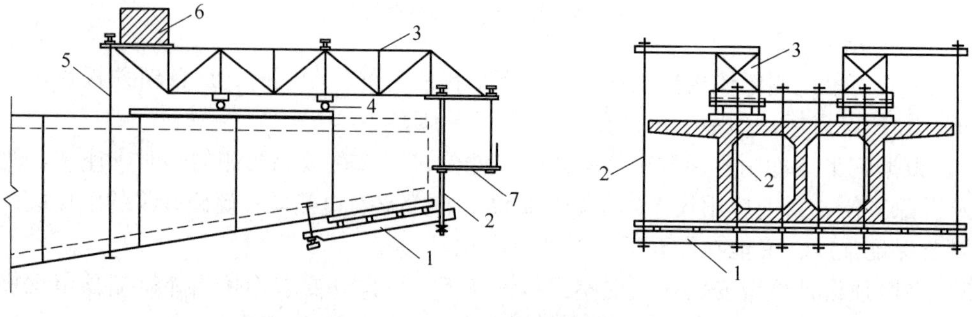

图4-22 桁架式挂篮的结构示意图

1—底模架 2—悬吊系统 3—工作平台 4—承重桁架 5—行走系统 6—平衡重 7—锚固系统

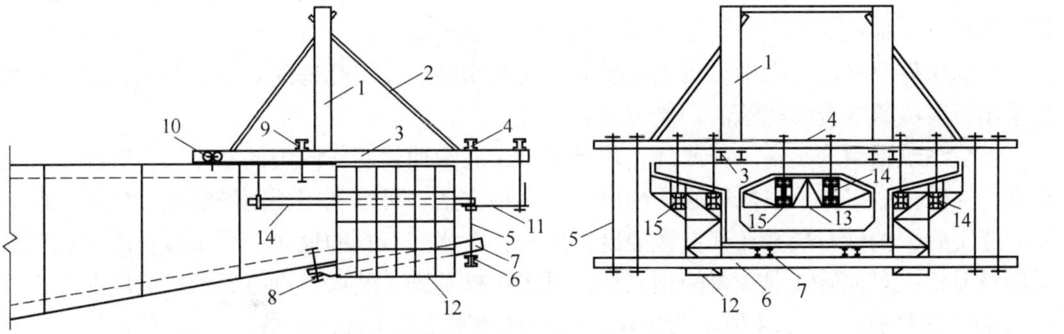

图 4-23　斜拉式挂篮的结构示意图

1—立柱　2—拉杆　3—主梁　4—前上横梁　5—吊带　6—前下横梁　7—纵梁　8—后下横梁　9—后上横梁　10—挂篮滑轮　11—工作平台　12—外侧模及支架　13—内模支架　14—模架滑梁　15—模架滑轮

当用挂篮浇筑墩侧第一对梁段时，由于墩顶位置受限，往往需要将两侧挂篮的承重结构连在一起。待浇筑到一定长度后再将两侧承重结构分开。如果墩顶位置过小，开始用挂篮浇筑有困难时，可以设置局部支架来浇筑头几对梁段，然后再安装挂篮。

每个梁段的施工工艺流程为：挂篮移位、锚固→安装底模、侧模→安装底板、肋板钢筋、预留孔道→安装内模→安装顶板钢筋、预留孔道→浇筑混凝土→养护→穿束、预应力筋张拉和锚固→孔道压浆。

悬臂浇筑一般采用由快凝水泥配制的 C40 以上混凝土。在自然条件下，每段施工周期为 6 ~ 10 天，视节段混凝土数量、设备及温度等条件而异；合拢段浇筑采用高一标号的微胀无收缩混凝土，边跨直线段采用支架法现浇施工。

悬臂浇筑法施工的主要优点：不需要占地很大的预制场地；逐段浇筑，易于调整和控制梁段的位置，整体性好；不需要大型机械设备；主要作业在设有顶棚、养生设备等的挂篮内进行，不受气候条件影响；各段施工属严密的重复作业，需要施工人员少，技术熟练快，工作率高等。主要缺点：梁体部分不能与桥墩平行施工，施工周期较长，而且悬臂浇筑的混凝土加载龄期短，混凝土收缩和徐变影响较大。

2. 悬臂拼装法

悬臂拼装法施工是在工厂或桥位附近将梁体沿轴线划分成适当长度的节段进行预制，然后将预制节段运至架设地点，用悬拼吊机起吊后向桥墩两侧对称均衡地拼装就位、张拉预应力筋。重复这些工序直至拼装完全部节段为止。

悬拼施工法适用于预制场地及吊运条件好、工程量大和工期较短的连续梁、刚构桥的施工。其主要优点：梁体块件的预制和下部结构的施工可同时进行，拼装成桥的速度比现浇的快，可显著缩短工期；块件在预制场内集中制作，质量较易保证；混凝土收缩、徐变的影响小，可减少预应力损失；施工不受气候影响。其缺点：需要占用较大的预制场地；为了移运和安装需要大型的机械设备；如果不用湿接缝，则块件安装的位置不易调整。

悬拼施工工序主要包括梁体节段的预制、移位、堆放、运输、节段起吊和拼装；合拢段施工以及结构体系转换。悬拼的核心是梁体节段的吊运与拼装，节段预制是悬拼的基础。

（1）节段预制　预制块件的长度取决于运输、吊装设备的能力，一般节段长 2 ~ 5m。

节段过长，则自重大，需要悬拼起重机起重能力大；节段过短，则拼装接缝多，施工工期长。因悬臂根部截面较大，预制长度较短，以后逐渐增长。

预制块件要求尺寸准确，特别是拼装接缝要密贴，预留孔道的对接要顺畅。箱梁块件通常采用长线浇筑或短线浇筑的预制方法。

长线浇筑预制法是在工厂或施工现场按桥梁底缘曲线制作固定的底座，在底座上安装底模进行块件预制工作。形成梁底缘的底座有多种方法，可以利用预制场的地形堆筑土胎，经加固夯实后，铺砂石层并在其上做混凝土底板；对盛产石料的地区，可用石料砌筑成所需的梁底缘形状；对地质情况较差的预制场，可采用桩基础，然后搭设排架形成梁底曲线，排架可用木材或型钢。图 4-24 所示为采用长线浇筑预制箱梁节段的台座。

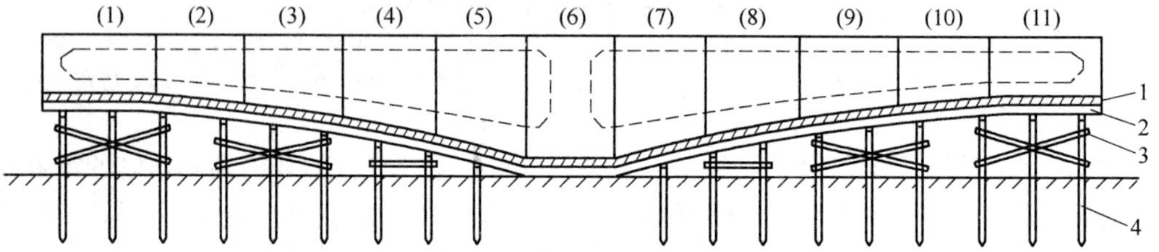

图 4-24　采用长线浇筑预制箱梁节段的台座

1—底模　2—纵梁　3—斜撑　4—木桩

箱梁节段的预制在底板上进行。模板常采用钢模，每段一块，以便于装拆使用。为加快施工进度，保证节段之间密贴，常采用先浇筑奇数节段，然后利用奇数节段混凝土的端面弥合浇筑偶数节段。在浇筑相邻块件之前，应在先浇筑的块件端面上涂刷隔离剂，以便分离出坑。在预制好的块件上应精确测量各块件相对标高，在接缝处做出对准标识，以便拼装时控制块件位置，保证接缝密贴，外形准确。当节段混凝土强度达到设计强度 70% 以上时，可出坑堆放。

短线浇筑预制法也称活动底座法，是由可调整外部及内部模板的台车与端模架来完成，如图 4-25 所示。当第一节段混凝土浇筑完成后，在其相对位置上安装下一段模板，并利用第一节段的端面作为第二节段的端模完成混凝土的浇筑工作。

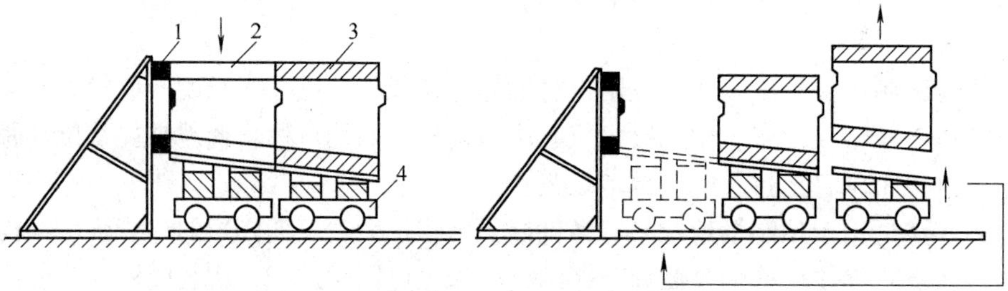

图 4-25　短线浇筑预制节段示意图

1—端模　2—待浇梁段　3—配筑梁段　4—流水台车

短线浇筑预制适于在工厂进行节段预制，设备可周转使用，但节段尺寸和相对位置的调整要复杂一些。

（2）悬拼方法　预制块件的悬臂拼装可根据现场布置和设备条件采用不同的方法来实

现。当靠岸边的桥跨不高且可在陆地或便桥上施工时，可采用自行式起重机、门式起重机来拼装。对于河中桥孔，也可采用浮式起重机进行安装。如果桥墩很高，或水流湍急而不便在陆上、水上施工时，可利用桁架式起重机、缆索起重机等进行高空悬拼施工。

图 4-26a 所示为用沿轨道移动的伸臂起重机进行悬臂拼装，预制块件用船运至桥下。

图 4-26b 所示为用桁架式悬臂起重机进行悬拼的示意图。起重机的承重结构与悬臂浇筑法中的挂篮相仿，不过在起重机就位固定后，起重平车可沿承重梁顶面的轨道纵向移动，以便拼装时调整位置。

图 4-26c 所示为用缆索起重机吊运和拼装块件的简图，此法适用于起重机跨度不太大、块件质量也较小的场合。

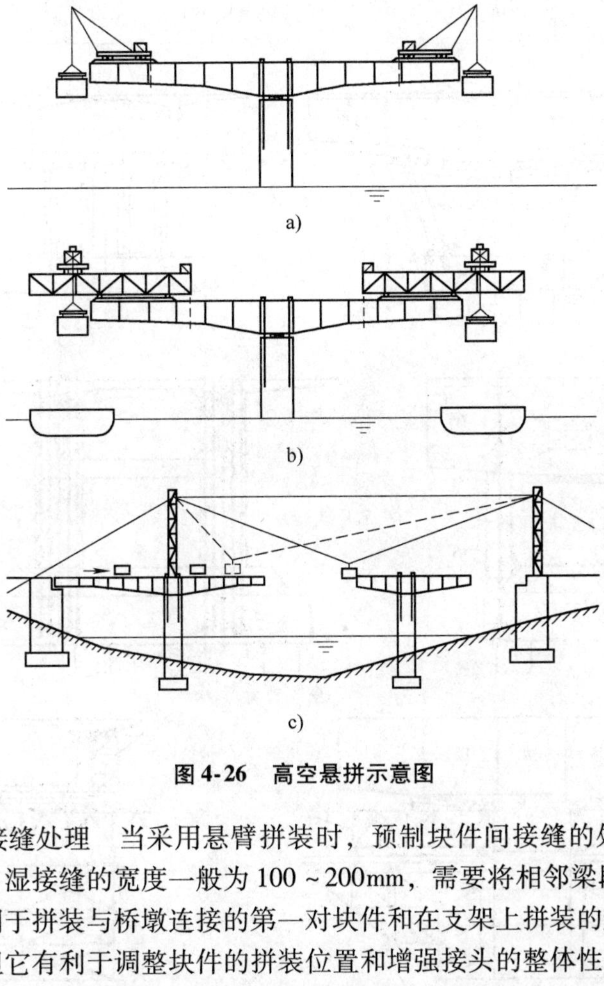

图 4-26　高空悬拼示意图

（3）悬拼节段接缝处理　当采用悬臂拼装时，预制块件间接缝的处理多采用湿接缝和胶接缝等几种形式。湿接缝的宽度一般为 100 ~ 200mm，需要将相邻梁段的预留钢筋焊接后浇筑混凝土，通常用于拼装与桥墩连接的第一对块件和在支架上拼装的岸边孔桥跨结构。湿接缝的施工费时，但它有利于调整块件的拼装位置和增强接头的整体性。在悬臂拼装中应用最为广泛的是采用环氧树脂等胶结材料使相邻块件黏结的胶接缝。胶接缝能增强接缝的抗剪能力，并消除水分的侵蚀，因而能提高结构的耐久性。胶接缝可以做成平面或齿口形式。

3. 墩梁临时固结措施

采用悬臂浇筑或悬臂拼装的方法进行连续梁桥施工时，梁体向桥墩两侧逐段延伸，而墩顶为铰支撑。为了承受施工过程中可能出现的不平衡力矩，需要采取措施使墩顶的 0 号块件与桥墩临时固结起来。临时固结又有两种形式：分 0 号块体内固结或墩旁体外固结。

图 4-27 所示为几种在施工中实际使用的临时固结措施。其中，图 4-27a 为通过锚固钢筋将梁体、0 号块与桥墩临时锚固。图 4-27b、c 是利用临时立柱（钢管或混凝土）和预应力筋来锚固上、下部结构。预应力筋的下端埋固在基础承台内，上端锚固在梁体上，借以使立柱在施工过程中始终受压，以维持稳定。图 4-27d 是采用围建在墩身周围的临时支架作为临时固结措施，在桥高、水深而不易搭设临时支架的情况下，可将支架通过托架支撑在墩身上部。临时支架上可使用砂筒、千斤顶等设备，作为悬臂施工完成后转换体系的卸架设备。

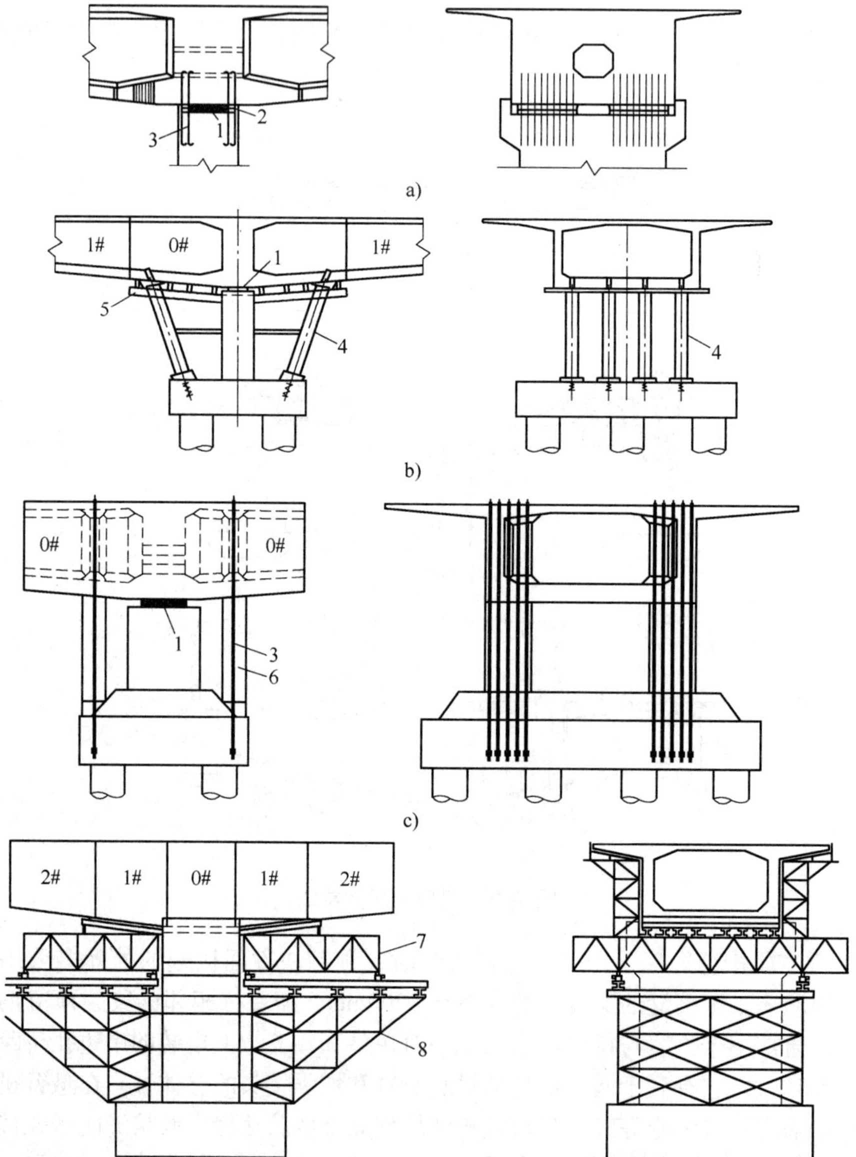

图 4-27　墩梁临时固结措施

1—永久支座　2—临时支座　3—锚固筋束　4—钢管支撑　5—托架　6—混凝土临时支柱　7—底模架　8—临时支架

4.4.3 顶推施工法

顶推施工法是在沿桥纵向的台后设置预制场地，分节段预制梁体，并用纵向预应力筋将预制节段与施工完成的梁体连成整体；然后通过水平千斤顶施力，将梁体向前顶推出预制场地；最后继续在预制场进行下一节段梁的预制，循环操作直至施工完成。图 4-28 所示为连续梁桥采用顶推施工法的工艺流程。

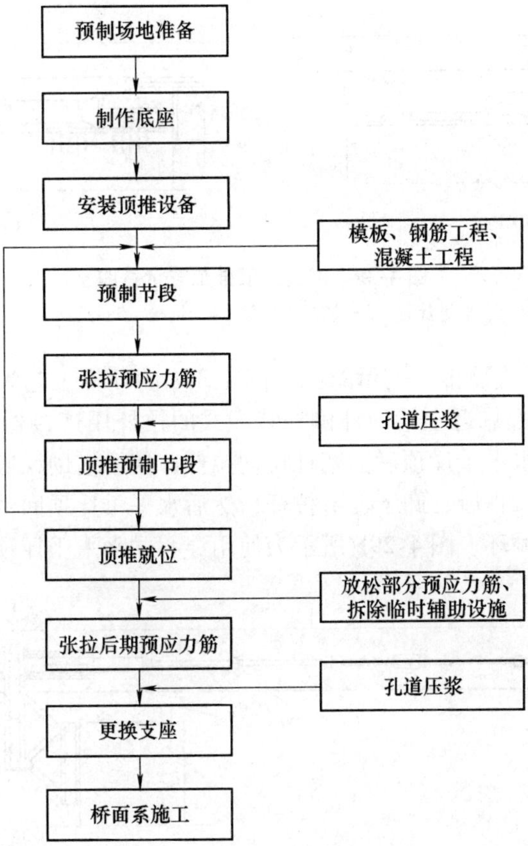

图 4-28　顶推施工法的工艺流程

由于不需要大型起重设备，梁体预制节段的长度可适当增加，一般可取 10 ~ 20m。在顶推过程中，为了减少悬臂负弯矩，一般要在梁的前端安装一节长度约为顶推跨径 60% ~ 70% 的钢导梁，导梁应自重轻而刚度大。当跨径较大时，可能需要在桥墩间设置临时支墩。

顶推装置和滑道是顶推施工法中重要的施工设备。根据顶推装置不同的传力方式，顶推工艺又有推头式或拉杆式两种。

推头式是由水平千斤顶与竖向千斤顶联合使用，顶推预制梁前进，如图 4-29 所示。它的施工程序为：利用竖向千斤顶将梁顶起后，起动水平千斤顶，推动竖向千斤顶（推头），推头与梁底间橡胶垫板（或粗齿垫板）的摩擦力显著大于推头与桥台间滑板的摩擦力，这样就能将梁体向前推动。当水平千斤顶完成一个行程后，降下竖向千斤顶，使梁体落在支撑垫板上，水平千斤顶退回，然后再重复上一循环，将梁推进。

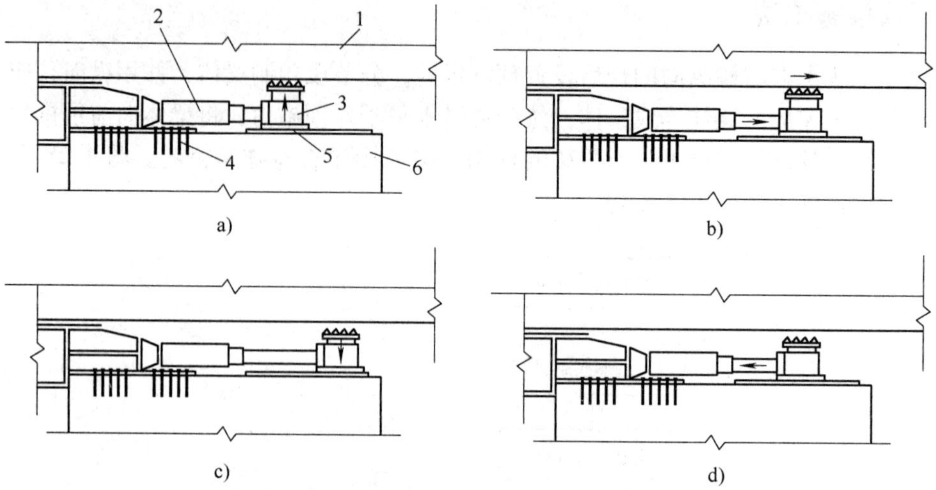

图 4-29　推头式顶推工艺示意图

1—梁体　2—水平千斤顶　3—竖向千斤顶　4—锚栓　5—滑板　6—桥墩（台）

图 4-30 所示为拉杆式顶推工艺示意图。图 4-30a 的顶推工艺为：水平千斤顶通过传力架固定在桥墩（台）顶部靠近主梁的外侧，装配式的拉杆用连接器接长后与埋固在梁体上的锚固器相连接，驱动水平千斤顶后活塞杆拉动拉杆，使梁借助梁底滑板装置向前滑移。当水平千斤顶每走完一个行程后，卸下一节拉杆，然后水平千斤顶回油使活塞杆退回，再连接拉杆并进行下一个顶推循环。图 4-29b 所示为使用穿心式水平千斤顶来拉动梁体前进。拉杆

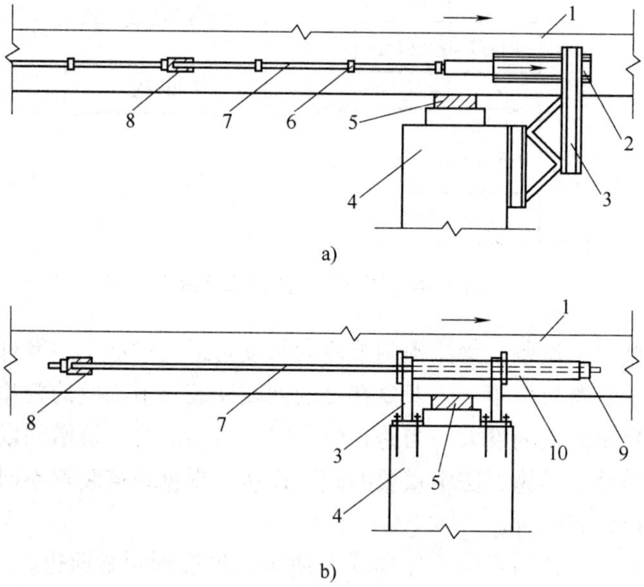

图 4-30　拉杆式顶推工艺示意图

1—梁体　2—水平千斤顶　3—传力架　4—桥墩　5—滑板　6—连接器

7—拉杆　8—锚固器　9—拉杆夹具　10—穿心式水平千斤顶

的一端固定在梁的锚固器上，另一端穿过水平千斤顶后用夹具锚固在活塞杆尾端，水平千斤顶每走完一个行程，松开夹具，活塞杆退回，然后重新启用夹具锚固拉杆并进行下一个顶推循环。采用拉杆式顶推装置的主要优点：在顶推过程中，不需要用竖向千斤顶做反复顶梁和落梁的工序，简化了操作并加快了推进速度。必须注意，在顶推过程中，要严格控制梁体两侧千斤顶同步运行。为了防止梁体在平面内发生偏移（特别在单点顶推的场合），通常在墩顶的梁体旁边设置横向导向装置。

图 4-31 所示为顶推法常用的滑道装置，它由设置在墩顶的混凝土滑台、不锈钢板和滑板所组成。滑板由上层氯丁橡胶板和下层聚四氟乙烯板镶制而成，橡胶板与梁体接触增大摩擦力，而聚四氟乙烯板与不锈钢板接触使摩擦力减至最小，借此使梁体滑移前进。我国常利用接下和喂入滑板的方式使梁体连续滑移，这样可加快顶进速度，但应注意滑板进、出口处要做成顺畅的弧面，否则容易损坏昂贵的滑板。

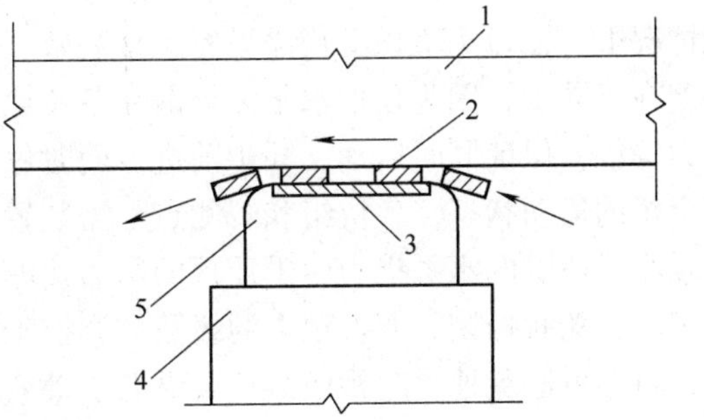

图 4-31 滑道装置

1—梁体 2—滑板 3—不锈钢板 4—墩帽 5—混凝土滑台

顶推法施工按照顶推设备的布置方式，可分为单点顶推和多点顶推；按照顶推的方向，又可分为单向顶推和双向顶推。

1. 单点顶推

单点顶推多采用推头式顶推设备，并集中布置在主梁预制场附近的桥台或桥墩上，前方墩各支点上设置滑道支撑。单点顶推又可分为单向单点顶推和双向单点顶推两种方式。只在一岸桥台处设置预制场地和顶推设备的称为单向单点顶推；为了加快施工进度，也可在河两岸的桥台处设置预制场地和顶推设备，从两岸向河中顶推，这样的方法称为双向单点顶推。

图 4-32a 所示为单向单点顶推施工的示意图，图 4-32b 所示为三跨不等跨连续梁采用的双向顶推施工的示意图。用此法可以不设临时墩而修建中跨跨径较大的连续梁桥。

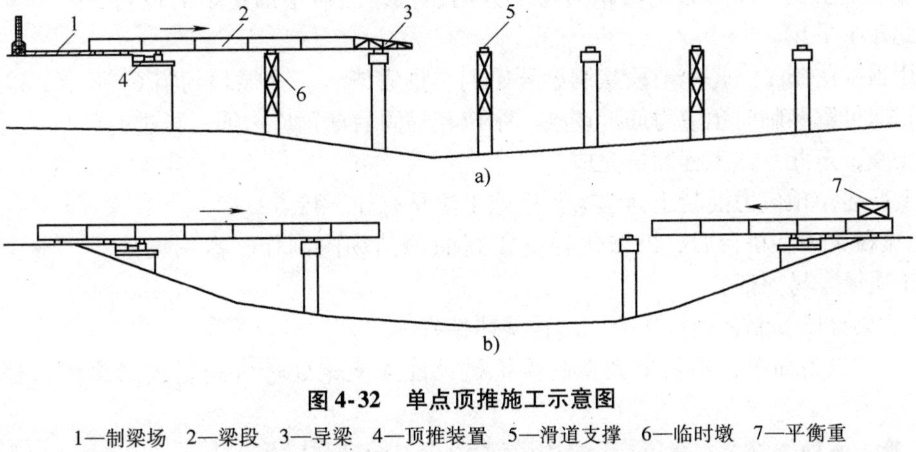

图 4-32 单点顶推施工示意图

1—制梁场 2—梁段 3—导梁 4—顶推装置 5—滑道支撑 6—临时墩 7—平衡重

2. 多点顶推

多点顶推是在每个墩台上设置一对小吨位的水平千斤顶，将集中的顶推力分散到各墩上。由于利用水平千斤顶传给墩台的反力来平衡梁体滑移时在桥墩上产生的摩擦阻力，从而使桥墩在顶推过程中承受较小的水平力，因此可以在柔性墩上采用多点顶推施工；同时，多点顶推所需的顶推设备吨位小，容易获得，因此在顶推法施工的预应力混凝土连续梁桥中应用较多。顶推装置一般多采用拉杆式。

图 4-33 所示为多联多跨桥梁采用多点顶推方式使每联单独顶推就位的施工示意图。在此情况下，在每个墩顶上均需设置顶推装置，且梁的前后端都应安装导梁。多点顶推施工的关键在于同步，因为顶推水平力分散在各桥墩上，一般均需通过中心控制室控制各千斤顶的出力等级，保证同时启动、同步前进、同时停止和同时换向。为确保在意外情况下能及时改变全桥的运动状态，各机组和观测点上需装置急停按钮。对于在柔性墩上的多点顶推，为尽量减小对桥墩的水平推力，千斤顶的出力按摩擦力的变化幅度分为几个等级通过计算确定。施工时，随时控制、调整顶力的级数，调控千斤顶的出力大小。由于千斤顶传力时间差的影响，将不可避免地引起桥墩沿桥梁纵向摆动，同时箱梁的悬出部分可能会上下振动，这些因素对施工极其不利，要尽量减少其影响。多点顶推与集中单点顶推相比，可以免去大规模顶力的顶推设备，能有效地控制顶推梁的偏离，顶推时对桥墩的水平推力可以减到很小，便于结构采用柔性墩。在弯桥采用多点顶推时，由各墩均匀施加顶力，同样能顺利施工。采用拉杆式顶推系统，免去了在每一循环顶推过程中用竖向千斤顶将梁顶起使水平千斤顶复位，简化了工艺流程，加快了顶推速度。但多点顶推需要较多的设备，操作要求也比较高。

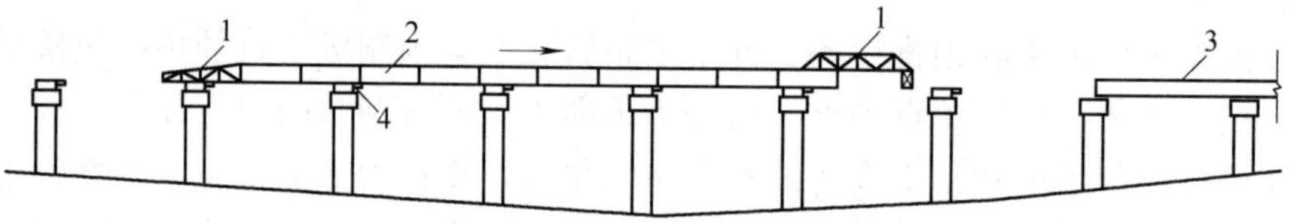

图 4-33　多点顶推施工示意图

1—导梁　2—梁段　3—已施工完成的梁　4—顶推装置

多点顶推法也可以同时从两岸向跨中方向顶推，但需增加更多的设备，使工程造价提高，因此较少采用。

采用顶推法施工，每个节段从制梁开始到顶推完毕，一个循环约需 6 ~ 8 天；全梁顶推完毕后，即可解除临时预应力筋，调整、张拉和锚固后期预应力筋，再进行压浆、封端及安装永久支座，至此主体工程即告完成。

综上所述，预应力混凝土连续梁顶推施工法具有如下特点。

1）梁段集中在桥台后、机械化程度较高的预制场内制作，占用场地小，不受气候影响，施工质量容易保证。

2）主梁分段预制，连续作业，结构整体性好。

3）顶推设备简单，不需要大型起重机械就能无支架建造大跨径连续梁桥，施工费用较低。

4）施工平稳、安全、无噪音，需用劳动力少，劳动强度小。

5）施工过程是周期性重复作业，操作技术易于熟练掌握，施工管理方便，工程进度易于控制。

采用顶推施工法的不足之处：施工阶段梁的受力状态与运营期间的受力状态不同，而且在施工过程中梁的受力状态不断变化，因此在梁截面设计和配束时，要同时满足施工与运营的要求，由此而造成用钢量较高。顶推法适用于等截面梁，当桥梁跨径较大时，选用等截面梁会增加结构耗用材料的数量，也增加施工难度，且不利于美观。顶推法施工以中等跨径的桥梁为宜。

4.5　隧道工程介绍

1. 隧道的概念

隧道是埋置于地层中的工程建筑物，是人类利用地下空间的一种形式。1970 年，国际经济合作与发展组织召开的隧道会议，综合了各种因素，对隧道所下的定义为，以某种用途、在地面下用任何方法、按规定形状和尺寸修筑的断面积大于 $2m^2$ 的洞室。

2. 隧道的分类

隧道的种类繁多，从不同的角度来分，就有不同的分类方法。从隧道所处的地质条件来分，可以分为土质隧道和石质隧道；从埋置的深度来分，可以分为浅埋隧道和深埋隧道；从隧道所在的位置来分，可以分为山岭隧道、水底隧道和城市隧道。但分类比较明确的还是按照隧道的用途来划分，可以有以下几种分类。

（1）交通隧道　这是隧道中为数最多的一种，它的作用是提供运输的通道。

1）铁路隧道。我国是个多山国家，铁路穿越这些地区时，往往会遇到山岭障碍。而铁路限坡平缓，无法上升到越岭所需要的高度；同时，铁路还有最小半径限制，常限于山岳地形无法绕过，需要修建隧道以克服高程或平面障碍。在沿着河谷修建铁路时，遇到河道弯曲、两岸横坡陡峻、地质不良等现象，常修隧道使线路从山里通过。隧道既可使线路顺直、线路缩短，又可以减小坡度，还可躲开各种不良地质条件，从而提高牵引定数，多拉快跑，使运营条件得以改善。所以，在山区铁路线上修建隧道的范例是很多的。川黔线上的凉风娅隧道，成昆线沙木拉达隧道，大秦线军都山隧道，西康线秦岭隧道，朔黄线长梁山隧道以及兰新复线乌鞘岭隧道等都是著名的越岭隧道，而成昆线的关村坝隧道、衡广复线大瑶山隧道等都是河谷地段截弯取直的良好范例。宝成线宝鸡至秦岭一段 45km 线路上就设有 48 座隧道，蜿蜒盘旋于秦岭崇山峻岭之中。

2）公路隧道。公路的限制坡度和最小限制曲线半径都没有铁路那样严格，过去在山区修建公路时，为节省工程造价，常常是宁愿绕行，也不愿修建费用昂贵的隧道，因此过去公路隧道为数不多。但是，随着高速公路的发展，它要求线路顺直、平缓、路面宽敞，于是在穿越山区时，也常采用隧道方案。此外，在城市附近，为避免平面交叉，利于高速行车，也常采用隧道方式通过。

3）水底隧道。当交通线需要横跨河道时，一般可以架桥或轮渡通过。但是，如果在城市区域内，河道通航需要较高的净空，而桥梁两端引道常需占用宝贵的城市用地或修建结构复杂的、很长的引桥，此时采用水底隧道，既不影响河道通航，也避免了风暴天气轮渡中断的情况，而且在战时不致暴露交通设施的目标，防护层厚，是国防上的较好选择。为横跨黄浦江，上海已修建了全长 2793m 的水底隧道。

4）地下铁道。地下铁道是解决大城市交通拥挤、车辆堵塞等问题，且能大量快速运送乘客的一种城市交通设施。它可以使很大一部分地面客流转入地下，可以高速行车，且可缩短车次间隔时间，节省了乘车时间，便利了乘客的活动。在战时，还可以起到人防的作用。

5）航运隧道。当运河需要越过分水岭时，克服高程障碍成为十分困难的问题，一般需要绕行很长的距离。如果层层设立船闸，建设投资很大，运转和维修的费用也很高，而且过往船只延误时间很多。如果修建航运隧道，把分水岭两边的河道连通起来，既可以缩短航程，又可以省掉船闸的费用，迅速而顺直地驶过，航运条件就大为改善了。

6）人行地道。城市闹市区行人众多，而且与车辆混行，偶有不慎便会发生交通事故。在横跨十字路口处，即使有指示灯和人行横道线，但快速的机动车也不得不频频减速，甚至要停车避让。为了提高交通运送能力及减少交通事故，除架设街心高架桥以外，也可以修建人行地道和地下立交车道。这样既可以缓解地面交通的压力，也大大减少了交通事故的发生。

（2）水工隧道　水工隧道（也称为隧洞）是水利枢纽的一个重要组成部分，根据其用途又可分为如下几种。

1）引水隧洞。它把水引入水电站的发电机组，产生动力资源。引水隧洞有的全部充水因而内壁承压，有的只是部分过水因而内部承受大气压力和部分水压，分别称之为有压隧洞和无压隧洞。

2）尾水隧洞。它是发电机组的排水通道。

3）导流隧洞或泄洪隧洞。它是水利工程中的一个重要组成部分，可起疏导水流或水库容量超限后的泄洪作用。

4）排沙隧道。它可用来冲刷水库中淤积的泥沙，把泥沙裹带送出水库。有时也用来放空水库里的水，以便进行库身检查或修理建筑物。

（3）市政隧道　市政隧道是城市中为安置各种不同市政设施而修建的地下孔道。由于城市不断发展，工商业日趋繁荣，人民生活水平逐步提高，对公用事业的要求也越来越高。许多城市不得不利用地下空间，把市政设施安置在地下，既可不占用地面面积，又不至扰乱高空位置和影响市容。

按市政隧道的用途，可有如下几种分类。

1）给水隧道。城市自来水管网遍布市区，必须有地下孔道来容纳安置这些管道，它既不占用地面，也可避免遭受人为的损坏。

2）污水隧道。城市污水需要引入到污水处理厂以净化返用，条件不充分时仍有部分污水还要排放到城市以外，这都需要有地下的排污隧道。这种隧道可能是本身导流排送，此时隧道的形状多采用卵形；也可能是在孔道中安放排污管，由管道排污。一般排污隧道的进口处，多设有拦渣格栅，把漂浮的杂物拦在隧道之外，不致涌入造成堵塞。

3）管道隧道。城市所供煤气、暖气及热水等，一般都是把管路放置在地下的孔道中。经过防漏及保温措施，把这些能源送到居民家中。

4）线路隧道。城市中，输送电力的电缆以及通讯的电缆，都安置在地下孔道中。既可以保证不为人们的活动所损伤或破坏，又免得悬挂高空，有碍市容观瞻。这些地下孔道多半是沿着街道两侧敷设的，也有将以上四种隧道合建成一个大隧道，称为“共同沟”。

5）人防隧道。为了战时的防空目的，城市中需要建造人防工程。当受到空袭威胁时，市民可以进入安全的庇护所。人防工程除应设有排水、通风、照明和通信设备以外，在洞口处还需设置各种防爆装置，以阻止冲击波的侵入。同时，还要做到多口联通、互相贯穿，在紧急时刻，可以随时找到出口。

（4）矿山隧道　在矿山开采中，常设一些隧道（也称为巷道）从山体向外通向矿床。

1）运输巷道。向山体开凿隧道通往矿床，并逐步开辟巷道，通往各个开采面。前者称为主巷道，是地下矿区的主要出入口和主要的运输干道；后者分布如树枝状，分向各个采掘面。此种巷道多用临时支撑，仅供作业人员进行开采工作用。

2）给水巷道。送入清洁水为采掘机械使用，并将废水及积水通过泵抽排出洞外。

3）通风巷道。矿山地下巷道穿过许多地层，将会有多种地下气体涌入巷道，再加上采掘机械不断排出废气，还有工作人员呼出气体，使得巷道内空气变得污浊。如果地下气体含有瓦斯，在含量达到一定浓度后，将会发生危险，轻则致人窒息，重则引起爆炸。必须及时把有害气体排除出，因此需要设置通风巷道，用通风机把污浊空气排出去，并把新鲜空气补进来。

3. 近年来主要铁路隧道工程

（1）南昆铁路隧道　南昆铁路东起南宁、西至昆明、北接红果，全长898.7km，为国家一级干线电气化铁路，南昆铁路是沟通我国西南与东南沿海最便捷的通道。南昆铁路是我国继成昆铁路之后，在艰险山区修建的又一条长大干线，高瓦斯煤层、高地应力、巨流涌水、大滑坡体、溶洞、膨胀岩、软土和地震断裂带等严重地质病害密布于线路穿越的90%以上区域。南昆铁路共有隧道263座，总长195.363km，占线路全长的21.7%。南昆线隧道修建技术包括瓦斯、软岩、岩溶、高烈度地震区的隧道灾害防治、隧道快速施工与机械设备配套，以及长隧道消防技术，都达到了新的高度，为山区大能力铁路建设提供了条件。

（2）西康铁路隧道　西康铁路是国家“八五”和“九五”重点工程。为一级单线电气化铁路并预留双线条件，正线全长267.8km。该线地形、地质复杂，工程艰巨，全线共有隧道98座，包括我国目前最长的秦岭特长隧道，站位困难，有16个车站分布在桥上、隧道内。全线大量采用了新技术、新工艺、新材料及新结构。

（3）西安南京铁路隧道　西安南京铁路一期工程西起西安市新丰镇编组站，途经陕西省渭南、商洛，河南省南阳、信阳，湖北省随州，安徽省六安等四省八地市，东至合肥东编组站，全长955km。全段线路通过秦岭山区、伏牛山区、桐柏山区、大别山区等，共有隧道80座，其中东秦岭双线隧道长达12.26km，桥隧延长176km，占线路总长的17.1%。

（4）渝怀铁路隧道　渝怀铁路西起重庆，东至怀化，途经重庆、贵州、湖南三省市，全长625km，为1级单线铁路，预留复线条件，一次建成电气化铁路。渝怀铁路全线修建桥隧562座，其中隧道长241km。

4.6 明（盖）挖法施工

明挖法指在地铁施工时，挖开地面，由上向下开挖土石方至设计标高后，自基底由下向上进行结构施工；当完成地下主体结构后，回填基坑及恢复地面的施工方法。盖挖法是由地面向下开挖至一定深度后，将顶部封闭，其余的下部工程在封闭的顶盖下进行施工的一种方法。

在地铁施工中，当场地开阔、建筑物稀少、交通及环境允许时，应优先采用施工速度快与造价较低的明挖法施工。但是在城市繁忙地带修建地铁时，明挖法往往占用道路，影响交通。因此在交通不能中断而且必须确保一定交通流量的情况下，可选用盖挖法施下。

4.6.1 明(盖)挖法的特点与施工工序

1. 明挖法的特点

在地面建筑物少、拆迁少和地表干扰小的地区修建浅埋地下工程时通常采用明挖法。明挖法按开挖方式分为放坡明挖和不放坡明挖两种。放坡明挖主要适用于埋深较浅、地下水位较低的城郊地段，边坡通常需要进行坡面防护、锚喷支护或土钉墙支护。不放坡明挖指在围护结构内开挖，主要适用于场地狭窄及地下水丰富的软弱围岩地区。围护结构的形式主要有地下连续墙、人工挖孔桩、钻孔灌注桩、钻孔咬合桩、SMW 工法、工字钢和钢板桩围堰等。

明挖法施工难度小，容易保证质量，工期短和造价低，因此在早期的地下工程施工中应用较多。但由于该法占地多、拆迁量大、影响交通及噪声污染严重，且随着浅埋暗挖法施工技术的进步和盾构法的引进，明挖法在地下工程修建中应用逐渐减少。目前，在地下工程修建中，明挖法主要应用于大型浅埋地下建筑物和郊区地下建筑物的修建。明挖法已逐渐演化成盖挖和明暗挖结合的施工方法，但总体来讲，明挖法在地下工程建设中仍是主要的施工方法。以北京地铁的修建为例，早期由于施工方法的限制，地铁一、二号线基本采用明挖法修建。随着地下工程修建技术的进步，明挖法主要应用于地铁车站的建设及郊区浅埋地下线路的修建。

2. 明挖法的施工工序

明挖法施工技术简单、快速、经济，常被作为地铁施工的首选方案。根据地质情况，明挖法施工一般可分为四个步骤：围护结构施工→内部土方开挖→工程结构施工→管线恢复及覆土。而围护结构施工是明挖法能否顺利实施的关键所在。

在明挖法施工中，围护结构的选择应根据地质条件的差异、围护结构的刚度以及对基坑防水的要求等来确定。围护结构可分为排桩围护结构（钢板桩、挖孔桩、钻孔桩、水泥土搅拌桩或劲性水泥土搅拌桩）、地下连续墙围护结构和土钉墙围护结构等。目前，地下铁道明挖基坑所采用的围护结构种类很多，其施工方法、工艺和所用施工机械也各异，因此应根据基坑深度、工程地质和水文地质条件、地面环境条件等，特别要考虑到城市施工的特点，经综合比较后确定。

围护结构及其支撑体系关系到明挖法实施的成败。常见的基坑内支撑结构形式有现浇混凝土水平面结构、圆形钢管及 H 型钢等。支撑的总体结构形状取决于开挖工作面，根据支撑方向的不同，可将支撑分为对口撑、角撑和斜撑等；在特殊情况下，也有设置成环形梁的。当内支撑跨度较大时，还需在坑内设临时立柱；当临时立柱构造和位置恰当时，以后就将其变为结构的永久立柱。

当侧压力比较小、基坑较浅时可以不设支撑。对地下水位较高的地区，土方开挖应注意因水土流失引起支撑不平衡导致的基坑坍塌，或因水土流失引起对周围环境的不利影响。内部结构的施工由下至上分步实施，最后做防水层和完成上部覆土。

明挖法施工工序描述如下：围护结构施工→内井点降水（或基坑底土体加固）→第一层开挖→设置第一层支撑→第 n 层开挖→设置第 n 层支撑→最底层开挖→底板混凝土浇筑→最下层支撑拆除→混凝土内衬浇筑→自下而上逐步拆除支撑→顶板混凝土浇筑。

3. 盖挖法的特点

盖挖法施工技术是先用地下连续墙、钻孔桩等形式做围护结构和中间桩，然后做钢筋混凝土盖板，在盖板、围护墙及中间桩的保护下进行土方开挖和结构施工。盖挖法有逆作、半逆作和顺作三种施工方法。所谓逆作法指按土方开挖顺序从上层开始往下进行主体结构施工；而顺作法则是在土方全部开挖完成后，从底板开始做主体结构的施工方法。

盖挖法的主要特点：

1）盖挖法的边墙既作为结构的永久性边墙又兼作基坑支护，因而可以简化施工程序，降低工程造价。另外，边墙用混凝土等刚性材料修筑，其变形量极小，因而可靠近地面原有建筑物的基础施工，而不致对其产生不利的影响。

2）采用盖挖法施工，占地宽度比一般明挖法小，且无振动和噪声。

3）盖挖法的顶盖一般均距地表面很近，这可缩短从破坏路面、修筑顶盖到恢复路面所需的时间，从而最大限度地减少对地面交通的干扰。对宽度较大的双跨或三跨结构，还可对顶盖进行横向分段施工，有利于地面交通的恢复。

4）盖挖法由于是自上而下施工的，先修顶盖成为基坑内的一道横撑，如为多层结构，则盖板均起到支撑的作用，从而可免去或减少施工时的水平支撑系统。

5）盖挖法是在松软地层中修筑地下多层建筑物的最好方法。暗挖法由于其断面形状和工艺特征，除岩石地层外，难以修筑多层结构；明挖法如果基坑开挖过深，支护也困难；而盖挖法只要将边墙修筑至一定深度，便可自上而下逐层开挖，逐层建筑，使修筑地下多层结构比较容易实现。

总之，盖挖法兼有明挖和暗挖法的优点，而其造价根据国内外经验，只比明挖法高约10%，大大低于暗挖法的造价。

4. 盖挖法的施工工序

盖挖法按其主体结构的施工顺序，可分为盖挖顺作法、盖挖逆作法和盖挖半逆作法三种方法。

（1）盖挖顺作法　在路面交通不能长期中断的道路下修建地下建筑物时，可采用盖挖顺作法。这种方法是在现有道路上，按所需宽度，在地表面完成挡土结构后，以定型的预制标准覆盖结构（包括纵、横梁和路面板）置于挡土结构上，维持交通畅通，往下反复进行开挖和加设横撑，直至设计标高；然后依序由下而上建筑主体结构和防水设施，回填土并恢复管线或埋设新的管线；最后根据需要拆除挡土结构的外露部分并恢复道路。

盖挖顺作法主要是根据现场条件、地下水位高低、开挖深度及周围建筑物的临近程度来选择钢筋混凝土钻（挖）孔灌注桩或地下连续墙作为挡土结构。对于饱和的软弱地层，应以刚度大、止水性能好的地下连续墙为首选方案。随着施工技术的不断进步，工程质量和精度更易于掌握，因此盖挖顺作法中的挡土结构常用来作为地下建筑物主体结构边墙体的一部分或全部。

如果开挖宽度很大，为了缩短横撑的自由长度，防止横撑失稳，并承受横撑倾斜时产生的垂直分力，以及行驶于覆盖结构上的车辆荷载和吊挂于覆盖结构下的管线重力，经常需要在建造挡土结构的同时建造中间桩柱以支撑横撑。中间桩柱可以是钢筋混凝土钻（挖）孔灌注桩，也可以采用预制的打入桩（钢或钢筋混凝土材料的）。中间桩柱一般为临时性结构，在主体结构完成时将其拆除。为了增加中间桩柱的承载力或减少其入土深度，可以采用底部扩孔桩或挤扩孔桩。

(2) 盖挖逆作法　如果开挖面较大、覆土较浅及周围沿线建筑物过于靠近，为防止开挖基坑而引起邻近建筑物沉陷，或需尽早恢复路面交通，但又缺乏定型覆盖结构时，可采用盖挖逆作法施工。其施工步骤是：先由地表面向下做基坑围护结构和中间桩柱。和盖挖顺作法一样，基坑围护结构多采用地下连续墙、钻孔灌注桩或人工挖孔桩，随后即可开挖表层土至主体结构顶板底面标高，利用未开挖的土体作为土模来浇筑顶板。此顶板还可以作为一道强有力的横撑，以防止围护结构向基坑内变形，待回填土后将道路复原，恢复交通。以后的工作都在顶板覆盖下进行，即自上而下逐层开挖并建造主体结构直至底板。在特别软弱的地层中，且邻近地面已有建筑物时，除以顶板（或楼板）作为围护结构的横撑外，还需设置一定数量的临时横撑，并在横撑上施加不小于设计轴力 70%~80% 的预应力。

为了减少围护结构及中间桩柱的入土深度，可在做围护结构和中间桩柱之前，用暗挖法预先做好它们下面的底纵梁，以扩大承载面积。当然，这必须在工程地质条件允许暗挖施工时才可能实现，而且在开挖最下一层土和浇筑底板前，由于围护结构和中间桩柱尚未入土，故必须采取措施，如设置横撑以增加它们的稳定性。

采用盖挖逆作法施工时，若采用单层墙或复合墙，结构的防水层较难做好。只有采用双层墙，即围护结构与主体结构墙体完全分离，无任何连接钢筋，才能在两者之间铺设完整的防水层。对于多层地下建筑物，还要特别注意中层楼板在施工过程中因悬空而引起的稳定和强度问题，一般可在顶板和楼板之间设置吊杆予以解决。

采用盖挖逆作法施工时，顶板一般都搭接在围护结构的外露部分，或将围护结构仅做到顶板搭接处，其余部分采用便于拆除的临时挡土结构围护。

(3) 盖挖半逆作法　盖挖半逆作法类似于逆作法，其区别仅在于顶板完成及恢复路面后，向下挖土至设计标高后先浇筑底板，再依次向上逐层浇筑侧墙、楼板。在盖挖半逆作法施工中，一般都必须设置横撑并施加预应力。

当采用逆作法或半逆作法施工时，都要注意混凝土施工缝的处理问题。由于它是在上部混凝土达到设计强度后再接着往下浇筑的，而混凝土的收缩及泌水，使施工缝处不可避免地要出现 3~10mm 宽的缝隙，这将对结构的强度、耐久性和防水性产生不良影响。

在逆作法和半逆作法施工中，如果主体结构的中间立柱为钢管混凝土柱，而柱下基础为钢筋混凝土灌注桩时，需要解决好两者之间的连接问题。一般是将钢管柱直接插入灌注桩的混凝土内 1m 左右，并在钢管柱底部均匀设置几个孔，以利于混凝土流动，同时也可加强桩、柱之间的连接。有时也可在钢管柱和灌注桩之间插入 H 型钢加以连接。

4.6.2 基坑种类及其对土质的适应性

根据基坑边坡稳定的技术措施和围护结构的不同，可将明（盖）挖法施工中的基坑分为敞口放坡基坑和有围护结构的基坑，如图 4-34 所示。

在选择基坑类型时，应根据基坑所处位置、地下建筑物埋深、工程地质和水文地质等条件综合因素加以确定。若基坑所处地面空旷、周围无建筑物或建筑物间距很大、地面有足够空地能满足施工需要又不影响周围环境时，可采用敞口放坡基坑施工。因为这种基坑施工简单、速度快、噪声小，无须做围护结构。如果因场地限制、基坑边坡坡度稍陡于规范规定时，则可采用适当的挡土结构，如土钉加混凝土喷抹面对边坡加以支挡，即使如此，该方法的造价仍然是较低的。

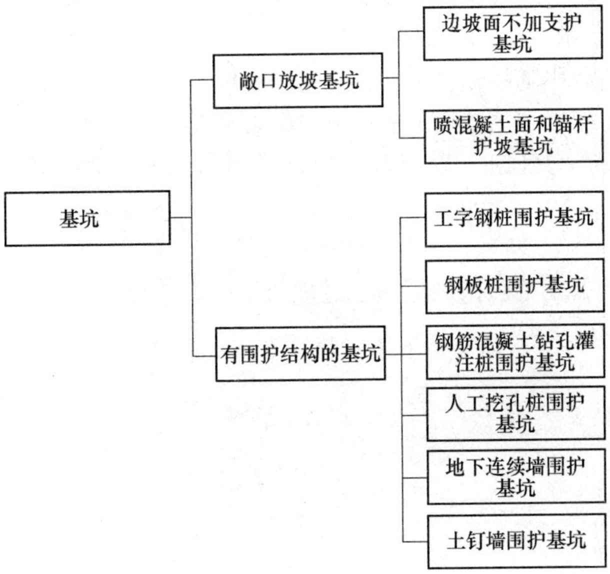

图 4-34　基坑分类图

如果基坑很深、地质条件差、地下水位高，特别是又处于繁华市区，地面建筑物密集、交通繁忙，无足够空地满足施工需要、没有条件采用敞口放坡基坑时，则可采用有围护结构的基坑。

1. 敞口放坡基坑

采用敞口放坡基坑修建地下铁道时，保证基坑边坡的稳定是非常重要的，否则，一旦边坡坍塌，不但地基受到震动，影响承载力，而且也影响周围地下管线、地面建筑物和交通安全。

（1）基坑边坡稳定的影响因素和稳定措施

1）影响因素。基坑边坡坡度是直接影响基坑稳定的重要因素。当基坑边坡土体中的剪应力大于土体的抗剪强度时，边坡就会失稳坍塌；其次，施工不当也会造成边坡失稳，主要表现为：

① 没有按设计坡度进行边坡开挖。

② 基坑边坡坡顶堆放材料、土方及运输机械车辆等增加了附加荷载。

③ 基坑降排水措施不力、地下水未降至基底以下，而地面雨水、基坑周围地下给排水管线漏水渗流至基坑边坡的土层中，使土体湿化，土体自重加大，增加土体中的剪应力。

④ 基坑开挖后暴露时间过长，经风化而使土体变松散。

⑤ 基坑开挖过程中未及时刷坡，甚至挖反坡，使上体失去稳定性。

2）稳定措施。基坑边坡的稳定措施主要有：

① 根据土层的物理、力学性质确定基坑边坡坡度，并在不同土层处做成折线形边坡或留置台阶。

② 必须做好基坑降排水和防洪工作，保持基底和边坡的干燥。

③ 基坑边坡坡度受到一定限制而采用围护结构又不太经济时，可采用坡面土钉、挂金属网喷混凝土或抹水泥砂浆护面等措施。

④ 严格禁止在基坑边坡坡顶 1～2m 范围堆放材料、土方和其他重物以及停置或行驶较大的施工机械。

⑤ 在基坑开挖过程中随挖随刷边坡，不得挖反坡。

⑥ 暴露时间在 1 年以上的基坑一般可采取护坡措施。

（2）基坑边坡坡度的确定　确定基坑边坡坡度有三种方法，即计算法、图解法和查表法。

1）计算法。

如图 4-35 所示，假定边坡破裂面为通过坡脚的一个平面，滑动面上部土体为 ABC，则其重力 $G=\dfrac{\gamma h^2}{2}\cdot\dfrac{\sin(\theta-\varphi)}{\sin\theta\sin\varphi}$，当土体处于极限—平衡状态时，边坡最大高 h(m) 为

$$h=\frac{2C\sin\theta\cos\varphi}{\gamma\sin^2\left(\dfrac{\theta-\varphi}{2}\right)} \tag{4-4}$$

式中　C——土体黏结力（kN/m^2）；

θ——边坡坡度角（°）；

φ——土的内摩擦角（°）；

γ——土体重度（kN/m^3）。

当土体 C、φ、γ 值和 h 为已知时，则基坑边坡的坡度角 θ 即可求出。

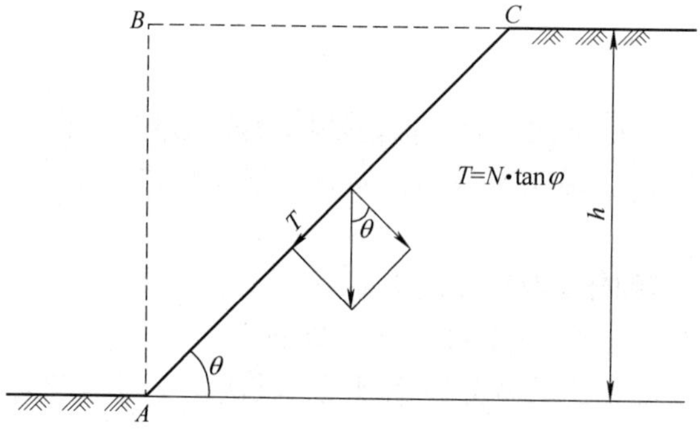

图 4-35　基坑边坡坡度

2）图解法。对于基坑边坡坡度为直线，坡顶为一平面而土质均匀时，其稳定边坡角或极限坡高，可由根据计算资料综合整理而得到的基坑边坡图解曲线求得。

3）查表法。在地下铁道的建设中，当地质条件良好、土质较均匀、地下水位低或能通过降水将地下水位维持在基底面以下时，常采用查表法确定基坑边坡的坡度。

2. 有围护结构的基坑

明挖法施工基坑所采用的围护结构种类很多，因其施工方法、工艺和所用的施工机械不同而不同，如工字钢桩围护结构、钢板桩围护结构、挖孔桩围护结构、钻孔桩围护结构、水泥土搅拌桩或劲性水泥土搅拌桩围护结构等。

4.6.3　地下连续墙围护结构

地下连续墙施工技术起源于欧洲，它是根据打井以及石油钻井使用泥浆和水下浇筑混凝

土的方法而发展起来的。地下连续墙是利用各种挖槽、成槽机械，借助于泥浆的护壁作用，在地下挖出窄而深的沟槽，并在其内浇筑适当的材料而形成一道连续地下墙体。

1950年，意大利米兰首次采用泥浆护壁的地下连续墙作为水力大坝的防渗墙，故地下连续墙技术又称米兰法，随后推广到欧、美各国。1959年，日本开始应用该技术，并于1961年在日本地铁4号线上采用。1958年，我国水电部首先将该技术用于青岛月子库水坝防渗墙工程。由于地下连续墙具有挡土、防水抗渗及承重等功能，故其在我国地铁的深基坑工程中得到了广泛应用。

1. 地下连续墙的类型和特点

（1）地下连续墙的类型　支护基坑的连续墙，按其受力特性可分为四种形式：仅用来挡土的临时围护结构；既是临时围护结构又作为永久结构的边墙，即所谓单层墙；作为永久结构边墙一部分的重合墙和复合墙。由于地下连续墙的作用不同，所以它和主体结构的连接方式也就不同。

（2）地下连续墙的优点

1）可减少工程施工时对环境的影响。施工时振动少，噪声低，对周围相邻的工程结构和地下管线的影响较小，沉降及变位较易控制。

2）防水抗渗性能好。近年来改进了地下连续墙的接头构造，提高了地下连续墙的防渗性能，除特殊情况外，施工时不需降低地下水位。

3）地下连续墙刚度大，能承受较大的侧压力。在基坑开挖时，变形小，因而周围地面沉降少，不会危害邻近建筑物。

4）适用于多种地基条件，除熔岩地质外，可适用于各种地质条件，在承压水头很高的砂砾石层采取措施后，也能采用。

5）在建筑物密集地区可以施工，对邻近建筑物及基础不产生影响，距邻近建筑物基础1m左右就可以顺利施工。

6）地下连续墙适宜与顺作、逆作施工相结合，既可用于超深围护结构，也可用于主体结构。

（3）地下连续墙的缺点

1）在一些特殊的地质条件下，如很软的淤泥质土，含漂石的冲积层和超硬岩石等，施工难度很大。

2）如果施工方法不当或施工地质条件特殊，可能出现相邻墙段不能对齐和漏水的问题。

3）地下连续墙如果用作临时的挡土结构，比其他方法所用的费用要高些。

4）在城市施工时，废泥浆的处理比较麻烦。

2. 地下连续墙成槽机械

成槽机械是地下连续墙施工的关键设备，应根据地质条件、开挖断面、技术要求等进行选用。目前在施工中应用较多的成槽机械有抓斗式、回转式和冲击式三种。

（1）抓斗式成槽机　抓斗式成槽机分液压抓斗和钢索抓斗二种。钢索抓斗是最简单的挖土机械，效率不高；液压抓斗的切土力较强，成槽效率高。

（2）回转式成槽机　以回转的钻头切削土体进行挖掘，钻下的土渣随循环泥浆排出地面。从钻头数目来看，有单头钻和多头钻之分。单头钻主要用来钻导孔，多头钻多用来挖槽。多头钻是一种采用动力下放、泥浆反循环排渣、电子测斜纠偏和自动控制钻进成槽的机械。日本称之为 BW 钻机。我国参考 BW 钻机同时结合我国国情，设计和制造了 SF 型多头钻。

（3）冲击式成槽机　通过钻头的上下运动或变换运动方向，击碎地基土，借助泥浆循环把土渣带出槽外。它不仅适宜于一般土层，也适用较硬的石质地层。

3. 地下连续墙施工

（1）工艺流程　地下连续墙的施工大致要经过导墙构筑、成槽、吊放接头管、吊放钢筋笼、浇筑水下混凝土及拔出接头管成墙等环节。

（2）导墙构筑　在地下连续墙施工中，导墙的作用以及形式的选择非常重要。

1）导墙的作用。

① 挡土：在挖掘地下连续墙沟槽时，地表土松软容易坍陷，因此在单元槽段挖完之前，导墙起挡土作用。

② 基准作用：导墙作为测量地下连续墙挖槽标高、垂直度和精度的基准。

③ 承重：导墙既是挖槽机械轨道的支撑，又是钢筋笼接头管等搁置的支点，有时还承受其他施工设备的荷载。

④ 存蓄泥浆：导墙可存蓄泥浆，稳定槽内泥浆液面。泥浆液面始终保持在导墙面以下 200mm，并高出地下水位 1m，以稳定槽壁。

⑤ 其他：导墙还可防止泥浆漏失，阻止雨水等地面水流入槽内；地下连续墙距现有建（构）筑物很近时，在施工时还起到一定的补强作用。

导墙一般为现浇钢筋混凝土结构，应具有必要的强度、刚度和精度，要满足挖槽机械的施工要求。

2）导墙的形式。在确定导墙形式时应考虑下列因素：地表层土的特性、荷载情况，地下连续墙施工对邻近建（构）筑物可能产生的影响及地下水状况。当施工作业面在地面以下（如在路面以下施工）时，还要考虑对先施工临时支护结构的影响。

导墙断面简单，适用于表层土质良好和导墙上荷载较小的情况；也适用于表层土为杂填土、软黏土等承载能力较弱的土层，因而将导墙做成倒“L”形或“］［”形。对地下水位高的土层，需将导墙提高，以保持泥浆面距地下水位 1m，导墙提高后两边要填土找平。

3）导墙施工顺序。平整场地→测量定位→挖槽→绑钢筋→支模板（一侧利用土模，一侧用模板）→支对撑→浇筑混凝土→拆模板加横撑→整理两侧土方（空隙填满夯实）。

4）导墙施工要点。

① 导墙基底应和地基密贴，墙侧回填土用黏性土夯实。

② 导墙中心位置即地下连续墙的中心，在平面上必须按测量位置施工，在竖向必须保证垂直。

③ 对导墙转角，应保证转角处断面的完整。

④ 导墙内水平钢筋必须相互连接成整体。

4. 护壁泥浆

（1）泥浆的作用　在地下连续墙的挖槽过程中，泥浆的作用首先是护壁，其次是携渣，第三是冷却机具和切土滑润。故泥浆的正确使用是保证挖槽成功的关键。

1）护壁。泥浆具有一定的密度，当槽内泥浆液面高出地下水位一定高度时，泥浆在槽内对槽壁产生一定的静水压力，可抵抗作用在槽壁外侧的土压力和水压力，相当于一种液体支撑，可以防止槽壁倒塌和剥落，并防止地下水渗入。此外，泥浆在槽壁上会形成一层透水性很低的泥皮，使泥浆的静水压力有效地作用在槽壁上；泥浆可还从槽壁表面向土层内渗透并达到一定范围，泥浆黏附在土颗粒上，这种黏附作用可降低槽壁的透水性，并防止槽壁坍塌。

2）携渣。泥浆具有一定黏度，能将钻头式挖槽机挖下的土渣悬浮起来，便于土渣随同泥浆排出槽外，并避免土渣沉积在工作面内影响挖槽。

3）冷却和滑润。采用冲击式或钻头式挖槽机在泥浆中挖槽时，泥浆可作为冷却剂，以降低因冲击或回转而引起的机具温度升高，也可作为钻具的滑润剂，以减少机具磨损，延长机具寿命，提高挖槽效率。

（2）泥浆的配合比与性能指标　泥浆搅拌常用高速回转式（即螺旋桨式）搅拌机，拌好的泥浆在贮浆池内一般静止 24h 以上，最低不少于 3h，以便膨润土颗粒充分水化膨胀。

在地下连续墙施工过程中，泥浆要与地下水、砂、土及混凝土接触，使得膨润土、掺合料等成分会有所消耗，而且混入一些土渣和电解质离子等，使泥浆受到污染而质量恶化。泥浆的恶化程度与挖槽方法有很大关系，如用钻抓法挖槽，大量土渣由抓斗直接抓出装车运走，泥浆污染程度低；如用反循环的多头钻成槽则污染程度高。使用过的泥浆，经过处理后可重复使用，在污染严重难以处理或处理不经济时则舍弃。

5. 挖槽

挖槽是地下连续墙施工的主要工序，提高挖槽施工效率是缩短工期的关键，保证挖槽的精度是确保地下连续墙质量的关键。

（1）槽段的划分　槽段的划分就是确定单元槽段的长度，它既是进行一次挖掘的长度，也是一次浇筑混凝土的长度。单元槽段越长，接头越少，可提高墙体的整体性和截水、防渗功能，并提高工作效率。但要结合以下条件综合考虑确定其长度：

1）地质条件对槽段壁面稳定性的影响。当地层不稳定时，为防止槽壁倒塌，应减小槽段的长度，以缩短成槽时间。

2）对相邻建（构）筑物的影响。当附近有高大建筑物或地面有较大荷载时，为了保证槽壁的稳定，应缩短槽段长度，以缩短槽壁暴露时间。

3）槽段最小长度不得小于挖槽机械工作装置的长度。

4）由于钢筋笼是整体吊装，因此其尺寸、大小和质量应结合现场起重机械的能力考虑。

5）混凝土的供应能力。一般每个单元槽段内的混凝土宜在 4h 内浇筑完毕。

6）泥浆储备池的容量。一般泥浆储备池的容量应不小于每个单元槽段容量的 2 倍。

7）作业面和连续作业时间。通常单元槽段可采用 2 ~ 4 个挖掘最小长度，一般为 4 ~ 8m，但最后封闭槽段应采用两个挖掘单元。

（2）槽段开挖

1）钻抓式挖槽机开挖。钻抓式挖槽机挖槽时采用两孔一抓施工工艺。预先在每一个挖掘单元的两端，先用潜水钻机钻两个直径与槽段宽度相同的垂直导孔，然后用导板抓斗依次挖除导孔之间的土体，使其形成槽段。导孔位置必须准确、垂直，以保证槽段质量。

掘削的泥土混在泥浆中以反循环方式排出槽外，一次下钻形成有效长为 1.3 ~ 2m 的圆形掘削单元。排泥采用专用潜水砂石泵或空气吸泥机，不断将吸泥管内泥浆排出。下钻时应使吊索处于张力状态，保持钻机适当压力，引导机头垂直成槽。下钻速度取决于泥渣排出能力和土质硬度，应注意保持下钻速度均匀。一般采用吸力泵排泥，速度为9.6m^3/h；采用空气吸泥法及砂石泵排泥，速度为5m^3/h左右。

2）回转式多头钻成槽机开挖。回转式多头钻成槽机属无杆钻机，一般由组合多头钻机（由4~5台潜水钻）、机架和底座组成。钻头采取对称布置、正反向回转，使扭矩相互抵消，旋转切削土体成槽。

3）清槽。为了给下道工序（如安装接头管、吊放钢筋笼或浇筑混凝土）提供良好条件，确保墙体质量，应对残留在槽底的土渣、杂物进行清除。

6. 槽段接头施工

地下连续墙施工要划分单元槽段，槽段之间有接头，接头的施工质量关系到墙体的防渗性与整体性。划分单元槽段时必须考虑槽段之间的接头位置，以保证地下连续墙的整体性。一般情况下，接头避免设在转角处以及墙内部结构的连接处。

常见的地下连续墙接头施工方法有接头管接头和接头箱接头两种。

（1）接头管接头　又称为锁口管接头，是地下连续墙用得最多的一种接头施工方法，指在槽段挖好后在其两端吊入接头管。

（2）接头箱接头　接头箱接头使地下连续墙形成更好的整体，接头处刚度好。接头箱与接头管施工相似，只是以接头箱代替接头管，在单元槽挖好后，先吊出接头箱，再吊放后一个槽段的钢筋笼。

4.6.4 基坑土钉墙围护结构

基坑土钉墙围护结构是近年来发展起来用于土体开挖和边坡稳定的一种新型挡土结构，由于其具有经济、施工快捷等优势，在我国得以迅速推广和应用。

所谓土钉墙支护就是利用加固和锚固现场原位土体的细长杆件（土钉）作为受力构件，与被加固的原位土体、喷射混凝土面层共同组成的支护体系。这种围护结构近年来在北京、广州、深圳等城市的高层建筑深基坑中应用较多。在北京地铁西客站预埋区间隧道的明挖基坑中也已采用，取得了较好的效果。

土钉墙围护结构用于深基坑开挖的方法如下，即从上到下分段开挖土方，每段高度一般为1~2m，并在开挖面上设置土钉，然后挂网喷混凝土。视土质情况，也可先挂网喷混凝土，后设置土钉。土钉可插入土体，但通常都是先钻孔，然后插入土钉并注浆。

1. 土钉墙的作用机理及工作性能

（1）土钉墙的作用机理　土钉通过滑裂面将基坑周围土体加固，土钉与土共同工作，形成了能大大提高原状土强度和刚度的复合性土体，如同重力式挡土墙。在土体受力条件改变的情况下，土体必然发生相应变形，通过土钉加固土体与土的摩擦力，使土钉被动受拉而给土体施加约束使其稳定，土钉墙由密集的土钉群、被加固的原位土体、喷射混凝土面层和必要的防水系统组成。土钉与锚杆有相似之处，但作用机理不相同：对于锚杆，除锚固段外，锚杆沿其长度受到同样的拉力，并将拉力通过锚座传给面层的挡土墙或桩；但土钉的受力沿其长度是不均匀的，土钉支护中的混凝土面层不属主要受力构件；土钉间距小而数量多，锚杆间距大而数量少。土钉与灌浆锚杆相同之处较多，但土钉一般都较短，而灌浆锚杆则较长。

（2）土钉墙的工作性能

1）土钉墙支护变形较小，最大的水平位移出现于墙体顶部，越往下越小。土钉墙支护体内的水平位移随离开墙面距离增大而减少。

2）土钉内的拉力分布是不均匀的，一般呈现中间大、两端小的规律，土体产生微小变位时才能使土钉受力。

3）采用密集土钉加固的上钉端支护性能类似重力式挡土墙，破坏时明显带有平移和转动的性质。

4）在土钉墙支护整体破坏前，喷射混凝土面层和上钉一般不会产生破坏现象。

5）墙面土压力分布并不接近于三角形，在坡角处土压力减少，其合力为库仑土压力的70%，这种土压力减少是由于土钉将土连接成一个整体而造成的口

2. 土钉墙的特点

1）能合理地利用土体的自承能力，将土体作为支护结构的不可分割部分。

2）结构轻型，柔性大，有良好的抗震性和延展性。

3）施工便捷、安全，上钉的制作与成孔简单易行，且灵活机动，便于根据现场监测的变形数据和特殊情况及时变更设计。

4）施工不需单独占用场地，当施工场地狭小、放坡困难、有相邻建筑和大型护坡施工设备不能进场时，该技术显示出独特的优越性。

5）稳定可靠，支护后边坡位移小，水平位移一般为基坑深度的0.1%~0.2%，最大不超过0.3%，承载能力强。

6）工期短，可以随开挖随支护，基本不占用施工工期。

7）费用低，与其他支护类型相比，工程造价降低10%~40%左右。

3. 土钉墙的应用范围

1）地下水位以上或进行人工降水后的可塑、硬塑以及坚硬的黏性土。

2）胶结或弱胶结（包括毛细水黏结）的粉土、砂土和角砾、填土。

随着土钉墙理论与施工技术的不断成熟，在经过大量工程实践后，土钉墙支护技术在杂填土、松散砂土、软塑或流塑土、软土中也得以应用，并可与混凝土灌注桩、钢板桩或在地下水位以上的土层与止水帷幕等配合使用进行支护，从而扩大了土钉墙支护的应用范围。

采用土钉墙支护的基坑深度不宜超过18m。

4. 土钉墙施工

（1）施工流程　编写施工方案及施工准备→开挖→清理边坡→孔位布点→成孔→安设土钉钢筋（钢管）→注浆→铺设钢筋网→喷射混凝土面层→开挖下一步。土钉墙的施工流程如图4-36所示。

根据不同土质特点和支护结构方法，上述个别顺序可以变化。支护内的排水以及坡顶和基底的排水系统应按整个支护从上到下的施工过程穿插设置。

（2）施工工艺

1）准备工作。

① 认真学习规范，熟悉设计图样，以书面形式请甲方提供地下障碍物、管线位置图，了解工程的质量要求以及施工中的监控内容，编写施工方案。

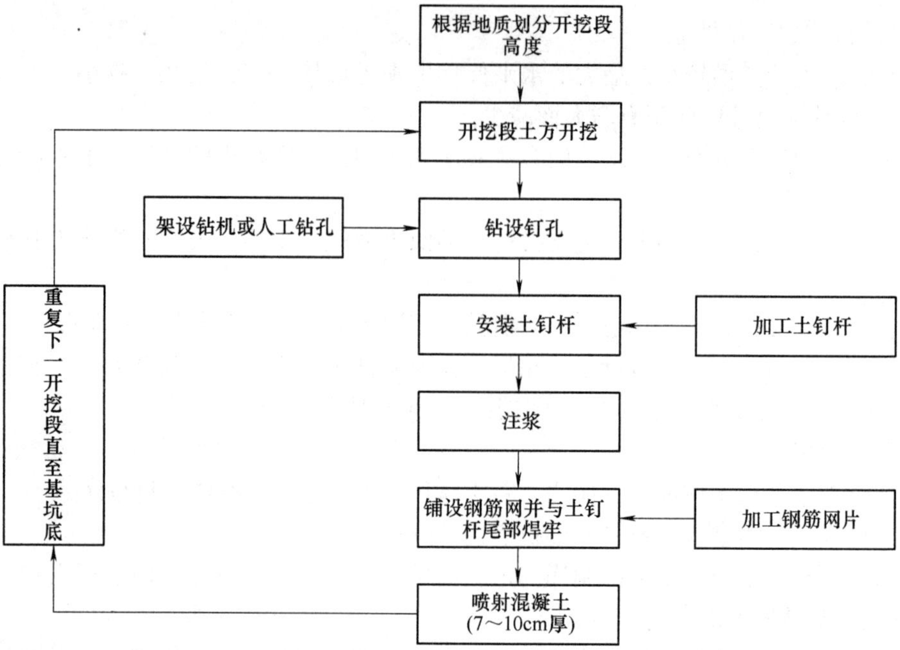

图 4-36　土钉墙的施工流程

② 施工前应确定基坑开挖线、轴线定位点、水准基点及变形观测点等，并在设置后加以妥善保护。

③ 组织项目管理小组及专业施工队伍，对施工人员进行班前技术学习、安全交底，并完成上报审批程序。

④ 按照施工方案选择施工机具与工艺，并检查设备运转情况，安排现场水、电、照明及施工。材料进场后，做好原材料的检验与混凝土、水泥浆的试配。

2）开挖。

① 土钉墙支护应按施工方案规定的分层开挖深度及作业顺序施工，在完成上层作业面的土钉与喷射混凝土以前，不得进行下一层开挖。

② 当使用机械进行土方作业时，严禁边壁出现超挖或造成边壁土体松动，当基坑边线较长时，可分段开挖，开挖长度为 10～20m。

③ 分层开挖的深度和施工的作业顺序应保证修整后的裸露边坡能在规定的时间内保持自立，并在限定的时间内完成支护。应尽量缩短边壁土体的裸露时间，对于自稳能力差的土体，如高含水量的黏性土和无天然黏结力的砂土，必须立即进行支护。

④ 为防止基坑边坡的裸露土体发生塌陷，对于易坍塌的土体，应因地制宜，采用相应的防范措施。

⑤ 在开挖过程中，如遇到土质与原设计有异常情况时，应及时进行信息反馈。

3）清理边坡。基坑开挖完成后，基坑的边壁宜采用小型机具或小铲进行切削清坡，以达到设计规定的坡度。

4）孔位布点。土钉成孔前应按设计要求定出孔位并做出标记编号。孔位的允许偏差不大于 150mm。

5）成孔。根据经验，一般采用人工成孔的孔径、孔深、孔距及倾角必须满足设计标准，其误差应符合 CECS 96:97《基坑土钉支护技术规程》的要求。当出现边坡土体含水量较大、杂填土较厚及松散砂层等情况不宜进行人工成孔时，可采用钢管代替钢筋，利用机械打入土层。钢管上可每隔 300mm 钻直径为 8～10mm 的出浆孔，梅花形布置，并用角钢 30°呈倒刺状焊于孔边，以防打管时散落土粒堵塞出浆孔，同时增加其抗拔力。钢管前端宜做成锥形，以减少打入时的摩擦阻力。在成孔过程中，如遇障碍物需调整孔位时，不得影响支护安全。成孔后，要进行清孔检查，对塌孔处应及时处理。

6）置钉及注浆。

① 置钉：在直径为 18～32mm 的Ⅱ级或Ⅲ级土钉钢筋上设置定位架，保证土钉钢筋处于孔的中心部位，支架沿钉长的间距为 2～3m，支架的构造应不妨碍注浆时浆液的自由流动。

② 注浆：成孔后，应及时将土钉钢筋置入孔中，可采用重力、低压（0.1～0.6MPa）或高压（1～2MPa）方法按配合比将水泥浆或砂浆注入孔内。重力注浆以满孔为止。但需进行 1～2 次补浆；压力注浆采用二次注浆法，并在钻孔口设置止浆塞和排气孔；注浆导管应先插入孔底，以低压注浆，同时将导管以匀速缓慢撤出，导管的出浆口应始终处在孔中浆体的表面以下，保证孔中气体能全部逸出。导管与孔口 0.5～1m 时高压注满，并保持高压 3～5MPa；采用钢管时，应使用高压注浆，注满后及时封堵，让压力缓慢扩散；注浆时，需加入早强剂和膨胀剂，以提高注浆体早期强度和增大其与孔壁土体的摩擦力。

7）铺设钢筋网片。钢筋网片可用直径为 6～8mm 盘条钢筋焊接或绑扎而成，网格尺寸为 150mm×300mm。在喷射混凝土前，面层内的钢筋网片应固定在边壁上并符合规定要求的保护层厚度。钢筋网片可用插入土中的钢筋固定，在混凝土喷射时应不出现振动。

8）喷射混凝土面层。

① 喷射混凝土的顺序应自下而上，喷头与受喷面距离宜控制在 0.8～1.5m 范围内，射流方向垂直指向喷射面。在钢筋部位，应先喷钢筋后方，然后再喷填钢筋前方，防止在钢筋背面出现空隙；也可在铺设钢筋网片前初喷一次，铺设网片后再进行复喷，一次喷射厚度不宜小于 40mm。喷射混凝土前，应先向边壁土层喷水润湿，喷射时应加入速凝剂，以提高混凝土的凝结速度，防止混凝土塌落。

② 为保证喷射混凝土的厚度，可用插入土内用以固定钢筋网片的钢筋作为标志加以控制。当面层厚度超过 100mm 时，应分两次喷射，每次喷射厚度宜为 50～70mm。继续进行下步喷射混凝土作业时，应仔细清除预留施工缝接合面上的浮浆层和松散碎屑，并喷水使之潮湿。为使施工缝搭接方便，每层下部 300mm 可喷成 45°的斜面形状。

③ 喷射混凝土终凝后 2h 应根据当地条件，采取连续喷水养护 5～7 天。

④ 土钉墙支护时的喷射混凝土面层宜插入基坑底部以下，深度不小于 0.2m，在基坑顶部也宜设置宽度为 1～2m 的喷混凝土护顶。

9）排水系统。

① 土钉墙支护宜在排除地下水的条件下施工，包括地表排水、支护内部排水和基坑排水，以避免土体处于饱和状态并减轻作用于面层上的静水压力。

② 基坑顶部四周可做散水和排水沟，坑内应设置排水沟和集水坑，并与边壁保留 0.5～1m 的距离，集水坑内的积水应及时抽出。

③ 当基坑侧壁水压较大时，可在支护面层背部插入长度为400～600mm、直径不小于40mm的水平导水管，外端伸出支护面层，间距为1.5～2m，以便将混凝土面层后积水排出。

5. 原材料

1）水泥：采用强度等级为32.5MPa的普通硅酸盐、矿渣硅酸盐水泥。

2）砂、石子：采用细度模数不小于2.3的中砂和粒径不大于12mm的细石，砂含泥量不大于3%，石子含泥量不大于2%。

3）钢筋、钢管：Ⅱ级或Ⅲ级钢筋，直径为18～32mm；盘条钢筋直径为6～8mm或直径为48mm的钢管。

4）外加剂：采用符合有关规范要求的早强剂、膨胀剂和速凝剂，在冬季施工时，在喷射的混凝土中应加入防冻剂。

4.6.5 排桩围护结构

在开挖基坑时，对于不能放坡或由于场地限制、开挖深度为6～10m的基坑，可以采用排桩围护结构。排桩围护结构（又称帷幕桩围护结构）是地铁基坑开挖施工中经常采用的围护结构形式。

1. 排桩围护结构的类型

（1）按基坑土质分类

1）柱列式排桩围护结构。当边坡土质较好、地下水位较低时，可采用柱列排桩围护结构。

2）连续式排桩围护结构。当土质较软不足以形成土拱时，应采用连续式密排桩。密排的钻孔桩可以相互搭接，或在桩身混凝土强度尚未形成时，在相邻桩之间做一根素混凝土桩把钻孔桩排连接起来；也可以采用SMW搅拌桩、钢板桩或钢筋混凝土板桩等。

3）组合式排桩围护结构。当地下水位较高、开挖深度大，且对周围土体位移要求十分严格时，可采用钻孔灌注桩排桩与搅拌桩或SMW防渗墙组合的结构形式。

（2）按基坑开挖深度分类

1）无支撑（悬臂）围护结构。当基坑开挖深度不大时，可利用悬臂作用挡住墙后土体。

2）单支撑结构。当基坑开挖深度较大、不能采用无支撑围护结构时，可以在围护结构顶部附近设置一单支撑（或锚杆）。

3）多支撑结构。当基坑开挖深度较深时，可设置多道支撑，以减少挡墙的内力。

2. 排桩围护结构的施工

构成排桩的基本桩单元可以是工字钢桩、钢板桩、挖孔桩、钻孔桩、水泥土搅拌桩或劲性水泥土搅拌桩等，它们的施工要点如下。

（1）工字钢桩围护结构　作为基坑围护结构主体的工字钢，一般采用Ⅰ50、Ⅰ55、Ⅰ60的大型工字钢，基坑开挖前，在地面用冲击式打桩机沿基坑设计边线逐根打入地下，桩间距一般为1.0～1.2m。若地层为饱和淤泥等松软土层，也可采用静力压桩机和振动打桩机进行沉桩。当开挖基坑时，随着土方的开挖，在桩间插入50mm厚的水平背板，以挡住桩间土体。当基坑开挖至一定深度后，若悬臂工字钢的刚度和强度都不够了，就需要设置腰梁和横撑或锚杆（索），腰梁多采用大型槽钢、工字钢制成，横撑则可采用钢管或组合钢梁。

1）腰梁、横撑及锚杆位置的确定。柱列式地下连续墙和支护桩顶部一般均采用浇帽梁将其连接为一个整体，而工字钢桩、钢板桩通常随基坑土方开挖，在其 2～3m 处设置第一道横撑。为防止锚杆拉应力对土层及地下管线产生不良影响，一般第一道锚杆设置在距地面以下 4m 处；其他各层横撑及锚杆位置应根据受力经计算确定，并在基坑土方开挖过程中，随挖随设置。

由于地铁车站等主体结构埋置深，所以基坑围护结构需设置多道横撑或锚杆。当结构完成后，还要拆除腰梁、横撑和锚头等，因此基坑围护结构的横撑、锚杆和腰梁的设计必须与主体结构施工步骤紧密结合。除主体结构顶面以上的横撑底面至结构顶板距离不小于 1000mm（以利于结构顶板施工）外，其他各层横撑还应考虑在结构施作到每一部位后如何拆除的问题，以利于横撑和腰梁的使用，并且保证施工安全和工程质量。

2）土层锚杆的布置与施工。当基坑面积很大而且采用横撑较困难时，采用锚杆支撑则更能显示出其优越性，但在地层软弱而松散时，锚杆的设置较为复杂和困难。

设计土层锚杆时应进行承载力、截面面积和稳定性等方面的计算。

土层锚杆由锚头、锚杆和锚固体三部分组成。目前，我国地下铁道明挖基坑围护结构的锚杆杆体多采用钢筋或钢绞线。

① 锚杆布置：最上层锚杆的覆土厚度一般不少于 4m。锚杆间距通过计算确定，一般上下层间距为 4～5m，水平间距为 1.5～3m；锚杆倾角为 13°～35°。锚固体位于滑动土体 1m 以外，常用的锚杆长度为 15～30m。

② 土层锚杆施工：

a. 钻孔。应根据地质情况选用不同的钻机，钻孔前，根据设计先定出孔位并做好标志；钻孔时，严格控制位置、方向和深度。

b. 锚杆制作与安装。制作锚杆时应根据设计断面采用 1～3 根钢筋或钢绞线制成束型，每隔 2～3m 绑扎一处。为保证锚杆束位于钻孔中心，并方便插入，每隔 2～3m 左右放置一个定位器；同时，为使非锚固段拉杆自由伸长，在锚固段和非锚固段之间放置堵浆器，或者在非锚固段包裹塑料布进行防黏结保护。

锚杆安装前要认真检查，符合要求方可进行安装。当钻机的钻杆退出后，应及时插入锚杆和注浆管。

c. 注浆。注浆是土层锚杆施工中的一个关键工序，施工时要特别认真。锚杆注浆一般使用纯水泥浆，通常用普通硅酸盐水泥，水灰比采用 0.4～0.45，流动性适宜泵送。为防止泌水、干缩和降低水灰比，可掺外加剂和微膨胀剂。灌浆一般采用一次灌浆法，在一些重要工程上，也可进行第二次注浆，以提高锚杆的承载能力。

d. 锚杆试验与张拉。锚杆试验一般分抗拔试验、抗拉试验和张拉试验。抗拔试验是在使用新型锚杆或在过去末曾用过的土壤条件下设置锚杆，为得到锚杆的极限承载能力而进行的试验；抗拉试验是在工地相同条件下进行的，把荷载张拉至设计荷载，并绘制出锚杆的荷载变位图，作为张拉锚杆的检查验收标准。前两种试验的锚杆根数一般均取三根。张拉试验是对用于工程中的每一锚杆施加一定的预应力。我国地下铁道明挖基坑锚杆的张拉预应力，一般为设计荷载的 70%；加载时，一般依次为设计荷载的 25%、50% 和 70%，并进行锁定。每次加载后，都要量取锚头的变位，并把张拉试验结果与抗拉试验结果对照，如果张拉试验结果不超过抗拉试验结果即为合格。

工字钢桩围护结构适用于黏性土、砂性土和粒径不大于100mm的砂卵石地层。当地下水位较高时，必须配合人工降水措施。打桩时，施工噪声一般都在100dB（A）以上，大大超过环保法规的限值，因此这种围护结构只适用于远离居民区的郊区基坑施工。

（2）钢板桩围护结构　钢板桩强度高，桩与桩之间的连接紧密，隔水效果好，可多次倒用。因此，沿海城市（如上海、天津等地）修建地下铁道时，在地下水位较高的基坑中采用较多。

钢板桩常用断面形式多为U形或Z形。我国地下铁道施工中多用U形钢板桩，其沉放和拔除方法以及使用的机械均与工字钢桩相同，但其构成则可分为单层钢板桩围堰、双层钢板桩围堰及帷幕等。由于地下铁道施工时基坑较深，为保证其垂直度且便于施工，并使其能封闭合拢，多采用帷幕式结构。

钢板桩围护结构的适用范围与工字钢的适用范围基本相同。

（3）钻孔灌注桩围护结构　钻孔灌注桩常作为地铁基坑开挖中的围护结构，其成孔施工分为干作业和湿作业两种。

1）干作业成孔施工。干作业成孔施工，即无泥浆非循环钻进法，适用于地下水位低于桩底的一般黏性上、砂土及人工填土地基。

干作业成孔一般采用螺旋钻机施工，螺旋钻机分长螺旋钻机和短螺旋钻机两种。由于地质条件限制，长螺旋钻机应用较广。对于短螺旋钻机，在钻进过程中挤入钻杆、叶片间的土，需要把钻头提升到地面后反转才能甩出。因反复钻进和提升，孔壁扰动后易于坍塌，故螺旋钻机在黏性土中较为适用，其他软土地层则受到一定限制。长螺旋钻机钻孔直径一般为300～800mm，深度可达25m；而短螺旋钻机钻孔直径一般为400～500mm，深度可达35m。

长螺旋钻机由主机、滑轮、螺旋钻杆、钻头、滑动支架及出土装置等组成，主要利用螺旋钻头切削土壤，被切下的土块随钻头旋转，并沿螺旋叶片上升而被推出孔外。该类钻机结构简单，使用可靠，成孔作业效率高、质量好，无振动、无噪声，最宜用于匀质黏性土，并能较快穿透砂层。

2）湿作业成孔施工。利用钻机水下钻孔，同时借助泥浆护壁、携渣的成孔施工称为湿作业钻进法。此法适用于一般黏性土、淤泥和淤泥质土、砂性土和碎石类土，尤其适用于地下水位较高的土层。湿作业钻进法成孔有冲击钻机成孔、正循环旋转钻机成孔、反循环旋转钻机成孔及旋挖钻机成孔等，可应用在不同的土层中。

① 冲击钻机成孔。利用悬吊着的钻头的冲击力，将钻孔内的土或岩层冲碎，并采用泥浆护壁，通过捞渣将钻孔内的大部分泥土清出孔外。其操作要点为：钻孔前，先在孔口处埋设护筒，然后使钻机就位。并使钻头中心对准护筒中心；在钻进过程中，当深度在护筒底以下3～4m时，应低锤冲击，锤高控制在0.4～0.6m，并及时加泥浆护壁，保持孔壁稳定。在钻进中，每冲击3～4m掏一次渣，并及时加水保持孔内水位高度，防止坍孔。掏完渣后，向孔内加护壁泥浆并保持正常浓度，这样反复冲孔、掏渣、注浆，直至达到设计深度。

② 正循环回转钻机成孔。它是在钻机驱动钻具回转钻进的同时，泥浆泵将泥浆压进泥浆龙头，冲洗液沿钻杆与孔壁之间的环形空间上升，通过钻杆中心从钻头喷入钻孔内，泥浆挟带钻渣沿钻孔上升，从护筒顶部排浆孔排出流至沉淀池，钻渣在此沉淀而泥浆仍进入泥浆池循环使用。钻机的主要部件有转盘、电动机、卷扬机、钻架、钻杆、钻头和水管等。

③ 反循环回转钻机成孔。反循环与正循环程序相反，将泥浆用泥浆泵送至钻孔内，然后从钻杆下的钻头吸进，通过钻杆和砂石泵排到沉淀池，泥浆沉淀后再循环使用。反循环法吸泥有两种方式，即反循环泵方式（泵吸）吸泥和空气升液方式（泵举）吸泥。反循环泵方式吸泥是钻管上端有软管与离心泵连接，吸泥时先用真空泵排出软管和钻管中的空气，再起动离心泵抽吸泥水；空气升液方式吸泥是在钻管底端附近喷吹压缩空气，产生密度较小的空气和泥水混合物，形成管内外的密度差值，由此在管内产生向上的水流。反循环回转钻机成孔的主要设备与正循环钻机成孔的设备基本相同，但一般不需要泥浆泵，按吸升泥浆和排渣方法不同，需配置吸泥泵与真空泵，或者空气吸泥机和水力吸泥机等。

④ 旋挖钻机成孔。它是近年从日本、意大利等国引进的新技术。如意大利产 TH18-60 型旋挖钻机，适用于一般软土、黏土地层，在泥浆护壁的同时，进行旋挖钻孔，掏渣后垂直提升扔到孔外。该钻机具有不排浆、速度快（40m 长的桩，可在 4 ~ 5h 内完成）、用电少等优点，但钻机成本较高。在不允许泥浆污染、施工速度要求快的地方特别适用。

（4）挖孔灌注桩围护结构　挖孔灌注桩又称人工挖孔桩，具有应用灵活，无机械噪声和泥浆污染，易纠偏和控制精度，对施工场地和机具设备要求不高，造价便宜等优点，被广泛用于基坑的围护结构和建筑物基础。各国对挖孔灌注桩围护结构有不同的称呼，在英国被定义为人工挖掘的沉井，在美国又被称为加利福尼亚井和芝加哥沉井。

1）成孔方法和步骤。挖孔灌注桩通常是由人工用手持式工具挖掘成孔，并用手摇或电动绞车来吊桶出土。每挖一节桩身土方后，随即立模灌注混凝土护壁，逐节交替地由上而下进行直到设计标高。随着井身加深，应及时安装通风、照明和通讯等设备。若挖至地下水位以下，一般可采用潜水泵排水，但为防止挖孔底部坍方，排水量不应超过 60L/min。若水量过大，则应预先人工排水或进行注浆加固，然后再挖孔。

挖孔灌注桩的最小直径为 800mm，但为了工作方便以不小于 1200mm 为宜。

为了防止挖孔坍塌，保证施工安全，每节桩身开挖长度控制在 0.9 ~ 1.0m；在困难地质条件下，每一节的开挖长度尚应减少。混凝土护壁厚度为 100 ~ 150mm，必要时可配置一定数量的 $\phi 6 \sim 10$ 的钢筋，混凝土强度为 C20。对特大直径的挖孔灌注桩，其混凝土护壁的尺寸和结构应专门设计。混凝土护壁均留在挖孔内，成为桩身的一部分。

挖孔灌注桩桩身混凝土的制备和灌注方法及技术要求与钻孔桩相同。

2）挖孔灌注桩的施工安全措施。挖孔灌注桩的施工安全是头等重要的大事，除上面已提到的要求外，还应注意：

① 要有足够的现场调查资料和丰富的现场管理经验，并严格按操作规程施工。

② 要加强地面观察，检查其是否产生异常的沦陷现象。

③ 在孔口处应设置围栏和工作平台。

④ 设置通风系统和瓦斯检测仪器。

⑤ 井下挖土工人应佩戴安全帽、安全带及防毒口罩，孔内要设置救生吊梯。

（5）水泥土深层搅拌桩围护结构　水泥土深层搅拌桩是利用水泥、石灰等材料作为固化剂，通过深层搅拌机械，将软土和固化剂（浆液或粉体）强制搅拌，利用固化剂和软土之间所产生的一系列物理、化学作用，使软土硬结成具有整体性、水稳定性和一定强度的桩体。

深层搅拌法适宜于饱和软黏土，包括淤泥和淤泥质土、黏土和粉质黏土等。一般认为，对含有高岭石、多水高岭石与蒙脱石等黏土矿物的软土加固效果较好；对含有伊里石、氯化物等黏性土以及有机质含量高、酸碱度（pH）较低的黏性土的加固效果较差。

水泥土深层搅拌桩支挡结构不透水，不设支撑，基坑能在敞开的条件下开挖，使用的材料仅为水泥，因此具有较好的经济效益。水泥土深层搅拌桩的主要缺点是其抗拉强度低，因而常排列成格栅形式，成为重力坝式挡墙，或在其中插入型钢进行改良。

水泥土深层搅拌桩的施工过程如下：

1）桩架定位及保证垂直度。

2）预搅下沉。待深层搅拌机的冷却水循环正常后，起动搅拌机，放松起重机钢丝绳，使搅拌机沿导向架搅拌切土下沉，下沉速度可通过电动机的转速进行控制。

3）制备水泥浆。按设计要求的配合比拌制水泥浆，在压浆前将水泥浆倒入集料斗中。

4）提升、喷浆并搅拌。深层搅拌机下沉到设计深度后，开启灰浆泵将水泥浆压入地基土中，边喷浆、边旋转，同时严格按照设计确定的提升速度提升搅拌头。

5）重复搅拌或重复喷浆。搅拌头提升至设计加固深度的顶面标高时，集料斗中的水泥浆应正好排空。为使软土和水泥浆搅拌均匀，可再次将搅拌头边旋转边沉入土中，至设计加固深度后再将搅拌头提升出地面。根据需要，还可以再次复搅、复喷（即二次喷浆）。一般在第一次喷浆至顶面标高时，应喷完总浆量的60%；再次将搅拌头边搅边沉入土中至设计深度后，随后将搅拌头边提升边搅拌，喷完余下的40%水泥浆。喷浆搅拌时，搅拌头的提升速度不应超过0.5m/min。

6）移位。桩架移至下一桩位继续施工。

（6）劲性水泥土搅拌桩围护结构　劲性水泥土搅拌桩围护结构又称SMW，它是在水泥土深层搅拌桩中插入型钢或其他芯材，形成具有承载力与防渗两种功能的围护结构。

在设计分析上，目前对水泥土与型钢之间黏结强度的研究还不充分。通常认为，水、土侧压力全部由型钢单独承担，水泥土搅拌桩的作用在于抗渗止水；水泥土对型钢的包裹作用提高了型钢的刚度，可起到减小位移的作用。此外，水泥土起到套箍作用，可以防止型钢失稳，对H型钢还可以防止翼缘失稳，这样可使翼缘厚度减小到很薄（甚至可以小于10mm）。

1）劲性水泥土搅拌桩的优点。

① 占用场地小。一般钢筋混凝土地下连续墙的墙体加导墙的宽度为1.0～1.2m，双头搅拌桩加灌注桩宽度大于2m。而SMW工法的单排桩，一般宽度为0.65～0.85m，双头搅拌桩宽度约为1.2m。

② 施工速度快。

③ 施工过程中对周边建筑物及地下管线影响小，对环境污染小，无废弃泥浆。

④ 耗用水泥和钢材少，造价低，特别是H型钢能够回收，使成本大大降低。

SMW工法采用国产的双轴搅拌机时，桩径为700mm，间距为1000mm；采用进口的长螺旋多轴多组叶片的搅拌机时，有桩径为650mm、间距为900mm和桩径为850mm、间距为1200mm两种。插入的型钢有轧制H型钢、槽钢或拉森板桩，也有用钢板焊接而成的H型钢。桩体布置有单排和双排两种形式，均可以对H型钢进行隔孔设置（间隔布置）、全孔布置（连续布置）和隔孔与连续设置（间断布置）。

SMW支护结构的施工以水泥土深层搅拌桩为基础，因此凡是适合应用水泥土深层搅拌桩的场合都可以采用，特别是以黏土和粉质土为主的软土地区。

SMW 支护结构适用的基坑深度与施工机械有关，国内一般在基坑开挖深度为 6 ~ 10m 时采用，国外已有开挖深度为 20m 时采用的例子。经过不断的工程实践，它极有可能逐步代替钻孔灌注桩围护结构，在某些工程中也有可能代替地下连续墙。

2）劲性水泥土连续搅拌桩支护结构施工要点。

① 开挖导沟，设置围檩导向架。沿 SMW 墙体位置开挖导沟，设置围檩导向架。导沟可使搅拌机施工时的涌土不致冒出地面，围檩导向架则是确保搅拌桩及 H 型钢插入位置的准确，这对设置支撑的 SMW 墙尤为重要。围檩导向架应采用型钢制成，导向围檩间距比型钢宽度增加 20 ~ 30mm。导向桩间距为 4 ~ 6m，长度 10m 左右。围檩导向架施工时应控制好轴线与标高。

② 施工。劲性水泥土搅拌桩施工工艺与深层搅拌桩相同。水泥掺入量和水灰比是确保工程质量的重要指标，当水泥掺入量一定时，采用较小的水灰比，水泥土的强度就能得到保证。然而，水灰比小，水泥土的黏稠度高，H 型钢插入的阻力就大；水灰比大，H 型钢一般能依靠自重插入，但水泥土强度达不到预定要求。为确保水泥土强度大于等于 1.2MPa，又使 H 型钢能顺利插入，一般水泥掺入量大于 20%，水灰比为 1.6 ~ 2.0。在水泥浆液中适当增加木质素黄酸钙的掺量，以减小水泥浆液在注浆过程中的堵塞现象；也可掺入一定量的膨润土，利用其保水性提高水泥土的变形能力，不致引起墙体开裂，这对提高 SMW 墙的抗渗性能有很好的效果。

可采用压桩设备将型钢压入搅拌桩内。H 型钢应平直、光滑、无弯曲及无扭曲。型钢在插入前应校正平直，有时在表面涂抹油脂以减小插入与拔出时的摩阻力。当基坑开挖深度小于 10m 时，可考虑 H 型钢的完整回收。施工前，应进行型钢的抗拔验算与拉拔试验，以确保型钢的顺利回收。

4.7　浅埋暗挖法施工

浅埋暗挖法是一种在距离地表很近的地下进行地铁暗挖施工的方法。我国地铁建设者们在近几年施工种成功地应用了该方法，并根据我国地质情况，总结出了比较成熟的经验和理论。在明挖法、盾构法不适应的条件下，充分显示了浅埋暗挖法的优越性。

浅埋暗挖法的施工步骤是：先将钢管打入地层，然后注入水泥或化学浆液，使地层加固；再进行短进尺开挖，一般每循环在 0.5 ~ 1.0m 左右，施作初期支护，随后施作防水层；最后完成二次支护。当然，浅埋暗挖法的施工需利用监控测量获得的信息进行指导，这对施工的安全与质量都是非常重要的。

浅埋暗挖法可以独立使用，如北京西单地铁车站就是完全以此方法建成的，也可以与其他施工方法综合使用，如天安门西站、王府井站、东单站则是用浅埋暗挖法与盖挖法相结合修建的。北京地铁部分区间隧道则是用半断面插刀盾构法与浅埋暗挖法相结合建成的，也就是说浅埋暗挖法与其他施工方法有很强的兼容性。我国浅埋暗挖法的整体配套技术已处于国际领先水平，国际隧道协会有关专家也认为这是地下工程的一次突破。目前我国浅埋暗挖法施工技术已有自己全套设计和施工理论，并且已被国内外所采用。

4.7.1 浅埋暗挖法概述

浅埋暗挖法是以加固软弱地层为前提，采用足够刚性的复合式衬砌结构，选用合理的开挖方式，应用信息化量测反馈，以保证施工安全和控制地面沉降的一种施工方法。

（1）浅埋暗挖法的基本原理　浅埋暗挖法沿用了新奥法的基本原理，创建了信息化量测反馈设计和施工的新理念。该法采用先柔后刚复合式衬砌和新型的支护结构体系，初期支护按承担全部基本荷载设计，二次模筑衬砌作为安全储备，初期支护和二次衬砌共同承担特殊荷载。

应用浅埋暗挖法设计和施工时，同时采用多种辅助工法，超前支护以改善加固围岩，调动部分围岩的自承能力；采用不同的开挖方法及时支护、封闭成环，使其与围岩共同作用形成联合支护体系。在施工过程中，应用监控量测、信息反馈和优化设计，实现不塌方、少沉降和安全施工。

浅埋暗挖技术多用于第四纪软弱地层，由于围岩自承能力较差，为避免对地面建筑物和地下构筑物造成破坏，需要严格控制地面沉降量。因此，要求初期支护刚度大，支护及时；初期支护必须从上向下施工，二次衬砌模筑必须通过变位量测，当结构基本稳定时，才能施工，而且必须从下往上施工，绝不允许先拱后墙施工。

（2）浅埋暗挖法的应用范围及特点　浅埋暗挖法又称矿山法，起源于1986年北京地铁复兴门折返线工程，是我国自己创造的适合中国国情的一种地铁隧道修建方法。它适用于城市地区松散土介质围岩、隧道埋深小于或等于隧道直径，以及要求以很小的地表沉降修筑的隧道。它的突出优势在于不影响城市交通，无污染、无噪声，而且适用于各种尺寸与断面形式的隧道洞室。由于浅埋暗挖法省去了许多爆破、拆迁及掘路等程序，所以现在施工时普遍使用。浅埋暗挖法的施上要点为18字方针，即管超前、严注浆、短开挖、强支护、早封闭、勤量测。其主要的技术特点为：动态设计、动态施工的信息化；建立了一整套变位、应力监测系统；强调小导管超前支护在稳定工作面中的作用；研究、创新了劈裂注浆方法加固地层；发展了复合式衬砌技术，并开创性地设计和应用了钢筋网构拱架支护。由于该施工方法在有水条件的地层中可广泛运用，因此在北京、广州、深圳、南京等地的地铁区间隧道修建中得到广泛应用。此外，该方法也广泛应用下地下构筑物、过街人行道和软弱围岩浅埋山岭隧道洞口段等工程的修筑。

浅埋暗挖法主要适用于不宜明挖施工的土质或软弱无胶结的砂、卵石等第四纪上层及修建跨腹比大于0.2的浅埋地下洞室；对于高水位的类似地层，采取堵水或降水、排水等措施后也可适用。尤其对于结构埋置浅、地面建筑物密集、交通运输繁忙、地下管线密布，以及对地面沉降要求严格的都市地区，在修建地下铁道、地下停车场、热力与电力管线时更为适用。开挖面土体稳定是利用浅埋暗挖法的基本条件。

浅埋暗挖法与其他方法相比具有显著优点。以城市地铁为例，浅埋暗挖法较明挖（盖挖）法简单易行，无须多种专业设备，灵活方便，适用于多种地层、不同跨度、多种断面，尤其对于地铁区间隧道，浅埋暗挖法施工完全能满足工期要求。当然，浅埋暗挖法也存在缺点，如施工慢，喷射混凝土时粉尘多，劳动强度大，机械化程度不高，以及高水位地层结构防水比较困难等。

4.7.2 浅埋暗挖法具体施工方法

浅埋暗挖法地铁隧道的施工设计实际上是确定施工方法、支护手段和衬砌结构于一体的过程，这一点与地上建筑物的思路迥然不同。

地铁浅埋暗挖法是应用岩体力学原理，以维护和利用围岩的自稳能力为基点，将锚杆和喷射混凝土结合在一起作为主要支护手段，通过及时进行支护来控制围岩的变形与松弛，使围岩成为支护体系的组成部分，形成了以锚杆、喷射混凝土和围岩为一体的承载结构。针对城市地铁埋深浅的特点，还要经常借助于地层注浆、格栅及管棚等辅助加固措施。通过现场量测及时反馈“围岩—支护”复合体的受力与变形，为二次支护提供合理的施作时机。通过监控量测及时反馈的信息来指导隧道工程的设计与施工。

围岩支护的受力情况与支护结构强度及支护时机的关系：当围岩开挖暴露以后，需要通过支护来限制其变形，以达到新的平衡状态；如果支护迅速，且支护结构刚度大，则所需提供的支护抗力越小；如果允许围岩产生一定的变形，并使用柔性支护（锚喷衬砌即属于柔性支护），则所需施加的支护抗力也随之减小；当围岩变形超过允许值，导致围岩破坏而形成松弛后，作用于支护结构上的围岩压力就会随围岩变形的发展而迅速增大。

浅埋暗挖法的施工程序主要有开挖作业、初期支护、二次衬砌及动态观测等，如图 4-37 所示。

开挖作业，对完全是土质的隧道采用机械或人工挖掘，对石质隧道多采用光面爆破和预裂爆破，并尽量采用大断面或较大断面开挖，以减少对围岩的扰动，尽量使隧道断面周边轮廓圆顺，避免棱角突变处应力集中。

初期支护是根据预设计采用不同的支护类型和参数，及时喷射混凝土和实施锚杆的初期支护，以控制围岩的变形和松弛。在浅埋软弱围岩地段，应使断面尽早闭合，以有效地发挥支护体系的作用，保证隧道稳定。

二次衬砌是在围岩与初期支护变形基本稳定后修筑，使围岩与支护结构形成一个整体，因而提高了支护体系的安全度。

动态观测是通过施工中对围岩和支护结构的动态观察、量测来合理安排施工程序，进而修正设计及日常的施工管理。

这里特别强调衬砌的防水问题。铁路和公路隧道通常采用疏导方式，没有考虑水压力，但在城市地铁施工中，考虑到排水可能引起的长期地表沉降以及地下水流失等环境问题，利用矿山法修建隧道时，必须一律采用全包的防水措施，不留排水孔，同时须考虑地下水位相应的水压力。

按照开挖方法可将浅埋暗挖施工分为全断面法、台阶开挖法、分部开挖法（中隔墙法、交叉中隔墙法、侧壁导坑法等）及特大断面的施工方法（中洞法、柱洞法、侧洞法和桩柱法）。

1. 全断面法

全断面开挖法指按设计使开挖面一次开挖成型。全断面开挖有较大的工作空间，有利于采用大型配套机械化施工，施工速度较快，且工序少，便于施工组织管理，一般情况下应尽量采用全断面开挖法。但由于开挖面较大，围岩相对稳定性降低，且每个循环工作量相对较大，因此要求具有较强的开挖、出渣能力和相应的支护能力。

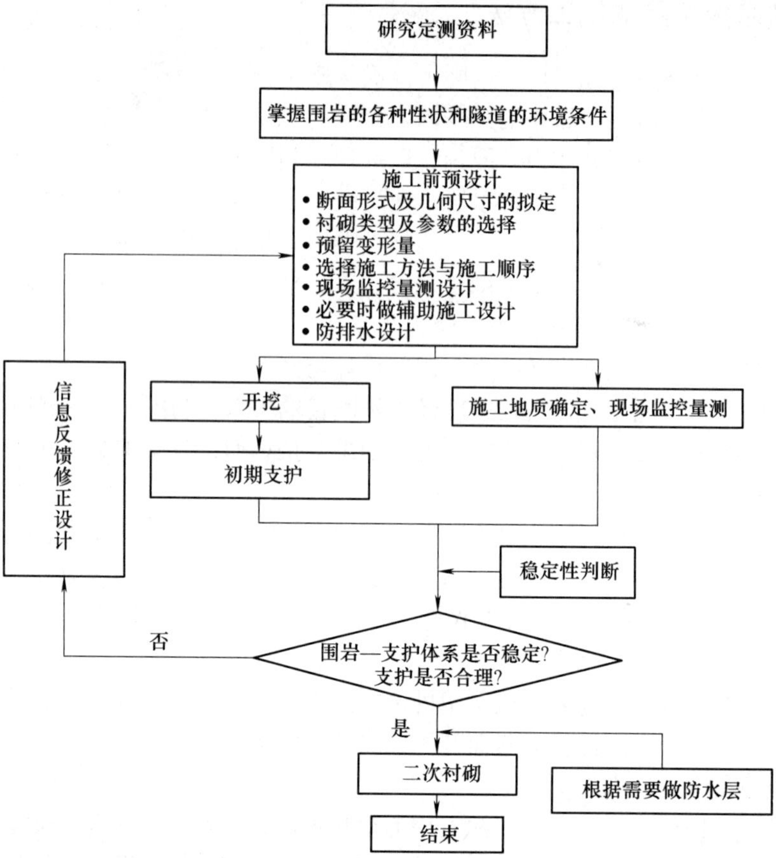

图 4-37 浅埋暗挖法的施工程序

采用全断面开挖，有较大的断面进尺比（即开挖断面面积与掘进进尺之比），可获得较好的爆破效果，且爆破对围岩的震动次数较少，有利于围岩的稳定。但每次爆破震动强度较大，因此要求进行严格的控制爆破设计，尤其是对于稳定性较差的围岩。

（1）施工顺序

1）用钻孔台车钻眼，然后装药连线。

2）退出钻孔台车，引爆炸药，开挖出整个隧道的断面轮廓。

3）排除危石，安装拱部锚杆（必要时）和喷射第一层混凝土。

4）用装渣机械将石渣装入出渣车运出洞外。

5）安装边墙锚杆（必要时）和喷射第一层混凝土。

6）必要时，拱、墙喷射第二层混凝土。

7）按上述工序开始下一循环作业。

8）在围岩和初期支护基本稳定后，或按施工组织要求的日期施作二次模筑混凝土衬砌及灌注隧道底部混凝土。

（2）适用条件

1）Ⅰ、Ⅱ级整体性好的围岩；用于Ⅲ级围岩时，围岩应具备从全断面开挖到支护前这段时间内能保持其自身稳定的条件。

2）有大型施工机械。

3）隧道长度或施工区段长度不宜太短，一般不应小于1km。否则，采用大型机械的施工经济性较差。

（3）机械设备　采用全断面一次开挖法，必须要注意机械设备的配套，以充分发挥机械设备的效率。隧道机械化施工时有三条主要作业线，即开挖作业线、锚喷作业线和模筑混凝土衬砌作业线。所采用的大型机械设备主要有以下几种。

1）开挖作业线的大型机械设备有钻孔台车、装药台车、装载机配合自卸汽车（无轨运输时）、装渣机配合矿车及电瓶车或内燃机车（有轨运输时）。

2）锚喷作业线的大型机械设备有混凝土喷射机、混凝土喷射机械手、锚喷作业平台、进料运输设备及锚杆注浆设备。

3）模筑混凝土衬砌作业线的大型机械设备有混凝土拌和工厂、混凝土输送车及输送泵、防水层作业平台、衬砌钢模台车。

在机械设备选型时，应遵循生产性、可靠性、经济性、维修性、环保性、耐用性、灵活性及配套性等八个原则。

（4）施工特点

1）工序少，便于施工组织和施工管理。

2）一次开挖成形，对围岩扰动少，有利于围岩的稳定性。

3）开挖断面大，可采用深孔爆破以提高爆破效果，加快掘进速度。

4）作业空间大，有利于采用大型施工机械设备，实现机械化综合施工，从而提高劳动生产率，减轻施工人员的劳动强度，降低工程造价。

（5）注意事项

1）摸清开挖面前方的地质情况，随时准备好应急措施（包括改变施工方法），以确保施工安全。尤其应注意地质条件突然发生恶化，如地下泥石流、涌水等。

2）各工序使用的机械设备务求配套，以充分发挥机械设备的使用效率和各工序之间的协调，在保证隧道稳定安全的条件下，提高施工速度。

3）在软弱破碎围岩中使用全断面法开挖时，应加强对辅助施工方法的设计和作业检查，以及对支护后围岩的动态量测与监控。

2. 台阶开挖法

台阶开挖法一般是将设计断面分成上半断面和下半断面，实施两次开挖成型。有时也采用台阶上部弧形导坑超前开挖。

台阶开挖法可以有足够的工作空间和适宜的施工速度，但上、下部作业有干扰。台阶开挖虽然增加了对围岩的扰动次数，但台阶有利于开挖面的稳定。尤其是上部开挖支护后，下部作业就较为安全，但应注意下部作业对上部稳定性的影响。

台阶开挖时应注意以下事项：

1）台阶长度要适当。按台阶长短可分为长台阶、短台阶和紧跟台阶三种。选用何种台阶，应根据两个条件来确定：其一是初期支护形成闭合断面的时间要求，围岩稳定性越差，闭合时间要求越短；其二是上半断面施工时开挖、支护、出渣等机械设备所需的空间大小的要求。

2）解决好上、下半断面作业的相互干扰问题。紧跟台阶基本上是合为一个工作面进行同步掘进；长台阶的上、下工作面基本上拉开，工作面之间干扰较小；而短台阶工作面之间干扰较大，要注意作业组织。对于长度较短的隧道，可将上半断面贯通后，再进行下半断面施工。

3）当开挖下半断面时，应注意上半断面的稳定。若围岩稳定性较好，则可以分段顺序开挖；若围岩稳定性较差，应缩短下半断面掘进循环进尺；若稳定性更差，则可以左右错开，或先挖中槽后挖边帮。

3. 分部开挖法

分部开挖法是将隧道断面分部开挖、逐步成型，且一般将某部分超前开挖，故也可称为导坑超前开挖法，常用的有上下导坑超前开挖法、上导坑超前开挖法和单（双）侧壁导坑超前开挖法等。分部开挖因减少了每个坑道的跨度（宽度），能显著增强坑道围岩的相对稳定性，且易于进行局部支护，因此它主要适用于围岩软弱、破碎严重的隧道或设计断面较大的隧道。分部开挖由于作业面较多，各工序相互干扰较大，且增加了对围岩的扰动次数，若采用钻爆掘进，则更不利于围岩的稳定，施工组织和管理的难度也较大。导坑超前开挖，有利于提前探明地质情况，并予以及时处理，但采用的导坑断面过小，则施工速度较慢。

按开挖断面分割形式，可将分部开挖法划分为环形开挖法、中隔壁（CD）法、交叉中隔壁（CRD）法、单侧壁导坑法、双侧壁导坑法、中柱法、洞桩（YPBA）法、双侧壁桩法、中洞法和梁柱导洞法（PBPA）等。

（1）环形开挖法　该法也称为留核心土法或环形开挖预留核心土法，就是在拟挖掘的断面范围内，先将周边土石挖掘而把核心部分滞后挖掘的施工方法。该法适用于Ⅳ~Ⅵ级围岩的较大断面施工。严格地讲，它是一种不全面的称谓，因为它仅涉及上部开挖的方法，也有人将其归入台阶法的一种。

环形开挖法的技术要领主要是超前支护和初期支护的及时与有效，核心土足以临时稳定工作面、设置临时仰拱。基于地层的破裂角约为45°的认知，对超前支护的有效节长和核心土的高度、长度尺寸均做出了相应的规定：超前支护的有效节长不低于上台阶高度；核心土断面不得小于上台阶面积的50%，且严禁核心土呈现负坡，其长度应大于上台阶总高度。开挖循环长度应与钢架间距相匹配，一般宜在0.5~1.0m之间。锁脚锚杆（管）及必要时扩大拱脚是应对沉降的有效措施；当拱脚锁定和扩大拱脚仍不足以抑制沉降和收敛时，须及时设置上台阶临时仰拱。实践证明，及时有效地设置临时仰拱是抑制沉降和收敛最明显、有效的措施。台阶长度控制同台阶法。下台阶施工时，宜早施作仰拱，使初期支护尽快成环，以利于及时拆除可能存在的上台阶临时仰拱，其施工方法基本类同于台阶法。该法虽然工序较多、效率不高，但便于工法转换。

（2）中隔壁（CD）法　该法是以中隔壁将洞室分为基本等面积、相对独立作业的左右两部分。先施工的一侧以短台阶或微台阶2~3部依次到底贯通，另一侧滞后一定的间距以与先开挖一侧相同的分步次数施工。该法源自台阶法，适于在浅埋、Ⅳ~Ⅴ级的土层和不稳定的破碎或软岩地层中施工。

每部的高度应照应钢架节点，控制在2.5~3.5m左右；各部均应及时施作初期支护、中隔壁等临时支护，结构仰拱（单侧或整体）应尽快封闭；各部周边轮廓应尽量圆顺，以减少应力集中；后开挖一侧作业时，应突出全断面初期支护及时闭合；两侧纵向间距应按15~30m控制；中隔壁宜设置为弧形或圆弧形，不宜呈立柱形。

利用该法施作现浇混凝土结构时，需逐段拆除支护以减少其所占的空间，不仅挖掘和支护时大型机械不便使用，且对应地段的二次结构完成前，也制约其后一个区段大型机械的使用。须爆破作业时，对中隔壁和临时仰拱的保护烦琐、困难。

（3）交叉中隔壁（CRD）法　该法是以中隔壁将洞室分为基本等面积的左右两部分，两侧均以2~3部台阶依次到底贯通，两侧上部与下部交叉施作（而不是中隔壁墙先单侧到底），且每部均采用初期支护与临时支护闭合的施工方法，因其上部交叉作业和中隔壁与临时仰拱形成交叉而得名。该法是在中隔壁法的基础上强化临时支护演变而成的，适应于比中隔壁法更差的地层和更大的断面。

交叉中隔壁（CRD）法与中隔壁法不同之处：①各部设临时仰拱，步步成环；②为策应上部断面应较早地以合理形状形成仰拱，充分发挥临时仰拱的作用，不是单侧顺次到底贯通而是两侧洞上部挖掘、支护交叉进行。该法的同高程各部的纵向间距按约15m控制为宜，其施工步骤：

1）开挖掌子面拱部左导坑，超前小导管并注浆加固地层。

2）环形开挖左洞室上台阶土方。

3）左洞室上台阶架立格栅，锁脚锚杆，喷锚支护。

4）开挖左洞室核心土及下台阶土方。

5）左洞室下台阶架立格栅，喷锚支护。

6）开挖掌子面拱部右导坑，超前小导管并注浆加固地层。

7）环形开挖右洞室核心土及下台阶土方。

8）右洞室上台阶架立格栅，锁脚锚杆，喷锚支护。

9）开挖右洞室核心土及下台阶土方。

10）初期支护闭合成环后，施作仰拱并回填混凝土，架设临时支撑。

11）拆去中隔壁及临时支撑，铺设防水层，做二次混凝土衬砌封闭成环。

（4）单侧壁导坑法　该法是以隔壁将洞室分为不等面积、相对独立作业的左右两部分，先以全断面或台阶方式施作先行侧导坑，后以台阶方式施作滞后一定间距的另一侧。该法适宜在较差的Ⅳ~Ⅴ级地层中修建大跨、浅埋、地层沉降需控制的洞室施工。

该法的断面设置工序类同于CD法。先行导坑的面积与剩余部分面积之比约为1∶2~2.5，宽度不应大于总洞室跨度的1/2，一般按1/3左右设置。先行侧导坑拱顶宜设于洞室起拱线偏上一些。

该法施工中作业分块相对较少，须拆除的临时支护工程量较少，有利于部分断面进行快速施工。初期支护闭合并稳定后方可拆除隔壁墙，为后续施工使用大机械提供必要的空间。若地层差、开挖跨度大可能产生较大的沉降时，可通过加强支护或晚拆除隔壁墙加以解决。

（5）双侧壁导坑法　该法是将洞室横向分为三块，两侧导坑以全断面或台阶方式错开或平行先行施工，然后再以台阶方式施工剩余的中间部分。该法是单侧壁导坑法不能满足施工安全需要时采用的方法。浅埋暗挖双侧壁导坑法施工是一项边开挖边浇筑的施工技术，其原理是：把整个隧道大断面分成左右上下多个小断面施工，每一小断面单独掘进，最后形成一个大的隧道，且利用土层在开挖过程中短时间的自稳能力，采用网状支护形式，使围岩或土层表面形成密贴型薄壁支护结构，用中隔壁及中隔板承担部分受力。

1）施工特点。

① 很好地解决了大断面隧道开挖的安全性问题，且结构简单，安全可靠，拆装方便、灵活，经济效益显著。

② 借鉴了新奥法的某些理论基础，与新奥法的不同之处是在城市地区松散土介质围岩条件下，隧道埋深小于或等于隧道直径，以很小的地表沉降修筑隧道。它的突出优势在于不影响城市交通，无污染、无噪声，而且适于各种尺寸与断面形式的隧道洞室。

2）适用范围。

① 城市地区松散土介质围岩条件下的浅埋隧道。

② Ⅳ、Ⅴ级地层，沉降控制要求较高，更大、更宽、更扁平断面的洞室。

③ 在有水条件的地层中。

④ 浅埋地下车库、过街人行道和城市道路隧道等工程的修筑。

⑤ 大跨度地铁车站。

⑥ 主要适用于黏性土层、砂层或砂卵层等地质。

3）施工步骤。双侧壁导坑法施工包括两侧导坑上部开挖及支护、两侧导坑下部开挖及支护、中间导坑上部开挖及支护和中间导坑下部开挖及支护，其具体的施工步骤如下所述。

① 两侧导坑上部开挖及支护的施工步骤。

a. 超前小导管作业。超前小导管采用风钻直接顶入，压浆前用高压风清孔。超前小导管选用普通 ϕ42mm 钢管加工而成，顶部切削成尖靴，尾部焊接垫圈，长度为 2.5m 或 3m。超前小导管按设计范围沿拱部周边轮廓线设置，超前小导管从钢架腹部空间穿过，外插角在 20°左右，尾部与钢架焊连接成一体。为保证注浆质量，注浆前孔口处喷 200mm 厚混凝土封堵。采用高压注浆泵注水泥、水玻璃浆液，压力控制在 0.3 ~ 0.5MPa；浆液配合比视地质情况及现场试验确定，保证浆液扩散互相咬接，以提高围岩的稳定性。

b. 开挖作业。超前小导管预注浆对地层进行加固后，采用人工直接开挖翻渣至下台阶，用翻斗车转运至提升架处，采用电动葫芦垂直起吊外运。每一开挖循环进尺为 0.5m。由测量人员控制中线水平，施工时保证不欠挖，严禁超挖。开挖轮廓线尽可能圆顺，以减小应力集中。另一侧上部开挖落后 3 ~ 5m。

c. 断面初期支护主要包括初喷、格栅钢架制作、挂网、喷射混凝土和锁脚锚管。

初喷：砂层地段在开挖后立即进行初喷混凝土，以便尽早封闭拱顶暴露面，喷射混凝土的厚度为 40 ~ 50mm。黏土层地段视开挖后围岩的稳定情况而定。

格栅钢架制作：格栅钢架制作要符合设计规范和满足施工要求；安设时清除浮土，拱脚夯实或设置垫板，钢格栅纵向间距按设计要求每格 0.5m，纵向设 ϕ22mm 连接筋，其环向间距为 1m，交错布置。

挂网：单层铺设，采用 ϕ8mm 钢筋，网格 150mm × 150mm，做成 1.5m × 0.7m 的网片，铺设在格栅钢架的背后位置，密贴围岩并与格栅钢架连接牢固。

喷射混凝土：采用 TK-961 型湿喷机喷护，对砂层地段，第一次喷射厚度为 30 ~ 50mm；架立好格栅钢架后，从钢架腹部打入下一循环的超前管棚，封好管口，复喷至设计厚度。

锁脚锚管：在拱脚处打设两根 ϕ42mm 锚管，其尾部与格栅钢架焊接牢固。喷射混凝土时注意保护好管口，喷射混凝土结束后，及时压浆。

② 两侧导坑下部开挖及支护的施工步骤：两侧下部开挖每循环进尺 1.0m，下部落后上

部 3m。反坡开挖时，在掌子面设集水坑，集水坑内的水抽至竖井集水井后排出洞外。永久与临时初期支护同时施作，并及时封闭成环状，其余与上部相同。两侧下部施工工艺流程为：一侧洞下部开挖 5m→两侧下部开挖（含两侧仰拱）→每循环进尺 1.0m 后初喷混凝土 40～50mm（包括隧底及中间土体侧面）→安钢架、挂钢筋网、焊连接筋（包括中间临时钢架等）→二次复喷混凝土达设计厚度→进入下一循环。

③ 中间导坑上部开挖及支护的施工步骤：待两侧洞初期支护完成一定时间后，开挖中间土体，开挖中间土体落后于两侧洞开挖初期支护 3～5m。中间上部施工工艺流程为：施作超前小导管预注浆加固地层→开挖土石方→初喷混凝土 40～50mm→安设钢格栅、焊接纵向连接筋→钢架之间安设钢筋网→复喷混凝土达设计厚度→进入下一循环。

④ 中间下部开挖及支护的施工步骤：检查中隔板和中隔壁支撑，分析各部开挖支护后的变形收敛情况，待基本稳定后再开挖中间下部土体，下部开挖落后上部 30～50m。施工工艺流程为：中间下部土体开挖→中间底部钢格栅和钢筋网的安装→喷射混凝土、封闭底部仰拱→下一循环。

采用双侧壁导坑法施工时，要做到“短进尺、早支护、勤量测、速反馈”，保证结构安全。

两侧导坑宽度宜按洞室总宽度的 1/4～1/3 设置，导坑断面设置应考虑采用设备的尺寸，其形状应圆顺，面积宜为总面积的 1/4～1/3。导坑施工方法视断面大小、地层情况和设备配置在全断面或台阶法之间选择。两侧导坑的纵向间距按不小于 15m 控制，侧导坑与剩余断面开挖纵向间距不应小于 30m。剩余断面将依据其面积、地层情况及设备尺寸等因素，在满足拱部支护施作的前提下分步施工，不宜一次挖掘，一般分 2～3 台阶为宜。导坑和剩余断面均要遵循快支护和早封闭的原则。

在初期支护闭合、仰拱及填充完成后，经量测、分析知其稳定后即可拆除临时支撑，否则应随拆随施作现浇混凝土或钢筋混凝土结构。此法对后续较大型机械的施工限制较少。

（6）中柱法　该法又称双侧壁及梁柱导洞法，是将全断面横向分为五块——两个柱洞、一个中洞和两个侧洞。首先，自上而下施作柱洞初期支护，再自下而上施作结构柱底和顶处相对应的结构，形成梁柱支撑体系；其次，施工中洞的上部初期支护及其相应部位的现浇混凝土结构，进行下部挖掘及其初期支护，进行中洞底对应部位的现浇混凝土结构，形成大中洞稳定体系；最后，对称自上而下施作两侧洞初期支护，直至横向闭合。该法适用于无水或降水、疏水后的非石质地层中设柱的多跨曲侧墙洞室，如车站及其进出站口建段，地下停车场、地下商场以及较短的公（铁）路隧道的多线共洞段等。

中柱法施工的总体原则是“小分块、短台阶、早成环”。柱洞断面尽量圆顺且要满足梁柱施工需求，宜在中洞顶部二次结构完成后再开挖下台阶和施作仰拱底部结构。此法存在两个争议点：①两柱洞应该纵向错开还是对称施作；②两侧洞与中洞究竟应该先施作哪一部其实各有其理，只要在梁柱体系形成后注意荷载对称、结构早闭合即可。初步的实践证明，两柱洞以对称施工为宜，先施作中洞比先施作侧桐有利，其理由：①便于掌控荷载使其对称；②便于早闭合，减跨作用明显；③便于管理协调；④便于初期支护、钢架同步。

（7）洞桩（PBA）法　该法又称洞柱法，也称双侧边桩导洞法。该法是在地表不具备施工明挖桩围护基坑的条件下，将明挖桩围护框架结构的工法与暗挖法结合，在地下先行暗挖的导洞内施作围护边桩、桩顶纵梁，使围护桩、桩顶纵梁、顶拱共同构成桩、梁、拱框架支撑体系（取其三个英文单词的首位字母大写形成 PBA），共同承受施工过程的外部荷载；然后在顶拱和边桩的保护下，逐层向下挖掘（必要时设预加力横向支撑），进行内部结构施工，最终形成由外层边桩及拱顶初期支护和内层现浇混凝土或钢筋混凝土结构组合而成的永久承载体系。该法适用于无水或降水、疏水后的非岩石地层，跨度不太大的矩形或近似矩形结构洞室施工。例如，北京地铁复八线的天安门西站、王府井站及地铁十号线的劲松站、工体北路站、呼家楼站、光华路站、国贸站和苏州街站等采用了 PBA 工法施工。

1）施工特点：

① 在非强透水地层中，将有水地层的施工变为无水或少水施工，避免因长期大量降水引起的地表沉降和费用增大，有利于保护地下水资源和降低施工费。

② 以桩作为支护有利于施工安全和控制地层沉降，避免中洞法、CD 法、CRD 法、双侧壁导坑法等多次开挖引起地面沉降量过大和降低初期支护的刚度的缺陷。

③ 与 CRD 法、双侧壁导坑法等相比，此法拆除临时工程量相对较少，结构受力条件也好，相对经济合理。

④ 对结构层数限制少，对保护暗挖结构附近的地下构筑物安全有利。

⑤ 在桩、梁、拱承载体系形成后，有较大的施工空间，便于机械化作业，从而加快施工进度。

⑥ 在地下水位线以上的导洞内施工孔桩，利用其排桩效应对两侧土体起到了支挡作用，可减少因流沙、地下水带来的施工安全隐患。

2）方法和步骤：施工总原则是少分块、快封闭，尽量减少荷载转换次数和地层被扰动的次数。导洞掘进和主拱施工遵循“管超前、严注浆、短开挖、强支护、早封闭、勤量测”及“先护后挖，及时支撑”的原则。

从竖井进入两侧导洞施工，导洞贯通后进行钻孔灌注桩的施工、凿除桩头，以及进行桩顶钢筋混凝土纵梁的施工。以此为依托在导洞内施工主体结构的钢架拱脚，回填支护后背与导洞初期支护之间空隙。采用注浆小导管加固拱部地层，开挖上部土体，施作车站主体上部初期支护（以下简称主拱），并与两侧拱边段连成整体。在主拱的保护下开挖土体并施作中板和上部拱墙二次衬砌结构。分层实施下部开挖，分层架设横撑和实施桩间初期支护，然后进行下部主体结构施工。

PBA 工法施工的具体步骤如下：

第 1 步，超前注浆小导管加固地层，然后采用台阶法开挖桩顶导洞，格栅喷射混凝土支护。

第 2 步，导洞开挖支护完成后，用特制和改进的钻机由内向外跳孔施工钻孔桩，导管法灌注水下混凝土；凿除桩头后，施作桩顶纵梁。

第 3 步，在导洞内施作主拱格栅钢架拱脚（即拱边段），与导洞格栅钢架预留接头相连。

第 4 步，浇筑拱边段混凝土后再进行背后回填。

第 5 步，超前注浆小导管加固地层后，采用弧形导坑法开挖导洞间的拱部土体，施作初期支护，必要时设置临时竖撑。

第 6 步，拆除临时竖撑后，向下开挖至中板下一定距离，拆除永久结构断面内导洞格栅钢架，拆除长度应根据监控量测严格控制。

第7步，依次施作拱墙部防水层、中板底模、中板浇筑和拱墙浇筑，预留边墙钢筋和防水层。

第8步，向下开挖至钢管撑标高下0.5m，桩间喷射50mm厚C20混凝土找平，必要时进行桩间注浆加固、架设腰梁及钢管撑。

第9步，继续下挖至基底标高，桩间喷射混凝土，施作底板垫层。

第10步，铺设底板防水层及其保护层，浇筑底板及部分边墙混凝土，边墙水平施工缝应高出底板面1.5m以上。

第11步，待底板强度达到设计强度的70%以上时，跳拆横撑及腰梁，铺侧墙防水层，浇筑侧墙混凝土并与上层边墙相接。

第12步，施作站台板等车站内部结构，完成车站土建施工全部内容。

3）关键技术。PBA工法施工的关键技术包括导洞开挖、孔桩施工、主拱施工、交叉口施工、站台层结构防水和混凝土浇灌及监控量测，其施工难点和主要对策如下所述。

① 导洞开挖的施工难点：控制开挖所引起的地面沉降，确保地下管线和周边环境安全稳定。

主要对策：第一，确定合理的开挖顺序，先施作近桥桩侧导洞，超前另一侧导洞不小于10m。第二，坚持先护后挖的原则分台阶开挖，加强初期支护，早封闭成环，控制导洞的沉降和变形。第三，根据监控量测反馈信息调整支护参数和施工方法，以此作为安全保证的主要手段。

② 孔桩施工的施工难点：导洞空间狭小，成孔困难。

主要对策：第一，根据洞内作业空间和地质情况选用或改进钻机，提高成孔效率和质量。第二，确定合理的钻桩顺序，做好水下混凝土施工。为防止对临近已成孔的扰动，采用由内向外的跳孔施工。钢筋笼分节吊装，现场连接。针对拆除钻杆与吊装钢筋笼的时间长、易造成坍孔、沉渣厚度控制难的问题，采用泵吸清孔和压举翻起沉渣的方式进行处理。加强对各操作环节协调指挥，避免因混凝土泵送距离长造成堵管，规避各种可能的断桩风险。第三，导洞内场地狭窄，应分区域、分段纵向布置钻机设备、泥浆箱、管路及道路，用砖墙把钻桩作业区和运输道路分开。孔桩施工完成后及时清除积水、浮浆和剩余混凝土，确保高效和文明施工。

③ 主拱施工的施工难点：解决好主拱在初期支护与二次衬砌形成过程中的体系转换和平衡，防止结构变形、失稳和破坏，避免出现地面及拱部的过量沉降和坍塌。

主要对策；第一，遵循“先护后挖，及时支撑”的原则，少分部开挖、快封闭、早成环。第二，做好超前地质预报，探明前方的水文地质情况，若存在滞水，通过探孔排出；接近管线位置时，实施超前管线探测，采取小导管加密注浆、加密格栅钢架、设双层钢筋网及掌子面注浆等支护措施进行保护。第三，坚持信息化施工，根据信息反馈调整支护参数，如果变形量和变形速率超过管理值时，立即采取应急预案，包括加强超前支护、初期支护、增设临时支撑、改变开挖步骤及修改施工方案等。第四，拆除临时支撑时，对相应部位加强监控量测。

④ 交叉口施工的施工难点：交叉口处荷载转换复杂，结构易失稳；开口跨度大，操作空间小，对车站整体的施工组织和工期影响大。

主要对策：第一，交叉口采用组合拱梁结构，钢筋混凝土拱脚支撑在纵梁上，水平梁连接初期支护格栅并分担荷载；主拱开挖时，设置侧向开口加强环和临时竖撑，侧向开口加强环拱脚支撑在纵梁上。第二，侧向开口采用6m管棚加固与注浆，环向破除混凝土设置开口加强环。主拱开挖时设置两排临时竖撑，竖撑置于导洞壁上；主拱施工时，支护10～20m后施作交叉口组合拱梁；圈梁站厅层成环后破除立体交叉拱梁侵入二衬断面部分，拆除临时竖撑，开挖核心土，施作通道二次衬砌。第三，及时开挖联络通道，在左右线间创造平行作业条件，以便加快施工进度。

⑤ 站台层结构防水和混凝土浇灌的施工难点：在逆作施工缝处受空间限制，施工中防水板的预留和保护困难，施工缝处的防水质量不容易保证等。由于混凝土收缩，在上、下部施工缝处混凝土很难浇灌密实而出现空隙，从而造成质量缺陷和安全隐患。

主要对策：第一，施工缝设在受剪力较小且便于施工的部位，便于边墙混凝土的施工，逆作施工缝留成台阶形式或斜缝。第二，施工缝处采用双道遇水膨胀嵌缝胶或止水条和预埋回填注浆管等防水措施。

⑥ 监控量测。在施工降水、导洞开挖、主体拱部开挖、拆除临时支撑及主拱施工各阶段，应分别进行地表下沉、拱顶下沉、桥桩沉降、管线沉降和水平收敛等项目的监控量测。

（8）双侧壁桩、梁柱导洞法（PBPA） 该法是中柱法与洞桩法（PBA）的结合，其原理和做法只是在两列边桩之间设有柱子，其程序与洞桩法相似，仅是增加了柱梁和拱跨。适用于多跨矩形或近似矩形结构的施工。

其技术特点基本与洞桩法相同，施工时应注意荷载对称、拱跨同步施工即可。

（9）中洞法 该法又称中导洞法，也称为中洞-台阶法，是先行开挖中导洞，在导洞内完成中隔墙或梁柱体系施作，以中墙或梁柱体系作为两侧洞的侧墙，再以台阶法施作两侧洞的支护。该法主要适用于Ⅲ、Ⅳ级地层中的连拱洞室，如有轨电车地下车站、地铁区间合建段、地铁车站、地下停车（商）场等。

该法之所以适用于Ⅲ、Ⅳ级围岩，主要是考虑到：①在Ⅰ、Ⅱ级地层中可能设计为一个大断面，可以按照侧洞法、单洞施作的台阶法或全断面施工法进行施工；②为便于中墙（或柱）混凝土施工，连接件预埋、安装及防水层铺设，一般应以椭圆、半圆等较圆顺、高度大于中墙1.0m以上、宽度不低于5m等设置中洞断面；③中洞超前侧洞50～100m为宜，当然中短隧道则可中洞先行贯通，两侧洞开挖作业纵向间距不宜低于15m，以利于安全施工。中隔墙或梁柱体系背后回填密实对施工和结构安全至关重要。

4.7.3 浅埋暗挖法的初期支护

浅埋暗挖法的初期支护是保证隧道能否安全施工的关键工序，常用的方法有锚杆支护、喷射混凝土支护和钢拱架支护等。

1. 锚杆支护

锚杆（索）支护在技术、经济方面的优越性使其在地铁工程领域中得到了广泛应用和发展，按其与支护体锚固形式可分为如下几种。

（1）端头锚固式锚杆 端头锚固式锚杆利用内、外锚头的锚固来限制围岩变形松动，安装容易、工艺简单，安装后即可以起到支护作用，并能对围岩施加预应力。但杆体易腐蚀，锚头易松动，影响长期锚固力，一般用于硬岩地下工程的临时加固。

（2）全长黏结式锚杆 全长黏结式锚杆采用水泥砂浆（或树脂）作为填充黏结料，不仅有助于锚杆的抗剪、抗拉以及防腐蚀作用，而且具有较强的长期锚固能力，有利于约束围岩位移。安装简便，在无特殊要求的各类地下工程中，可大量用于初期支护和永久支护。

（3）摩擦式锚杆　摩擦式锚杆是用一种沿纵向开缝（或预变形）的钢管，装入比钢管外径小的钻孔内，对孔壁施加摩擦力，从而约束孔周岩体变形。安装容易，安装后立即起作用，能及时控制围岩变形，又能与孔周变形相协调。但其管壁易锈蚀，故一般不适宜用作永久支护。

（4）早强药包内锚头锚杆　早强药包内锚头锚杆是以快硬水泥卷或早强砂浆卷或树脂作为内锚固剂的内锚头锚杆。

（5）混合式锚固　混合式锚固是端头锚固式与全长黏结式的结合使用，它既可以施加预应力，又具有全长黏结锚杆的优点。但安装施工较复杂，一般用于大体积、大范围工程结构的加固。

2. 喷射混凝土支护

喷射混凝土是使用混凝土喷射机，按一定的混合程序，将掺有速凝剂的细石混凝土喷射到岩壁表面上，并且迅速固结为一层支护结构，从而对围岩起到支护作用。

喷射混凝土可以作为隧道围岩中的临时支护和永久支护，也可以与各种形式的锚杆、钢拱架、钢筋网等构成复合式支护结构。它的灵活性很大，可以根据需要分次追加厚度。喷射工艺有干喷、潮喷、湿喷和混合喷射四种，主要区别是各工艺的投料程序不同，尤其是加水和速凝剂的时机不同。

钢纤维喷射混凝土是一种很适合用作隧道支护的材料，它能将脆性的混凝土材料改造成韧性材料，柔性的喷层再加上韧性就能有效地吸收和控制底层的变形。钢纤维喷射混凝土已在地铁施工中广泛应用。

（1）干喷　干喷是将集料、水泥和速凝剂按一定比例在不加水的情况下搅拌均匀，然后装入喷射机，用压缩空气使干集料在软管内呈悬浮状态压送到喷枪，再在喷嘴处与高压水混合，以较高速度喷射到岩面上。

干喷的缺点是产生的粉尘量和回弹量大，加水是由喷嘴处的阀门控制的，水灰比的控制程度与喷射手操作的熟练程度有关。但使用的机械较简单，机械清洗和故障处理比较容易。

（2）潮喷　潮喷是将集料预加少量水，使之呈潮湿状，再加水泥拌和，从而降低上料、拌和及喷射时的粉尘。但大量的水仍是在喷头处加入和喷出的，其喷射工艺流程和使用机械与干喷工艺相同。目前施工现场使用较多的是潮喷工艺。

（3）湿喷　湿喷是将集料、水泥和水按设计比例拌和均匀，用湿式喷射机压送到喷头处，再在喷头处添加速凝剂后喷出。湿喷混凝土质量容易控制，喷射过程中的粉尘和回弹量很少，是当前发展应用的喷射工艺。但对喷射机械要求较高，机械清洗和故障处理比较麻烦。对于喷层较厚的软岩和渗水隧道，则不宜使用湿喷。

（4）混合喷射　混合喷射又称水泥裹砂造壳喷射法，它是将一部分砂加第一次水拌湿，再投入全部水泥强制搅拌造壳；然后加第二次水与减水剂拌和成二次砂浆；将另一部分砂、石和速凝剂强制搅拌均匀，然后分别用砂浆泵和干式喷射机压送到混合管混合后喷出。混合喷射是分次投料搅拌工艺与喷射工艺的结合，其关键是水泥裹砂造壳技术。混合喷射使用的主要机械设备与干喷工艺基本相同，但混凝土的质量比干喷混凝土质量要好，粉尘和回弹率大幅度降低。缺点是使用机械数量较多，工艺较复杂，机械清洗和故障处理很麻烦。因此，混合喷射一般只用于喷射混凝土量大和大断面的隧道工程中。

3. 钢拱架支护

钢拱架支护是对锚喷复合衬砌的再加强。钢拱架整体刚度大，能很好地与锚杆、钢筋网、喷射混凝土结合，形成可靠的初期复合衬砌。

钢拱架可以采用型钢、工字钢、钢管或钢筋制成。现场采用以钢筋制作的格栅钢架较多。

在暗挖法施工的地铁隧道中，目前最常用的初期支护形式是锚杆加喷射混凝土，对自稳性较差的软弱围岩，可在喷射混凝土中加入钢纤维或在锚杆端部挂设钢筋网，然后再喷射混凝土；对自稳性很差的软弱围岩，在开挖前要采取辅助加固措施，在开挖后，有时还采用钢拱架加锚喷联合支护的措施。

4. 注意事项

结合有关地铁隧道施工经验，应遵循“管超前、严注浆、短开挖、弱爆破、强支护、快封闭、勤测量、速反馈”的施工原则。针对工程地质条件和地面建筑物密集的特点，施工时应注意以下几点：

1）根据地质条件变化情况、地层变位监测结果适时调整施工方法和支护参数，确保施工安全。

2）开挖上断面时，尽可能缩短台阶长度，及早形成封闭结构。

3）大管棚选用锚索钻机钻孔，以确保管棚一次性贯穿隧道浅埋地段，减少循环。注浆时严格控制注浆压力，既能达到固结破碎岩体，又可防止注浆压力过大引起地表隆起而破坏房屋。

4）钻爆开挖时，严格按微振控爆施工，控制同段最大装药量，采用高精度非电毫秒编排起爆网络，消除爆破引起的共振现象；同时利用起爆延时人为造成振动波形成的倒相干扰，避免振速过大引起地面房屋开裂和压缩地层产生过大的地面沉降。

5）加强爆破震动对建筑物振动的监测及地面建筑物水平位移与沉降观测，及时反馈并指导施工。

4.7.4 浅埋暗挖的二次支护

按照浅埋暗挖法施工原理，作为复合受力的二次支护是在围岩或围岩加支护稳定后施作的，此时隧道已成型，因此一次支护多采用顺作法，即由下到上、先墙后拱顺序连续灌注。在隧道纵向，则需要分段进行，分段长度一般为 9 ~ 12m。二次支护多采用模筑混凝土作为内层衬砌。顺作法模筑混凝土二次支护须配有足够的混凝土连续生产能力和相应便于组装就位的模板，施工程序简化，衬砌整体性和受力条件较好。

1. 施工机械

模筑混凝土衬砌施工常用的施工机械主要有整体移动式模板台车、穿越式（分体移动）模板台车和拼装式拱架模板。

1）整体移动式模板台车主要用于全断面一次开挖成型或大断面开挖成型的隧道衬砌施工中。它将大块曲模板、机械或液压脱模、背附式振捣设备集装成整体，并在轨道上行走，有的还设有自行设备，从而缩短立模时间，墙拱连续灌注，加快衬砌施工速度。

整体移动模板台车的长度即一次模筑段长度，应根据施工进度要求、混凝土生产能力和灌注技术要求，以及曲线隧道的半径等条件来确定。

2）穿越式（分体移动）模板台车的生产能力大，可配合混凝土输送泵联合作业，是较先进的模板设备。但其尺寸大小比较固定，可调范围较小，影响其适用性，且一次性设备投资较大。我国有些施工单位自制了较为简单的穿越式模板台车，效果也很好。

3）拼装式拱架模板设备简单，常由施工单位自制。拼装式拱架模板的拱架可采用型钢制作或现场用钢筋加工成桁架式拱架。为便于安装和运输，常将整个拱架分解为2~4节，进行现场组装，其组装连接方式有夹板连接和端板连接两种形式。为减少安装和拆卸工作量，可以做成简易移动式拱架，即将几个拱架连成整体，并安设简易滑移轨道。拼装式拱架模板多采用工厂制作定型组合钢模板。

2. 灌注衬砌混凝土

在灌注衬砌混凝土时，虽然要求将超挖部分回填，但由于操作方法的原因，其中有些部位并不可能回填得很密实，这种现象在拱顶背后一定范围内较为突出。因此，要求在衬砌混凝土达到设计强度后，向这些部位进行压浆处理，以使衬砌与围岩密贴（全面紧密接触），达到限制围岩后期变形、改善衬砌受力工作状态的目的。

仰拱位于隧道断面的拱底，在侧压力和底压力较大时，应及时修筑仰拱使衬砌环向封闭，避免边端挤入造成开裂甚至失稳。但仰拱和底板施工占用洞内运输道路，对前方开挖和衬砌作业的出渣、进料造成干扰。因此，应对仰拱和底板的施作时间、分块施工顺序和运输的干扰问题进行合理安排。

底板提供地下铁道的路基，仰拱和底板的灌注可以纵向分条、横向分段进行。纵向通常可分为左右两部分，交替进行；横向分段长度应视边墙施工缝、伸缩缝、沉降缝及运输要求来确定。当侧压力较大时，底部开挖分段长度不能太长，以免墙脚挤入。为方便施工，仰拱和底板可以合并灌注，但应保证仰拱混凝土强度符合设计要求。

灌注仰拱和底板时，必须把隧道底邻的虚渣、杂物及淤泥清除干净，排除积水。超挖部分应用同级混凝土或片石混凝土灌注密实。

隧道衬砌混凝土的灌注应注意以下几点：

1）保证捣固密实，使衬砌具有良好的抗渗防水性能，尤其应处理好施工缝。

2）整体模筑时，应注意对称灌注，两侧同时或交替进行，防止未凝固的混凝土对拱架模板产生偏压而使衬砌尺寸不符合要求。

3）若因故不能连续灌注，则应按规定进行接茬处理。衬砌接茬应顺着半径方向。

4）边墙基底以上1m范围内的超挖，宜用同级混凝土同时灌注。其余部分的超、欠挖应按设计要求及有关规定处理。

5）衬砌分段的施工缝应与设计沉降缝、伸缩缝及设备洞位置统一考虑，合理确定。

6）在多数情况下，隧道施工过程中洞内的湿度能够满足混凝土的养护条件；但在干燥无水的条件下，则应注意进行洒水养护。采用普通硅酸盐水泥拌制的混凝土，其养护时间一般不少于7天；掺有外加剂或有抗渗要求的混凝土，一般不少于14天。养护用水温度应与环境温度基本相同。

7）二次支护的拆模时间应根据混凝土强度增长情况来确定。一般在混凝土强度达到2.5MPa时方可拆模。有承载要求时，应根据具体受力条件来确定。

4.7.5 隧道施工的超前支护

对地铁隧道工作面实施直接开挖，是以良好地质条件为前提的，但事实上这个假定只能是对稳定性较好的围岩才成立，对于软弱破碎围岩则不然。在这种情况中，即使是采取短进尺开挖，开挖面也会向下坍塌，其结果是造成支护和开挖面前方的更大坍塌，甚至影响后方施作支护部分的稳定或波及地表沉陷。当地下水丰富时，这种情况就更为严重。隧道工程事故主要来自于这一阶段。为此，对软弱破碎围岩，需采取一些辅助稳定措施。例如，在开挖过程中留核心土稳定工作面，施作超前锚杆来锚固前方围岩，临时仰拱及时封闭，利用管棚超前支护前方围岩，注浆加固围岩和堵水等。以下对较常用的超前锚杆（或小钢管）、管棚和超前小导管注浆技术进行介绍。

1. 超前锚杆（或小钢管）

超前锚杆是沿开挖轮廓线将锚杆以一定的外插角斜向插入前方，即在开挖的轮廓外周形成对前方围岩的预锚固，使得开挖面的开挖作业在提前形成的围岩锚固圈保护下进行。

超前锚杆（或小钢管）预支护的柔性较大，整体刚度较小。锚杆可以与系统锚杆焊接以增强其整体性，但在围岩应力较大时，其后期支护刚度仍不够大。因此，这种超前支护主要用于围岩应力较小、地下水较少、岩体软弱破碎和开挖工作面有可能坍滑的隧道施工中，适合用中小型机械施工。

超前锚杆（或小钢管）的设计参数包括直径、超前量、环向间距及外插角等，应视围岩类别、施工断面大小、开挖循环进尺和施工条件等以及参照经验资料综合选用。一般超前长度为循环进尺的3~5倍，搭接长度宜为超前长度的40%~60%，即大致形成双层或双排锚杆。

超前锚杆（或小钢管）的设置应充分考虑岩体结构面特性，一般可以仅在拱部设置，必要时也可以在边墙局部设置。超前锚杆（或小钢管）纵向两排的水平投影，应有不小于1.0m的搭接长度。

超前锚杆（或小钢管）支护宜和钢拱架支撑配合使用，并从钢拱架腹部穿过。超前锚杆宜采用早强砂浆锚杆，使其提早发挥超前支护的作用；超前小钢管应平直，尾部焊箍，顶部呈尖锥形状。在安设前，应检查小钢管尺寸，钢管顶入钻孔长度不应小于小钢管长度的90%。

超前锚杆（或小钢管）尾端一般置于钢架腹部或焊接于系统锚杆尾部的环向钢筋上，以增强共同支护作用。超前锚杆可根据围岩具体情况，采用双层或三层超前支护。

2. 管棚

管棚是利用钢管或钢插板作为纵向支撑、钢拱架作为横向环形支撑的一种复合衬砌形式。管棚结构的纵、横向整体刚度较大，能阻止和限制围岩变形，并能提前承受早期围岩压力。管棚适用于特殊困难地段，如极破碎岩体、塌方体、岩锥地段、砂土质地层、强膨胀性地层、流变性地层、裂隙发育岩体、断层破碎带及浅埋大偏压等围岩条件。上述地段宜在管内辅以灌浆效果将会更好。如遇流塑状岩体或岩溶严重流泥地段，采用管棚与围岩预注浆相结合措施也是行之有效的预支护方法。

此外，一般在无胶结的土质或砂质围岩中，可采用钢插板封闭；在地下水较多时，则可采用钢管注浆堵水和加固围岩。短管棚一次超前量较少，与开挖作业交替进行，占用循环时间较多，而钻孔安装或顶入安装短管棚则比较容易；长管棚一次超前量较多，可减少安装钢管次数，并减少与开挖作业之间的干扰，适用于大中型机械进行大断面开挖的隧道施工。

管棚预支护结构的设计要点：管棚支护结构一般按松弛荷载理论进行设计。根据围岩地质施工条件及力学计算，如需要可在钢管内灌注水泥砂浆或混凝土，也可放置钢筋笼并灌注水泥砂浆，这样可增加钢管刚度；钢管直径宜为80～180mm，钢管中心距离为300～500mm，钢管长度一般为10～45m。当采用分段连接时，可采用长4～6m钢管，并用丝扣连接，丝扣长度不小于150mm；纵向两组管棚间应有不小于1.5m的水平搭接长度。钢管宜采取沿隧道开挖轮廓纵向接近水平方向设置，外插角1°～2°；钻孔孔径比钢管直径大20～30mm，环向间距200～800mm，钢拱架常采用工字钢拱架或钢筋格栅。

3. 超前小导管注浆

超前小导管注浆施工是在工作面开挖前，先对工作面及一定长度（通常5m）范围内的坑道喷射厚为50～100mm的混凝土，或采用模筑混凝土封闭；然后沿开挖外轮廓线（即坑道周边）向前以一定角度打入管壁带小孔的小导管，并以一定压力（注浆压力为0.5～1.0MPa）向管内压注起胶结作用的浆液，待浆液硬化后，坑道周围岩体便形成了具有一定厚度的加固圈。此加固层能起超前预支护作用，在其保护下即可安全地进行开挖作业。

超前小导管周壁预注浆加固的机理为：浆液被超前压注到岩体裂隙中并硬化后，将破碎岩或颗粒胶结成整体；同时，注浆填充了裂缝，阻隔了地下水向坑道渗流的通道，起到了堵水、防水的作用。超前小导管周壁注浆适用于自稳时间很短的砂层、砂卵（砾）石层、断层破碎带、软弱围岩浅埋地段，以及处理塌方地段、地下水较多的软弱破碎围岩等地段。

4.7.6　监控量测

应用监控量测信息指导设计与施工是浅埋暗挖法施工的重要组成部分。根据监控量测的各种变量，如位移、应力、应变等及时绘出动态曲线：位移-时间曲线、应力-时间曲线、应变-时间曲线，其中以横坐标为时间，纵坐标为各类变量（位移、应力、应变）。这些曲线可能形成极不规则的散点连线，如果将工序标在水平坐标上，就可以看出各工序对隧道变形的影响。这个散点图作为分析的第一手原始资料，是判断地层是否稳定的重要依据。

1. 监控量测的目的

监控量测在施工中有着极其重要的作用，主要表现在以下几个方面。

（1）保证施工安全　浅埋暗挖法施工的地铁区间隧道对周边环境会产生不同程度的影响，因此通过及时、准确的现场监测结果，判定地铁隧道结构及周边环境的安全，并及时反馈指导施工，调整设计和施工参数是非常重要的，可以减小对周边环境变形的影响，保证施工安全。

（2）量测施工引起的地表变形　根据地表变形的发展趋势决定是否采取保护措施，同时为确定经济合理的保护措施提供理论依据。

（3）控制各项监测指标　根据已有经验及规范要求，检查施工中各项环境控制指标是否超过规定范围，并为发生环境事故时提供有效的仲裁依据。

（4）验证和修正支护结构设计方案　地下结构施工设计中采用的设计原理与现场实测的结构受力、变形情况往往有一定差异，因此将施工中的监测信息及时反馈，对于设计方案的完善和修正有很大帮助。

（5）工程总结　地下工程施工中结构及周边环境的受力和变形资料对于设计、施工及总结经验有很大的帮助。

2. 监控量测的分类

监控量测可分为必测项目和选测项目两类。监控量测的主要范围是地下结构物纵向中心线两侧30m范围内的地下、地面建（构）筑物管线、地面及道路。各项观测数据相互验证，确保监测结果的可靠性，为合理确定各项施工参数提供依据，达到反馈指导施工的目的，真正做到信息化施工。

（1）必测项目　必测项目应包括：①洞内、外观察；②水平相对净空变化量测；③浅埋地段地表下沉量测；④拱顶相对下沉量测。

（2）选测项目　选测项目应包括：①围岩内部变形量测；②锚杆轴力量测；③围岩压力量测；④支护、衬砌应力量测；⑤钢架内力及所承受的荷载量测；⑥围岩弹性波速度测试。

3. 监控量测方法

浅埋暗挖法施工的隧道开挖后，地层中的应力扰动区延伸至地表，围岩力学形态的变化在很大程度上反映于地表沉降，且地表沉降可以反映隧道开挖过程中围岩变形的全过程。尤其是对于城市地下工程，若在其四周地表有建筑物时，就必须对地表沉降情况进行严格的监测和控制，以保证施工安全。

（1）基点埋设　首先，基点应埋设在沉降影响范围以外的稳定区域内；其次，应至少埋设两个基点，以便基点互相校核；第三，基点的埋设要牢固可靠，采用标准地表桩时，必须将其埋入原状土，并做好井圈和井盖。在坚硬道面上埋设地表桩时，应凿开道面和路基，将地表桩埋入原状土，或钻孔打入1m以上的螺纹钢筋做地表观测桩，并同时打入保护钢管套。基点应和四周水准点联测取得原始高程，基点应埋设在视野开阔的地方，以利于观测。

（2）测点布置与埋设　区间地面及道路沉降测点分别布置在地铁隧道中线上，测点间距10m，并相隔每100m左右设一个主观测断面。沉降测点埋设时，先用冲击钻在地表钻孔，然后放入沉降测点，测点采用直径为20～30mm，长为200～300mm的半圆头钢筋制成。测点四面用水泥砂浆填实，并在地表做保护井。

（3）沉降值计算　地表监测基点为标准水准点（高程已知），监测时通过测得各测点与地表监测基点的高程差ΔH，可得到各监测点标准高程H_i，然后与上次测得的高程进行比较，差值即为该测点的沉降值。

在施工过程中，通过对四周建筑物的变形监测，随时了解施工对四周建筑物的影响程度及影响范围，便于及早发现问题、解决问题，将变形控制在建筑物安全警界值内，保证四周建筑物的安全。

基点的埋设与地表下沉测量方法的埋设相同，埋设时先在建筑物的基础或墙上钻孔，然后将预埋件放入，孔与测点四面的空隙用水泥砂浆填实。测点基本布设在被测建筑物的角点上，测点的埋设高度应方便观测，同时测点应采取保护措施，避免在施工和使用期间受到破坏；每幢建筑物上一般布置4个测点，重要的建筑物布置6～8个测点。沉降值计算与地表沉降计算相同。

因为建筑物的开裂、沉降和倾斜必然导致结构构件的应力调整而产生裂缝，所以裂缝开展状况的监测通常是评价开挖影响程度的重要依据之一。可采用直接观测的方法，将裂缝进行编号并划出测读位置，通过裂缝观测仪进行裂缝宽度测读。由于裂缝数量和位置无法估计，监测数量和位置也无法确定，所以应根据施工及监测情况确定测点位置。在建筑物出现较大变形的同时密切关注是否有裂缝产生，并跟踪观测。

隧道拱顶变形的监测应根据暗挖施工时隧道初期支护结构拱顶的变形情况，通过数据分析来总结规律，以便顺利和安全施工。可沿区间隧道纵向间距每 10m 埋设一个拱顶沉降测点，材料选用 Φ22mm 螺纹钢筋，埋设或焊接在拱顶，外露长度为 50mm，外露部分应打磨光滑，以减少与尺面接触时产生不均匀误差，用红油漆标记统一编号。

隧道净空收敛监测是隧道施工中一项必不可少的监测内容。由于地下工程自身固有的错综复杂性和变异性质，传统设计方法仅凭力学分析和强度验算难以全面、适时地反映出各种情况下支护系统的受力变化情况。围岩应力及环境条件发生变化时，周边围岩及支护随之产生位移，该位移是围岩和支护力学行为变化最直接的综合反映，因此对隧道围岩进行位移观测十分重要。

4. 监测数据的应用

（1）最大允许位移值的控制　最大允许位移值与地质条件、埋深、断面大小、开挖方法、支护类型和参数有关，在规定最大允许位移值时，必须考虑这些因素的影响。经验证明，拱顶下沉是控制稳定较直观和可靠的判断依据；水平收敛和地表下沉有时也是重要的判断依据。对于地下铁道来讲，地表下沉测量显得尤为重要。

（2）根据隧道周边位移（收敛）量测数据确定净空预留量　根据位移随时间变化测试的资料进行回归分析，推算最终位移值，以此作为净空预留量。

（3）二次衬砌施工时间的控制　按规定，二次衬砌是在初次支护变形基本稳定后施作的。基本稳定的标志是外荷载基本不再增加，位移不再变化，因此可用周边接触应力和位移值这两项指标控制。当隧道断面小于 $10m^2$ 时，周边位移率 v_n 应小于 0.1mm/d；断面大于 $10m^2$ 时，v_n 应小于 0.2mm/d 或周边接触应力 v_p 应小于 5.0kPa/d。目前为方便现场掌握，多以机械量测仪器测试位移为主。当达不到基本稳定指标时，应进行补救，其措施为对初期支护进行加强，并立即进行二次衬砌施工。

（4）测试数据对设计的反馈　地质条件的复杂性使地下工程设计不得不采用信息化的设计方法，即通过施工中监测到的围岩动态信息（主要是位移信息），采用反分析技术，推求围岩的结构模型和力学参数，如弹性模量、内摩擦角、黏聚力、黏性系数等等。再采用正分析技术，求出围岩和支护结构中新的应力场和位移场，验算和核实预设计的可靠性，并对其进行修改。

监控量测测点的初始读数应在开挖循环节施工后 24h 内，并在下一循环节施工前取得，其测点距开挖工作面不得大于 2m。

第5章 车站工程施工

5.1 车站工程介绍

车站是现代有轨电车系统的重要组成部分，承担着客流引导和集散任务，在满足乘客乘车与换乘需求的同时，提供安全、文明、舒适的乘车环境，其各项设施和设备的能力应满足事故情况下乘客紧急疏散的要求。

1. 车站的组成

从建筑结构角度而言，车站结构由车站主体、出入口及通道、通风道及地面通风亭和其他附属建筑等部分构成。

1）车站主体的主要功能是为乘客提供方便、舒适、安全的乘车环境，同时为车站的运营与管理提供有效的环境支撑条件，如图5-1所示。

图5-1 车站主体

2）出入口通道是乘客进出车站的通道，并可以兼有城市过街通道的功能，如图5-2所示。除入口通道不宜过长外，在做好结构防水、通风采光等设计的基础上，应该满足人防、消防和紧急疏散等有关要求；根据车站客流情况设计出口位置及数量，原则上不少于两个。需要注意的是，出入口外观设计应与周围景观协调。

3）车站的通风道及地面通风亭是改善车站地下结构部分内部环境不可缺少的附属构筑物。

2. 车站的分类

1）按车站与地面的相对位置不同，现代有轨电车车站可分为地面车站、高架车站和地

图 5-2　车站出入口通道

下车站，如图 5-3 ~ 图 5-5 所示。

图 5-3　地面车站

图 5-4　高架车站

图 5-5　地下车站

2）按车站的运营性质不同可分为终点站、一般中间站、中间折返站和换乘站等。

3）按车站的结构和施工方法不同可分为明挖站、暗挖站等。

4）按站台的布置可分为岛式车站、侧式车站、岛侧混合车站等，如图5-6所示。

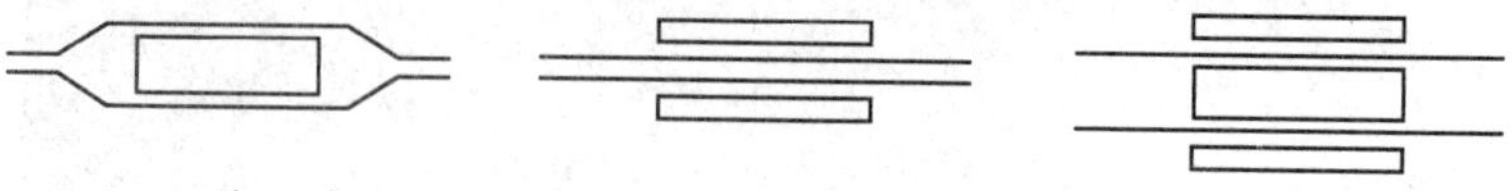

图5-6　车站形式划分

a）岛式车站　b）侧式车站　c）岛侧混合式车站

① 岛式车站。站台位于上、下行行车线路之间，这种站台布置形式称为岛式站台。具有岛式站台的车站称为岛式站台车站，简称岛式车站，如图5-7所示。

② 侧式车站。站台位于上、下行车线路的两侧，这种站台布置形式称为侧式站台。具有侧式站台的车站称为侧式站台车站，简称侧式车站，如图5-8所示。

图5-7　岛式车站

图5-8　侧式车站

③ 岛侧混合式车站。岛侧混合式站台是将岛式站台及侧式站台同设在一个车站内，具有这种站台形式的车站称为岛侧混合式站台车站（简称岛侧混合式车站），通常用于换乘站。

5）按车站服务的对象及功能可以分为城市标志站（作为城市的象征或著名建筑物）、与干线或机场等交通连接的换乘枢纽站（完成与机场或其他交通方式的接续运输过程）、市郊地区车站和农村地区车站等。

3. 车站的总平面布局

车站的设计与总体布局应符合城市规划、城市交通规划、环境保护和城市景观的要求，应处理好车站与地面建筑、城市道路、地下管线及施工时交通组织间的关系。车站的结构与过街地道、天桥、物业开发建筑等结合，综合疏散车站和过街客流。合理组织客流，减少交叉干扰，保证乘客方便进站、迅速出站。进出站通道、站台、出入口、自动扶梯及楼梯等设备能力与客流相匹配，满足日常运营客流的需要。

4. 车站的规模

车站的规模应满足远期高峰小时预测客流集散量和运营的需要，车站的进站通道、站台、出入口通道、人行楼梯、自动扶梯等部位的通过能力应按该站远期高峰客流量确定。一般而言，车站的有效站台长度不小于远期现代有轨电车编组长度，车站服务水平主要体现在站台的宽度上。计算站台总宽度时，应以车站远期最大设计客流量为计算依据。站台总宽度由乘客乘降区宽度、柱宽、楼梯宽及自动扶梯宽度等组成。站台宽度可参考经验公式式（5－1）和式（5－2）进行校核。

对岛式站台，有

$$B_d = 2b + n \times z + t \tag{5-1}$$

对侧式站台，有

$$B_c = b + z + t \tag{5-2}$$

式中　B——站台宽度（m）；

b——站台乘降区宽度（m）；

n——横向柱列数；

z——横向柱宽（m），含柱子的装修面层厚度；

t——每组人行楼梯与自动扶梯宽度之和，包括扶梯间的宽度和梁、柱与楼、扶梯，楼梯和扶梯间所留缝隙宽度（m）。

站台乘降区宽度 b 应按式（5－3）计算：

$$b = Q_{上下} \times \rho / l + b_a \tag{5-3}$$

式中　$Q_{上下}$——客流控制期每次车辆超高峰小时单方向的上下车设计客流量（人）；

ρ——站台上人流密度，一般推荐采用0.5m^2/人；

l——安全门或屏蔽门两端之间的站台有效候车区长度（m）；

b_a——站台门体立柱内侧至站台边缘的距离（m）。

一般情况下，侧式站台最小宽度不宜小于2.5m，岛式站台最小宽度不宜小于5m。站台边缘与车体外边缘之间的最大空隙，在直线段宜为80～100mm；在曲线段，应根据曲线加宽要求计算确定，但不得大于180mm。

5. 车站的装修与相关服务设施

车站除了要满足各项使用功能外，还要打造良好的视觉效果，为乘客营造舒适、愉悦的乘车环境。建筑装修是车站工程的重要组成部分，可将其划分为内部装修与外部装修两部分。

（1）外部装修　外部装修要注重外部造型效果，包括墙柱、墩、地及顶各部分设计，建筑照明、灯具、色彩、隔断、导向指示牌、出入口、站台雨棚和天桥雨棚等的装修设计。对于地面站与高架站，外部装修效果尤其重要，需与当地景观相协调。

（2）内部装修　内部装修多针对地下式车站而言，可以一条线路为基本单位统一装修风格，也可以将车站所处位置具有的文化元素融入车站装修设计中。

需要注意的是，车站建筑装修选择的材料，应具有不燃、无毒、放射性指标满足国家环保要求、经济、耐久、便于设备管理和清洗的性能，地面材料应防滑、耐久、耐磨和耐腐蚀。地下通道应考虑采用具有吸声和防潮功能的装饰材料。车站建筑防灾设计应满足GB 50016—2014《建筑设计防火规范》及国家现行的其他有关规范、规定的要求。

（3）服务设施　为提高车站服务水平，保证乘客安全出行，现代有轨电车车站还需要设置站台指示系统、屏蔽门及自动扶梯等服务设施，车站导向、指示标志应采用统一标准和规格，并应符合GB/T 10001.1—2012《公用信息图形符号　第1部分：通用符号》等的规定。同时，还要以人为本，考虑残障设施的配备。

1）屏蔽门系统将站台的公共区域与轨行区隔离，保障乘客安全，如图5-9所示。

2）站台标示系统为乘客提供车站、乘车及换乘信息等，如图5-10所示。

图5-9 屏蔽门

图5-10 站台标示系统

3）对于自动扶梯，有关设计规范中指出，当车站出入口的提升高度超过6m时，应设上行自动扶梯；超过12m时，应考虑上、下行均设自动扶梯，如图5-11所示。分期建设的自动扶梯应预留位置。

4）无障碍设计包括无障碍电梯、楼梯升降机（见图5-12）、无障碍通道及出入口等。应以人为本，设置无障碍设施，保证乘降、疏散安全。

图5-11 自动扶梯

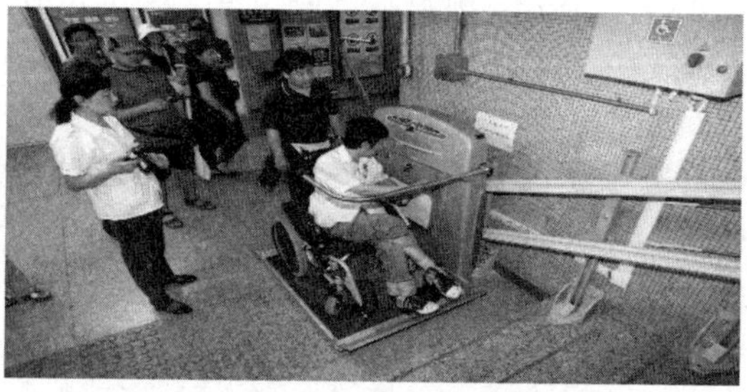

图5-12 楼梯升降机

5.2 地面车站施工

车站是现代有轨电车系统的基本设施，是提供乘客上下车的营业场所，是站线、站台等站场设备的总称。只有通过车站集中和疏散客流，才能完成运送乘客的任务，车站的位置、布置形式及其规模对现代有轨电车的运营效益具有决定性的作用。

1. 车站功能及设计原则

现代有轨电车车站的基本功能是供现代有轨电车停靠，并通过标识指示其位置、标示站名、提供路线图与时刻表；设置站台，提供遮雨棚并可考虑提供座椅，确保乘客进出站台、购票、上下车的安全、舒适和快捷。车站除了保证乘客集散外，还需确保车辆高效、安全地运行。此外，车站应以结构简易、无人管理为设计目标，同时与其他交通方式有效衔接，以方便乘客换乘。

现代有轨电车站台的长度应以现代有轨电车总长为依据，并考虑必要的附加长度设定。

一般情况下，附加长度约为 0.3m，可根据实际情况调整。岛式站台最小宽度为 2.0m，侧式站台最小宽度为 1.5m，应根据车站功能及乘降量确定最终宽度。同时，要充分考虑老、弱、病、残、幼的需求，站台与现代有轨电车车内底盘的高度应尽量一致，站台边缘与现代有轨电车车门边缘的间距应尽量缩小，以符合人性化空间设计的理念。图 5-13 所示为法国里昂市有轨电车车站。

图 5-13　法国里昂市有轨电车车站

车站站位选择及车站设计必须基于以下基本原则进行。

1）车站总平面和空间布局应符合城市建设的总体规划、城市交通规划和轨道交通线网规划的要求，应与城市总体规划和车站所在地区的详细控制规划相互协调，因地制宜并最大限度地吸引客流；同时，应注重现代有轨电车建设与周边城市发展的平衡互动，为可持续发展创造条件。

2）车站的空间设计应满足全线景观设计的要求，将车站的立面设计纳入景观设计的范畴，站台棚需结合站前广场或绿化规划，其地面部分的立面设计要做到简洁、明快、大方，易于识别，并应体现现代交通建筑的特点和时代气息；同时，还应与周围的城市景观相协调，应广泛采用新工艺、新材料和新技术，满足防火、防潮、防腐、耐擦洗及便于维修的要求。

3）应妥善处理与城市交通、地面建筑、地下管线和地下构筑物之间的关系，尽量减少房屋拆迁、管线迁移和施工时对地面建筑物、地面交通及市民的影响。车站应结合建设用地的具体情况进行设计，以形成舒适、方便的乘车环境，并控制规模，节约投资。

4）车站是乘客集散和乘降的场所，也是城市空间的重要组成部分。因此车站设计应贯彻“综合设计、文化设计、生态设计、安全设计、创新设计、人文设计”六大新线设计理念，满足线路设计要求，重视现代有轨电车与轨道交通网络间的衔接，为乘客提供与其他线路和地面交通之间最直接、最安全及最方便的换乘条件。

5）站址应选在客流量大、便于乘客乘降的地方，使其能最大限度地集中客流、方便与其他交通枢纽、公交系统的换乘，同时应加强导向标识设计工作。

6）需统一考虑无障碍设计，地面站设置无障碍坡道、盲道等无障碍设施，高架站和地下通道设置无障碍电梯、盲道等无障碍设施。

7）选择线站位时，线路平面应力求顺直，提高乘客的舒适度，综合考虑城市道路的横断面形式，减少对城市交通的影响。

8）合理确定现代有轨电车的服务半径及站间距。目前，沈阳市现代有轨电车的服务半径按照500m考虑（由于设站较密，对于提高旅行速度不利）。

2. 车站布设形式

车站布设形式有沿道路横向布设和沿道路纵向布设两种。

（1）沿道路横向布设　现代有轨电车车站沿道路横向布设可分为岛式车站和侧式车站。机动车道和非机动车道间、路侧（两侧）布设的现代有轨电车线路可采用侧式车站，而道路中央、路侧（单侧）布设的现代有轨电车线路既可以采用侧式车站，也可以采用岛式车站。

1）岛式站台布设。岛式站台按分离模式分为整体岛式站台和分离岛式站台，如图5-14和图5-15所示。

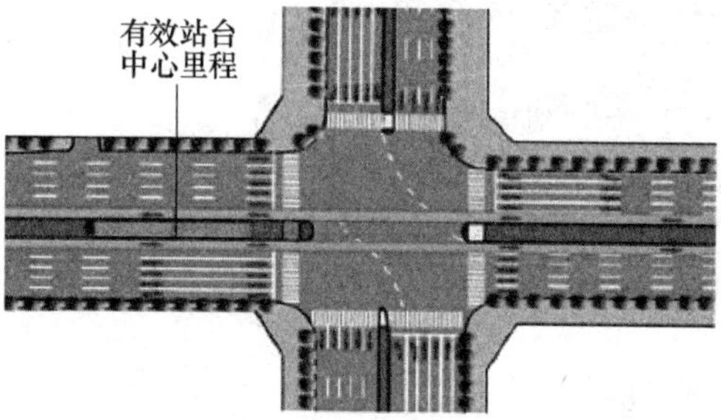

图5-14　整体岛式站台

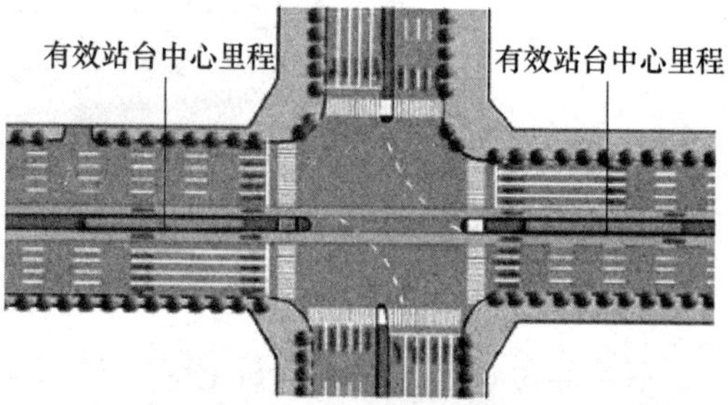

图5-15　分离岛式站台

现代有轨电车岛式站台按长度分为两种：一种为常规岛式站台，广泛应用于路段中和交叉口处，其特点与轨道交通中的岛式站台相近，如图5-16所示；另一种为长岛式站台，主要应用于现代有轨电车系统中。长岛式站台的站台长度为前几种站台的2倍，宽度则与侧式站台一样，不同方向的车辆停靠在站台的不同列位之上。

图5-16　现代有轨电车一般地面岛式站台效果图

它与不对称式站台的本质都是利用道路的长度换取了道路的宽度，以达到减少车站处占用路幅宽度的目的，而它更有利于不同方向乘客的换乘。

岛式车站站台位于上、下行行车线路之间，车辆对向行驶，共享站台。这种车站的线路敷设方式可以采用弯曲和直线两种形式，如图 5-17 和图 5-18 所示。对弯曲形式的线路，只在车站处占用较大断面；对直线布置形式的线路，车站与区间断面一致，需占用更多的道路资源。对于有中央隔离带的道路，线路在隔离带两侧；而对于没有隔离带的道路，中央可形成新的绿化隔离带。

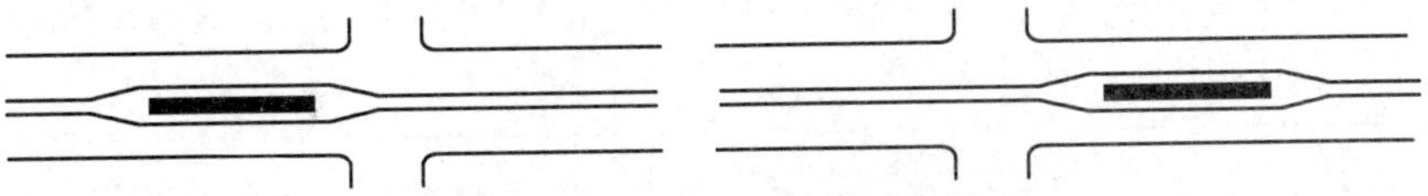

图 5-17　岛式站台车站的弯曲布置形式

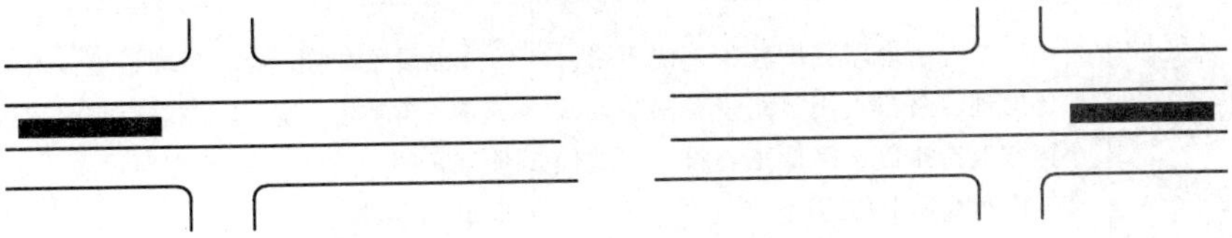

图 5-18　岛式站台车站直线布置形式

2）侧式站台布设。此种车站站台位于上、下行行车线路两侧，车辆对向行驶，独立停靠，分为对位侧式站台和错位侧式站台，如图 5-19 和图 5-20 所示。这两种车站布设形式对线路的铺设方式影响不大，线路均不需要弯曲。有隔离带的道路，线路在隔离带中央；对没有隔离带的道路，线路在道路正中央。与岛式站台相比，其站台布局更加灵活。特别是在交叉口处，车站可以采用错开式布设方式，这样可节约交叉口进口道的道路资源，有利于交通组织。

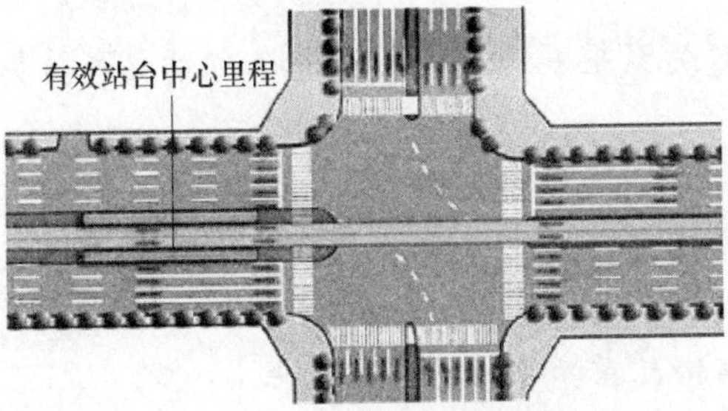

图 5-19　对位侧式站台

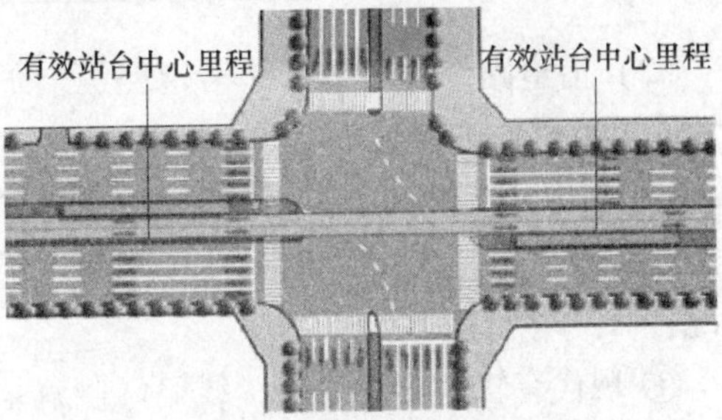

图 5-20　错位侧式站台

3）各类站台的比较。各类站台的优缺点比较见表 5-1，其主要特点及适用范围见表 5-2。

表 5-1　各类站台的优缺点比较

站台类型	优　点	缺　点
整体岛式站台	有效平抑潮汐客流的影响；节约站台设施及工作人员；便于布设立体人行过街设施；乘客中途折返方便	上、下行客流容易相互干扰；站台占用道路宽度较大，不利于路口渠化设计

（续）

站台类型	优点	缺点
分离岛式站台	站台处占用道路宽度较少，占用道路资源较为分散；现代有轨电车车站和路段处占用宽度一般保持不变，道路及现代有轨电车线形平顺美观	车站设备和管理需要两套系统，增加投资和营运成本，车站售、检票区域通行空间比较紧张；不方便乘客中途折返乘车；不方便布设立体人行过街设施
对位侧式站台	路段绿化带较小，占用道路资源较少；相对便于布设立体人行过街设施	车站设备和管理需要两套系统，增加投资和运营成本，车站售、检票区域通行空间比较紧张；站台占用道路宽度最大，不利于路口渠化设计
错位侧式站台	站台处占用道路宽度较少，便于路口渠化处理；路段占用道路资源最少，减小拓宽改造难度，降低工程投资；现代有轨电车线形平顺美观	车站设备和管理需要两套系统，增加投资和运营成本，车站售、检票区域通行空间比较紧张；不方便乘客的中途折返；不方便设置人行天桥或过街地道

表 5-2　各类站台的主要特点与适用范围比较

项　目	岛式站台	对位侧式站台	错侧式站台
站台宽度/m	2～3.5	2～2.5	2～2.5
换乘便捷性	导向换乘比较方便	导向换乘比较不便	异向换乘比较不便
适用情况	路面宽度受限	路段中，一般为现代有轨电车专用道	路宽受限的交叉口处

（2）沿道路纵向布设　从沿道路纵向的位置关系来看，现代有轨电车车站又可分为路中式车站和路端式车站。

1）路中式车站由于占用的道路资源较多，对机动车辆的影响较大，需为乘客设置过街设施，以及城市道路交叉口间距较短等原因，应用得比较少。路中式车站一般应用于以下情况：

① 现代有轨电车专用路，线路两侧就是人行道，车站位于人行道之上。

② 较大的客流集散点，有设站的必要性，而恰好该路段长度很长，车站范围内没有交叉口。

2）路端式车站有着广泛的应用，它的位置位于交叉口处。与路中式车站相比，由于交叉口处的道路一般都有增加进口道、交叉口加宽等既有措施，所以路端式车站无须拓宽交叉口即可满足车站的道路用地。根据车站在交叉口的设置方式，路端式车站分为近端（进口处设站）和远端（出口处设站）两种形式。近端式车站位于交叉口进口道，车辆在过交叉口前进站停靠。而车辆驶过交叉口后停靠的车站为远端式车站。

① 近端车站具有以下特点：

a. 可在车辆进站前调整交叉口信号周期，使得车辆停站时信号为红灯，出站时信号为绿灯，信号优先措施较简单。

b. 若线路需要转弯，则必须设置专用相位，以保证现代有轨电车转弯的同时不干扰其他车辆。它一般应用与线路在交叉口没有转向的情况。

② 远端车站具有以下特点：

a. 较难实现车辆在交叉口处的完全优先，部分车辆在交叉口和车站处各有一次停靠，延误时间。

b. 站台不占用交叉口车道，只有现代有轨电车道占用了一条机动车道，车站对交叉口通行能力的影响小。

c. 乘客利用人行横道线出站疏散和过街换乘都较为方便。

d. 线路转弯无须设置专用的信号相位，可与其他机动车共用一个转向相位。

远端车站一般应用于线路在交叉口需要转向或两条道路相交角度小于 90°的交叉口的情况。

近端式与远端式并无优劣之分，只是分别适用于不同的道路情况。图 5-21 所示为道路中央布设线路情况下的路端式车站的布设形式。表 5-3 列出了从效率方面总结不同交通状况下的建议车站类型。表 5-4 列出了不同路端式车站位置适用情况。

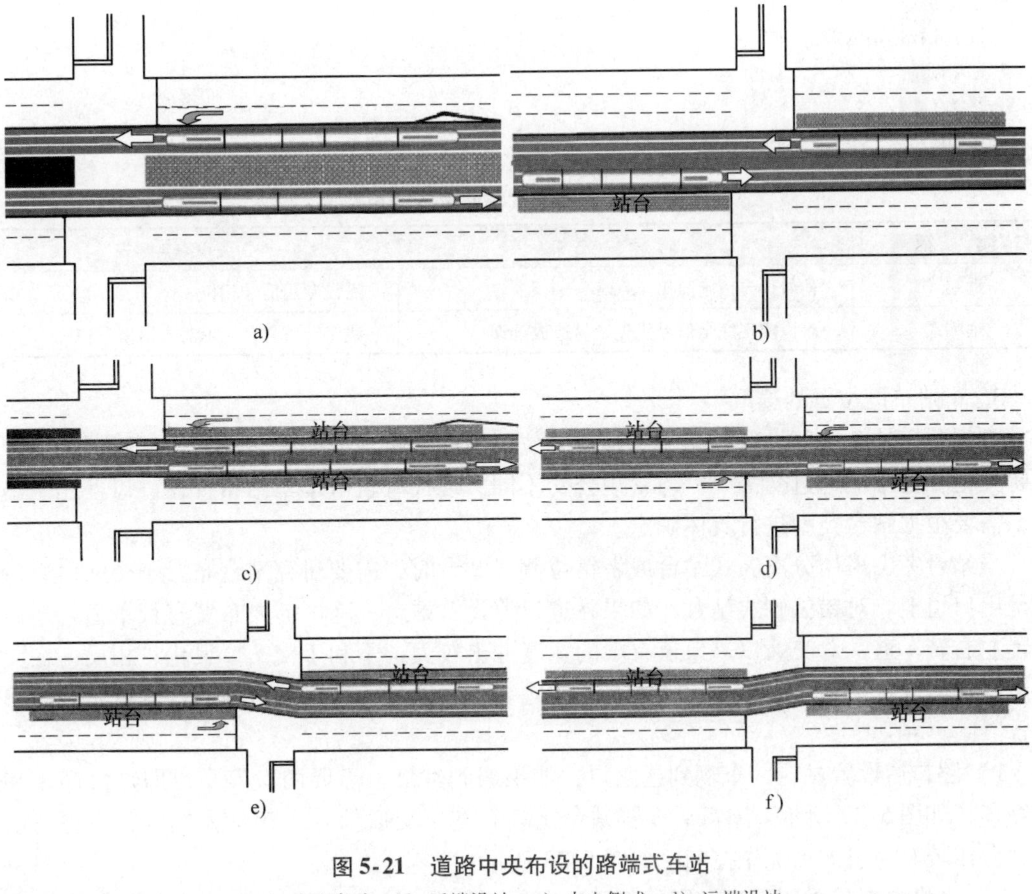

图 5-21　道路中央布设的路端式车站

a）中央岛式　b）近端设站　c）中央侧式　d）远端设站

e）最小路权近端设站　f）最小路权远端设站

表 5-3　不同交通状况下的建议车站形式

路面宽度/m	车站至交叉口的距离/m	发车间隔/min	同向车流流量/[辆/(h·车道)]					
			400	600	800	1000	1200	1400
14	0	1	SD①	SD	SD	SD	SD	PS②
21	0	1	CD③	CD	CD	CD	CD	CD
21	0	3	FSS④	CC⑤	CC	CC	CC	PS
21	0	5	CC	CC	CC	MFSS⑥	MFSS	MFSS
21	20	1	FS⑦	FS	PS	PS	PS	PS
21	50	1	PC⑧	FSS	PS	PS	PS	PS
21	80	1	NS⑨	FSS	FSS	FSS	FSS	FSS
28	0	1	CD	CD	CD	CD	CD	CD

① 路侧侧式（站台设在行车道）。
② 路缘侧式（站台设在人行道）。
③ 中央专用形式。
④ 远端侧式。
⑤ 中央岛式。
⑥ 最小路权远端侧式。
⑦ 远端设站。
⑧ 路缘岛式。
⑨ 近端设站。

表 5-4　不同路端式车站位置适用情况

类　型	信号优先	线路转弯
近端式	信号优先措施简单	需设专用信号相位
远端式	难以实现完全信号优先，易造成延误	线路转弯容易，不需专用信号相位

3. 车站布设位置的选取

常规公交站台统筹设置在交叉口出口的位置，尽量避免公交车在进口道处停车上下客而妨碍其他社会车辆通过交叉口。与常规公交不同，现代有轨电车车站布置在进口处还是出口处，需要根据站台类型进行具体确定。

当站台考虑采用分离岛式站台或者错位侧式站台时，需要研究站台布置于交叉口进口道还是出口道上。对错位侧式站台，如果在进口道设置站台，除了需要布置直行车道外还需要布置左右转车道，对交叉口进口道有限的宽度冲击较大，不利于交叉口渠化；相反，在交叉口出口道后设置站台，可以有效缓解上述问题。下面以分离岛式站台为例，分析站台的布置位置。

1）路口后设置站台，车辆到达路口，如果遇到红灯，需要两次停车，即红灯停车和进站停车，如图 5-22 所示。路口后设置站台比较有利于交通信号主动优先控制，而路口前设置站台比较有利于被动优先控制，如图 5-23 所示。

2）当供电制式采用无接触网的超级电容时，路口后设置站台可能存在两次停车，需核算超级电容的电量。

3）延误。假设信号周期为 80s，现代有轨电车绿灯时间 20s，车辆一次加、减速延误

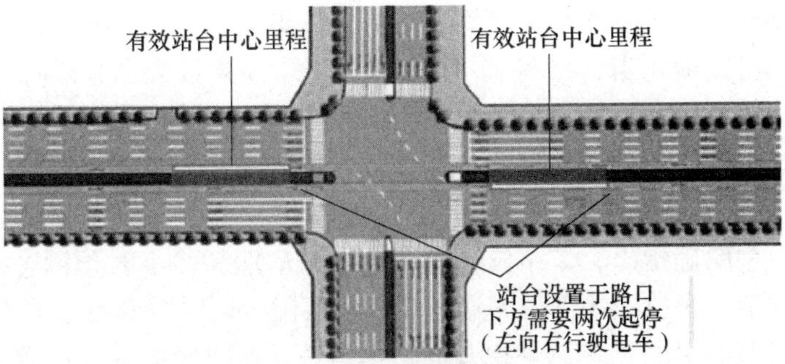

图 5-22　路口后设站起停

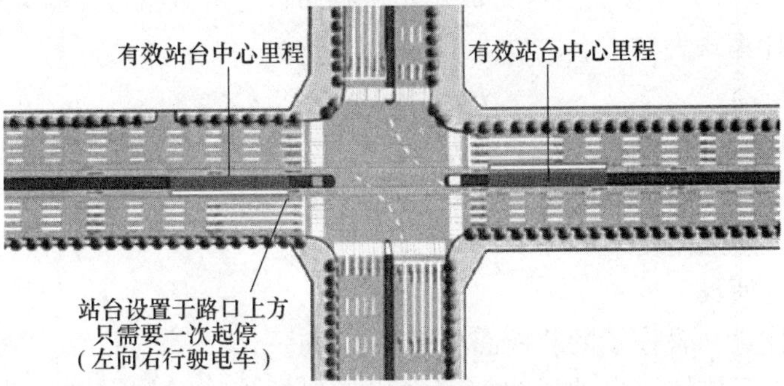

图 5-23　路口前设站起停

5s，车辆停靠站台 20s。这样路口后设站车辆的平均延误为 51.25s，而路口前设站车辆的平均延误为 47.5s，相比路口后设站节约了 3.75s。但路口前设站车辆要做到一次起停，车站需紧贴路口，立体过街设施实施就没有条件，也不利于进站客流缓冲。路口后设站延误时间与信号周期时间之间关系如图 5-24 所示。路口前设站延误时间与信号周期之间关系如图 5-25 所示。

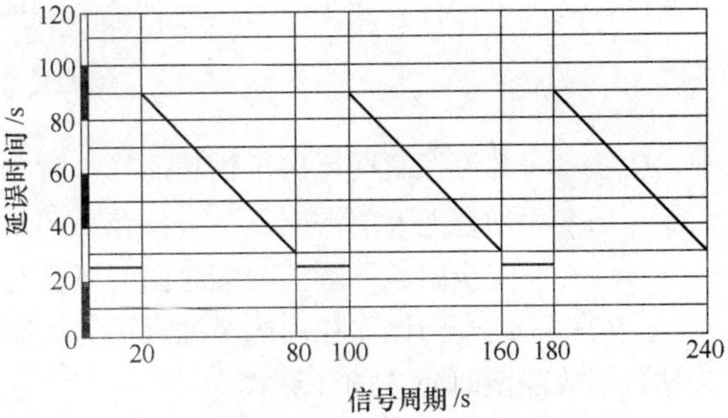

图 5-24　路口后设站延误

对错位侧式站台，应优先考虑路口后设站。对分离岛式站台，根据信号优先实施策略，如果采用被动优先，建议优先考虑路口前设站；如果采用主动优先，建议优先考虑路口后设站。

4. 车站的规模

站台长度取值按照车辆类型及车辆编组数进行设计，初期取值为 37m，远期需预留至 60m。根据地铁及高铁相关设计规范，站台宽度均是根据客流计算

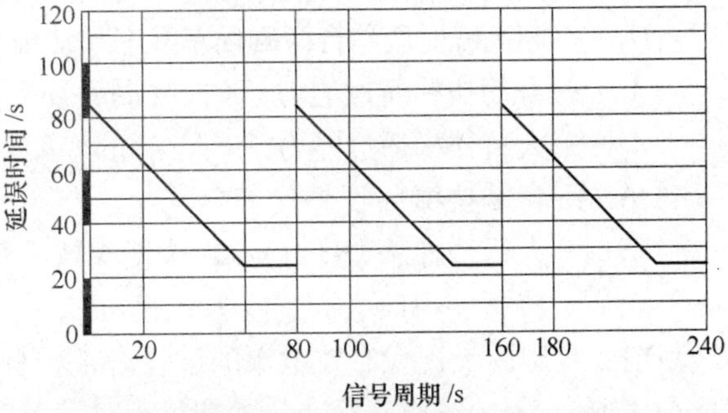

图 5-25　路口前设站延误

得出的，且规范明确规定了岛式站台、侧式站台的最小宽度。欧洲国家和日本的有轨电车站台宽度与公交车站台宽度相当，比较窄，且比较随意，换乘接驳也非常简单。综合考虑道路资源、乘客舒适度及不同站点需求等因素，沈阳浑南新区现代有轨电车一期工程，岛式站台宽度取值不小于5m，困难路段取值不小于4.5m；侧式站台宽度取值不小于3m，困难路段不小于2.5m。

地铁设计规范中明确指出，车站设计规模应根据远期高峰小时预测客流集散量来确定，使站台、进出站通道、售检票等部位的通过能力相匹配，同时需满足事故发生时乘客紧急疏散的需要，超高峰系数可根据车站规模及周边用地情况所决定的客流性质不同取1.1～1.4。车站计算站台总宽度，应以车站最大设计客流量为计算依据。站台总宽度由乘客乘降区宽度、柱宽、楼梯宽及自动扶梯宽度等组成，站台侧站台宽度可参考经验公式进行校核，有岛式站台宽度 B_d 的计算式为

$$B_d = 2b + nz + t \tag{5-4}$$

侧式站台宽度 B_c 的计算式为

$$B_c = b + z + t \tag{5-5}$$

式中 b——站台乘降区宽度（m）；

n——横向柱列数；

z——横向柱宽（含柱子的装修面层厚度）（m）；

t——每组人行楼梯与自动扶梯宽度之和（包括扶梯间的宽度，梁、柱与楼、扶梯，楼梯和扶梯间所留缝隙宽度）（m）。

乘降区宽度 b 的计算式为

$$b = \frac{Q_{上下}\rho}{l} + b_a \tag{5-6}$$

式中 $Q_{上下}$——客流控制期每次车辆超高峰小时单方向的上、下车设计客流量（人）；

ρ——站台上人流密度，一般推荐采用0.5m²/人；

l——安全门或屏蔽门两端之间的站台有效候车区长度（m）；

b_a——站台门体立柱内侧至站台边缘的距离（m）。

站台事故疏散时间 T 的计算式为

$$T = 1 + \frac{Q_1 + Q_2}{0.9\left[A_1(N-1) + A_2B\right]} \leqslant 6\text{min} \tag{5-7}$$

式中 Q_1——超高峰时段一现代有轨电车进站的断面流量（取上下行方向中较大者）（人）；

Q_2——超高峰时段站台两侧候车乘客和站台上的工作人员数量（按20人计算）（人）；

A_1——自动扶梯通过能力［(人/(min·m)］；

A_2——人行楼梯通过能力［(人/(min·m)］；

N——自动扶梯台数；

B——人行楼梯总宽度（m），按楼梯扶手带中心线之间的间距计算，并按每股人流核算（每股人流宽度为0.55m）。

目前，我国尚无现代有轨电车的设计规范，标准侧式站台宽度初步取为3m，岛式站台宽度最小取为5m。按照此标准，远期每小时发车20对，考虑到柱子及装修厚度0.45m，则侧式站台远期一个行车间隔内单侧最大上下客流（含超高峰系数）为192人，则每小时不

少于 3840 人（含超高峰系数）。岛式站台远期一个行车间隔内单侧最大上下客流为 171 人，则每小时不少于 3420 人（含超高峰系数）。对于客流较大、存在突发客流的车站，必要时可采取站外限流措施。

5. 车站辅助设施

车站辅助设施主要包括隔离设施和行人过街设施，其设计均需符合车站景观设计。

（1）隔离设施　对采用半独立路权的现代有轨电车，应考虑地区条件、人文环境及交通特性，采用合适的隔离措施，如路缘石、围篱、植树及护栏等，如图 5-26 所示。对采用混合路权的现代有轨电车，除应遵守 GB 5768—2009《道路交通标志和标线》的相关规定外，应以明显标志标线、铺面或颜色区分现代有轨电车线路与一般道路的范围。

a)

b)

图 5-26　现代有轨电车系统隔离设施

a）路缘石和高差隔离　b）护栏隔离

现代有轨电车与旧式有轨电车的一个显著区别是大量采用了中央隔离的专有路权，这种做法既将现代有轨电车与其他交通方式用隔离栏杆或隔离墩完全隔离，提高了速度，增加了安全性，又增加了城市绿化面积，减少了尾气排放，给乘客提供了更健康、更人性化的出行环境。其他还有混合路权、轨道两侧铺路缘石的专有路权类型，应用也十分广泛。沈阳市浑南新区现代有轨电车一期工程规模大，四条线路均铺设在城市道路路面上，根据街道条件又可区分为混合车道、半封闭专用车道（在道路平交道口处，采用优先通行信号）两种情况。

（2）行人过街设施　行人过街设施直接影响现代有轨电车系统的运营安全。在混合路权的行人过街区域、半独立路权的平面交叉口及车站行人过街区域，应采取适当措施帮助行人平面过街。在混合路权的行人过街区域，路面应有缓冲设计及安全警示标志。现代有轨电车平面交叉口的行人过街设施设置以与一般道路过街设施相同为原则，并按照 GB 5768—2009《道路交通标志和标线》等相关规定，设置特别的行人过街设施。路段应设置具有阻隔功能的行人过街设施，如 Z 字形过街设施，并应设置行人专用信号及相关警示标志，如图 5-27所示。

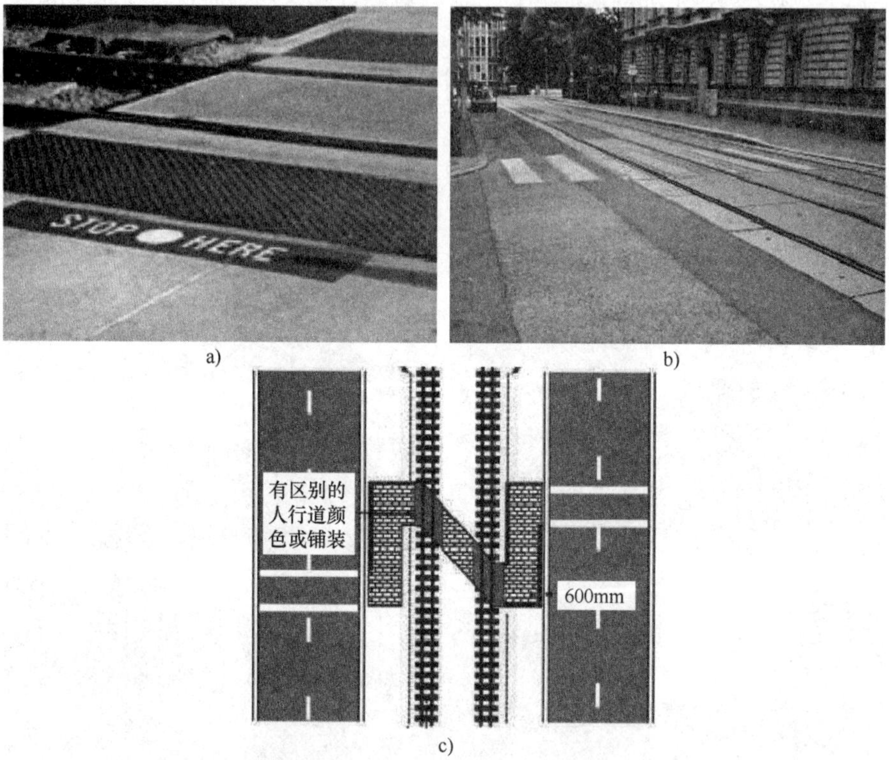

图 5-27　现代有轨电车系统行人过街设施

a）警告标志　b）特别的行人过街标线　c）Z 字形过街设施

（3）车站景观设计　随着轨道交通车辆制造技术的快速发展，现代有轨电车车辆不仅在舒适性方面有了很大改善，车辆的外形也有了根本的改变。有轨电车在行进时平稳舒适，噪声极小，车门与地面接近，可方便乘客上下。车厢明亮宽阔，视野极好。现代有轨电车不仅是大运量的交通工具，而且是旅游观光工具，更是一种城市生活的象征。除了车辆，区间、车站、站台棚及接触网立柱等相关组成部分在设计时也应从美学角度分析城市的景观构成。对车站设计应注重景观设计的整体性，利用平面形态配合竖向多层次的景观元素，以流畅的几何流线更好地融入周围环境，将车站设计作为景观中的小品进行处理，在总体简洁明快、局部设计遵循整体设计统一的基础上力求变化。运用现代设计手法，以流畅的几何线性强化带状空间的纵深和扩展感。在垃圾桶、造型灯、座椅、靠椅、信息牌、地面铺装及隔离栏杆等细节设计中，应更加灵动活泼，体现时代感。车站站台棚通常以现代简洁的手法，利用玻璃幕、铝板、方通及钢结构等不同材质，虚实结合、动静结合，营造出丰富的景观层次。轨道周边绿色草地可明显改善城市环境，既美化了城市环境，有利于减少空气噪声和结构物噪声的传播，又与现代有轨电车绿色、节能、美观、大方的主题相呼应和协调，如图 5-28所示。

图 5-28　车站景观效果图

（4）车站站台限界　现代有轨电车的限界宽度虽然小于双车道宽度，但是由于车站处除车道外还需要布置站台，因此在站点位置所需的限界宽度要大于行车道宽度。在实际工作中，设置车站应充分地利用公路的分车带以及路口处路面加宽设置站台，并根据实际情况合理选择车辆，以尽量减少车站对邻近车道资源的占用，保证相邻车道的通过能力。通常，车站站台限界包括站间距、区间限界与站点限界。

1）站间距。现代有轨电车系统的站间距应根据其系统特性、功能定位及运营绩效综合确定。作为城市交通网的一种骨干交通方式，一般而言，现代有轨电车系统的站间距为 300～800m，具体站间距根据车站功能、城市规模、城市区位及地区开发密度有所不同。特殊功能现代有轨电车系统的站间距可能超出此范围，如沈阳浑南新区现代有轨电车 1 号线，在其站间距分布中，22 个站中有 9 个站的站间距为 550～650m，平均站间距为 860m。

2）区间限界与站点限界。现代有轨电车区间限界和站台限界的宽度需求不同，同样以沈阳浑南新区现代有轨电车为例，区间限界的宽度需求为 7.9m，站台限界的宽度需求为 9.3m。若在区间段和站台处采用不同的宽度标准，可在一定程度上节省道路资源，但此部分资源往往不能得到有效利用，并因站间距、线路渐变段等因素对现代有轨电车和其他车辆行车不利，线形不流畅，行车存在障碍。考虑现代有轨电车站台长度等因素，同时鉴于现代有轨电车站间距较小，限界宽度以现代有轨电车站点限界为准，保持区间限界和站点限界的宽度一致。从交通运行的角度分析，采用此限界方案可避免渐变等因素对行车线形的不利。间隙界与站点限界之间的关系，有必要对现代有轨电车的站间距进行研究。

5.3　高架车站施工

高架车站由于具有桥梁的特性，与普通框架结构有着显著的区别。车站框架属于长纵向结构，车站长度要远大于宽度（宽度一般在 20m 以内，长度可以接近 200m）。高架车站可以采用现浇钢筋混凝土框架结构和钢结构等。

1. 吊装方案的选择

由于各高架车站的结构类型基本一样，因此根据工程特点、结构类型、构件质量及场地情况确定钢结构吊装方案，采用“整体分段拼装、整体分段吊装、单侧整体吊装和散件吊装相结合”的工艺进行。

2. 施工程序

（1）主刚架拼装　依据吊装方案，大部分构件在工厂内分段制作，现场拼装。为了保证吊装精度，现场依据工厂制作工艺图进行放样，并将其放样在刚性平台上，下面采用路基板作为拼装基础。在路基板上吊装台架，保证刚架拼装时的精度，同时对焊接变形起到控制作用。

（2）吊装工艺

1）刚架分段。刚架基本以高、低跨刚架分别作为一个吊装段采用分段吊装，中间腹杆为散件吊装。分段吊装难度大，但此分段既可减少临时支撑数量，又可减少空中对接焊缝数量，有利于保证焊接质量，同时可节省机械台班费用。

2）索具的确定。为了准确确定吊点位置及索具的长度，充分利用 CAD 实体，计算出构件的重心，这一方法比以往的计算要简单，而且比较准确。由于主刚架截面大，其吊装点位置间距不宜过大，而间距越小，索具受力越有利。

3）吊装步骤。基座吊装→临时支撑吊装→低跨主刚架吊装→腹杆吊装→高跨主刚架吊装→次刚架、连梁、中间檩条吊装。

① 基座的吊装。由于基座是主刚架的主要基础部分，其吊装精度必须达到要求，若基座出现标高误差，则会造成刚架整体旁弯。基座标高调整可通过螺母进行调节，待整个基座调整好后，再进行复测，复测无误后焊接限位挡板，然后进行高强无收缩料灌浆。达到强度要求后再进行刚架吊装。

② 临时支撑的吊装。主刚架吊装前先吊装临时支撑。临时支撑高度较低，一般为 8m 左右，在吊装过程中相当于主要受力柱，其不仅要求吊装位置准确，而且必须达到受力要求。

③ 主刚架的吊装。当临时支撑就位固定后，就可进行主刚架吊装了。主刚架吊装首先要进行翻身，翻身在整个刚架吊装过程中是难度最大的工序。

在吊装主刚架时，首先吊装低跨主刚架，低跨主刚架吊装就位并进行测量校正后，进行低跨主刚架之间连梁的吊装，同时进行顶部两端腹杆的吊装。腹杆吊装后即可吊装高跨主刚架，高跨主刚架吊装与低跨主刚架吊装基本相同，但高跨主刚架吊装直接就位于高低跨之间的腹杆上，校正准确后再进行其他腹腔杆的安装。

④ 主刚架的校正。主刚架吊装就位后，应利用全站仪定位测量。测量准确后，在临时支架上焊接支托板，将刚架直接落在临时支架托板上。为避免卸载后刚架标高低于设计标高，在吊装时采用预起拱的方案，将主刚架的顶标高调高 30mm 左右，以保证刚架卸载后标高基本与设计相近。校正主要从两个方面加以控制，即轴线和标高。校正轴线主要是利用刚架上的两根缆风绳加以控制，标高控制则以千斤顶作为主要调节工具。当标高与轴线全部校正准确后，将刚架与临时支撑挡板加以定位焊固定，同时将下面铰支座与预埋件固定。

⑤ 次刚架、连梁、檩条的吊装。主刚架吊装校正后，进行次刚架及檩条的吊装。其吊装比较简单，基本吊装原则是从中间向两端吊装。

⑥ 焊接施工。

所有车站结构的对接焊缝均为一级焊缝，其他焊缝多为二级焊缝，檩条为三级焊缝，焊接工程量大。钢材材质全部为 Q345B 低合金高强度结构钢，焊条选用 E5015。高空焊接多采用焊条电弧焊，施工中均实行三检制度，以保证焊接质量。

（3）卸载方案　作为大跨度钢结构，采用分段吊装时应设计卸载工艺。由于卸载过程是一个力的传递和受力体的转换过程，因此是一个动态过程。在此过程中，力的传递与受力体的转换必须要遵循“合理、有序、平稳、缓慢、均匀”的原则。卸载主要采用液压千斤顶作为卸载工具。首先，将千斤顶全部置于临时支撑托板上，即钢架下面，并与支撑托板加以固定；然后，开始顶升千斤顶，当千斤顶顶紧钢架后，利用割炬将托板割掉；最后，放松千斤顶。卸载时要统一指挥，保证同步且严格执行卸载方案，不可一次性卸载完成，应分两步进行卸载。卸载时要全程进行跟踪测量和监控。

5.4　地下车站施工

车站是城市轨道交通系统中重要的组成部分，是乘客上下车及换乘的场所，也是车辆到发、通过、折返及临时停车的地点，还具有购物、集聚及作为城市景观等一系列功能。按车站的结构类型和施工方法分为明挖站、暗挖站等。

5.4.1　地下车站工程建设的特点

（1）工程量大　地下车站的使用寿命在一百年左右，作为区间折返点的地下车站，与普通的车站相比要求更高，建设时又增加了折返线的长度，所以其工程量是一般车站的2倍以上。

（2）地面交通繁忙　地下车站的选址很重要，大多都在人流密集的地区。以某地下车站为例，此站位于旅游区内，地上的交通十分繁忙；除此之外，水、电、通信及排水等各种管线交错复杂。在建设地下车站时，各类管线的拆迁、防护工作十分繁重，涉及领域较多，施工难度较大，能否将这一问题解决好关系到工程能否顺利地开展。此外，车站周边的情况也很复杂，除繁华的都市街道和地下行人通道、管线外，所剩余的空间有限，必须要分阶段地进行施工建设，合理地安排场地，才能保证工程的顺利进行。

（3）地质条件的限制　车站的杂土层为3m，在杂土层以上的3～8m为饱和粉性砂土或黏土层，这样的土层缺乏稳定性，较为疏松，密度不均。而在8m的饱和状态淤泥质黏性土层中，会有一些其他填充物质，如薄层粉细砂和碎贝壳等，它们有着较高的敏感性，能够储存部分水分，但同时存在着渗透性较差的缺点，因此在地基土中是高压缩性软弱土层。

（4）工程标准高　地下车站的工程要求严格，工程总量大，施工期限紧张，施工时的劳动强度大。设为一级施工标准的是车站和人行通道的防水设计，二级施工标准的为空调机房和地下车站通风道的防水设计。此外，在工程施工时还有很多新技术、新方法的使用，深基坑开挖、地下连续墙、深井点降水和SMW工法桩等施工方法相结合使用，要求严格把控施工质量。

5.4.2　明挖地下站施工

1. 明挖地下站概述

在地面交通和环境允许的地方通常采用明挖法施工。明挖法具有施工作业面多、速度快、工期短、保证工程质量和工程造价低等优点，适用于浅埋、有宽阔的施工场地，可修建空间比较大的地下车站。

明挖法施工主要分为围护结构施工、站内土方开挖、车站主体结构施工、回填上覆土和恢复管线四个部分。根据不同的地质条件和车站结构的大小以及基坑深度，明挖法的围护结构可采用地下连续墙、钻孔桩、SMW 工法桩或土钉锚索等。采用明挖法修建的地下车站施工流程为：围护结构施工→井点降水或基坑底土体加固→开挖上层土体、设置上层钢支撑→开挖中间层土体、设置中间层支撑→开挖底层土体→浇筑底板混凝土结构→拆除中间层支撑→浇筑车站混凝土结构→拆除顶层支撑→浇筑车站顶板混凝土结构→回填土体等。

2. 明挖地下车站的分类

明挖地下车站有多种类型。根据建筑层数分为地下一层站、地下两层站和地下三层站；根据布置方式可分为侧式站和岛式站；根据功能可分为一般站和换乘站。在明挖地下车站施工中，围护结构的投资约占30%，车站指标与围护结构类型有密切关系，不同的围护结构影响着车站的指标。围护结构从连续墙、钻孔桩、SMW 工法和锚杆土钉墙到放坡，车站指标依次减小；从地下三层站、地下两层站到地下一层站，指标依次减小。车站埋深越大，围护结构用量大，故指标也越高。

5.4.3 盖挖法地下车站施工

在社会经济不断发展的今天，城市的发展越来越迅速，城市规模不断扩大，向三维空间发展已成为城市中心区改造的主要方式。所以，城市立体空间的设计理念已经得到了广泛的认同，仅仅是在地上建设城市高架桥和高层建筑已不能满足城市发展的需求，进而逐步形成了地面空间、地下空间与上部空间共同发展的城市空间建设新模式。

为了保障建设工期，地下车站的主体常采用盖挖逆作法施工。

1. 工艺流程

采用盖挖逆作法施工的方式建设主体结构，以地下连续墙和钻孔灌注桩同时支撑顶板及顶板上的各种荷载。钻孔灌注桩有4根，直径均为1000mm，它们主要起临时承重柱的作用，在工程结束后可以作为主体结构的立柱保留。在将土方挖开以后，施工人员需要修凿中间支撑柱，将施工结构板钢筋进行绑扎、焊接。

2. 钻孔灌注桩的施工

（1）测量放线　可以依据图样上立柱的设计位置，进行准确的桩位设定，钻孔桩的间距一般为8.0m左右，经过核查没有问题后即可进行下一步的施工。

（2）钢筋笼的制作及安装　在钢筋加工棚内加工钢筋笼，要按照相关规定进行钢筋接缝设置，需要注意的是要将其放置于底板底2m以下，且要预埋钢板箍，以定位法精确定位，保障施工质量。

（3）成孔的施工　对正循环钻机的作业，要将护筒预先埋入顶部，并于地下采用护壁泥浆的方式进行操作，要严格控制成孔质量，防止作业时孔壁塌方。

（4）安装导管　下放钢筋笼之后，就可以安装导管了。在安装时，要注意测试水的密度，分节将导管吊装入孔中。

（5）开挖土方　开挖土方不能依靠人力进行，需要配合小型机械进行操作，在顶板部或中板部预埋吊钩，以手拉葫芦的形式进行提升和运输。

（6）灌注水下混凝土　要选用商品混凝土，标号为C40。施工时对混凝土的质量进行严格的监控，灌注混凝土时务必不能间断。首盘混凝土埋管0.5m以上，在2～6m深的土层中埋入导管，实时测量导管的深度，监控导拔管和拆卸的过程。混凝土灌注桩要达到顶标高，0.5m左右。

3. 结构逆作法施工

（1）顶板施工　梁板底模是将土层开挖到顶板标高位后，除去桩头混凝土，加固顶板底的土体，夯实平整处理后加一层 10cm 厚、C10 的素混凝土垫层。控制素混凝土层的标高，还应当适当地设置下沉量及预拱值，使表面平整度在 2mm 以内。在垫层混凝土初凝后，涂一层隔离剂在表面。

（2）中板的施工　在顶板混凝土到达一定的强度且符合设计标准以后，就能够挖掘中板和顶板之间的土体了。当土方挖到标高后，安装吊装支撑，再进行中板施工，其操作方法与顶板施工方法一样。

（3）底板的施工　中板混凝土符合设计强度以后，可以将底板与中板之间土层挖开，挖到基底标高后，开始做垫层混凝土。待垫层混凝土初凝后，安装钢筋，浇筑混凝土底板。

（4）节点的施工　中间支撑柱和梁连接节点的施工主要是把梁钢筋穿过中间支撑柱并与中间支撑柱连接在一起，提高复合柱节点的质量。

（5）防水的施工　按照图样的设计进行顶板的防水施工，钻孔桩和中板、底板的相接处需要采用的防水方式为：在环套的顶部和底板的中心处焊接厚度为 20mm、宽度为 250mm 的钢板，并在四周安装膨胀止水条，以加强防水作用。

第6章 车辆段施工

车辆段与综合基地（简称车辆基地）作为现代有轨电车交通的配套系统，主要包括车辆段、综合维修中心、物资总库和培训中心四大基本部分，并辅以必要的办公和生活设施。

6.1 车辆段建筑

1. 车辆基地的基本功能和设计原则

（1）车辆基地的基本功能　车辆基地作为现代有轨电车系统的运用、检修、材料/后勤保障和培训基地，其功能是为整个轨道交通系统提供服务，因此，车辆段与综合基地应具备以下基本功能。

1）车辆停放及日常保养功能。现代有轨电车车辆的停放和管理；车辆的外部洗刷、内部清扫及定期消毒；驾乘人员每日出、退勤前的技术交接；对运用车辆的日常保养（包括列检和双周检、三月检）及一般性临时故障的处理等。

2）车辆检修功能。依据现代有轨电车车辆的检修周期，定期完成对车辆的计划性检修，包括定修、架修和大修。

3）车辆救援功能。当车辆发生事故（如脱轨、颠覆）或接触网中断供电时，能迅速出动救援设备起复车辆，或将车辆牵引至邻近车站或车辆段，并排除线路故障，恢复行车秩序。

4）系统设备/设施的维护、保养和检修功能。对各系统，包括供电、环控、通信、信号、防灾报警、综合监控、自动售检票、给排水及自动扶梯等机电设备和房屋建筑、轨道、隧道、桥涵和车站等建筑设施进行维护、保养和检修等。

5）材料物资供应功能。负责现代有轨电车系统在运营和检修过程中所需各种材料、设备器材、备品备件、劳保用品以及其他物资的采购、贮存、保管和供应工作。

6）技术培训功能。负责对现代有轨电车各系统的工人、技术和管理人员进行培训。

（2）车辆基地设计原则　车辆基地的设计应根据线路和车辆的技术特征，在充分利用所选段址地形地貌和周围环境的基础上，以确保修车质量和生产安全、满足工艺要求为前提，以努力提高作业效率、改善劳动条件、节省基建投资、降低生产成本及获取最佳综合效益为目的，确定主要的设计原则如下。

1）功能定位设计。车辆基地应包括车辆段、综合维修中心、物资总库、培训中心和必要的办公、生活设施。车辆的厂、架修功能应从线网的角度分析确定；车辆段定修宜一条线仅设一个定修段；培训中心原则上一个城市仅设一个；综合维修中心和物资总库等也应充分考虑线网资源共享，以节约投资，提高效率。

2）车辆段段型设计。根据城市规划用地的地理条件和与正线的接轨条件，确定车辆段段型是采用贯通式布置还是尽端式布置。

贯通式车辆段段型的停车库线两头各接一个车站，方便车辆进出段，段内运用与检修作业顺畅，调车作业与出入段车辆可平行进行，车辆走行距离较短；缺点是占地较多，如图 6-1 所示。

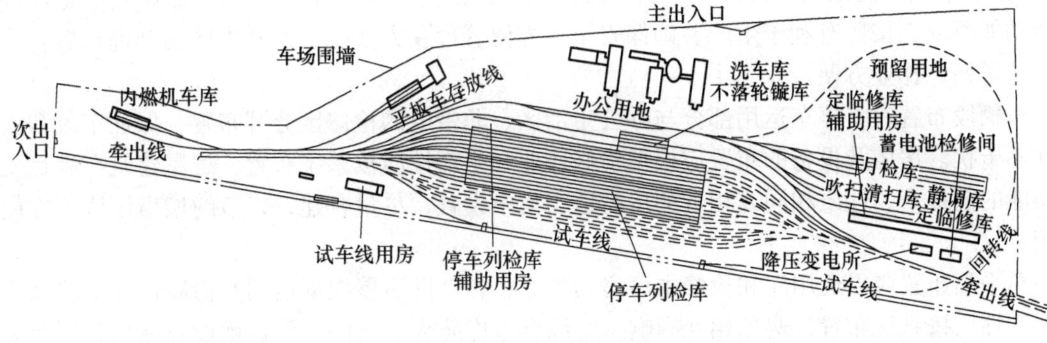

图 6-1　贯通式车辆段

尽端式车辆段段型的停车库线与检修库线采用横列布置或纵列式反向布置，运用于检修作业之间需之字形折返调车，车辆走行距离长，作业不便，调车作业与出入段作业有干扰；但优点是充分利用规划用地，占地少，工程量小，能节省规划用地，如图 6-2 所示。

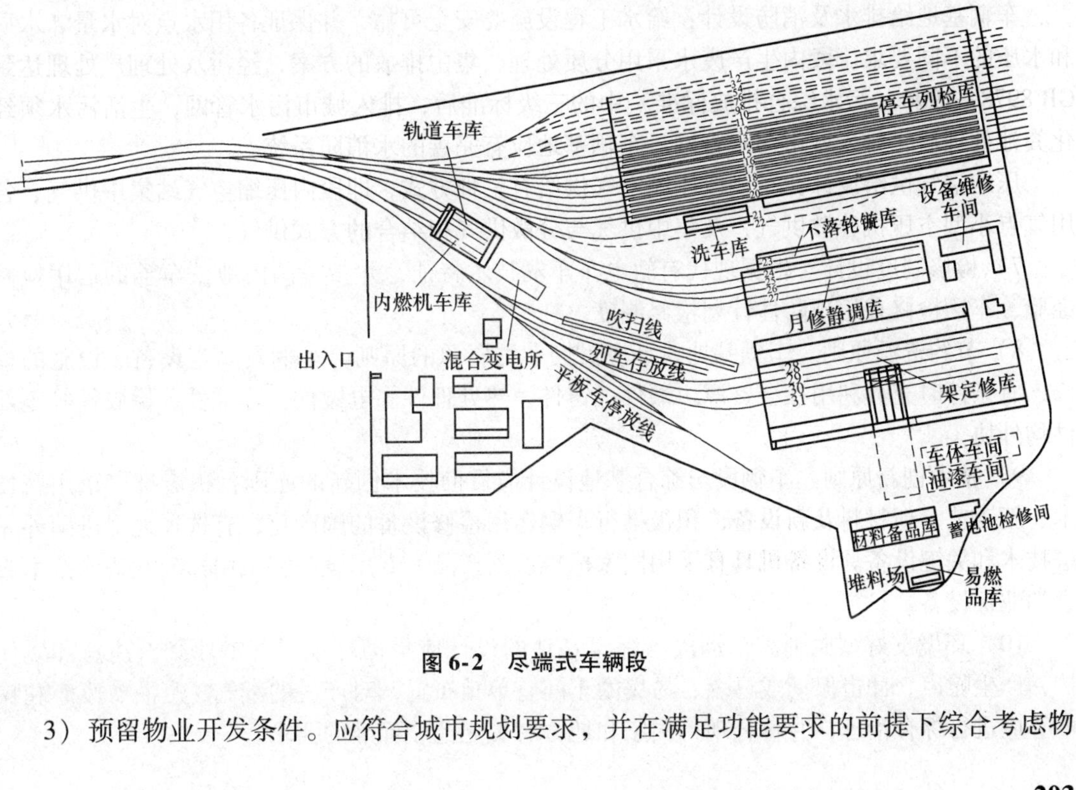

图 6-2　尽端式车辆段

3）预留物业开发条件。应符合城市规划要求，并在满足功能要求的前提下综合考虑物业开发的条件。妥善处理基地建设与物业开发之间的关系，充分考虑建筑消防、结构预留、给排水及通风等诸多因素，在条件许可的情况下合理进行物业开发。

4）线路设计。线路的配置应满足各种生产功能的要求，力求布置顺畅，避免车辆在段内迂回运行或互相干扰，尽量缩短车辆在段内的空走距离。有条件时，车辆段内设置回转线（俗称灯泡线），以实现调头，改善车轮偏磨。车辆段与地下车站（或正线）间设置出、入段线，出、入段线不宜少于两条线，确保车辆进出段互不干扰。车辆段与国家铁路轨道间，有条件时应设置专用联络线。

5）总平面功能区域设计。总平面布置应以车辆段为主体，统筹考虑其他设施的工作性质和功能要求，按照有利于生产、确保安全、方便管理及方便生活的基本原则合理布置，力求工艺顺畅、作业方便。

车辆段布置宜将停车运用部分与办公生活区、非带电的检修区分开布置，保证车流和人流互不干扰。房屋及设备的布置应根据检修作业和生产性质按系统布置，房屋建筑在满足使用功能的前提下，性质相同或相近的房屋适当集中设置，尽量合建，以节约城市用地、方便使用。

总平面布置应以运用库和检修主厂房为核心，各辅助房屋根据运用、检修作业工艺流程和生产性质按系统布置，避免相互影响，并综合考虑防火、道路、管道敷设及绿化、环保等的有关要求，力求布置整齐、紧凑、合理，为安全作业、文明生产创造条件；建筑造型做到错落有致，格调简洁明快、整体协调。

6）车辆基地风、水、电设计。车辆基地内根据需要设置牵引降压混合变电所和跟随降压变电所。车辆段与综合基地供电系统按满足一、二级负荷要求，两路电源设计。动力、照明设备容量按远期最大负荷设计，并考虑一定裕量。

车辆基地给排水及消防设计：给水工程设施要安全可靠，并保证各用水点对水量、水质和水压的不同要求。段内生产废水采用分质处理、集中排放的方案，经污水处理厂处理达到GB 8978—1996《污水综合排放标准》中的三级标准后，排入城市污水管网；生活污水须经化粪池处理后，排入城市污水管网。车辆基地应有完善的水消防系统。

压缩空气供给设计：车辆段压缩空气供给有三种方式，即段内压缩空气站集中供气、各用气点小型空压机分散供气，及集中供气与分散供气相结合的方式供气。

7）检修制度设计。根据现代有轨电车车辆技术特征，并参考国内地铁车辆的运用检修经验，车辆检修采用预防性计划检修制度。

8）节约资源原则。车辆基地设计应贯彻节约资源的原则，车辆及固定设备、设施的检修，有条件时充分利用社会资源。锻件、铸件、热处理件、电镀件、标准件及橡胶件等零部件均外协。

9）技术创新原则。车辆段与综合基地设计应贯彻技术创新的原则，积极推广采用新技术、新工艺、新材料及新设备，积极推行车辆运用检修设备的国产化，有选择地引进国外先进技术和关键设备。设备机具宜采用国家标准系列产品，专用设备宜采用标准设备或技术成熟的非标设备。

10）环境友好型原则。车辆段与综合基地的设计应贯彻环境友好型原则，注意环境保护，产生噪声、冲击振动或易燃、易爆的车间宜单独布置，对产生的废气、废液、废渣和噪声等应进行综合治理，并符合现行国家和地方有关规范、标准的要求。

2. 车辆段的构成与工作范围

车辆段是对车辆进行运营管理、停放及维修养护的场所，主要包括停车库、检修库和办公生活设施等。车辆段主要划分为检修区和运营区，所有的检修工作均集中在检修区进行，运营区主要负责段属车辆的停放、列检和乘务工作。

（1）停车库　停车库兼有停车、整备、清扫、日常检查和驾驶员出乘等多种功能，如图 6-3 所示。

图 6-3　停车库

为实现这些功能，停车库除设有停车线外，还设有运用车间、运转值班室、驾驶员待班室等驾驶员出乘用房，以及现代有轨电车以及现代有轨电车车载信号检修用房。由于现代有轨电车本身价值昂贵，在运行中占据着重要地位，因此在停车库都设置自动防灾报警设备。并与整个消防系统联系在一起。按要求，架空触网或接触轨应进库，接触轨应加防护装置，每条库线两端和库外线之间及停车台位之间设置隔离开关，可以对每条停车线的接触网（接触轨）独立停、送电，每条停车线还应有接触网鸣触轨送电的信号显示和现代有轨电车出、入库的音响报警装置，停车线兼作车辆列检线，应有检查地沟。

（2）检修库　检修库的平面布置主要取决于车辆的配属量、车辆的修程、检修方式及其工艺流程，同时要综合考虑自然地形条件、工件运输线路以及安全、防火和环保要求等因素。

1）双周、双月检修库。双周、双月检都要在库内对现代有轨电车的走行部、车体及车顶设备进行检查。为便于作业和保证安全，线路应采用架空形式。除线路中间设置地沟外，在检修线两侧应设三层立体检修场地。底层地坪低于库内地坪，可以对走行部以及车体下布置的电气箱、制动单元、蓄电池进行检查主要对车辆顶部的受电弓、空调设备进行检修，车顶平台设有安全栏杆。

双周、双月检修库根据作业的要求可设悬臂起重机，以便对需要进行拆、装作业的受电弓和空调设备进行吊装；还可以配置液压升降车、蓄电池电气箱搬运车等运输车辆。为了对车辆进行双周、双月检以及定修列检，还应设置受电弓、空调装置、车载信号及试验设备等辅助工具间以及备品工具间。

2）定修库。定修库和双周、双月检库一样，线路采用架空形式，线路中间设置检修地沟，线路两侧设置三层检修场地。车库设起重机，车辆的定修和临修有时也可以在一个车库进行，合并为定修、临修库，这时必须根据现代有轨电车编组在库内设置架车机组，在现代有轨电车解钩后可以同步架起一个单元的车辆。车库内设有 10t 起重机，其起重量可吊装车辆的大部件。其辅助工间应和其他检修库统一考虑。

3）架修、大修库。架修、大修的布置应根据车辆检修工艺流程确定。对车辆设备和零部件的检修方式采用互换修为主，作业流程根据实践情况，一般采用流水作业和定位修方式相结合。采用部件互换修可以减少现代有轨电车的停库时间，并且可以合理安排计划，做到均衡生产，避免因某一部件检修周期长，影响整车的检修进度。联合检修厂房内设置车辆的待修、修竣部件和部件的存放场地。

（3）办公生活设施　主要包括信号楼、管理人员和司乘人员工作、休息场所。

（4）车辆段的工作范围　车辆段的主要功能为：承担所属线路的车辆停放、清洁及列检工作；承担所在线路车辆的定修（年检）及以下车辆检查、维修和临修工作；承担所属线路和由多条联络线互相沟通的线路的车辆架修、大修工作；承担车辆部件的检测、修理工作，满足车辆各修程对互换部件的需求。其维修能力的设置也可使其成为线路网络的车辆部件维修点，为其他车辆服务。

车辆段一般还兼有综合检修基地功能，是保障线路各系统正常运行的保障基地和管理部门。在停车场一般设置各系统的维修工区，属综合检修基地管辖。综合检修基地的功能和任务如下：

1）承担所辖线路沿线隧道、线路和桥梁等设施的检查、保养和维修工作。

2）承担所辖线路车站建筑和地面建筑的保养和维修工作。

3）承担所辖线路变电所、接触网、供电线路和设备的运行管理、检查、保养和维修工作。

4）承担所辖线路各机电系统及设备的运行管理、检查、保养和维修工作。

5）承担所辖线路通信、信号系统的运行管理、检查、保养和维修工作。

6）承担所辖线路自动售检票系统和设备的运行管理、检查、保养和维修工作。

7）承担所辖线路防灾报警系统、设备监控系统的检查、保养和维修工作。

8）承担所辖线路运营、检修所需的各类材料、设备、备品配件的采购、储备、保管和发放工作。

以上任务范围是针对具备架修或大修能力的车辆段而言。有些车辆段任务范围界定在定（临）修修程及以下，车辆架修或大修由具备能力的车辆段承担。定位在定（临）修修程及以下的称为大架修车辆段，定位在车辆架修或大修的称为定修车辆段。同一条线路，为了每天现代有轨电车始发和收乘方便，往往在其一尽端设置一座车辆段，另一尽端只设置具备停放、运用、清扫、洗刷和现代有轨电车技术检查工作功能的停车列检库和现代有轨电车清洗库，通常称为停车场。

（5）综合维修中心、物资总库和培训中心

1）综合维修中心。综合维修中心主要由工建车间、机电车间、供电车间、通号车间和自动化车间等组成。

工建车间承担全线轨道、桥梁、路基、隧道、车站建筑、所有地面建筑等建筑物及构筑物的检查、维修和保养工作。

机电车间承担全线各种机电系统及设备，包括环控系统空调设备，给排水系统（水泵、电机）、屏蔽门、防淹门、自动门、电梯及自动扶梯、各种小型运输车辆、低压电气设备及线路等的运营管理、巡检、维护保养和检修工作。

供电车间承担全线变电所设备、接触网和高中压电缆线路及相关设备、电力监控设备及全线杂散电流防护设备的运营管理、巡检、维护保养、检修工作。

通号车间承担全线通信、信号系统、现代有轨电车上通信广播设备和信号设备的运营管理，以及巡检、维护保养和检修工作。

自动化车间承担全线各自动化系统及通用办公计算机系统的测试、维修保养工作，其中自动化系统包括自动售检票系统（AFC）、车站设备监控系统（BAS）、防灾报警系统（FAS）、门禁和综合监控系统。

各系统设备以及线路、隧道等建筑物的大修，宜结合城市轨道交通线网运营模式统筹考虑检修方式，现各城市轨道系统较多考虑社会化服务。

综合维修中心主要工艺设备包括接触网作业车（检修车、架线车、放线车）、接触网检测车、钢轨打磨车、钢轨检测车、轨道平板（吊）车、钢轨机械、道床机械、工务仪器及探伤设备等。

2）物资总库。物资总库承担本线范围内运营和检修所需的各种材料、机电设备、机具、备品备件、配件、钢轨、劳保用品，以及其他非生产性固定资产的采购、存放、保管和供应工作。

物资总库主要设施是各种库房、料棚和材料装卸线站，主要设备有起重运输设备、自动化立体仓储设备和普通可调式工业货架等，其中起重运输设备已归入车辆段主要工艺设备中。

3）培训中心。培训中心是对员工进行技术教育的重要基地。现代有轨电车系统是一个多专业的综合性交通系统，它不仅技术复杂，而且发展很快，必须对所有职工进行定期的技术培训，不断提高全员的技术业务水平，以保证系统正常运营。

培训中心设有大、小教室以及各种实验室、微机室、模型室、图书室及教职工办公用房等。培训中心主要设备包含计算机设备、电教设备和各种教具模型挂图。

6.2　车辆段工艺

1. 不落轮镟床

转向架的轮对在运行中会发生踏面的擦伤、剥离和轮缘磨耗，需要及时镟削。不落轮镟床可以在不拆卸轮对的情况下对其踏面和轮缘及时进行镟削，如图 6-4 所示。

图 6-4　不落轮镟床

2. 现代有轨电车自动清洗机

现代有轨电车自动清洗机是通过其端部和两侧不同形式的清洗毛刷组，将水和清洁剂喷射在车体上，用清洁毛刷对现代有轨电车的前后端部、两侧车体侧面、车门和车窗玻璃进行滚刷。目前现代有轨电车自动清洁机一般采用室内侧刷固定型，如图 6-5 所示。

图 6-5　现代有轨电车自动清洗机

清洗机按程序进行车头、车尾、车侧、车窗及车体连接折篷的清洗，另外该机还可以进行水洗和化学清洗选择，以及进行水处理循环等工作。

3. 地面式架车机

地面式架车机能同步提升多节不解钩的车辆单元组，以便对车体下部的机械、电气部件进行维修、保养和更换等操作。每 4 台架车机为一组，提升 1 节车，可选定一组、二组和三组同步提升。地面式架车机可分为固定式和移动式两种。

4. 地下式架车机

架车机组最高平面与地面轨道在同一水平面，由两个独立的车体架车机和转向架驾车机组成。该架车机组不但能提升起车辆，还能轻易落下车辆中任意一个转向架或轮对。配合叉车和液压升降台等专用设备，还能对车体下的所有部件进行拆卸维修。两套提升装置能单独进行转向架和车体的升降。

5. 空调悬臂起重机

空调悬臂起重机是能够起吊、安装、拆卸、运输车体顶部空调总成和受电弓等部件的专用设备。起重机动臂能在车顶和接触网间伸缩，以进行车顶部件的拆装起吊作业。悬臂起重机电源与接触网电源联锁，不能同时有电。

6. 轮对压装机

轮对压装机用于车轮和车轴在设定压力下装配成轮对或将轮对分解成车轮和车轴。

7. 车辆检修

（1）车辆检修制度和检修作业方式　车辆检修制度的制订一般应根据车辆的技术条件、线路条件、地区环境和运营条件以及运用、检修人员的素质等多方面因素确定，并在实际运用中不断调整和完善。

车辆检修制度一般分为预防性计划检修制度和矫治性检修制度两种。由于城市轨道交通对车辆的安全性和可靠性要求非常高，考虑到目前我国车辆的总体运用检修水平，车辆检修宜采用按车辆运行周期进行计划检修的预防性计划检修制度。但在整体采用预防性计划检修制度的前提下，应对部分有条件的系统和部件（如电气和控制系统等）实行状态修，对低级修程（如双周检和三月检等）推广采用在线修，以提高车辆的利用率，降低购车和修车成本。

车辆检修作业方式有现车修和换件修两种。

现车修是将待修车上的零部件经过修理消除其缺陷后，仍安装在原车上。这种作业方式，除报废零件需要更换外，其他零部件均等待修理后装回原车。其优点是可减少备用零部件的数量，缺点是常因等待零件而延长停修时间。

换件修又称互换修，指将待修车上分解下来的零部件，用合格的备用零部件装上去。现车拆卸下来的零部件经修理后可以装到其他车辆上。换件修的优点是最大限度地缩短停修时间，提高修车效率。其缺点是要求有足够的备用零部件。

从提高修车效率出发，车辆检修宜采用以换件修为主、部分零部件现车修为辅的检修作业方式。

（2）检修修程 某城市现代有轨电车车辆检修修程指标（供参考）见表6-1。

表6-1 某城市现代有轨电车车辆检修修程指标

类 别	修 程	检修周期		检修时间/天
		里程/万km	时间/年	停修时间
定修检修	大修	100	10	35/32
	架修	50	5	20/18
	定修	12.5	1.25	8/6
日常维修	三月检	2.5	0.25	3
	双周检	—	15天	1
	列检	—	每天或双日	2h

注：1. 表中分子为近期天数，分母为远期天数；

2. 表中检修时间是按部件互换修确定的。

（3）车辆各检修修程的主要作业内容

1）列检：主要对与车辆行车安全相关的部分进行日常性技术检查。

2）双周检：主要对易损件和磨耗件进行检查，对部分部件的清洁、润滑。

3）三月检：主要进行车辆的重点部件及系统状态检查，以及部件的清洁、润滑，更换磨耗件。对车辆易损部件进行检查更换；对牵引、制动、控制系统进行全面检查、调试；对蓄电池根据需要进行检查，添加蒸馏水或离子交换水。

4）定修：主要进行车辆各系统的状态检查、检测；各部件的全面检查、清洁、润滑以及部分部件的修理及车辆的调试。主要检修内容是对受电弓、空调机、电气控制、牵引、制动和走行部等关键部件进行局部分解、检查、修理和测试，检修后进行静、动态调试。

5）架修：对车辆的重要部件，特别是走行部进行分解，全面检查、修理，并更换部分部件。对车辆各系统进行全面检测、调试及试验。架车后对转向架、受电弓、空调机、空压机、牵引电机、制动系统、车钩缓冲装置、车门、座椅和各种电气控制装置等部件进行分解、检查、修理、更换和试验，对仪表仪器进行校验，对车体及其余部件的技术状态进行检查修理，检修后对车辆进行静、动态调试。

6）大修：对车辆包括车体在内进行全面的分解、检查及整修，结合技术改造对部分系统进行全面的更换，对车辆各系统进行全面检测、调试及试验。车辆各修程均以现代有轨电车为一检修单元，采用定位检修作业，部分零部件根据检修工艺需要采用流水作业。

（4）车辆运用整备工艺流程　车辆运用整备工艺流程如图6-6所示。

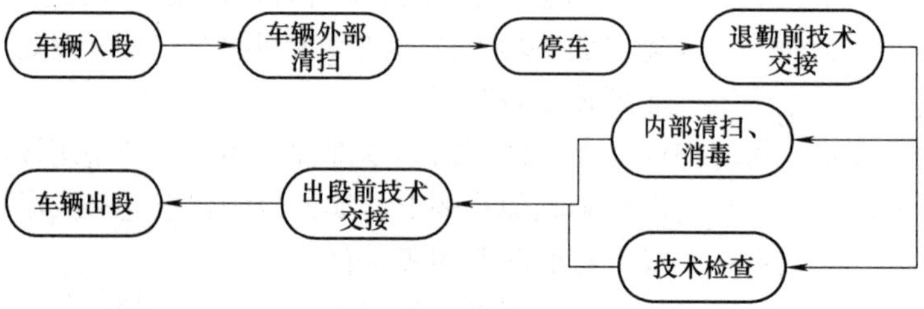

图6-6　车辆运用整备工艺流程

（5）现代有轨电车检查、检修工艺流程　现代有轨电车检查、检修工艺流程如图6-7所示。

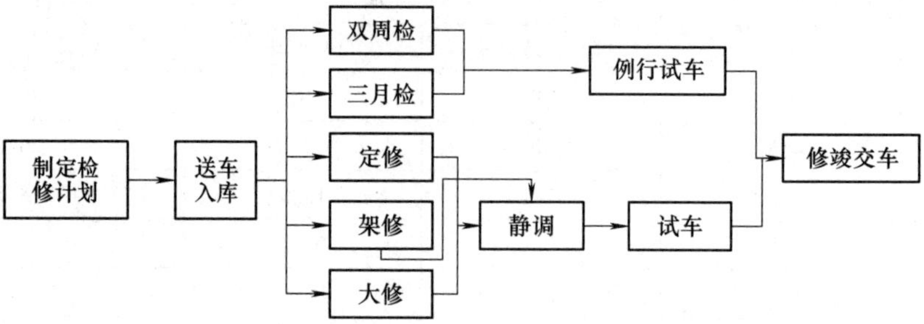

图6-7　现代有轨电车检查、检修工艺流程

1）架修/大修工艺流程。车辆吹扫、冲洗→车辆由内燃机车推送入库解列→车辆预检→车辆架车→局部分解→落转向架→现代有轨电车全部或局部解体→各零部件送检修间分解、检查、修理、更换、组装、试验→车体全面检查、除锈、刷漆、整修→各零件组装→落车调整→喷漆→单元或联挂静调→试车线动调→交验→出库。

2）定修工艺流程。现代有轨电车吹扫、冲洗→现代有轨电车由调机推送入库→现代有轨电车预检交接→现代有轨电车架车局部解体→全面检查、测试→蓄电池检修充电→组装测试→落车调整→送不落轮镟库镟轮→送调试库单元/联挂静调→试车线动调→交验→出库。

3）双周检或三月检工艺流程。现代有轨电车整列入库→测试→全面技术检查→更换易损件→补充电或更换蓄电池→交验→出库。

4）现代有轨电车镟轮工艺流程。由镟轮现代有轨电车自行牵引或由调机送入镟轮线→专用牵引装置与现代有轨电车联挂→现代有轨电车由牵引装置牵引停车轮对定位→轮对检测进行定位测量和磨耗测量→轮对镟修→轮对加工精度检测→其他轮对镟修→全部轮对镟修完成验交→现代有轨电车出库。

5）现代有轨电车静调作业和动调作业。静调作业在专门的静调库或静调线内进行，主要对现代有轨电车的重要部件及连线进行低压通电检查，对车门、空调及现代有轨电车控制等系统功能进行调试，各电器部件动作是否符合技术要求进行测试。动调作业是在试车线上对整车的运行性能、状态及车载通信信号设备进行检测、试验，试车线长度需满足现代有轨电车试验速度从 0km/h ~ v_{max} ~ 0km/h 的需要。

调试作业工艺流程：单元静调→联挂静调→联挂动调→验交。

（6）车辆段主要运用检修设施及设备

1）车辆段主要运用检修设施。车辆段运用检修设施主要有：停车列检库、洗车库、不落轮镟修库、静调库、双周检或三月检库、定临修库或临修库、大架修库、吹扫线、空压机站、内燃机车轨道车库、试车线以及设备维修车间、蓄电池检修库、救援办公室和备品备件库等。

2）车辆段主要运用检修设备。据不完全统计，全国各城市轨道交通车辆段与综合基地初步设计中，列明的工艺设备约 400 ~ 600 项，累计 1000 ~ 1380 台（套、辆、组），总投资约在 1 ~ 1.5 亿。其中车辆段工艺设备主要有：数控不落轮机床、现代有轨电车自动清洗机、架车及转轨设备、内燃机车、起重运输设备、电源设备、专用工艺装备、机电检修检测设备、仪器仪表电器/电子检测设备、通用机电设备、清洗设备、转向架检修/检测设备以及救援设备等。

（7）现代有轨电车救援策略及救援设备

1）现代有轨电车的一般性故障，如车门故障、部分失去动力等，应在前方车站清客，退出运营，在车站存车线上待避，等候返回车辆段，或立即返回车辆段处理。

现代有轨电车在损失部分动力故障状态下有自行救援的运行能力：在超员状态下，当损失 1/4 动力时，现代有轨电车仍然可以在坡度为 30‰的坡道上起动，并能以正常运行方式完成当天运营；在超员状态下，当损失 1/2 动力时，现代有轨电车仍然可以在坡度为 30‰的坡道上起动，并完成一个单程运行。

2）现代有轨电车在完全失去动力条件下的救援如下。现代有轨电车在完全失去动力的条件下，后面追踪运行的现代有轨电车在车站清客后慢速与故障现代有轨电车联挂，推送故障车至前方车站，待故障车清客后，继续推送故障车到存车线或返回车辆段。

现代有轨电车牵引无动力故障车实施救援的能力一般参考地铁，有如下要求：一列空车应能将另一列停在坡度为 30‰坡道上的超员故障车牵引至最近的车站（上坡），乘客下车后返回车辆段；一列空车应能将另一列停在坡度为 38‰坡道（含曲线附加）上的故障空车牵引回车辆段。

以上两种情况，均不中断运营，不需要车辆段出动救援车辆。

3）在发生脱轨、颠覆、火灾或停电等重大事故时，正常运营中断，全线视故障情况可组织故障运营。乘务员和所在站（或邻近车站）站务员（现代有轨电车车站大多简单，很少设站务员，但个别线路的个别较大车站也会设站务员）立即组织乘客疏散，车辆段出动救援。救援车辆和设备应在第一时间赶到所在站（或邻近车站），由救援人员携带设备器材进入事故现场，实施救援。若车辆脱轨或颠覆，首先起复车辆进行复位救援，并由次车推送回车辆段。必要时在线路清空前提下，也可由内燃调车开赴事故现场，牵引故障车回车辆段。处理事故后，应尽快恢复正常运营。

4）救援设备主要包括车辆复位救援设备、扶正装置、牵引装置、气垫、剪扩钳、车轴推进器、轮对故障行走小车、轨道运输小车、发电及照明设备、人员防护装备及救援辅助设备等。

6.3 车辆段给排水

1. 给排水系统概述

现代有轨电车工程的给排水系统主要包括给水系统、排水系统以及消防系统，如图6-8所示。其中，给水系统由生产、生活给水系统和消防给水系统组成；排水系统由污、废水处理系统和雨水排放系统组成；消防系统还包括灭火器和气体灭火系统。

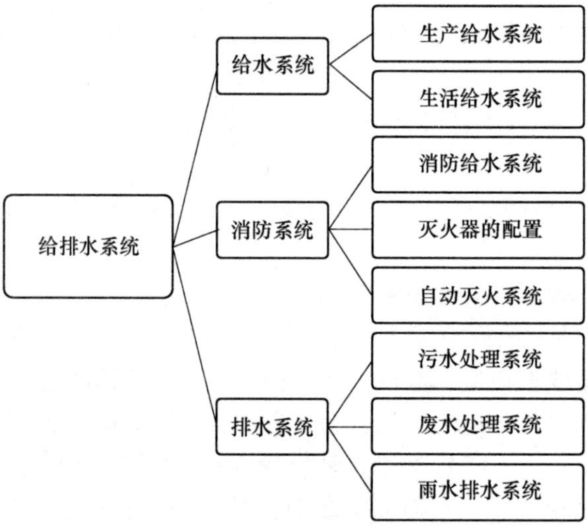

图6-8　给排水及消防系统框图

2. 系统构成

（1）给水系统

1）室内给水系统的划分与组成。室内给水系统的划分是根据用户对水质、水压和水量的要求，并结合外部给水情况进行的。室内给水系统按用途可分为：

生活给水系统：供日常生活饮用及洗涤、冲刷等用水。

生产给水系统：供生产设备用水，包括产品本身用水、生产洗涤用水及设备冷却用水等。

消防给水系统：扑灭火灾时向消火栓及自动喷水灭火系统供水（包括湿式、干式、预作用、雨淋及水幕等自动喷水灭火给水系统供水）。

根据具体情况，可将上述三种基本给水系统或其中两种基本系统合并成生活生产消防给水系统、生活消防给水系统、生产消防给水系统等。

室内给水系统由装有水表的建筑物引入管、水平干管、立管、支管、卫生器具的配水龙头或用水设备等组成。当室外管网水量、水压不足时，尚需设置水池、水箱、水泵等贮水和加压设备。常见的车辆基地给水系统如图6-9所示。

2）室内给水系统的供水方式。室内给水系统的供水方式主要取决于室外给水管网的供

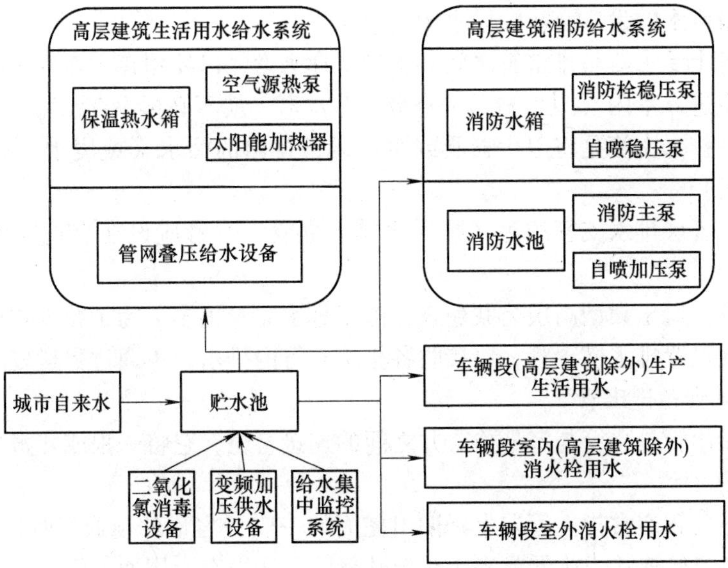

图 6-9　常见的车辆基地给水系统

水水压、水量能否满足室内给水系统的要求。室内给水系统常见供水方式如下：

① 外网直接供水方式：与室外给水管网直连，利用外网水压供水。适用于外网的水量及水压均能满足室内用水要求的单层或多层建筑。

② 下层外网直接供水、上层设水箱供水方式：下层与室外给水管网直连且利用外网水压直接供水，上层设水箱调节水量和水压。适用于外网水压周期性不足，允许设置高位水箱的多层建筑。

③ 下层外网直供、上层设水池、水泵和水箱供水方式：下层与室外给水管网直连且利用外网水压直接供水，上层利用水泵从水池抽水提升，高位水箱调节流量。适用于外网水压经常不足，允许设置高位水箱的多层建筑。

④ 气压给水设备供水方式：利用水泵自室外给水管网直接抽水加压（或水泵自贮水池抽水加压），利用气压水罐调节流量和控制水泵运行。适用于外网水压经常不足，且允许用水压力有一定波动、不宜设置高位水箱的多层建筑。

⑤ 变频调速泵供水方式：设置变速水泵，根据水泵出水量或水压，通过变频器来控制水泵运转速度满足室内用水的需要。控制方式可以为一台泵变频调整，其余为恒速泵；也可以全部水泵均采取软启动变频调速控制；为解决夜间小流量供水问题，应增设小水泵和小气压水罐。

（2）排水系统

1）室内排水系统的分类。根据排水性质不同，室内排水系统可分为三类：

生活污水系统：排除住宅、公共建筑和工厂各种卫生器具排出的污水，还可分为粪便污水和生活废水。

工业废水排水系统：排除工厂企业在生产过程中所产生的生产污水和生产废水。

雨水排水系统：排除屋面的雨水和融化的雪水。

2）室内排水系统的组成。

受水器：受水器是接受污、废水并转向排水管道输送的设备，如各种卫生器具、地漏、排放工业污水或废水的设备及排除雨水的雨水斗等。

存水弯：各个受水器与排水管之间必须设置存水弯，以便用存水弯的水封阻止排水管道内的臭气和害虫进入室内（卫生器具本身带有存水弯，就不必再设存水弯）。

排水支管：排水支管是将卫生器具或生产设备排出的污水（或废水）排入到立管中的横支管。

排水立管：各层排水支管的污（废）水排入立管，立管应设在靠近杂质多、排水量大的排水点处。

排水横干管：对于大型高层公共建筑，由于排水立管很多，为了减少首层的排出管的数量而在管道层内设置排水横干管，以接收各排水立管的排水，再通过数量较少的立管，将污水（或废水）排到各排出管。

排出管：排出管是立管与室外检查井之间的连接管道，它将一根或几根立管排出的污水排至室外管道中。

通气管：通气管通常指立管向上延伸出屋面的一段（也称伸顶通气管）；当建筑物到达一定层数且排水支管连接卫生器具大于一定数量时，还设有专用通气管。

3）污、废水处理系统。

车辆基地各单体室内生活排水采用污、废合流制排放；运用库、联合检修库和洗车库等内部的含油生产废水单独排放；车辆基地室外排水采用生活污水、含油生产废水、雨水分流制排放。常见的车辆基地污、废水处理系统如图 6-10 所示。

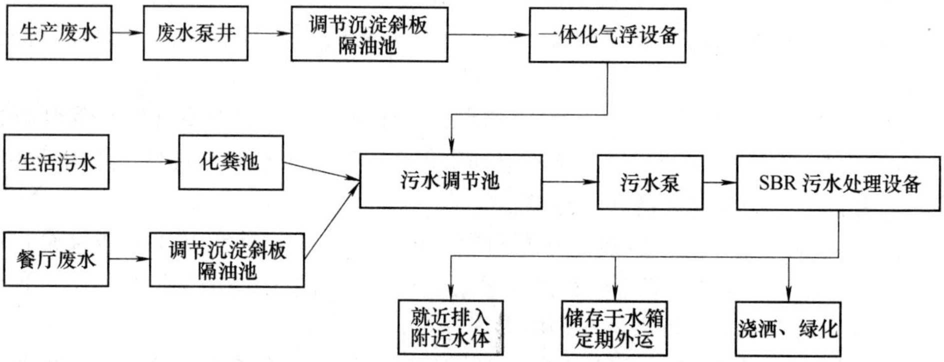

图 6-10　常见的车辆基地污、废水处理系统

车辆基地内各单体污、废水的排放形式尽量选择重力流，无法重力排水的地方设置局部排水提升设施。联合检修库、运用库等排放的含油生产废水通过室外隔油后排入室外废水管网，再经过一体化气浮设备处理后排入车辆基地的生活污水调节池。所有单体的生活污水通过化粪池、餐厅废水通过餐饮隔油池隔油处理后，统一排入沿道路敷设的车辆段室外污水管网，汇入生活污水调节池，经污水泵提升进入 SBR 污水处理设备，经处理后的生活污水达到国家和地方要求的排放标准后可储存于水箱内，定期外运或用于浇洒场区道路和绿化。

4）雨水排放系统。车辆基地内设置独立的雨水排放系统，如图 6-11 所示。雨水经排水沟、屋面雨水虹吸式收集系统及路面雨水口收集系统，进入雨水排水管道，重力流就近排入附近水体。

车辆基地内可将部分屋面雨水经过管网集中收集汇入污水处理厂内蓄水池，通过加压过

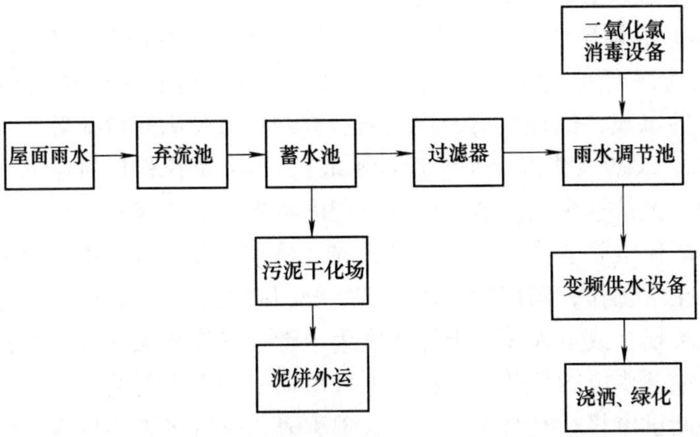

图 6-11　常见的车辆基地雨水排放系统

滤、消毒处理后进入雨水调节池，经变频供水设备将水用于浇洒场区道路和绿化。

3. 主要设备

1）消防设备。消防设备主要有加压泵、稳压泵以及气压罐等，加压设备根据消防系统功能可分为消火栓加压设备和自动喷淋加压设备。

2）排水设备。排水设备主要有潜水泵、排污泵、一体化气浮设备及 SBR 污水处理设备等。

3）气体灭火系统。气体灭火系统主要有高压气瓶、电动阀、压力阀、报警阀以及控制盘等设备。

4. 管材

（1）给水管材

1）生产和生活给水管及消防合用管：室外采用球墨铸铁管、橡胶圈接口。

2）室内生活、生产给水管：薄壁不锈钢管，卡压连接；PP-R 管，热熔连接；衬塑铝合金管等。

3）空调补水管：镀锌钢管、内涂塑镀锌钢管，沟槽连接。

4）消防给水管：室外采用球墨铸铁管，橡胶圈接口；室内采用镀锌钢管、内涂塑镀锌钢管，沟槽连接。

（2）排水管材

1）室外无压管：HD-PE 排水塑料管，热熔连接；钢筋混凝土管，胶圈连接。

2）室外有压管：镀锌钢管、内涂塑镀锌钢管、管径≤DN65 时采用螺纹接口，管径≥DN80 时采用沟槽连接。

3）室内无压管：UPVC、HD-PE 排水塑料管，热熔连接。

6.4　车辆段动力与照明

1. 电力负荷

（1）负荷分级及相关说明　变配电所的所址和布置、变压器的容量、电力线路的结线方式以及电缆和开关的选型等诸多问题均受电力负荷的影响，因此在配电系统设计前必须进行电力负荷的计算。所谓电力负荷有两种含义：一种指消耗电能的用电设备或用电单位（用户），如重要负荷、不重要负荷、动力负荷及照明负荷等；另一种指用电设备所消耗的功率或线路中流过的电流，如轻负荷、重负荷、空载负荷及满载负荷等。

依据 GB 50052—2009《供配电系统设计规范》，电力负荷根据对供电可靠性的要求及中断供电对人身安全、经济损失上所造成的影响程度可以分为三级。

一级负荷：中断供电将造成人身伤害时，或者将在经济上造成重大损失时，又或者将影响重要用电设备的正常工作，当出现上述任一情况，应认定为一级负荷。在一级负荷中，当中断供电将造成人员伤亡或重大设备损坏或发生中毒、爆炸和火灾等情况的负荷，以及特别重要场所的不允许中断供电的负荷，应视为一级负荷中特别重要的负荷。

二级负荷：中断供电将在经济上造成较大损失时，或者将影响较重要用电单位的正常工作，当出现任一情况，应认定为二级负荷。

三级负荷：不属于一级和二级负荷者应为三级负荷。

一级负荷由于其重要性以及损坏后的重大影响，在设计时必须由双重电源供电，以保证在一路供电发生故障时，另一路电源能正常工作。而一级负荷中特别重要的负荷更应增设应急电源，同时禁止其他负荷接入应急供电系统，以保证重要负荷的供电可靠性。二级负荷的供电系统宜由两回线路供电。在负荷较小或地区供电条件困难时，二级负荷可由一回 6KV 及以上专用的架空线路供电。

（2）常用重要电力负荷的级别　现代有轨电车项目中常用重要电力负荷的级别及供电要求如下。

一级负荷：通信系统、信号系统、火灾自动报警系统和消防水系统等系统设备，以及变电所用电、应急照明等。一级负荷宜由两路来自变电所不同低压负荷母线的电源供电，一用一备，在末端配电箱处自动切换；消防负荷与其他负荷分别供电；综合楼、联合车库等部分大型单体建筑的应急照明采用应急电源（EPS）集中蓄电池装置供电，其余小型单体建筑的应急照明采用自带蓄电池的分散供电方式。

二级负荷：一般的办公用房照明、插座、各类现代有轨电车库房照明、室外照明、电梯、生活变频给水设备、变电所维修、排水泵及重要设备用房的通风空调设备等。二级负荷宜由变电所低压母线以单回路供电，当变电所只有一路电源时，由低压母联断路器切换保证供电。

三级负荷：普通空调设备、工艺设备以及一般的检修设备等。三级负荷仅由变电所低压负荷母线提供一路电源供电，当供电系统一路电源失电时，自动/手动切除该负荷。

2. 低压配电用房的相关设置

变配电所所址的选择是否合理，直接关系到车辆段供配电系统的造价、运行成本和适应负荷的发展等问题。选择车辆段变配电所所址应根据以下原则：

1）进出线方便，接近负荷中心，减小供电线路的长度，减小电能、电压的损耗；减小有色金属的消耗。

2）变配电所应尽可能地靠近电源侧。

3）避开多尘和有腐蚀性气体的场所，避开有剧烈振动的场所。

4）地势较高，运输方便。

5）适当考虑将来扩建的空间。

变配电所应根据车辆段范围、电力负荷分布及电力负荷的大小等情况全面考虑设置，以保证供电质量、安全、可靠和尽量减少年运行费用。

3. 配电线路的相关知识

（1）电力线路的分类　电力线路是连接发电站、变电站和用电设备的线材，是电能传输的载体。电力线路按电压高、低分，有高压线路（1kV 以上线路）和低压线路（1kV 及以下线路）。按结构形式分，有架空线路、电缆线路和车间（室内）线路等。在现代有轨电车项目中，动力与照明配电系统在室外通常采用低压电缆线路。

（2）配电线路的接线方式　低压配电线路常用的接线方式有放射式、树干式和环形接线三种。

1）放射式接线。放射式接线方式由低压母线经开关设备引出若干回线路，直接供电给容量较大或负荷重要的低压用电设备或配电箱。这种接线方式的优点是配电线路互不影响，一回配电线路发生故障导致停电时，不影响其他线路上的用电设备，供电可靠性较高；缺点是开关设备和导线材料耗用较多，增加项目成本。放射式接线方式主要用于容量大、负荷集中或对可靠性要求高的重要用电设备。

2）树干式接线。树干式接线方式由低压母线引出多回干线与车辆段内单体建筑母线连接，再由该母线上引出分支线给建筑内的用电设备。这种接线方式所用的开关设备和导线材料相对较少，节约成本；但若一条干线发生故障，此干线上的所有设备均无法正常运行，影响范围大。树干式接线方式主要用于供电容量小、分布比较均匀的场所。

链式接线是树干式接线的一种变形，特点与树干式基本相同。这种接线方式适用于相距较近、容量较小的次要用电设备，一般不宜多于 5 台；链式相连的配电箱一般不宜多于 3 台，且总容量不宜超过 10kW。

3）环形接线。环形接线实质是两端供电的树干式接线。为避免环形线路上发生故障时影响整个线网，同时也便于实现线路保护的选择性，大多数环形线路采取开口方式运行，即在环形线路中断开一处开关。环形接线供电可靠性较高，任一段线路发生故障或检修时，通过切换电源就可避免供电中断，且环形接线可降低电能损耗和电压损耗。但环形接线方式的保护装置及其整定配合比较复杂，若发生错误操作，将会扩大影响范围。

现代有轨电车项目中通常将多种接线方式结合使用。例如，车辆段内的检修设备分散布置在各车间内，大型动力设备的配电以放射式配电为主，小型动力设备采用链式和树干式相结合的配电方式；照明配电采用放射式和树干式相结合，以放射式为主的配电方式；变电所低压开关柜至运用库、联合车库、物资总库和综合楼等单体建筑内的动力照明总配电柜采用放射式的配电方式。

（3）线路的结构与敷设　现代有轨电车工程动力与照明配电系统中大多采用电缆敷设，室内配电线路部分采用绝缘导线。

1）绝缘导线的结构与敷设。芯线外包以绝缘材料的导线称为绝缘导线。按芯线材质分，有铜芯和铝芯两种；按芯线结构分，有单股和多股绞线；按绝缘材料分，有橡皮绝缘和塑料绝缘导线；按芯线外有无保护层分，有无保护和有保护层绝缘导线。

绝缘导线的敷设方式包括明敷和暗敷两种。明敷指导线直接或在管子、线槽等保护体内，敷设于墙壁、顶棚的表面及桁架、支架等处。暗敷指导线在管子、线槽等保护体内，敷设于墙壁、顶棚、地坪及楼板等内部，或者在混凝土板孔内敷线等。

相关规程对绝缘导线的敷设有以下规定：①线槽布线或穿管布线的导线中间不许直接接头，接头必须通过专门的接线盒。②穿金属管或金属线槽的交流线路，应将同一回路的相线及中性线穿在同一金属管或金属线槽内，以避免金属管或金属线槽因穿越导线中的电流不平衡而在金属中产生铁损，使金属管、槽发热，从而导致导线过热甚至烧毁。③穿线的管、线槽与热水管、蒸汽管同侧敷设时，应敷设在水、气管的下方，如果必须敷设在水、气管的上方，则应远离热源或采取隔热措施。

2）电缆的结构与敷设。电力电缆由芯线、绝缘层和保护层三部分组成。保护层又分内保护层和外保护层，内保护层用于直接保护绝缘层，外保护层用于防止内保护层受机械损伤和腐蚀。

电缆与电缆、电缆与导线通过电缆头连接，电缆头包括中间接头和终端头。

根据电缆采用的绝缘介质不同分为油浸纸绝缘电缆和塑料绝缘电缆。塑料绝缘电缆具有结构简单、制造容易、质量较小、安装方便及防酸碱腐蚀等优点。常见的塑料绝缘电缆有聚氯乙烯绝缘、聚氯乙烯护套电缆和交联聚乙烯绝缘、聚氯乙烯护套电缆。按电缆的芯数可分为单芯、双芯、三芯、四芯和五芯等。按缆芯材质分铜芯和铝芯两类。

现代有轨电车工程中常用的电缆敷设方式有直接埋地式敷设、电缆沟敷设和电缆桥架敷设。而电缆隧道和电缆排管敷设方式较少采用。

① 直接埋地敷设：直接埋地敷设需事先沿敷设路径挖好壕沟，在沟底铺上软土或沙尘，然后将电缆埋在其中，电缆上面再铺软土或沙尘，最后加盖混凝土盖板，并回填土。

这种敷设方式施工简单、造价低、节省土建材料、电缆散热好；但挖掘土方量大，电缆易受土中酸碱物质腐蚀。电缆根数较少，敷设距离较长时，多采用此法。

② 电缆沟敷设：电缆沟敷设是将电缆敷设在电缆沟或隧道的电缆支架上，电缆沟由砖砌或混凝土浇筑而成，上面加盖板，内侧有电缆架。

这种敷设方式维修方便、占地面积小，但成本略高，电缆沟内易产生积水，需做好排水措施。电缆根数较多，且敷设距离不长时，多采用此法。

③ 电缆桥架敷设：电缆桥架敷设是电缆敷设在桥架内，电缆桥架装置由支架、盖板、支臂和线槽组成。这种敷设方式结构简单、安装灵活、占地空间少、成本小、建设周期短，可任意走向。

（4）导线、电缆选型及截面选择

1）电力电缆的选型。在一般环境和场所，可选用铝芯电缆。在重要场所及有剧烈振动、强烈腐蚀或有爆炸危险的场所，宜采用铜芯电缆。直接埋地敷设的电缆，应采用有外保护层的铠装电缆；在可能发生位移的土壤中，直接埋地敷设的电缆，应采用钢丝铠装电缆。敷设在电缆沟、电缆桥架中的电缆，一般采用裸铠装电缆或塑料保护套电缆，且应优先选用交联电缆。当两端高度差较大时，不能采用油浸纸绝缘电缆，以防止油压差过大造成渗漏油和高端电缆局部缺油而降低绝缘水平。

2）低压导线的选型。住宅内的绝缘线路只允许采用铜芯绝缘导线，一般采用铜芯聚氯乙烯绝缘线（即 BV 线）或铜芯聚氯乙烯绝缘、聚氯乙烯护套线（即 BVV 线）。在低压 TN 系统中，应采用四芯或五芯电缆。

3）线缆截面的选择。选择导线和电缆截面时必须满足以下条件：①发热条件。导线和电缆在通过正常最大负荷电流时产生的发热温度，不应超过其正常运行时的最高温度。②电压损失条件。导线和电缆在通过正常最大负荷电流时产生的电压损失 $\Delta U\%$ 不应超过正常运行时允许的电压损失 $\Delta U_{s1}\%$。③机械强度条件。导线截面不应小于其最小允许截面。线路电压越高，架设跨距越大，机械强度要求越高，其最小允许截面越大。

4. 配电系统的保护

（1）熔断器保护　熔断器串联在高低压电路中，主要用作短路保护，有的也可实现过负荷保护。在电路出现短路故障和严重过负荷时，熔断器的熔体熔断，切断电路，将故障部分切除，而使系统的其他部分恢复正常运行。

熔断器在供配电系统中的配置应符合选择性保护的原则，即熔断器要配置得能使故障范围缩小到最低限度。此外，应考虑经济性，即配电系统中配置的熔断器数量要尽量少。

配置熔断器必须注意：在低压系统的 PE 线（保护线）和 PEN 线（保护中性线）上，不允许装设熔断器，以免 PE 线或 PEN 线因熔断器熔断而断路时，使所有连接 PE 线或 PEN 线的设备的外露可导电部分（金属外壳、构架等）带电，危及人身安全。

（2）低压断路器保护　低压断路器能在短路、过负荷和失压情况下自动跳闸，切除故障部分，而使系统的其他部分恢复正常运行；当故障消除以后，合上低压断路器即可恢复供电。因此低压断路器保护广泛应用于供电可靠性和自动化程度要求较高的低压配电系统中。

（3）继电保护　继电保护的作用有两个：①故障时作用于跳闸。当系统出现故障时，继电保护装置动作，使最靠近故障点的断路器跳闸，切除故障部分，恢复系统的其他部分正常运行，同时发出信号，提醒工作人员及时处理事故。②异常状态时发出报警信号。

（4）防雷措施

1）变配电所的防雷措施。①室外配电装置应装设避雷针来防护直接雷击。②在高压侧装设阀式避雷器保护主变压器，以避免雷电冲击波沿高压线路侵入变电所。③在多雷区防止雷电波沿低压线路侵入而击穿电力变压器，需在低压侧装设阀式避雷器或击穿保险器。

2）建筑物的防雷措施。依据 GB 50057—2010《建筑物防雷设计规范》，建筑物（含构筑物）根据其重要性、使用性质、发生雷电事故的可能性和后果，按防雷要求分为三类。对建筑物的防雷措施应严格按照《建筑物防雷设计规范》的规定，明确其防雷等级。在屋面上设明敷或暗敷避雷带，利用结构柱内的主筋作为避雷引下线，利用结构基础内的钢筋作为自然接地体，并预留人工接地条件。对于金属屋面的建筑应优先利用金属屋面作防雷接闪器，防雷引下线也可利用建筑物本身的金属体，如钢梁、钢柱等。

（5）接地保护　保护接地的形式有两种：一种是设备外露可导电部分经各自的 PE 线（保护线）分别接地，如 TT 系统和 IT 系统；另一种是设备外露可导电部分经公共的 PE 线或 PEN 线（保护中性线）接地，如 TN 系统。

5. 电气照明及其配电

（1）常用的电光源　将电能转换成光学辐射能的器件称为电光源。照明电光源按电光转换机理分，主要有热辐射光源、气体放电光源和其他发光光源。电光源的分类如图 6-12 所示。

（2）常用灯具及选择　由电光源、照明灯具及其附件共同组成的照明装置称为照明器。人们通常将照明器称作照明灯具（简称灯具）。灯具除了具有固定光源、保护光源、使光源与电源可靠连接的作用外，还具有对光源的光通量进行重新分配以及防止光源产生炫光的作用。

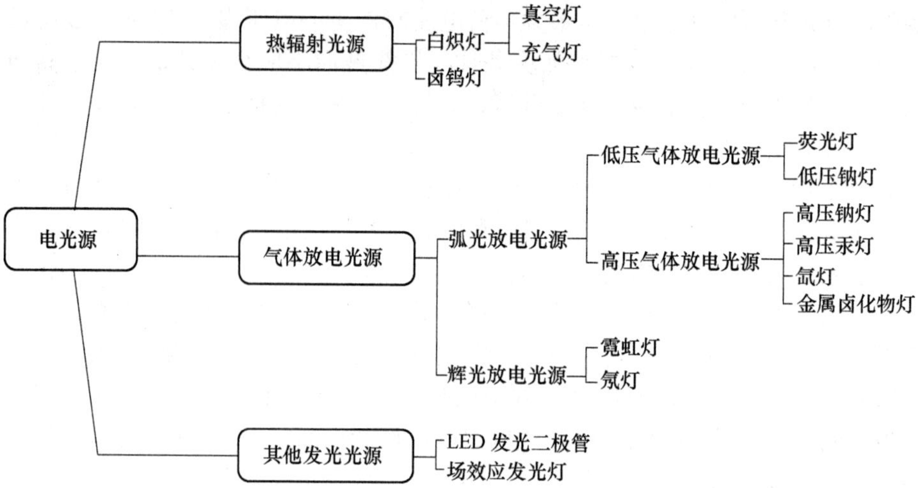

图 6-12　电光源的分类

1）常用灯具的分类。按灯具的结构特点分，主要有开启型、闭合型、密闭型和防爆型等，它们的结构形式和特点见表 6-2。

表 6-2　灯具的结构形式和结构特点

结构形式	结构特点	灯具类型举例
开启型	光源与外界空间相通	配照灯、广照灯和深照灯
闭合型	光源被透明罩包护，但内外空气仍能流通	圆球灯、双罩型灯及吸顶灯
密闭型	光源被透明罩密封，内外空气不能流通	防水灯、密闭荧光灯
防爆型	光源被高强度透明罩密封，且灯具能承受足够的压力	防爆安全灯、荧光灯，安全防爆灯

车辆基地常用的几种灯具及其图形符号如图 6-13 所示。

2）常用灯具的选择。灯具选择如果不恰当，轻者不能满足生产的要求，重者将会引起火灾事故。灯具选用的基本原则有以下几点。

功能原则：合乎要求的配光曲线、保护角及灯具效率，款式符合环境的使用条件。尽量选用光效高、寿命长及直接配光的灯具，以达到合理利用光通量和减少电能消耗的目的。

安全原则：符合防触电安全保护规定要求。灯具的种类与使用环境相匹配。如潮湿的场所应采用防潮型的灯具；有腐蚀性气体的场所，应采用密闭型灯具；有爆炸危险的场所，应采用防爆型灯具等。

协调原则：灯饰与环境整体风格协调一致。

高效原则：在满足眩光限制和配光要求条件下，应选用效率高的灯具，以利于节能。

经济原则：投资和运行费用最小化。

同时还应考虑灯具的安装高度以及安装是否方便，更换灯泡是否容易等。

（3）照明配电设备的选择

1）车间内的照明一般由配电箱直接控制，应选用各回路带开关的配电箱，这些开关多

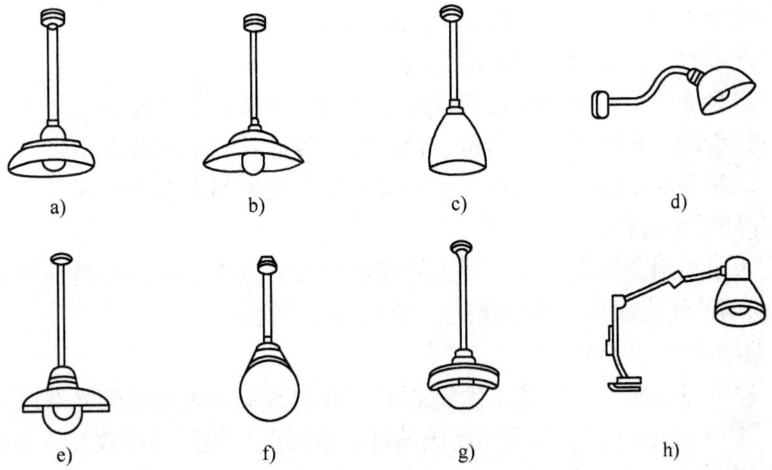

图 6-13 车辆基地常用的几种灯具及其图形符号

a）配照型工厂灯 b）广照型工厂灯 c）深照型工厂灯 d）斜照型工厂灯（弯灯）
e）广照型防水防尘灯 f）圆球形工厂灯 g）双罩型万能型工厂灯 h）机床工作灯

数是单极的，实行逐相控制。当照明由局部开关控制一个或几个灯具时，可选用各回路仅带熔断器的配电箱。大型车间宜选用带低压断路器的配电箱。

2）室内照明的每一相分支回路通常采用大于 15A 的熔断器或低压断路器保护；对于大型车间允许增加到 20 ~ 30A。每一单相分支回路所接的灯数（包括插座）一般不超过 25 个；当采用多管荧光灯具时，允许增大到 50 个灯管。

3）道路照明除各回路要有保护外，每个灯具宜加单独的熔断器保护。

4）为了防止由于中性线中断而引起负载的三相电压不平衡，使负载无法正常工作，甚至烧坏设备，TN 系统的中性线上不允许安装熔断器。

6. 电能节约

（1）电力变压器的电能节约

1）选用节能型电力变压器，淘汰或改造老式电力变压器。

2）合理选择电力变压器的容量，既要满足当前负荷的需要，又要考虑 5 ~ 10 年负荷发展的要求。

3）实行电力变压器的经济运行方式。

4）加强电力变压器的运行维护和检修试验工作。

（2）电动机的电能节约

1）选用新型高效节能电动机，淘汰或改造老式电动机。

2）合理选择电动机的类型和各种参数（包括功率、电压和电流等）。

3）合理选择电动机的运行方式，尽量减少起动次数和空载运行时间。

4）尽量采用先进的控制方式和控制设备。

5）尽量提高电动机的自然功率因数，或进行就地无功补偿。

6）加强电动机的运行维护，提高检修质量，减少机械摩擦损失。

（3）水泵的电能节约

1）选用高效节能型水泵和高效低耗的配套电动机。

2）堵塞管网漏水，防止跑、漏、渗、滴。

3）根据用水量变化，水泵断续运行，并合理调整水泵运转台数。

4）合理设计管网，不迂回、少拐角、管道短，尽量减少管道阻力。

5）避免不同扬程的水泵并列运行，也要避免不同流量的水泵串联运行，这两种运行方式都可导致水泵低效率运行。

6）离心式水泵采用无底阀运行，利用射流器抽真空自吸上水，提高抽水效率，以节约电能；也可以利用抽气法或真空自吸灌法，来提高水泵效率。

（4）电气照明的电能节约

1）采用优质节能光源。一般场所优先采用LED灯或高效发光的荧光灯以及紧凑型荧光灯，高大车间、厂房及室外照明宜采用高压钠灯、金属卤化物灯等高效气体放电光源。

2）正确选用配光合理、反射效率高、耐久性好并与光源、电器附件协调配套的灯具。

3）选择合理的照明方案。

6.5 车辆段通风空调

现代有轨电车系统中通风空调系统的设置是为了给乘客、工作人员提供舒适的候、乘车及工作环境，同时保证设备的正常运行，并满足发生火灾等事故时对通风、排烟的需求。一般而言，地面及高架站公共区应尽可能按满足自然通风的条件进行设计，地下车站应满足相关技术标准和规范要求。

1. 通风空调系统的分类

根据使用场所和标准不同，通风空调系统可分为车站通风空调系统、隧道通风系统和车辆段通风空调系统三大类。

1）车站通风空调系统分为车站公共区通风空调系统（兼排烟系统，简称大系统）、车站设备管理用房通风空调系统（兼排烟系统，简称小系统）以及制冷空调循环水系统（水系统）。

2）隧道通风系统分为区间隧道通风系统和车站隧道通风系统。

3）车辆段通风空调系统应综合考虑各库、综合楼等建筑功能，结合当地温度、通风及制冷量需求等因素进行设计。

2. 通风空调系统的组成

（1）通风系统　根据换气方法不同可将通风系统分为排风和送风。排风是在局部地点或整个房间把不符合卫生标准的污染空气直接或经过处理后排至室外，送风是把新鲜或经过处理的空气送入室内。通风方法按照空气流动的作用动力可分为自然通风和机械通风两种。此外，如果按照系统作用的范围大小还可分为全面通风和局部通风两类。

1）自然通风。自然通风是在自然压差作用下，使室内外空气通过建筑物围护结构的孔口流动通风换气。地面车站及高架站多采用自然通风的形式。

2）机械通风。依靠通风机提供的动力迫使空气流通来进行室内外空气交换的方式。与自然通风相比，机械通风具有一定优势，但各种设备、管道及附件器材等维护难度高，同时会产生一定的噪声，因此在地下车站或车辆段建筑通风设计时，应考虑一定的降噪措施。

机械通风可根据有害物分布的状况，按照系统作用范围大小分为局部通风（送风＋排风）和全面通风（送风＋排风）两类。全面机械排风和送风系统分别如图 6-14 和图 6－15 所示。

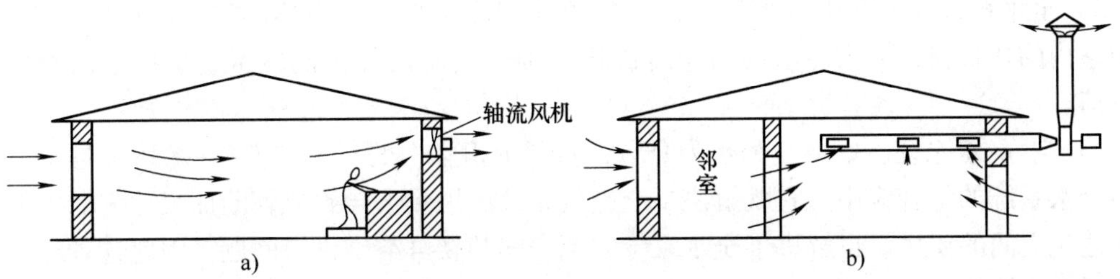

图 6-14　全面机械排风系统

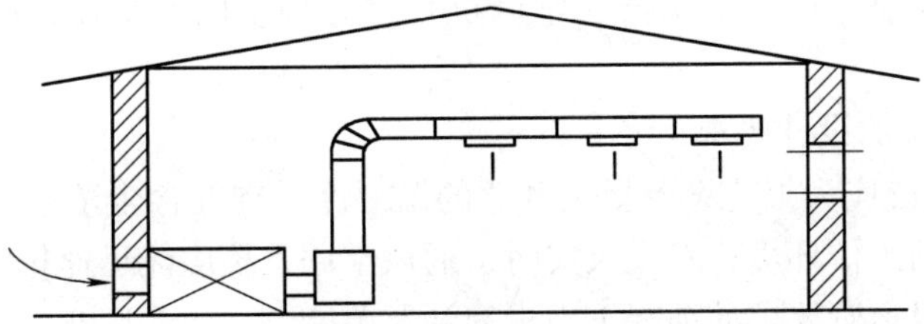

图 6-15　全面机械送风系统

（2）排烟系统　烟气控制的主要目的是在建筑物内创造无烟或烟气含量极低的疏散通道或安全区。通过控制烟气合理流动，即烟气不流向疏散通道、安全区和非着火区，而向室外流动。可分为自然排烟和机械排烟两种方式。

1）自然排烟。自然排烟是利用热烟气产生的浮力、热压或其他自然作用力使烟气排出，如图 6-16 所示。其方式有两种：一是利用外窗或专设的排烟口排烟；二是利用竖井排烟。

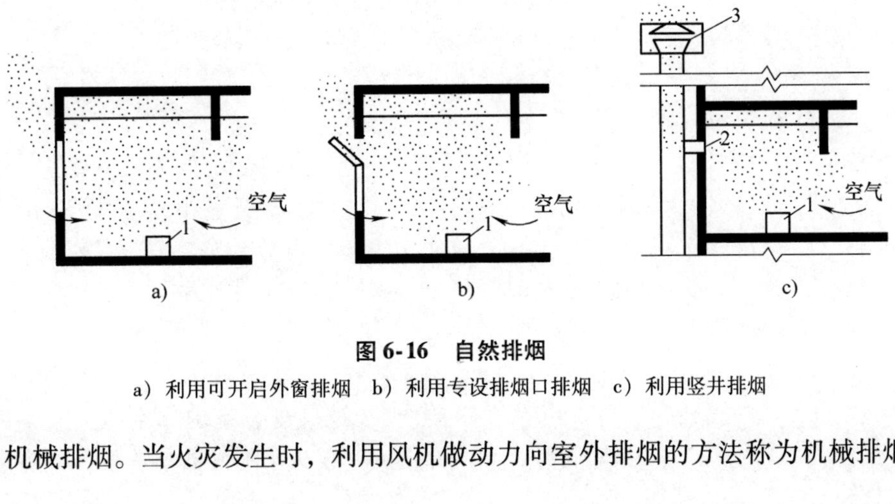

图 6-16　自然排烟

a）利用可开启外窗排烟　b）利用专设排烟口排烟　c）利用竖井排烟

2）机械排烟。当火灾发生时，利用风机做动力向室外排烟的方法称为机械排烟，其本质就是一个排风系统。

（3）空调系统　空调系统的作用是实现对建筑热湿环境、空气品质全面进行控制，为乘客、工作人员和设备等提供适当的环境，包含了采暖和通风的部分功能。按承担室内热负荷、冷负荷和湿负荷的介质分类，空调系统包括以下几种。

1）全空气系统。以空气为介质，向室内提供制冷量或热量，由空气来全部承担房间的热负荷或冷负荷。

2）全水系统。全部用水承担室内的热负荷和冷负荷。当为热水时，向室内提供热量，承担室内的热负荷；当为冷水（常称冷冻水）时，向室内提供制冷量，承担室内冷负荷和湿负荷。

3）空气-水系统。以空气和水为介质，共同承担室内的负荷。空气-水系统是全空气系统与全水系统的综合应用，它既解决了全空气系统因风量大导致风管断面尺寸大而占据较多有效建筑空间的矛盾，也解决了全水系统空调房间的新鲜空气供应问题，因此这种空调系统特别适合大型建筑和高层建筑。

4）制冷剂系统。以制冷剂为介质，直接用于对室内空气进行冷却、去湿或加热。实质上，这种系统是用带制冷机的空调器（空调机）来处理室内的负荷，所以这种系统又称为机组式系统。

3. 通风空调系统的设计要求

1）通风空调系统应为工艺设备提供合适的温湿度、空气含尘浓度等条件，同时能为工作人员提供较舒适的工作环境；发生火灾时，通风空调系统应能迅速排除烟气，保障工作人员安全疏散。在满足运营要求的前提下力求简洁及节能。

2）通风空调系统应采用安全运行、技术先进、可靠性高、节省空间、便于安装和维护、高效节能且自身自动控制性能高的设备，并满足国家有关设备国产化率规定的要求。

3）车辆段办公楼和食堂等人员集中的房屋应设置空调设备。

4）对生产过程中产生有害气体、粉尘、油烟、余热及余湿的场所，根据有害物质的性质、特点、数量及危害程度设置全面通风或局部通风，配置必要的除尘、净化或回收装置，保证室内空气环境达到国家环保、劳动卫生和能源部门的有关规定。

5）车辆段的生产、生活、办公用房应根据生产、生活的需要设置通风、空调及防排烟系统。

参考文献

[1] 丁晓欣，聂凤德. 建设项目规范高效操作规程 [M]. 北京：中国时代经济出版社，2004.

[2] 孙立波. 工程项目全寿命期过程集成管理研究 [D]. 天津：天津大学，2006.

[3] 毛保华. 城市轨道交通规划与设计 [M]. 北京：人民交通出版社，2006.

[4] 全国二级建造师执业资格考试试题分析小组. 全国二级建造师考试精编——建筑工程管理与实务 [M]. 北京：机械工业出版社，2013.

[5] 胡世会. 论项目经理部 [J]. 商品与质量：学术观察，2012 (4)：308.

[6] 李凌雁，等. 全国二级建造师考试精编：建设工程法规及相关知识/建设工程施工管理 [M]. 昆明：云南科技出版社，2014.

[7] 孙高磊. 甲方代表一本通 [M]. 北京：中国建材工业出版社，2008.

[8] 李叶. 城市轨道交通通信系统设计方案探究 [J]. 科技与生活，2012 (9)：184-185.

[9] 李红君，等. 基于无线的列车控制系统 [J]. 铁道通信信号，2002，38 (1)：37.

[10] 林海香. 基于通信的列车控制技术（CBTC）的研究与应用 [D]. 兰州：兰州交通大学，2007.

[11] 李伟章，等. 城市轨道交通通信 [M]. 2 版. 北京：中国铁道出版社，2013.

[12] 张天白，等. 现代有轨电车车辆与信号一体化研究 [J]. 中国铁路，2013 (11)：76-78.

[13] 姚幸，等. 现代有轨电车一期工程车辆基地设计特点 [J]. 城市轨道交通研究，2009 (8)：82-89.

[14] 建设部标准定额研究所. 城市轨道交通信号系统通用技术条件：GB/T 12758—2004 [S]. 北京：中国标准出版社，2004.

[15] 刘新平. 新型有轨电车信号系统方案研究 [J]. 城市轨道交通，2012，15 (5)：50-52.

[16] 王力，新型有轨电车的信号系统 [J]. 铁道通信信号，2009，45 (1)：33-34.

[17] 卫超，等. 欧洲现代有轨电车的发展及其启示 [J]. 城市轨道交通研究，2008，11 (1)：11-14.

[18] 罗丽云，等. 城市轨道交通移动闭塞列车安全间隔时间分析 [J]. 中国铁道科学，2005，26 (1)：119-123.

[19] 陶艳，等. 列车网络控制技术原理与应用 [M]. 北京：中国电力出版社，2010.

[20] 于松伟，等. 城市轨道交通供电系统设计原理与应用 [M]. 成都：西南交通大学出版社，2008.

[21] 薛美根，等. 现代有轨电车主要特征与国内外发展研究 [J]. 城市交通，2008，6 (6)：88-96.

[22] 黎冬平，现代有轨电车在我国内地的应用实践与启示——以苏州为例 [J]. 交通与运输，2013 (2)：105-107.

[23] 张华，张建华，王艳荣. 现代有轨电车在国内外发展及运营经验启示 [J]. 学术研究，2015 (11)：243-244.

[24] 毛保华. 城市轨道交通系统运营管理 [M]. 北京：人民交通出版社，2006.

[25] 于景臣，张冰，夏芳. 城市轨道交通工程施工 [M]. 北京：中国铁道出版社，2009.

[26] 李建国. 城市轨道交通系统概论 [M]. 2 版. 北京：机械工业出版社，2016.

[27] 全国一级建造师执业资格考试用书编写委员会. 市政公用工程管理与实务 [M]. 4 版. 北京：中国建筑工业出版社，2015.

[28] 王毅才. 隧道工程：上册 [M]. 2 版. 北京：人民交通出版社，2006.

[29] 张凤祥，傅德明，杨国祥，等. 盾构隧道施工手册 [M]. 北京：人民交通出版社，2005.

[30] 傅鹤林，赵朝阳. 隧道安全施工技术手册 [M]. 北京：人民交通出版社，2010.

[31] 高少强，隋修志. 隧道工程 [M]. 北京：中国铁道出版社，2003.

[32] 朱永全，宋玉香. 隧道工程 [M]. 2 版. 北京：中国铁道出版社，2007.

[33] 姚玲森. 桥梁工程 [M]. 2 版. 北京：人民交通出版社，2010.
[34] 伊明昌. 城市地铁车站工程的盖挖逆作法施工技术 [J]. 科技创新与应用，2014 (9)：201-201.
[35] 王欢. 城市轨道交通地下车站平坡设计研究 [J]. 铁道工程学报，2012，29 (12)：100-103.
[36] 何金福. 明挖法地铁车站结构设计探讨 [J]. 建材发展导向，2013 (1)：47-48.
[37] 裘湘波. 城市地下车站 PBA 工法扣拱施工技术 [J]. 山西建筑，2011，37 (7)：83-84.
[38] 吴梦芹. 新型轨道交通方式之现代有轨电车系统发展对策研究 [D]. 天津：天津大学，2013.
[39] 王宏伟，谢传军，朱文杰，等. 沈阳市浑南新区现代有轨电车工程特点 [J]. 都市快轨交通，2013，26 (5)：10-14.
[40] 杜银龙. 无碴轨道与有碴轨道优劣分析 [J]. 硅谷，2008 (20)：101.
[41] 马林坡，任成国. 湘江隧道及地下车站工程工程地质评述 [J]. 企业技术开发 学术版，2013 (7)：82-84.
[42] 卢致强，徐晓鹏，刘建伟. 明挖法地铁车站结构设计中几个问题的思考 [J]. 四川建筑科学研究，2010，36 (4)：150-152.
[43] 黄伦海，程崇国，蒋树屏，等. 轻轨地下车站主体结构设计与施工研究 [J]. 岩石力学与工程学报，2005，24 (10)：1715-1721.
[44] 贺雪松. 成灌铁路车站工程施工管理综合研究 [D]. 成都：西南交通大学，2010.
[45] 谢国龙. 明挖地下车站工程造价分析 [J]. 山西建筑，2011，37 (6)：223-224.
[46] 陆化普，余卫平. 绿色智能人文一体化交通 [M]. 北京：中国建筑工业出版社，2014.
[47] 铁道部第一勘探设计院. 铁路路基设计规范：TB 10001—2016 [S]. 北京：中国铁道出版社，2017.
[48]《建筑施工手册》编写组. 建筑施工手册 [M]. 4 版. 北京：中国建筑工业出版社，2003.
[49] 朱丹. 城市轨道交通工程概论 [M]. 北京：人民交通出版社，2012.
[50] 吴胜权. 城市现代有轨电车——工程基础 [M]. 北京：机械工业出版社，2016.
[51] 覃仁辉. 隧道工程 [M]. 2 版. 乌鲁木齐：新疆大学出版社，2005.
[52] 周爱国. 隧道工程现场施工技术要点 [M]. 北京：人民交通出版社，2010.
[53] 铁道部第二工程局. 铁路工程施工技术手册 隧道：下册 [M]. 北京：中国铁道出版社，1999.
[54] 杨新安，吴德康. 铁路隧道 [M]. 上海：同济大学出版社，2003.
[55] 建设部标准定额研究所. 地铁设计规范：GB 50157—2003 [S]. 北京：中国计划出版社，2003.
[56] 李虎，崔磊，黄德敏. 基于 100% 低地板现代有轨电车的城市轨道交通供电系统设计 [J]. 中国高新技术企业，2014 (1)：123-124.
[57] 邓学钧. 路基路面工程 [M]. 3 版. 北京：人民交通出版社，2013.
[58] 盛可鉴，崔旭光. 公路与桥梁施工技术 [M]. 北京：人民交通出版社，2007.
[59] 邵旭东. 桥梁工程 [M]. 2 版. 北京：人民交通出版社，2007.
[60] 周先雁，王解军. 桥梁工程 [M]. 北京：北京大学出版社，2008.
[61] 范立础. 桥梁工程：上册 [M]. 2 版. 北京：人民交通出版社，2012.